문학과 종교

Walter Jens / Hans Küng
DICHTUNG UND RELIGION
Pascal, Gryphius, Lessing, Hölderlin, Novalis, Kierkegaard, Dostojewski, Kafka
© Kindler Verlag GmbH, München 1985

Translated by Kim Ju-Yeon
© Benedict Press, Waegwan, Korea 1997

문학과 종교
1997 초판
옮긴이: 김주연／펴낸이: 김구인
ⓒ 분도출판사(등록: 1962년 5월 7일 · 라15호)
718-800 경북 칠곡군 왜관읍 왜관리 134의 1
편집부: (0545)971-0629
영업부:〈본사〉(0545)971-0628 FAX.972-6515
〈서울〉(02)266-3605 FAX.271-3605
우편대체 계좌: 700013-31-0542795
국민은행 계좌: 608-01-0117-906
ISBN 89-419-9701-1 03800
값 8,500원

발터 옌스 / 한스 큉

문학과 종교
문학과 종교에 비친 근대의 출발과 와해

파스칼, 그리피우스, 레싱,
횔덜린, 노발리스, 키에르케고르,
도스토옙스키, 카프카

김주연 옮김

분 도 출 판 사

차 례

머리말 ·················· 7

파스칼, 『팡세』
한스 큉: 근대의 개막과 종교 ·················· 11
발터 옌스: "확실성! 확실성!" ·················· 33

그리피우스, 『시』
한스 큉: 종교개혁 파문과 종교 ·················· 49
발터 옌스: "칼이 쟁기로 바뀌고" ·················· 69

레싱, 『현자 나탄』
한스 큉: 계몽주의 과정과 종교 ·················· 91
발터 옌스: "예로부터 나탄과 나는 한마음" ·················· 113

횔덜린, 『찬가』
한스 큉: 고대문화와 그리스도교의 화해로서의 종교 ········ 137
발터 옌스: "그리고 평화를 바라보라" ·················· 161

노발리스, 『그리스도교 혹은 유럽』
한스 큉: 낭만주의 시정신에 비친 종교 ·················· 185
발터 옌스: "포연 어린 전장의 평화대동제" ·················· 207

키에르케고르, 『그리스도교 훈련』

한스 큉: 기존질서에 대한 저항으로서의 종교 ············· 233
발터 옌스: "지금, 수많은 순교자가 필요한 때" ············ 255

도스토옙스키, 『카라마조프 형제들』

한스 큉: 무종교 항쟁과 종교 ························· 277
발터 옌스: "그러나 나는 보리라,
　　　　　피살자가 부활하여 살해자를 껴안는 것을" ······ 303

카프카, 『성』

한스 큉: 근대의 와해와 종교 ························· 325
발터 옌스: "인간을 타락시키지 말라" ···················· 347

꼬리말 ·· 369

참고 문헌 ··· 373

머 리 말

문학과 종교. "아서라, 여보 … 그건 **너무** 넓은 분야라구." 그러면서 폰타네의 회의론자 익살꾼인 폰 브리스트 씨는, 으레 (부인 루이세에게는 안타깝게도) 자기 방식으로, 근세가 비롯하고부터의 시와 신앙의 관계를 특징짓는 "끊임없이 모호한 것들"에 관해 생각을 얘기했지요.

　모호성, 양면성, 불화스런 일치, 상호 조명, 변증법이 하늘과 땅 사이에 (때로는 지옥마저 앞에 나타나며) 뻗어 있는 터인즉, 긴장스럽고도 두려운 이 관계, 문학에게나 종교에게나 마찬가지로 중요로운, 일부는 경건하고 일부는 도발적이며 때로는 실로 충격적인 성격이 있는 이 관계를 열여섯 편 논술로 해설하고자 합니다. 멀리 미개척지를 탐사하는 일로 자처하며 개관 측지의 성격을 띤 그런 논술들이지요. 하도 얽히고설킨 마당인지라, 특정한 영역과 시기를 각기 본보기 방식으로 한 "주도 인물"의 도움을 받아서, 또 이 인물도 한 개별 작품의 도움을 받아서 설명했습니다. 거시와 미시 분석, 역사 개관과 세부 해석, 대강 노선의 제시와 중요한 개별 대목의 표기 들이 서로 보완되어야 했는데, 신학자에게는 대체로 굽어보는 눈길을, 문학자에게는 쳐다보는 시각을 먼저 가지는 것이 역시 (적지않이 보람차게) 제격이었지요. (더러는 구실을 바꾸기도 허용할 뿐 아니라 소망했고요.)

　강의를 바탕삼아 그 말투를 간직한 이 논술들의 목적인즉 17세기 이래 작가들이 개명된 시대에 신앙의 가능성과 한계에 관해 벌이는 담론 속에, 그것도 신학과 문학의 전공 학자들보다 차라리 더 철저하고 더 명실상부하며 따라서 자주 시사하는 바가 더 풍부한 그런 위대한 언술 속에 항존하는 것들과 변형되는 것들을 가리켜 보이자는 것입니다.

문학과 종교. 아래에서 우리는 본보기 증언들인 시인의 독백이 어떤 모습이었던지, 그리고 때를 넘나들며 혹은 키에르케고르가 레싱이나 파스칼과 혹은 카프카가 키에르케고르나 도스토옙스키와 나눈 대화가 어떤 성질이었던지를 예증해 드려야겠습니다. 우리의 "논술"이란 글자 그대로 "시론"이라고 자처합니다. 이들은 여러 해의 대학 토론에서 자라났으며, 문학과 종교에 관해 새로 생각해 보자고 요청하려는 것입니다. 동시에 문필가들과 신학자들에게 비뚤어지지 않은 눈을 뜨고서 서로 배우기를 권유하자는 것입니다. 오백 년 전에 튀빙겐 모교의 창설자가 무슨 말을 했습니까? Attempto. 시도해 봅시다.

1985년 3월, 튀빙겐에서
발터 옌스 / 한스 큉

블레즈 **파스칼**

Blaise **Pascal**

『팡 세』

Pensées

한스 큉

근대의 개막과 종교

근대와 더불어 무슨 일이 종교에 일어났는가? 종교로 인해 어떤 일이 근대에 생겨났는가? 이렇게 우리는 근대 계몽주의 이후로 불확실해진 유산에 대해 묻는다. **어떻게 이러한 일들이 종교에 일어날 수 있었는가?** 한때 여왕 같은 세도를 누렸던 종교가 이제 하녀로, 별 권리 없는 국외자가 되었다. 더욱이 학계와 사회에 관대하게 귀기울여 주기를 청하는 꼴이 되었다. 처음에는 가볍게 여겨지다가 그 다음에는 무시되고, 마침내는 경멸당하고, 저주받고, 추방되었다. 그렇다, 우리는 이렇듯 범속한 무종교성과 새롭게 낭만적으로 깨어난 종교성 사이에서 의심에 가득 차 묻는다. 우리는 이렇듯 영성 이탈과 영성 쇄신의 양자 사이를 오가며 질문한다. 자의식을 가지고 인류의 진보와 대등시되던 근대사 가운데서 혹시 무엇인가가 비뚤게 진행된 것은 아닐까? 진보를 결국 가장 높은 것으로 실체화시킨 것이고, 그것을 언어로, 또 특히 작품 속에서 오랜 3백 년 동안 "위대한 하느님, 우리는 당신을 찬양합니다"라고 노래한 것이 아닐까?

왜 이 강의가 파스칼에서 시작해서 카프카로 끝나는지, 그것은 우연도 아니고 임의로운 일도 아니다. 그렇다! 중요한 것은 엄격한 의미에서 근대가 무엇인지에 대한 진단이다. 정신사적으로 17세기의 위기와 더불어 시작된 근대, 데카르트와 파스칼과 함께 시작된 근대는 1차대전의 위기, 니체와 카프카와 함께 끝난다. 파스칼과 카프카에 이르는 이 시기 동안, 우리는 위대한 작가들의 경전적인 작품들에서 복잡하지만 생생한 그리고 모순에 찬 근대 종교사를 주시하게 된다. 파스칼과 동시대인인 그리피우스에 이르러 30년전쟁을 치른 독일에서는 종교개혁 사상이 깊게 뿌리내리고 있었다. 독일 계몽주의는 그 누구에 의해서도 문학적으로 더 훌륭하게 대변될 수 없는 레싱과 더불어 18세기말에 이르기까지 고전주의와 낭만주의를 통해서 열띤 논란의 대상이 된다. 여기서 우리는 고전주의와 낭만주의를 대표하는 작가로 휠덜린과 노발리스를 꼽을 수 있다. 물론 근대 위기를 본질적 의미에서 우선 언급해야 할 것이다. 키에르케고르와 도스토옙스키는 19세기에 그 위기 신호를 보냈으며, 20세기에 들어서 그 위기는 완전한 모습을 드러낸다. 파스칼이라는 이름이 근대의 개막과 함께 등장하는 이름이라면, 카프카라는 인물은 근대의 와해와 더불어 나타난다.

300년 전 당시 세계는 여전히 질서를 갖춘 모양이었다. 서유럽은 그리스도교 땅이었고, 프랑스는 가톨릭 나라였다. 날마다 프랑스의 루이 왕은 미사에 참례했고, 일요일마다 온 궁정이 미사에 모였다. … 블레즈 파스칼(1623~1662)은 그의 수많은 비망록과 단상, 뒤에 『팡세』(상념들)라고 불리게 된 글에서 이렇게 적었다. "사람들은 종교를 경멸하게 되었다. 그것을 증오하며 그것이 진리라는 것을 두려워했다"(Pensées, Ausgabe Léon Brunschvicq, Fragment 187). 약 24권의 원고뭉치로 사후에 발견된 이 『팡세』는 "그리스도교의 진리성"을 옹호하는 대규모의 한 호교론이었다.

질서, 권위와 규율, 교회, 위계와 교의는 17세기 중엽 프랑스에서도 높이 평가되었다. 그러나 비판자들은 이미 오래 전부터 알고 있었다. 즉, 종교가 절대군주의 지배와 그에게 헌신하는 교회 성직자들에 의해서, 그 빛나는 국가교회의 배후에서 양심 없이 그 자신의 권력과 영광의 전개를 위해 오용되고 있다는 것을 말이다. 강한 종교적 냉각의 기운이 위협적으로 나타났다. 그렇다, 멀리서 하나의 일반적인 문화적·정치적 기류가 다가왔다. 확신, 가치와 행동방식의 근본적 변화, 오늘날 우리가 하나의 새로운 파라디그마라고, **파라디그마의 변화**라고 부르는 것이 생겨난 것이다.

"클레오파트라의 코가 조금만 낮았더라도, 이 지상의 모습 전체가 달라졌을 것이다"(Fr 162). 파스칼의 이 말은 맞다. 세계사의 진행은 자주 사소한 일들에 의해 결정된다. 그리고 세계사는 단 한 번의 "인간적인 별의 시간"(Stefan Zweig)에 의해 조종되는 것만이 아니라 "전체 성좌의 움직임"(= Paradigmata)에 따라서, 그리고 절대로 우연이 아닌 "세계를 뒤흔드는 이행移行 과정"(Goethe)에 의해서도 지배되는 것이다.

그리스도교 역사상 처음으로 파스칼 시대에 세계와 사회, 교회와 신학에 대한, 근본적으로 새로운 모델에 대한 새로운 파라디그마를 바라는 자극체가 주어졌다. 그것은 원천적으로 신학과 교회 안에서 생겨난 것이 아니라 밖에서 왔다. 급속도로 "세속화하는" 세계로부터, 교회와 신학의 후견에서 "해방된" 사회로부터 온 것이었다. 복합적이며 포괄적인 세속화 과정과 해방전쟁은 중세에 이미 그 토대를 잡았다. 이는 지상에서의 즐거움을 알게 된 르네상스에서, 그리고 17세기에 들어서야 권력과 더불어 전진할 수 있었던 비금욕적 인문주의에 이르러 분명해졌다. 그것은 하나의 **신기원을 이룰 만큼 획기적인 전환**이었다. 종교개혁의 구두점보다 결코 작다고 할 수 없는 구두점이었다. 17세기까지 서양 문화는 가톨릭이든 프로테스탄트이든 근본적으로 그리스도교에 의해 규정되고 관철되어 왔다. 그러나 이제 정신생활은 교회와 관계없이 (교회가 칸막이를 쳤으므로) 전개되었고 점점 교회와 등을 돌리게 되었다. 흔히 말하듯 "코페르니쿠스적 전환"이 이루어진 것이다. "학문과 철학의 혁명"이 동시에 이루어진 것이다. 사고에 있어서 중세적 통일성은 파괴되기 시작했다. 인간은 개체로서 중심점으로 되돌아가며 동시에 인간의 지평은 거의 무한하게 넓어지고 분화된다: 지리적으로 신대륙 발견을 통해서, 그리고 물리적으로 망원경과 현미경을 통해서 무엇이 나타났는가? 인간의 위대함인가, 아니면 인간의 비참함인가?

블레즈 파스칼은 (르네 데카르트와 함께) 프랑스의 위대한 세기에 있어서 근대 정신성을 탁월하게 독창적인 방법으로 대변하고 있다. 그렇다, 파스칼이라는 인간상과 그의 작품은 바로 다음에 세계사에서 점점 더 확실히 드러날, 마침내는 위기로까지 갈 수밖에 없던 힘들, 과학과 기술과 산업이라는 힘들을 육화시켰다.

첫째로 근대에 나타난 큰 힘은 **과학**이다. 16세에 이미 파스칼은 선봉에 선 수학자였다. 그는 확률론을 세웠고 미분론·적분론을 결정적으로 마련하였는바, 이것은 자연의 진공혐기라는 옛 학설에 반대해서 진공 상태가 존재한다는 사실을 자신이 발명한 기압계로 증명해 냈고 동시에 유체역학流體力學 균형이론을 정립했다. 실험자로서 동시대인인 데카르트를 훨씬 능가하면서 그는 당면한 시대에 새로운, 수학과 실험에 기초를 둔 귀납적인 과학을 수행할 수 있음을 증명하였다. 그렇다, 아는 것은 힘이다. 그리고 근대과학은 (파스칼보다 한 세대 앞서 영국의 정치가이자 철학자인 프란시스 베이컨(1626년 사망)의 비전 이래로) 인간에게 모든 필요를 충족시키며 알력 없는 만족을 가능케 한다고 여겨졌다. 즉, 과학·기술 전문가의 도움 및 보편적인 평화로 구조적 정치를 구현시켜야 한다는 것이다.

그리하여 둘째로 근대에 나타난 큰 힘은 **기술**이다. 파스칼이 프랑스의 첫 계산기를 발명한 것은 그의 나이 열아홉 살 때였다(쉬크하르트 교수의 튀빙겐 계산기는 1623년!). 그리고 수공학 펌프 자체의 발명으로 그는 유체역학 균형이론에서 실제 응용으로 들어갔다. 그는 최초의 컴퓨터를 조립하고 안출한 사람으로서 기술로 전환된 경험과학이 세계를 (자연도 인간도) 근본적으로 변화시킬 것을 의심할 여지 없이 예감하고 있었다.

셋째로 근대의 (과학과 기술에 의해 생산된) 큰 힘은 **산업**이다. 파스칼이라는 거울 속에 그것은 이렇게 비추어졌다. 그는 자신의 만족을 위해서가 아니라 자기 아버지와 일 많은 세무판정위원장으로 리셜리외 회사에서 근무중인 가정교사를 위해서, 50차례도 넘게 개조를 거듭한 나머지 마침내 계산기를 만들었고, 특허를 내려고 안내서를 인쇄하고 일련의 제작계획서도 작성했는데, 다만 기술자와 자본 부족으로 말미암아 허사가 되었다. 훗날 고독한 말년에조차 그는 대도시 파리를 달리는 옴니버스 교통계획을 입안하여 한 버스 회사(추측건대 유럽 대륙의 첫번째 주식회사)를 설립했는데, 그 기능은 계산기보다도 훨씬 더 "파리의 아르키메데스"를 유명하게 만들게 될 것이었다. 다시 말하면, 파스칼과 더불어 근대 조직인과 기업인의 전형이 이미 형성된 것이다. 이러한 기업인의 전형 형성은 프랑스에서 중책을 맡고 있던 신임 꼴베르 재상 휘하, 대량생산체제의 중상주의에 역점을 둔 경제체제를 위해서는 그 어느 때보다 절실한 것이었다. "Industrie"(산업)라는 (독일에서 곧 중요한 외래어가 된) 말 자체가 그 특징을 나타내거니와, 그 "창조적 근면성"은 19세기 들어 영국과 프랑스에서 눈에 띄는 "산업혁명"을 위한 정신사적·사회사적 전제조건을 형성하였다. 대규모의 경제·사회적 와해를 나타내는 농업사회로부터 산업사회로의 이행이 시작되었다. 이는 농촌경제와 도시 성립 이후, 근대를 급기야 산업시대로 진입시켰다.

그러나 이러한 정신사적·사회사적 운동에 엄청난 힘을 부여한 그 추진력은 무엇인가? 중세 로마 가톨릭의 파라디그마에 따르면 "교회는 곧 교황"이라는 말이 핵심어였다. 그러나 종교개혁에 와서는 "하느님의 말씀"이 그 핵심어가 되었다. 그런데 근대에 이르러서는? 관건이 되는 단어는 "**합리성**", "**이치**", "**이성**"이라는 말들이었다! 사실상 근대의 유례없는 역동성은 인간이 지닌 이성 본능에 대한 커다란 신뢰에서 나온 것이었다. 갈릴레이 사건에서 볼 수 있듯이 교회와는 전혀 무관한, 교황과도 관계없는 이성을 뜻한다. 물론 루터의 경우는 아주 다른 것이었다. "이성적 판단"이 인간의 가장 높은 활동이었고, "이치대로 꼬치꼬치 말한다"는 것은 당시 하등의 모욕적인 언사가 아니었다. "이치"와 그럼으로써 생겨나는 정도·내용·균형·비례 등등은 인간적으로 "수완"과 "처세술"을 가능케 했다.

분명, 주지하는 바와같이 이탈리아 르네상스와 인문주의에서는 삶과 세계에 대한 새로운 방향 설정이 이루어졌다. 중세 질서에서 도출된 인간, 그 인간적 권위에 대한 의식이 생겨났다. 특히 예술은 초월성을 지향하는 중세의 질서조직에 얽매이지 않을 뿐 아니라, 그 자체가 목적이 되었다. 미학적인 것이 고유의 가치를 지니며, 여러 세속 예술 이론, 예술가 기법, 예술품 수집을 통해 표명되었다. 그러나 이 모든 것은 분명히 뒤를 돌아다보는 시선이었다. 즉, 고대 고전 문화에 대한 재고였던 것이다. Ri-nascimento라는 말은 하나의 주문이었는바, 그것은 재생이라는 뜻이다.

그러나 이제 17세기에 접어들어, 유럽의 지식인 엘리트들은 의식적으로 권위주의에서 벗어나 앞을 향해 열린 자세로 생각하기 시작하였다. 근대를 특징짓는 진보라는 말 속에는 고전(르네상스) 혹은 성경(종교개혁)을 의미하는 것이 아닌, 인간적인 것에 자족하는 이성에 대한 기초가 들어 있다. 볼테르에 의하면 그것은 이성원칙이라는 것이다. 사람됨됨이의 절대적인 가치 기준으로서, 그리고 인간 발전의 원동력으로서. 이는 루이 14세 시대가 온 유럽 역사에 있어서 다른 커다란 세 문화 시대, 즉 페리클레스의 아테네, 아우구스투스의 로마뿐 아니라 메디치 가문의 플로렌스 시대를 능가하고 있음을 나타낸다. 사실상 이제야 사람들은 온전히 자기중심적으로, 단지 외곽에서 자율 이성을 주장하는 것만은 아닌 형세가 되었다. 이 자율 이성으로 인간은 심지어 자기 중심 위치의 상실마저 모두 변상할 수 있었다. 파스칼에 따르면 이러한 상실 경험과 획득 경험 속에서 인간의 약점과 힘이 동시에 터를 잡았다. "인간은 갈대일 뿐이지만, 그러나 생각하는 갈대다"(Fr 347).

물론, 신학과 그리스도교 신앙은 권위주의에 여전히 매달려 있었다. 그러나 물리적 세계에서는 **이성적 논증**의 정신이 지배하는 것으로 여겨졌다. 그렇다. 데카르트를 통해 수학 정신이 시대 정신으로 나가게 되었다. 수학 내지 물리학 문제에 깊이 심취해 있던, 또 올바른 객관성으로 이 문제를 다루고 있던 파스칼에 있어서도, 물리학의 진리는 이념 혹은 사실의 확증에 근거한다. 두 가지 방법론에 기초해 진리는 발견될 수 있다. 데카르트보다 훨씬 실험적이던 파스칼이 경험적으로 해 보았던 수학적 연역 혹은 실험을 통한 방법인 것이다. 그의 진공 상태에 대한 증명은 전통적인 아리스토텔레스-토미스트의 물리학과 형이상학이 지니고 있었던, 그리고 갈릴레이와 데카르트 역시 그 전제조건으로 삼고 있었던 그런 근본 도그마를 넘어서서 새로운 수학적·경험적 자연 연구의 장엄한 승리였다. 더욱이 파스칼은 데카르트처럼 도그마티스트는 아니다. 인간은 과학적 계몽을 통해 자연과 그 법칙들, 무엇보다 자기 자신과 마침내는 서로 다른 여러 측면에서 사회적 제관계를 선입견 없이 체계적으로 시험하고 조사하기 위해, 자신의 이성을 항상 더 훌륭하게 응용하는 것을 배워야 한다는 것이었다.

게다가 파스칼은 데카르트처럼 보편적인 체계화 경향을 띠지 않는다. 아마도 파스칼의 정신에서 완전한 인간 존재와 참된 계몽성을 위해 **이성의 합리주의적 절대화**가 미리부터 **부인**되었다면 많은 것들이 근대사에서 또 달리 전개되었을 것이다. 그럴 것이, 파스칼에 따르면 개념적인 이성만 존재하는 것이 아니라 직관적 인식도 있다니까 말이다! 계몽주의적 합리성의, 천천히 형성되는 분석적·종합적 구성뿐 아니라 간단한, 아주 신속한 느낌! 감성이 강조된 인간들은 "이성적 판단"을 더 필요로 했다. 합리적으로, 그러나 "감정"을!

과학과 신학과 산업을 통해 촉진된 합리주의화된 근대에서 무엇보다 결핍된 것은 파스칼이 포괄적으로 **"가슴"**이라고 부른 것은 아닌지? "우리는 진리를 이성만으로 진실을 인식하는 것이 아니라 가슴으로도 인식한다"(Fr 282). 센티멘탈리즘, 무턱댄 민감성, 감정에의 탐닉? 아니다. 가슴으로 받아들인다는 것은 합리적·논리적인 것과 반대로 비합리적·정서적인 것을 의미하는 것이 아니라, 인간의 정신적 중심을 의미한다. 단지 이 인간의 정신적 중심을 이 육체적 기관이 상징하고 있을 뿐이다. 가장 속 깊은 곳에 있는 중심부, 다른 사람과 역동적·개인적 관계를 맺는 출구, 인간적 전체를 파악하는 정확한 기관이 가슴이다. 인간의 정신이 순수이론적으로만 생각하고 결론에 이르지 않을진대, 그 정신이 자발적으로 나타나고, 직관적으로 감지하고, 실존적으로 인식하며, 전면적으로 가치평가를 하는 한에 있어서, 그렇다, 넓은 의미에서 사랑하는 (혹은 증오하는) 정신인 한에 있어서, 가슴이란 바로 인간 정신인 것이다. 그러므로 가장 유명하다고는 할 수 없는 파스칼의 말, 그러나 별로 잘 번역되지 않는 말, "가슴은 이성이 알지 못하는 이성적 바탕을 가진다. 인간은 그것을 수천 가지 사물에서 경험한다"(Fr 277)를 누가 이해하랴. 그렇다, 확실히 가슴의 논리학이 있고, 가슴은 그 자신의 이성을 가진다!

오늘날 포스트 모더니즘으로 넘어가면서 우리는 (수많은 또 다른 운동에서부터) 새롭게 날카로운 문제의식을 가지고, **"섬세한 감정"**에 대한 파스칼의 글을 읽게 된다. 이 글은 "기하학 정신", "수학 정신"을 보완하려던 것이다. 우리가 얼마나 많은 그의 말들을 솎아 읽고, 무시하고, 찢어버렸는지, 우리는 여지없이 알게 된다고 스노우 C. P. Snow는 "두 개의 문화"에 대해서 말하였다. 파스칼에 의하면 모든 "기하학자", 모든 수학자, 물리학자와 기술자들은 섬세한 가슴의 소유자들이며 여러 맥락·분위기·전체의 역동성에 대한 의미를 알고 있다고 한다. 거꾸로 말하면 모든 섬세한 사람들은 "기하학자"들이라는 것이다. 자발적으로만 판단하는 데 익숙해진 섬세한 사람들은 합리성, 정확한 과학의 정의와 원리와 만나게 될 때 숨도 못 쉬게 된다. 정확한 과학자들은 그러나 섬세한 감정이라는 문제를 기하학적인 방법으로 취급하고자 함으로써 스스로 우스운 모습이 되지 않는다는 것이다. 여기서 우리는 파스칼이 왜 그의 대작에서 "기하학 정신"의 가장 중요한 대변자들에 반대해서 아주 비판적인 대목을 쓰기로 작정했는지 의심할 나위 없이 이해하게 된다. 그 언짢아하는 문구는 이렇다. "과학에 아주 깊이 탐닉한 사람들에 반대하는 글을 쓰다니, 데카르트여!"(Fr 76).

파스칼은 정녕 합리주의자가 아니듯 물론 비합리주의자도 아니었고, 도그마티스트가 아니듯 결코 회의주의자 혹은 뿌리없는 자유사상가도 아니었다. 전혀 다른 곳에 주안점을 두었을망정, 그도 데카르트와 마찬가지로 진리를, **객관적이며 내면적인 확실성**을 중요시하였다(그리고 당연히 이 모든 것은 가톨릭의 테두리 안에서 다루어졌다). 오늘날에도 아직 널리 퍼져 있는 선입견에 맞서서 최근 미국 과학사가인 넬슨 Benjamin Nelson은 그의 책 『근대의 기원』Ursprung der Moderne (1977)에서 최근 신간 저서들을 분석하며 다음과 같이 확인하였다. "코페르니쿠스, 갈릴레이, 파스칼 등 많은 일급 발명가들은 과학과 철학에 있어서의 근대 혁명의 시초부터 가톨릭 문화에서 그 정신적 교양을 얻었다. … 교육받지 않은 사람의 종교적 감정을 파괴하고자 하는 생각이 그들 선구자들의 의도는 아니었다. 그들은 결코 뿌리없는 자유사상가거나 회의주의자들이 아니었다. 그들에게 적이 있었다면 그들 자신의 선생들의 후원을 받던, 그 시대의 종교체제 지도자 아래에서 지배되던 복합적인 견해들이었다. 이들 가운데 추기경 벨라르미노와 교황 우르바노 8세야말로 갈릴레이의 가장 대표적인 적수들이었다"(S. 102).

그러나 이 근대적 파라다이그마의 "일급 개혁자들" 가운데서 파스칼이야말로 의심의 여지 없이 가장 예리하게 인간에 대한 중대 결론을 도출해 냈고, **인간의 근본적 상반 감정**을 명료할 만큼 분석한 사람이다. 그는 인간 성격의 양면성을 모든 가능한 상황·관습·우연성 속을 파고들면서 냉정하게 묘사했다(그는 이미 키에르케고르, 도스토옙스키, 니체, 프로이트와 카프카에 앞서 심리적으로 이 문제를 들추어 낸 사람이다). 파스칼은 "반론으로 진실을 제기하는" 사상가, 탁월한 변증가였다.

무엇보다 파스칼은, 코페르니쿠스와 케플러와 갈릴레이의 **우주론적** 발견이 인간에게 실존적으로 무엇을 의미하는지 깨달았다. 더 이상 창조자의 소리가 들려오지 않는, 도저히 정복할 수 없는 무한대 세계 속으로의 상실감과 같은 것이었다. "이 무한한 공간의 영원한 침묵이 나를 놀라게 했다"(Fr 206)고 그는 적었다. 이러한 공간의 무한함에 직면해서 인간이란 무엇인가? 전체 앞에서 인간은 하나의 무無일 뿐이다! 그러나 전혀 그와 반대일 수도 있다. 소우주 앞에서, 이 작은 무한함 앞에서 인간은 무엇인가? 무 앞에서 인간은 전부이다! 이로써 불균형과 근본적 오류가 생겨나고 인간의 비참함과 위대함이 이 세계에서 결정된다. "무 대對 무한, 전체 대 무, 무와 전체 사이의 중간. 가장 밖의 경계를 붙잡을 수 있는 곳에서 무한히 떨어진 채, 모든 사물의 목적과 기원은 꿰뚫어볼 수 없는 비밀 속에서 극복되지 않은 모습으로 숨어 있다"(Fr 72). 그러나 인간이 자신의 위치가 문제성이 있고 매우 위험천만하며 불확정하다는 사실을 안다는 것이야말로 인간의 존엄성을 결정짓는다. "우주 전체가 인간을 아무것도 아닌 것으로 만든다면, 인간은 그를 죽인 그 무엇보다 훨씬 고귀하리라. 왜냐하면 인간은 자신이 죽는다는 것과 전체 우주의 힘을 알고 있지만, 그러나 전체 우주는 그에 대해 아무것도 모르고 있기 때문이다"(Fr 347).

파스칼은 우주론뿐 아니라 인간의 **심리적** 양면성에 대한 명민한 분석가였다. 그는 "자아의 발견자"(Richard Friedenthal)라는 점에서 초기 거장의 한 사람이었다. 그는 항상 새로운 형식으로 일상적 인간 실존의 양면성에 대해 썼다. 사회적인 직무수행, 연애사건의 뒤에는 무엇이 숨어 있으며, 사냥과 춤, 놀이와 스포츠 뒤에는 무엇이 있을까? 모든 가면 뒤에서 무엇을 발견하고 볼 수 있을까? 이것은 인간이 홀로 있음에 대한 불안이 아닌가? 거기서부터 상실감, 기진맥진, 더욱더 허무감이 생기는 것이 아닌가? 파스칼은 말한다. "인간 영혼의 근저에서 홀연 권태감이 솟구친다. 우울·슬픔·한·불쾌·절망과 같은 것들이"(Fr 131).

우리는 파스칼이 어떻게 인간 상황을 여러 색조 속에서 스케치해내는지 알아보기 위해 그의 단장들 하나하나를 분석해 볼 수 있다. 나로서는 여기서 한 가지를 중점적으로 내세우고자 하는데, 그것은 우리와 특별히 가깝고 또 오늘날 미래 없는 세대의 분위기를 거의 잘 표현해주는 대목이다. "나는 누가 나를 이 세상에 내보냈는지, 세상이 무엇인지, 나 자신이 무엇인지도 잘 모른다. 모든 사물에 대해 무서우리만큼 무지하다. 내 육체가 무엇인지, 내 생각, 내 영혼, 심지어는 내가 말하는 것을 생각하는 나 자신의 자기라는 그 부분까지도 모른다. 모든 것에 대해, 자기 자신에 대해 생각하는 자기, 그러나 다른 모든 것들에 대해서와 마찬가지로 자신에 대해서도 별로 아는 것이 없는 자기. 나는 나를 휩싸고 있는 이 끔찍한 전체라는 우주공간을 보면서 내가 여기 왜 앉아 있는지, 왜 다른 곳에 있지 않은지, 내게 주어진 삶은 왜 짧은 시간인지, 벌써 지나가버렸고 또 앞으로 오는 전체 영원 가운데 하필 왜 이 순간에 있고 다른 순간에 있지 않은지 모르는 채, 이 넓은 세계공간의 한 구석에 묶여 있다. 하나의 원자처럼 나를 휩싸고 있는, 다시 돌아오지 않는, 한순간 지속하는 그림자처럼 나를 휩싸고 있는 무한함만을 주위에서 둘러본다"(Fr 194). 그리고 파스칼은 존재와 죽음과의 관계를 조망하며 글을 끝맺고 있다. "내가 아는 모든 것은 내가 언젠가 죽을 수밖에 없으리라는 것이다. 그러나 내가 가장 적게 알고 있는 것은 내가 피할 수 없는 것이 바로 이 죽음이라는 것이다. 내가 어디서 왔는지 나는 모르며, 내가 어디로 가는지도 모른다. 다만 내가 아는 것은 이 세상을 떠날 때 무로 가든지, 진노한 신의 두 손에 떨어지든지 둘 중 하나일 것이라는 점이다. 이 두 가지 가능성 중의 어느 것이 내 몫이 될지도 나는 모른다. 이렇듯 허약함과 불확실함으로 가득한 것이 나의 상황이다"(Fr 194).

그렇다면 과연 파스칼은 무엇을 염두에 두었는가? 파스칼은 데카르트와 달리 인간지식의 불확실함만을 문제삼지 않았고, **인간 실존의 극단**

적인 불안전성만 문제삼지도 않았다. 물론 뒷장에서 더욱 상세히 다루어지겠지만, 키에르케고르, 도스토옙스키와 카프카, 하이데거, 야스퍼스와 사르트르는 마침내 다음과 같이 외친 파스칼보다, 결코 더 드라마틱하다고 할 수 있는 말을 찾아내지는 못했다. "인간이란 무슨 망령된 것인가! 무슨 신발명품이며, 무슨 괴물이며, 무슨 혼란이며, 무슨 모순의 주체이며, 무슨 놀라운 것인가! 모든 사물의 판관이자, 보잘것없이 가련한 미물이다. 진리의 관리인이자 불확실성과 오류의 하수구다. 이 세계 모든 것의 영광이자 쓰레기이다"(Fr 434).

이런 마당에 철학은 무엇일 수 있는가? 여기서 철학은 도대체 끝장난 것은 아닌가? 사실상 파스칼에게 이런 점에서 완전히 **놀라운 전기**가 일어났다. "교만한 인간아, 너 자신이 얼마나 역설인지를 인식하라"(Fr 434). 인간에게 모순의 해결을 전혀 기대할 수 없고, 인간은 자기를 능가하는 다른 어떤 것을 촉구받고 있다는 사실을 인식하는 것이 바로 인간에 대한 지상의 호소임이 분명해진다. "겸손할지어다 맥빠진 이성아, 잠잠할지어다 가련한 본성아, 배울지어다 인간아, 인간이 인간을 끝없이 넘어선다는 사실을, 그리고 네가 모르는 네 진상을 '네 스승에게서 들을지어다. 하느님께 순종할지어다!"(Fr 434).

이것은 사실 하나의 도약이다. 그러나 파스칼에게는 이것이 사상의 도약이 아닌, **신앙의 모험**이라는 (결코 비이성적이 아닌) 도약이다. 데카르트와 달리 그는 인간 이성의 양면성을 철저하게 인식하고서 "나는 생각한다, 그러므로 나는 존재한다"가 아니라 철저하게도 "나는 믿는다, 그러므로 나는 존재한다"에 그의 확실성의 바탕을 둘 수 있었다. 또 도나우 강변의 울름에서 11월 어느 날 밤 데카르트가 그랬던 것처럼 수학에 기초를 둔 보편과학의 비전이 이 사람을 결정짓지는 못했다. 그보다는 종교적 한계 체험인 "회심", 불타는 가시덤불 앞에서 모세가 본 것과 비슷한 "비전"이 결정적인 것이었다. 알려진 대로, 파스칼이 외투 속에 늘 새삼 기워넣었던 비망록을 사후에 (오랜 전력이 있고 난 다음, 역시 11월 어느 날 밤에) 한 하인이 아주 우연히 발견했다. 거기에는 "Feu", "Feuer"(Feuer는 독일어로 불이라는 뜻이며, Feu는 이 단어에서 -er이 빠진, 존재하지 않는 말이다 — 역주)라는 큰 글씨로 시작된 확실성과 다감성 넘치는 즐거움의 경험과 모든 버려진 것들을 극복하는 즐거움의 경험이 기록되어 있었다. 파스칼은 "철학자와 학자의 추상적 신"의 입장에서 이런 경험을 한 것이 아니라, 살아 있는 신, "아브라함과 이사악과 야곱의 하느님, 예수 그리스도"를 경험한 것이었다. 단일체험이라는 원래 의미에서 "신비적" 체험이 아니라, 하느님 아버지와 예언자 이스라엘의 정신 속에서 신적 상대방에 집중하는 내면적 경험을 한 것이다.

그러므로 파스칼은 이제 절망하지 않아도 될, 모든 확실성을 세울 수 있는, 확실성의 마지막 바탕을 발견하게 되는 것이다. 생각하는 인간의 독자적 자의식이거나 신에 대한 개념, 또는 어떤 이념이 아닌, 항상 현존하되 밖으로는 존재하지 않는, **살아 있는 성서의 하느님**이었다. 믿는 자에게만 자신을 계시하는 숨어 있는 하느님이었다. 근원적 확실성은 인간의 생각 아닌 믿음에 기인한다. 그리고 그것이 파스칼에게는 믿음이었다. "하느님은 가슴으로 느껴지지 이성으로 느껴지지 않는다"(Fr 278). 여기서 이성은 그 가치가 절하되거나 또는 지배당하고 있다고 여겨진다. "이성을 이렇게 인정하지 않는 것처럼 이성에게 걸맞은 것은 없다"(Fr 272). 왜 그런가? "이성의 마지막 단계는 이성을 넘어서는 수많은 것들이 무한히 존재한다는 사실을 이성이 인정하는 단계이다"(Fr 267). 요컨대, 두 가지가 필요하다. "이성의 굴복과 이성의 응용. 그 속에 참된 그리스도교 정신이 존재한다"(Fr 269).

데카르트가 그의 철학에서 참된 그리스도교, 참된 그리스도교의 하느님을 도외시하고 있다는 사실을 파스칼은 용납하지 못한다. "이 점에서 나는 데카르트를 용서할 수 없다. 그의 철학 전체에서 기꺼이 하느님을 단념했다는 사실을 말이다"(Fr 77). 파스칼에게도 세 단계의 변증법적 진실이 명료해졌다. "우리들의 불행에 대한 인식이 없이 하느님을 안다는 것은 오만을 낳는다. 하느님에 대한 인식이 없이 우리의 불행을 안다는 것은 절망을 낳는다. 예수 그리스도를 안다는 것은 하느님의 위대함과 함께 우리의 비참함을 발견하도록 중개 역할을 한다"(Fr 527). 이 중개에 (원죄와 구원의 변증법 속에서) 파스칼의 나머지 단장들, 그의 호교론의 대부분이 이루어지고 있다고 생각한다. 구약(율법, 예언, 숨어 계신 하느님), 예수 그리스도(예언의 성취, 이적, 속량과 은총, 모럴과 구원의 길), 교회(창설, 연속성, 무류성), 하느님 사랑의 신비 … 『팡세』를 가리켜 "산마루의 편력을 눈앞에 보여준", "다음 세기의 그리스도교 정신을 잇게 한", "근대인의, 신앙과의 첫번째 대화"(I. E. Kummer, Pascal, 1978, S. 25)라고 부르는 것은 전혀 부당한 일이 아니다.

1654년 11월 23일 "저녁 10시 반쯤부터 밤 12시 반쯤 사이에 일어났던, 파스칼의 극도의 황홀감 경험 **및** 가슴의 어떤 확실성의 체험은 그에게 있어 한 분기점의 정점이자 단락이 되었다(같은 해에 루이 14세의 왕위 대관식이 있었는데, 그는 파리 아카데미에 삼각형의 원리와 확률론에 관해 논문을 제출했다). 내면에 가득한 불안과 정신적 초조감, 파리에서의 부박한 생활에 역겨움을 느끼고 있던 터에, 마음이 서로 통해서 좋아하던 누이 잭클린과 나눈 무수한 대화가 그에게 도움이 되었다. 그녀는 파스칼의 반대를 무릅쓰고 포르-로얄Port-Royal이라는 엄격한 얀센파의 수도원으로 들어갔는데, 이 수도원은 훗날 인근의 베르사이유 교회와 점점 상반된 입장을 취하게 될 곳이었다.

이 아우구스티누스적인 **얀세니즘**은 이제 파스칼에게 운명이 되었다. 아우구스티누스의 정신 속에서의 엄격한 신학적·윤리적 개혁운동이 그것이었다. 그 운동은 벨기에의 추기경 코르넬리우스 얀센Cornelius Jansen과 그의 프랑스인 친구 압베 드 쌩쉬랑Abbé de Saint-Cyran(포르-로얄의 정신적 격려자)에게서 나온 것이었다. "예수 그리스도와 내 영적 지도자에게 온전히 순종하는 것"이라고 파스칼의 "비망록"에 적혀 있었다. 이 (완전히 얀세니즘인) 말이 뜻하는 것인즉 이성과 믿음이라는 긴장 관계 사이로 자유와 은총이 덧붙여졌다는 것이다. 이렇게 해서 말년에 파스칼은 얀센주의자들과 예술회원들 사이에 벌어진 "대 은총 논쟁"에서 가장 중요한 전사戰士가 되었는데,

얀센주의자들은 (아우구스티누스와 함께) 인간이 지닌 어쩔 수 없는 욕망에 맞서 신의 어쩔 수 없는 은총을 강조하고, 초기 교회의 엄격한 윤리적 이상과 그 규율을 옹호했으며,

예수회원들은 (근대적으로) 신의 은총 아래 있는 인간의 자유와 행동을 그리고 진보적 윤리(Probabilismus)와 성사 규율을 주장했다.

은총을 받기 위한 싸움 끝에 오히려 점차 은총이 사라져가는 시대가 이어졌다. 이러한 싸움은 마침내 살롱과 극장에까지도 스며들었다(코르네이유는 얀센파를 반대했고, 라씬느는 지지했다). 사제나 수도자가 되고자 하지는 않는 작은 그룹의 수녀들과 은둔자들은 (자칭 "성 아우구스티누스의 친구들"이라는 "나으리"들은 그 대신 여러 가지 작은 학교들을 열었다) 그 어려움을 참아내야 했다. 수많은 지위 높은 동정론자들이 그들 편을 들고 있었다. 그것은 수도 파리의 부박한 무리들에게는 점점 더 귀찮은 경고였으며, 절대주의 체제에는 위험한 파격이자 도발이기도 했다.

로마의 재판(1653) 이후, 소르본느 대학 역시 마침내 판결문을 공포했을 때(1656) (파스칼의 비전 이후) 처음으로 파스칼은 이 문제를 논쟁점으로 삼았으며, 곧 적극적으로 이 문제에 가담하였다. 파스칼은 하룻밤 사이에 프랑스의 첫번째 대 저널리스트가 되었다(이 점에서도 그는 근대의 선구자다). 익명으로 된 그의 팜플렛, 『시골 편지』Lettres Provinciales는 역설과 풍자로 가득 찼고 그 논리가 날카로웠으며, 문체는 간결하고 매끈한 데다가 설득력이 있어 하나의 센세이션이자 실로 하나의 스캔들이었다. 그것들은 그때까지의 예수회 사상과 도덕주의적 결의론 전개를

비난하고, 18세기의 예수회를 지양함에 있어서 정신적 기반을 마련하였다. 그 다음 해에 벌써 『시골 편지』는 로마 교황청에 의해 금서 목록에 오르고, 뒤에 파리에서도 금서 판결을 받고 형리에 의해 공공연하게 찢어지고 불태워졌다.

로마 교황청과의 모든 타협을 단호히 거부한 파스칼은 포르-로얄 수도원의 외교적인 전략을 진실되지 못하다고 비난하였다. 동지들과 격론을 벌인 나머지 의식을 잃기도 했다. 그리하여 그뒤 몇 달밖에 더 살지 못했다. 양심의 딜레마, 교황과 교회를 다른 측면의 개인적인 신앙의 확신으로 대함으로 인해서 그의 지나치게 날카로운 정신은 출구를 찾지 못했던 것이다. 여기에는 신앙과 이성의 싸움만이 있었던 것이 아니라, 신앙과 신앙의 싸움도 있었던 것이다!

자기 팜플렛에 대한 지령을 통보받자 그는 더 높은 법정에 호소했다. "내 편지들이 로마에서 저주받는다면, 내가 그 편지 속에서 저주한 것 역시 천국에서 저주받을 것입니다! 주 예수님, 나는 당신 법정에 상소 하나이다!" 그는 오늘날까지도 의학자들의 논문이 확실한 성격을 밝혀 내지 못하고 있는 그런 병에 의해 극도로 쇠약해진 데다가, 자신을 돌보지 않는 참회의 고행으로 끝내는 빈사의 고통 속에서 종부성사終傅聖事를 받을 수밖에 없게 되었다. 그에게 종부성사 예식을 베풀어준 신부는 정면으로 얀세니즘을 반대하고 있던 파리의 대주교에게서 나중에 책임을 추궁받아야 했다. 파스칼은 자기 확신을 철회하지 않은 채 충실한 가톨릭 신자로 죽었다. 1662년 8월 9일, 나이는 불과 39세였다. 포르-로얄 수도원 재판 뒤 포르-로얄이 서명한 지 아홉 달 뒤의 일이었다. "하느님, 나를 버리지 마소서." 이것이 그의 마지막 말이었다.

파스칼이라는 인간과 그의 작품과 생애에 언제라도 파고들다보면 그의 당혹스러움을 누가 부인할 수 있겠는가? 무엇을 그의 글에다 덧붙일 수 있겠는가? 어디서 이같은 철학적·신학적 문제가 운명의 문제가 되고 있으며, 삶의 길을 고행의 길로 만들고 있는가? 거기서 그 개인에 대한 판단은 금지되지 않는가? 정말이지 그 개인 때문에 그럴 수는 없는 일이다. 그러나 종교와 근대에 관한 우리의 문제제기의 문맥 속에서 그의 위치에 질문을 던지는 일은 허용되어야 한다. 그 질문들은 다음과 같이 요약될 수 있다. 근대의 도발에 맞서서 날카롭게 주장하고 나섰던 파스칼의 종교는 왜 **근대의 종교**가 될 수 없었던가? 파스칼은 그가 살아 있을 때에도 논쟁거리였으며, 되돌아볼 경우에도 그의 신앙의 전제와 결과에 많은 의문이 되살아난다. 나는 그것을 다음 셋으로 묶고자 한다. 즉, 문화인류학적 비관론, 윤리적 엄숙주의, 비정치적 사인주의私人主義, Privatismus가 그것들이다.

1. 후기 아우구스티누스의 정신 속에 나타난 **문화인류학적 비관론**을 토대로 한 종교이해는 오래 지속될 수 없는 것이었다. 토마스와 인문주의와 르네상스 이후로 스콜라 신학에도 보급된 것으로서, 특히 예수회 신학에 의해 받아들여진, 인간적인 것을 높이 평가하는 사상을 대체할 수 없었다. 모든 사람이 자기 행동과는 관계 없이 하느님의 신비로운 결의에 따라 구원되거나 구원되지 않기로 예정되어 있다는 것이 어떻게 이성과 합치될 수 있다는 말인가? 어떤 경우에든지 인간은 자기 본성 속에 들어 있는 원죄로 말미암아서는 멸망하게 되어 있고 그의 의지 속에서 나쁜 욕망에 의해 불가피하게 지배되고 있으며, 그것은 오직 하느님의 거역할 수 없는 은총에 의해서만 극복된다는 것이 어떻게 이성과 합치될 수 있다는 말인가?

2. 종교를 실제로 믿는 일, 그것도 **윤리적 엄숙주의**에 바탕을 둔 것은 근대의 앞날을 위해서 쓸모없는 일일 수밖에 없었다. 인간에게 엄격한 단념과 자기비하, 금욕적인 자기고통과 감각을 거부하는 영혼주의가 터무니없이 요구된다. 음악과 코미디(비극이 아니다!)가 부인된다. 요컨대 모든 쾌락이 삶의 비관론적 입장에서 회의된다. 종교적 규율(고해와 영성체)에서 이 요구들이 더욱 철저해진다. 인간은 함께 사는 인간

에 대한 봉사 대신 하느님 앞에서의 자기비하를 자기파괴로 생각해야 한단 말인가? 하느님을 가슴으로 사랑하기 위해서 자기를 증오해야 하는가? 하느님에 이르는 그리스도교의 길은 오히려 자아의 완전한 포기가 아니라 타인을 향한 자세, 즉 하느님 사랑으로 이웃을 (자기 사랑의 분수에 맞게!) 사랑하는 것이 아닌가? 사실상 그런 외면적인 "금욕"(체념, 고행, 자기부인)은 신약성경에도 아무 근거가 없거니와, 인간적인 것의 대가를 지불하고 또 함께 살아가는 인간들이 이를 위해 치러야 할 대가를 생각할 때, 근대 이후의 적지 않은 인문주의자들에게도 하느님에 대한 믿음과 그리스도교가 근본적으로 서글픈 것은 아니었다.

3. 종교는 솟아오르는 근대의 형성과정에서 개개인의 영역에 머물고 사회정치적 영향력을 별로 발휘할 수 없는 형편이 될 수밖에 없었다. **비정치적 사인주의**에 바탕을 둔 종교? 여기서 우리는 마지막으로 17세기 프랑스를 살펴보기로 하자. 프랑스의 철학·과학·문학에 있어서의 황금기였을 뿐 아니라 절대군주, 비참한 농민생활, 늘상 일어나는 반란과 피비린내나는 억압으로 채워지기도 했던 이 시기를.

다음과 같은 사실은 의문의 여지도 없는 일이다. 영혼을 추구하는, 내면화된 경건성은 다음 문제의 배경이 된다. 왜 그토록 예민하게 여러 면을 고려했던 파스칼이 이미 17세기에 (정치학과 국가론의 세속화에서) 부상한 넷째의 근대 세력에 대해서는 아무런 낌새조차 나타내지 않았을까? 즉, **민주주의**의 도래에 대해서는 말이다!

이 질문은 시대착오적 발상인가? 결코 그렇지 않다. 계몽주의 다음 세기에 민주적·진보적 이념 출현은 "초기 계몽주의"의 자연법-선생을 통하여 마련되었던 것이다. 그런데 이 초기 계몽주의는 파스칼 시대에 영국과 프랑스에서 스토아 학파의 영향 그리고 스페인의 바로크 스콜라 학파의 영향 아래에서 국가제도, 경제질서, 도덕과 종교를 "자연의 토대" 위에서 혹은 인간의 "이성"에 바탕을 둔 것으로 보았으며, 비판적 규범에 대한 역사상의 상황과 폐해를 넘어 이것을 고양시킨 것이다. 이제 인간에게는 **자연스럽고**, 또한 지배자에게도 구속을 가하는 **법**이 정해지게 되었다. 이 법은 중세 시대와 스페인의 스콜라 철학에서처럼, 물론 창조주의 질서의지에만 안주하지 않고, 인간 이성의 독자적인 통찰에 그 기초를 둔 것으로 여겨졌다. 당시 파리에는 여러 해 동안 네덜란드 출신 프로테스탄트가 한 사람 살았는데, 그는 파스칼처럼 "그리스도 진리"를 똑같은 제목으로 (물론 라틴어로) 쓴 **후고 그로티우스**Hugo Grotius(1583~1645)였다. 파스칼과 달리 그는 로테르담의 에라스무스 노선에서 비도그마적이며, 문법적·역사적인 해석을 대변하면서 동시에 자연법을 독립시켰다. 그는 스페인의 바로크 스콜라 철학자 수아레스 Francissco Suárez 이론에 의거해 근대 국제법을 발전 궤도에 올려놓았다 ("De iure belli ac pacis", 1625년 로마에서 지시됨).

그러면 블레즈 파스칼 자신은? 독재자 리셜리외 아래에서, 그 다음에는 추기경 마자린 아래에서 그리고 마침내는 절대군주 루이 16세의 민중 착취 아래에서 그리고 그치지 않는 전쟁(종교전쟁, 조세전쟁, 농민전쟁 등)에 대한 비판이란 사실상 불가능하였다. 이들 전제자들은 모두 도덕이나 신앙고백, 종교와는 무관한 곳에서 마키아벨리즘 정책을 밀고 나가던 사람들이다. 한 사람의 "영광"과 많은 사람들의 "비참"에 대한 비판은 검열, 정보체제와 정치적 구금이라는 힘을 빌려 즉각즉각 척결되었다. 파스칼의 『팡세』의 여러 대목들은, 많은 얀센주의자처럼 "관료 귀족" 출신인 그가 자기가 말한 것보다 더 많은 것을 생각했음을 분명하게 드러내준다. "왕들의 권력은 이성 위에 기초하고 있으나, 사실은 그보다 훨씬 더 많이 민중들의 어리석음 위에 기초하고 있다"고 그는 쓴 바 있다. 또한 그는 그저 일반적으로 법에 관해 발언하기도 했지만, 민중들에게 법률이 부당하다고 말하는 것은 위험한 일로 여겼다.

태양의 왕이라고 불리운 루이 14세가 죽은 뒤, 그의 관 위에 저주를 퍼붓고 돌을 던지게 되는 민중들이 당면하고 있는 엄청난 곤경을 파스칼은 잘 알고 있었다. 특히 파리에서의 말년에 그는 재정상 견딜 만한 한계에 이르기까지 매일 가난한 사람들과 굶주리는 사람들을 도왔다. 옴니버스 회사의 수입을 양로원에 기증하였다. 살 길이 막막한 (병든 아이가 있는) 가족을 자기 집에 들였다. 말들과 마차, 벽걸이와 은붙이와 가구 등을 팔았다. 그는 자진해서 난치병자 병원에서 죽고자 했다. 정작 나중의 루소와는 달리 파스칼은 자기가 말한 그대로 살았다. 그리스도교에서 말하는 이웃 사랑, 경건한 말씀들, 자선과 개인적 사랑은 정치적 앙가쥬망으로 지속될 수 있는가? 왕권, 이 세계의 가장 대단하고 또 중요한 일이 허약함, 그러니까 민중의 어리석음을 바탕에 깔고 있음에도 불구하고, 민중이 여전히 허약하게 남아 있다는 사실만큼 확실한 것도 없기 때문에, 놀랍게도 그 일은 확실한 일일 수 있다고 파스칼은 말했다.

그러나 이 점에서 그는 착각했던 것 같다. "이성의 빛"은 **계몽주의** 시대의 자기 책을 민중들과 관계맺어 주기 시작했다. 이제 종교가 지배자만을 위해 시대적으로 오용되었다는 사실을 점차 꿰뚫어볼 수 있게 되었고, 예외 (카롤링 왕조 이후 서유럽을 지배한) 영주들이 받은 하느님의 은총이 자연의 일들(국가의 계약이 파기될 수 있다든가 하는 일들)로 소급되었을 때, 절대주의 시대 또한 붕괴되었던 것이다. 왕은 단두대에서 처형되고 귀족은 몰락했으며 많은 성직자들이 처형되거나 축출되거나 징계당했다. 그리스도교의 하느님은 "이성"이라는 무신론적 여신에 의해 대체되었다.

근대는 이제 그 최정점에 도달했고, 19세기를 정복하기 시작했다. 철학적·과학적 혁명은 정치적 혁명 속에서 그 짝을 발견한 다음, 마침내 산업혁명 속에서 그 완전한 거인적인 힘을 보여줄 수 있게 되었다. 콘스탄티누스 대제 이후 유럽을 지배해온 그리스도교는 처음으로 유럽 역사에서 강력하게 배척되었다. 그리스도교가 살아남을 길이란 기껏해야 계몽주의자들에 의한 묵인 정도였으며, 차츰 무시되고 몰리게 되다가 때로는 억압을 받기도 했다.

블레즈 파스칼, 수학자이자 물리학자이며 조직적 공작인이었던 그는 철두철미 자연과학과 기술을 위한 근대의 안내인이었으며, 심지어 근대 초기 산업의 안내인이기도 했다. 그러나 파스칼, 종교인, 그리스도인으로서의 이 안내자는 거의 똑같은 방법으로 근대를 살지는 않았다. 얀센주의자로 불리어지고자 하지 않았던 그리스도인으로서 그는 믿음 안에서, 신학과 경건성의 중세적 파라디그마를 근본으로 한 아우구스티누스를 거듭 새로이 찬양하고 인용하면서, 인간의 모순된 본질을 천재적으로 통찰하며 거듭 자신을 되돌아보았다. 중세적·반종교개혁적 파라디그마로부터 근대적 파라디그마로 넘어가는 과도기 가운데, 파스칼의 위치는 우리에게 갈등으로 남는다. 즉, 근대와 중세가 동시에 공존하는 것이다. 과학기술의 영역에서는 진보적·역동적·미래지향적이지만, 교회, 교회의 도덕, 교회의 규율에서는 정태적·보수적·비역사적이었던 것이다. 근대인에게서 우리는 많은 헌신과 참여를 기대할 수 있었던 것은 아니다. 그러나 그저 교만한 생각이나 세속적 즐거움을, 또 아름다운 여인을 추켜세우거나 아이들을 어루만져 주려는 충동을 억누르기 위해, 그가 맨몸에 바늘 허리띠를 은밀히 두르고 다녔던 것 역시 분명 아니다. …

다시 한번 말하자. 물론 매우 존경하고는 있다 하더라도 말이다. 이러한 종교성에는 일종의 엘리트 의식, 청교도적인 점잔과 같은 것이 붙어 있으며, 그것은 다수의 불신자들에 대해 "소수의 선택된 자"가 누리는 정신적 영성이라고 할 수 있다. "고상한 인간 적敵에 맞서서 인간성을 위한 당파를 감히 지지한다"고 볼테르(온갖 조롱을 떠벌리면서도 선량한 프랑스인답게 역시 한 모럴리스트)는 "팡세에 관한 글"에서 썼는데(1734년 Lettres Philosophiques에서), 전혀 틀린 말일까?

볼테르와 백과사전가들, 올더스 헉슬리와 많은 마르크스주의자들이 아주 비판적으로, 혹은 많은 철학자와 신학자, 샤토브리앙에서 샤를르 뻬기에 이르는 문인들이 찬탄에 가득 차서 파스칼을 세세히 살펴본다면, 다음과 같은 사실을 인정해야 하리라. 즉, 17세기 프랑스의 가장 중요한 철인 데카르트가 오늘날 거의 단지 철학자로서만 읽혀지고, 당대의 가장 영향력있었던 신학자이자 설교가인 보쉬에 주교가 기껏해야 역사적 관심의 대상으로 머무르고 있음에 반해, 파스칼은 "3세기가 지난 현대에도 그는 우리의 쟁점 문제에 동참하며 살아 있는 자로서 현존해 있다. 그의 가장 작은 생각들까지도 우리를 혼란시키고, 흥분시키고 화나게 한다. 그러나 우리는 그의 말을 듣는 순간 이미 첫마디부터 이해하게 된다. 그가 살아 있을 당시보다도 훨씬 잘 …"(François Mauriac).

발터 옌스

"확실성! 확실성!"

"모두 사형선고를 받고 쇠사슬에 묶여 있는 한무리의 사람들을 상상해 보자. 매일 그 가운데 몇몇이 다른 동료들이 보는 앞에서 교수형을 당한다. 그래서 남은 사람들은 죽어가는 동료들을 통해 자기 자신의 처지를 미리 보게 된다. 그들은 고통스러워하면서, 아무 희망도 없이 자기 차례가 오기만을 기다리며 서로를 쳐다볼 뿐이다. 이 이미지는 바로 인간이 처해 있는 상황을 나타낸다."

무서운 예언이다. 신이 없는 인간, 자립하면서 신으로부터 멀어진 인간. 파스칼이 보기에 이런 인간은 단순히 버림받고 길을 잃어 방황하는 존재가 아니다. 그 인간은 죽음을 향해 가는 실제 시간 속에서 처형당하는 거나 다름없는 자신의 종말을 체험하는 사형수다. 그는 자신을 기다리고 있는 저격수 앞에서 침묵하고 절망할 따름이다.

20세기에 벌어진 대량학살, 벌거벗겨지고 모든 존엄을 박탈당한 채 줄줄이 엮여서 최후의 일격만 기다리고 있는 인간 군상이 파스칼의 불과 몇 개의 문장 속에서 예견되어 있다. 있을 수 있는 가장 고독한 죽음, 가장 비참하고 무의미한 죽음에 대한 예언이 환상적인 이미지를 담고 있는 위대한 시의 예감력을 통해서 이루어졌던 것이다. 오늘날 아우슈비츠와 오라두르, 미-라이의 일들을 겪고 난 우리들은 파스칼의 "마지막 장면" 묘사를 예전과 얼마나 다르게 읽게 되었는지 모른다. "연극이 아무리 아름답다 해도 마지막 장면에서는 피가 흐른다. 최후의 순간에 해골 위에 흙이 덮이고 그걸로 영원히 끝이다."

파스칼, 『팡세』

그러나 파시즘 시대나 스탈린, 피노체트 치하에서와는 달리, 파스칼이 "그 시대 사람들과 더불어 저주받은 자"라고, **그 시대에뿐만 아니라 영원히** 버림받았다고 말했던 사람들은 죄없는 자, 유대인들, 이교도들, 인간성의 옹호자들이 아니라, 신앙의 이름으로 유죄를 선고받은 자, 신을 잊어버린 자, 자기 자신의 일차적 본성에 대해서는 생각하지 않게 된 자들이었다. 폭력과 피로 물든 죽음의 환상이 어떤 경고적 성격을 가진다는 점에 생각이 미친다면, 처형에 대한 해석은 유달리 각별한 의미를 띠게 된다. 인간은 종말에야 비로소 죽는 게 아니라 매일같이 죽고 있다. 이것이 파스칼의 생각의 핵심이다. 인간은 타락하기 이전을 회고하지도 못하고 그렇다고 종말의 순간에 구원받을 수 있을지 미리 알아보지도 못한 채 끔찍스런 죽음을 경험하고 있는 것이다.

『팡세』의 저자는 인간이 처한 상황을 묘사할 때, 마지막 순간에 사람들을 말리고 깨우쳐서 방향을 돌리려 하는 고해신부의 입장을 취한다. 그는 이러한 작업을 철학적 명상의 형식보다는 매혹적이면서도 논리적인 담화를 통해서 수행한다. 그것은 형상에 개념을 주고, 개념을 형상으로 바꾸어놓는 담화, 아무 생각 없이 그날그날을 살아가는 사람들도 자기 자신과 똑같이 존중해 주는 그런 담화다.

『팡세』는 프랑스 도덕주의자들이나 라 로쉬푸코, 보브나르그가 쓴 것처럼 정밀하고 사려깊게 만들어진 날카로운 잠언이 아니다. 『팡세』는 신자뿐 아니라 무신론자도 자기 주장을 말하고 있는 비망록, 반론, 질문서이며, 혼잣말을 기록해둔 노트이다. 또한 그것은 쫓겨다니던 시대에 나온 에밀 놀데의 『그려지지 못한 그림들』처럼 나중에 더 보충되어서, 그리스도교에 대한 포괄적인 호교론으로 완성될 잠정적인 스케치이다. 따라서 이 책에서는 단 하나의 목소리가 아니라 무수한 목소리들이 함께 울리고 있다. 재판관과 경고를 전하는 자의 대화 속에 속인의 목소리가 섞여든다. 계몽주의의 후계자 몽테뉴, 수학자, 교양인이 성직자와 똑같은 타당성을 주장한다. 또한 지배계급의 궁중 예절과 공허한 행각에 대해서 몽테스키외가 행한 근본적이며 내적인 도전까지도 타당성을 갖는 것이다. 그러다가 항상 다시 변장을 하며 점점 더 뻔뻔스러워지는 역할을 맡아 하는 문사가 갑자기 말을 그치고, 극단적으로 시점이 이동한다. 이제 블레즈 파스칼이 그리스도에게 기도하는 게 아니라, 예수 자신이 발언권을 쥐고 자기를 부르는 사람을 향해서 직접 호소한다. "너를 다른 사람들과 비교하지 말고 나와 비교하라. 나는 모든 것 속에 존재하는 신이다. 나는 자주 네게 말을 걸며 네게 위안을 준다."

요컨대 『팡세』에서는 한 차원에서 한 목소리만이 말하는 것이 아니라 천국과 지옥 사이에서 모든 목소리들의 합창이 울려퍼진다. 그리하여 어떤 조화로운 완성(이와 함께 우호적인 질서)에서도 벗어나는 모순과 화려한 파격의 세계가 성립한다.

파스칼은 항상 긍정과 부정을 동시에 한다. 이것이 파스칼의 특징이다. 그는 "이밖에 다른 것은 틀렸다"든가, "결정적"이라든가, "돌이킬 수 없는"이라는 말로 얽매이는 법이 없었다. 그는 1654년 11월 23일의 비망록에서, 그 당시뿐 아니라 영원토록 급진적인 그리스도교적 실천을 할 듯이 단호한 태도를 보였지만, 그와 동시에 룰렛게임에서의 승률을 따지는 확률계산 문제에 몰두하고 있었던 것이다. 무한을 얻기 위해서 유한을 거는(그렇다고 잃을 위험이 확실한 데 비해 승산이 불확실하다는 사실을 잊지 않아야 하는) 형이상학적 게임에 몰두했듯이.

모순들은 언제나 나타난다. 비망록에서는 한 사람이 자신을 엄습한 불의 환상에 대해서 몇 개의 짧은 문장으로 내뱉듯이 말하고 있는데, 이때 그는 그 환상이 나타난 시간을 정확히 재고 있다("밤 10시 반경부터 12시 반쯤까지": "쯤" — 신비적인 흥분의 순간에 이토록 꼼꼼하다니!). 또한 그는 아무렇게나 갈겨쓴 메모를 다시 깨끗이 정서해서 웃옷 속에 꿰매어 넣는다. 보통의 경우라면 이는 별날 것이 없는, 궁중 예절로 공인된 의례적 행동이었을 것이다. 리셜리외 역시 외투 속에 메모를 꿰매어 넣게 했었으니까.

또다시 자가당착에 빠진 인간, 파스칼은 키에르케고르의 선구자이면서 계산기의 발명자이기도 했다. 수도원 밖에 있으면서 고행자처럼 살았고, 그때문에 주부 노릇을 하던 누이한테서 잔소리를 들었으며, 빗자루조차도 사치스러운 가구라고 생각하던 그가 귀족사회에서는 마르셀 프루스트보다도 더 폭넓은 교제관계를 가지면서 기사 드 메레와 로아네츠 공작과 어울려서 떠들고 다녔던 것이다. 또한 그는 천민들을 무식하다고 깔보면서 오만불손한 태도를 보이기도 했다. 그러나 훗날 레오파르디와 니체가 그에게 깊은 공감을 느낀 이유는 바로 이같은 모순적 성격 때문이었다. 파스칼은 18세 때부터 인생을 육체적 고통으로밖에 받아들일 수 없었던 고뇌의 인간이었다.

병든 천재라는 19세기를 주도했던 인물상이 이미 파스칼에게서 나타나고 있는 것이다! 1821년 6월 17일에 자코모 레오파르디는 이렇게 적고 있다. "자연이 기적처럼 몇 차례 만들어낸 대단히 비범한 정신의 소유자들은 자기 육체뿐만 아니라 정신적인 능력, 천재성까지도 빨리 소모해 버린다. 그들의 기관은 어느 부분이나 너무도 섬세해서 쉽게 마모되고 쉽게 상해버리는 것이다. 그 이유는 그들의 기관이 좀 덜 섬세하지만 더 완전한 기관에 비해 열등하기 때문이다. 그 좋은 증거가 파스칼이다. 이미 일종의 정신착란에 빠져 있던 파스칼은 39세의 나이에 죽고 말았다."(이 글을 쓴 레오파르디 역시 정신착란 증세로 39세의 나이에 죽었다.)

그는 레싱을 닮은 최고의 배우이자 절망과 고통에 시달리는 인간, 항상 끊임없이 어떤 계획에 골몰하고 있는 인간, 실행은 하지 않고 구상만 하는 인간, 신의 사랑을 얻기 위해서 자신을 버리려고 했으면서도, 결코 꺼지지 않을 열정으로 자기 자신을 주장한, 독특한 자기만의 개성을 지닌 인간, 종교 문학의 테두리에서 가장 엄밀한 사상가 중의 한 사람이지만(니체는 1888년 11월에 이렇게 쓰고 있다. "나는 파스칼에게 거의 반해 있는데, 그는 나에게 끊임없이 가르침을 주었기 때문이다.

그는 유일한 **논리적** 그리스도인이다"). 니체처럼 체계를 만들지 않은 사상가이기도 했다.

종교 영역에서의 모순, 정치 영역에서의 모순. 그는 마키아벨리에 대한 탁월한 연구를 했고, 현상태와 지배권력을 옹호했으며("민중에게 법률이 틀렸다고 가르치는 것은 위험한 일이다. 민중은 법률이 옳다고 여길 때만 법률을 존중하기 때문이다. 그러므로 우리는 민중들을 향해서, 상관이 옳기 때문이 아니라 단지 상관이라는 이유만으로 복종해야 하듯이 법률은 법률이라는 이유만으로 무조건 존중하라고 말해야 한다"), 개명된 법률가 집안 출신(데카르트처럼)의 권력지향적 사상가였지만, 다른 한편으로 그는 권력의 이데올로기적 성격을 꿰뚫어보았다. 그는 자기 계급에 걸맞은, 사회적인 현상태를 정당화해 주는 생각들을, 자신의 "비밀스런 사상"과 대비시키고 있다. 그 비밀스런 사상이란 배우 파스칼의 가정법적 사고, 꿈과 해방의 사상이다. "만약에 어떤 평범한 군인이 재판장의 모자를 벗겨서 창밖으로 던져 버린다면 …"

그러나 블레즈 파스칼, 그가 무슨 일을 했든간에, "예"라고 말했든 "아니오"라고 말했든간에(양쪽 다 동시에 말했다고 하는 편이 정확할 것이다) 그는 언제나 도박판의 물주 노릇을 했다. 내기에 대한 유명한 대화에 나오는 의미의 물주. "당신은 이미 배에 올라탔습니다. 신사 양반, 당신은 이미 배에 올라탔고 도박판에 뛰어들었습니다. 성경을 골라 잡아서 그것을 걸고 신이 존재한다는 쪽에 거세요. 이긴다면 당신은 전부를 따는 셈이지만 진다 해도 아무것도 잃을 것은 없습니다."

파스칼은 긍정과 부정을 동시에 했고, 모든 인간적인 것이 불확실하고 부정확하다는 식으로 알고 있었지만, 그렇다고 우유부단하거나 "이 것도 옳고 저것도 옳다"는 식으로 말하는 사람은 아니었다. 오히려 (니체의 말을 다시 인용하면) "열정과 생명력, 성실성을 합쳐 놓은 최고의 크리스천"이었고, 스스로 던진 질문을 두고 궁극의 결론에 이를 때까지, 역설을 통해서만 밝혀질 수 있는 핵심에 이를 때까지 철저히 사유

했다. 그는 마지막에 가서 이율배반에 빠져들 위험까지도 감수했다. 절충이란 것을 알지 못하고 오직 진리에 몰두해 있는 파스칼 같은 사람에게 이런 이율배반은 정신을 잃게 만드는, 심지어 말 그대로 목숨을 위협하기까지 하는 치명적인 것이었다. 1661년 10월에 교황이 얀센교의 교의를 이단으로 몰아버린 문서에 대한 **무조건적** 인정을 요구하고, 이런 요구에 포르-로얄의 타협자들이 굴복했을 때, 파스칼은 로마뿐만 아니라 한때 자기와 뜻을 함께했던 옛 동맹자들을 상대로 이중의 투쟁을 감행했다. 그는 『시골 편지』에서 옛 동맹자들의 편에서 예수회원들을 참살斬殺한 일이 있었다(그렇다. 참살한 것이다!).

그는 법률가 도마와 함께 자신의 옛 전우들 역시 예수회적인 세속성에 물들어 있다고 비난하면서, 최후의 위대한 저술grand écrit을 썼다(이 글은 현재 남아 있지 않다). 여기서 그는 마지막까지 신과 교황 사이에 서서 교황을 비난했다. 그는 교황이 "얀센교의 교의에 유죄판결을 내리려는 악의를 지니고 있다"고 주장했다.

이편에는 교회와 그 수장首長이 있고 (클레르몽 출신의 가톨릭 신자에게 교회와 교황 없이 구원의 징표 속에서 산다는 것은 생각할 수 없는 일이었다) 저편에는 신과 진리가 있다. 파스칼은 말년에 어떤 이율배반에 직면했는데, 그것은 200년 후에 도스토옙스키가 대심문관 우화를 통해서 철저히 사색하게 된다. 도스토옙스키 역시 거부할 수 없는 이율배반을 구성하려는 의지에 고무되어 거창하면서도 비인간적인 마니교적 이원론에 회귀한다. 비인간적인 이유는 그것이 적 아니면 동지라는 사고방식, "그리스도와 적敵그리스도"라는 대립에 규정당하고 있기 때문이다. 이 대립은 파스칼의 논증의 틀을 부각시켜 준다. 로마노 과르디니에 의하면 파스칼은 "개인적인 선택에 대한 강력한 의식과 그 자체만으로 이미 어떤 최후의 불확실성의 징표라고 할 수 있는 감수성을 결합시켰다. 이같은 그의 성향은 투쟁의 악마성과 연관된다. 절대적인 투쟁에의 의지. 이 의지, 즉 파멸에 이르는 투쟁은 적이 절대적인 적, 즉 진리 자체를 거역하고 악용하는 적으로 되는 순간에 가능해지며, 이때 투쟁은 종교적인 신성함마저 띠게 된다. 그러한 적은 악마적인 적, 도스토옙스키가 말한 대심문관, 적그리스도다.

파스칼이 결코 화해적인 인물이 아니었다는 데는 의심의 여지가 없다. 그는 차라리 지금 여기, 즉 신의 피조물들이 그리스도의 영혼 속에서 생명을 얻으려고 노력하고 있는 구체적인 역사와 세계를 자신이 계획한 총체성이나 절대성의 구상 때문에 도외시해버리는 편을 택했다. 프란치스코의 정신(신심의 실천상으로는 어떻든 적어도 이론상으로 잘 살펴보면 가난한 이들의 편에 서고 어린이의 생활능력을 배려하는 삶의 정신), 모든 피조물에 대한 연민과 사랑과 같은 정신을 파스칼에게서 느끼기는 어렵다. 몽테뉴가 머리 속에 그렸던 "인간성에의 경외와 보편적인 의무"나 (『수상록』 제2권을 인용하면) "우리 인간을 움직이며 지각할 줄 아는 동물들뿐만 아니라 나무, 식물들과도 맺어주는 인간성"…, 피조물들 속에서 창조주를 찬양하는 그러한 인간성이란 것을 파스칼은 근본적으로 의심했다. 그것은 신이 의도한 서열을 전도시킨다는 점 때문에 이단의 표현이었다.

볼테르를 정점으로 하는 프랑스 계몽주의가 인간에 대해 엄격하게 한계를 설정한 파스칼에 대해 다름아닌 이 인간성의 이름으로 반기를 든 것은 놀라운 일이 아니다. 그들은 1차적인 본성에 재차 가치를 부여해주는 유일한 지배적 관계, 즉 신과 인간의 수직관계를 위해서 의미를 형성하는 모든 수평관계(나와 세계, 나와 너)를 배척해버린 파스칼의 입장에 반대했던 것이다.

반대요, 나으리! 당신의 비유는 옳지 않소! 볼테르는 『철학 서한』에서 파스칼의 단장들을 조목조목 반박하면서 이렇게 적고 있다. 실제로 줄줄이 엮여서 교수형당하는 것이 인간에게 자연적으로 주어진 운명은 아니다. 오히려 동식물들과 같이 성장하고 한동안 살다가 번식하고 죽는 것이 인간의 운명이다.

반대요, 나으리! 오직 하느님만을 사랑할 것이지, 무상한 피조물들을 사랑해선 안된다. 이들은 우리를 하느님에게서 멀어지게 하고 다른 것들을 생각하게 한다("만물은 악하다")라는 당신의 주장은 받아들일 수 없소. 볼테르는 정말 중요한 일은 모든 피조물들, 자기 배우자나 자식, 양친, 고향을 깊은 애정을 갖고 사랑하며 인간 사회를 좀더 완전하게 만드는 데 자기 의무를 다하는 것이라고 주장했다.

그렇다면 파스칼은 반계몽주의자, 광신적인 개인주의자였던가? 인간의 오류, 신을 거부하는 인간의 맹목을 미친듯이 고발한 사람이었던가? 과연 그러했는가? 나는 생각한다. 그렇게 주장하는 사람, 몽테뉴와 볼테르의 입장에서 그를 속세를 떠난 참회 설교사로만 간주하는 사람은 그가 긍정과 부정을 동시에 하는 사상가(다르게 표현한다면 천재적인 변증론자)라는 사실을 무시하는 것이며, 이성적인 사유와 재치있는 역설과 정확한 논증에 누구보다 능했던 **또 다른** 파스칼을 잊어버리는 것이다. 이 파스칼은 "이차적 본성"이라는 것을 의심스럽게 생각했음에도 불구하고, 인간이라는 종의 진보를 옹호했다. 그때문에 그는 포르-로얄의 은둔자보다는 오히려 백과전서파에 가깝다고 하겠다. 공허에 대한 초기의 한 단장을 보면 이렇게 씌어 있다. 인간은 "지식을 저장할 수 있을 뿐만 아니라 쉽게 증식시킬 줄도 안다. 따라서 만일 옛날 철학자들이 현재까지 살아서 이미 알고 있는 지식에다 수백 년에 걸친 연구를 통해서 새로 얻은 지식을 덧붙일 수 있었다면 그들은 오늘을 살고 있는 현대인들과 같은 입장에 도달하게 되었을 것이다. 그렇기 때문에 학문에 종사하는 개개인들만 특권적인 위치에 서서 날마다 발전하는 것이 아니라 천지만물이 나이들어감에 따라 모든 인간이 함께 부단한 전진을 이루어가는 것이다. 한 인간의 일생 동안에 일어나는 과정이 세대의 교체 속에 그대로 재현되기 때문이다. 그러므로 수세기 동안 차례차례 나타났던 인간들 전체를, 영원히 살고 부단히 학습하는 한 명의 인간으로 간주할 수 있는 것이다".

파스칼, 『팡세』

이것은 명백히 베이컨이나 데카르트의 진보에 대한 낙관주의로 충만한 초기 진술이다. 하지만 이 진술은 동시에 신학자로서의 파스칼의 사고에 대해 과학자의 입장에서 끊임없이 제동이 걸리고 있다는 증거이기도 하다. 파스칼은 무한이란 무엇인가, 무한이 인간의 의식에 어떤 의미를 지니는가에 대해 숙고하고 서술하려고 시도한, 중세 이후 최초의 저술가였다. 모든 것이 격렬하게 운동하고 있는 일정한 시간과 공간 속에서 살고 있는 인간의 의식. 파스칼은 "유한과 무한, 무無와 일체一切" 같은 개념들에 사변이 아니라 지식에 기초한 새로운 의미를 부여하여 신학을 수학화했다. 그는 인간을 비참과 숭고함 사이에서 동요하는 이중적 존재로 묘사했는데, 이러한 묘사는 곧 자기 자신의 삶과 사상을 규정했던 애매성을 객관화시킨 결과였다. 이로써 그는 사적인 것을 보편타당한 것으로 만든다. 사상의 강조점이 20대에서 40대에 이르는 사이에 변화하긴 했지만, 그럼에도 그는 언제나 과학을 탐구하는 "위대한 그리스도교도"였고, 신에 대해 명상할 때도 신이 특별한 존재임을 규명하기 위해서 "나눌 수 없다"는 개념을 사용하는 수학자였다.

우리는 감히 단언할 수 있다. 파스칼 이외에 그 누구도 (아우구스티누스나 루터조차도) 무한과 유한, 신의 가능성과 인간의 불확실성에 대해 그토록 정확하게 인식하지는 못했다. 파스칼은 특히 심리학자로서, 니체는 그를 "큰 사냥", 즉 인간 영혼과 그 한계를 탐색하는 작업의 동료로 인식했다. 파스칼은 두 세기가 지난 뒤에야 자신과 동급의 전우를 만나게 된 셈이다. 이 시기는 또한 권태ennui와 같은 개념이 보들레르와 키에르케고르 사이에서 중심범주가 된 순간이기도 했다. 이 범주를 통해서 신의 기피와 우울과 고독이 단일한 현상임이 분석됐는데, 이 역시 파스칼이 이미 발견한 대로였다. 이 문제에서도 파스칼은 자기 자신의 병을 시대의 병으로 진단하고 있었다(어느 고전 대목에 "수학자는 우수에 잠긴 친구다"라는 말이 있다. 뒤러의 유명한 그림에서는 자연과학자의 기구들에 우울한 분위기가 어려 있다).

"나는 나 자신을 가까이 숨어서 엿본다. 나의 시선은 끊임없이 나 자신을 향한다. … 그 결과 내가 나의 내면 속에서 얼마나 하잘것없고 허약한 면모를 발견했는지는 감히 고백할 수 없을 정도다. 나는 비틀거리며 불안하게 걷고 있다. … , 수많은 목소리들이 예기치 않은 때 무섭게 나를 덮쳐 온다. 어떤 때는 우울해졌다가 또 어떤 때는 쉽게 성질을 내게 된다. … 나의 내면은 뒤죽박죽이다." 따라서 미셸 드 몽테뉴가 『수상록』 제2권의 그 유명한 12장(레이몽 세봉의 변론)에서 행한 것과 같은 자기 자신에 대한 탐구, 또한 그러한 탐구에서 결과적으로 나올 수 있는, 인간 조건 일반에 대한 탐구를 파스칼 역시 했던 것이다. 파스칼은 자기 자신을 들여다보면서 극도로 비밀스런 영혼의 움직임에 대해 성찰했다. 이때 그는 일종의 심리학 기법을 추구한다. 파스칼에 의하면 이 기법에 대해 아무도 관심을 두지 않고 있다. 동물도 아니고 신도 아닌 존재, 암흑 속에 있지도 광명 속에 있지도 않은 존재, **실제로는** 아무것도(거의 아무것도) 아니면서 **잠재적으로는** 모든 것이 될 수 있는 존재인 인간의 윤곽을 파악하는 일보다 더 중요한 것은 없는데도 말이다. 인간이 자기 자신을 초월할 수 있는 존재란 사실은 일종의 은총인 동시에 의무이기도 하다. 플라톤의 『파이드로스』에서 상상의 동물이 갑자기 사랑의 황홀경 속에서 날개가 돋고, 갑작스런 상기에 의해 포착된 환영이 자기 내부의 신적인 영혼을 해방시키는 것처럼, 파스칼이 거듭해서 상정했던 인간은 참회를 설교하는 설교사의 위압적인 역설에 정신을 차려 어렴풋한 예감으로만 알고 있던 자신의 일차적 본성을 확실히 깨닫게 된 인간이었다. 이로써 인간은 자신이 무한한 존재로 창조되었다ad deum creatus는 것, 그리고 유한한 인간을 무한한 창조주와 하나로 만들어주는 기관을 가지고 있다는 것을 역시 확실하게 알게 된다. 그것은 곧 인간의 **마음**이다. 마음은 환상에 대해 생각하고 사상을 이미지로 옮겨놓을 수 있게 해주는 장치인 것이다. 이렇게 해서 파스칼은 "그리스도교화된" 플라톤적인 상기설想起說을 주장했다.

마음은 돌연한 총체적 인식(특히 **재**인식, 즉 플라톤이 말한 상기)의 중심이다. 마음은 최고의 의식성과 직관의 경계(무질의 표현을 빌린다면 "대낮처럼 밝은 신비성"의 상태)에서 이성과 사랑을 하나로 합하면서 "신을 향한" 사유를 시작한다. 이로써 상처와 빈 자취, 희미한 징후, 묻혀 사라진 길에 지나지 않던, 최초의 피조물에 대한 상기능력이 되살아나게 되고, 그 결과 인간은 기만과 착란, 혼미에서 빠져나와서, 자기 자신이 한때 왕이었고 지금도 왕이라는 사실을 인식하기에 이른다. 인간은 에덴 동산에서 스스로 폐위를 자초했지만, 언젠가 몸값을 치르고 해방되어 왕관(더 정확히 말하자면 신의 발판)을 되찾으리라는 믿음을 가져도 좋을 왕이라는 것이다.

이렇게 볼 때 파스칼 문학 본연의 (그리고 최고의!) 목표는 잃어버린 고향을 향한 동경을 불러일으키고, 플라톤의 동굴 비유처럼 인간이 가상의 세계에 살고 있으나 그 세계로 태양의 희미한 반사광이 (신적 이데아의 상징으로) 비쳐들고 있다는 사실을 사람들에게 알려주는 것, 마지막으로 현재의 비참상이 인식되는 것은 그로 인해 과거의 위대함이 한층 두드러지기 때문이라는 생각을 강조하는 것이었다. "그것은 위대한 인물의 추방, 폐위당한 왕의 추방이다."

유배지와 **왕국**. 이 두 개념이 그 다가성多價性과 파스칼다운 비판적 힘을 발휘하는 것은 이들이 세계와 구원에 대한 인간의 이해의 양극을 이룰 뿐만 아니라 그리스도교적인 양가성을 보여주기도 하기 때문이다. 유배지와 왕국 사이에서 나자렛 예수는 숨겨져 있는 신의 징표를 사람들에게 보여주었지만 동시에 신이 더 이상 보이지 않는다는 사실로 인해 사람들에게 수모를 당해야 했다.

예수, 인간을 초월한 인간의 총화였고 무명의 명성이라는 역설의 인간이었던 그러한 예수에 대해 서술할 때, 진리를 변증법적으로 드러내는 파스칼의 능력은 그 어느 때보다도 화려하게 나타난다. 파스칼은 예수가 없었다면 이 세계는 지옥이었을 것이라고 생각한다. 이 예수 그리스도에게 파스칼은 『신비의 예수』에서 가장 인간적인, 바로 그때문에 가장 감동적인 조가(弔歌)를 바친다. 고독과 불안 속에서 고통받은 인간에게 바쳐진 이 조가는 명상으로 시작해서 유배지와 왕국의 분계선을 이루는 대화에서 절정에 이른다. "어떤 정원에 예수가 있다. 그러나 그 정원은 최초의 인간 아담이 있었던 그런 환희의 정원이 아니다. 아담은 환희의 정원에서 자기 자신과 인류 전체를 타락시켰다. 반대로 예수의 정원은 고통의 정원이며, 그는 거기서 자기 자신과 인류 전체를 구원했다. 그는 이날 밤 두려움에 떨면서 이 고통과 황폐함에 신음한다. 내 생각에 예수는 이때 외에는 단 한 번도 탄식한 일이 없다. 그러나 이때는 그도 너무나도 큰 고통을 더 견디어낼 수 없다는 듯이 탄식했던 것이다. '나의 영혼이 근심에 싸여 죽을 지경입니다.' 그는 사람들과 함께 있고 싶어했고 그들에게서 위안을 얻으려 했다. … 그러나 그럴 수 없었다. 그의 제자들은 잠만 잘 뿐이었다. 예수의 고뇌는 세상이 끝날 때까지 계속될 것이다. 그때까지 우리는 잠들어선 안된다."

구세주의 고뇌. 그것은 가장 잔인한 역설의 하나다. 파스칼은 이러한 역설을 가지고 인간과 세계의 모순과 양가성을 지금 이 자리에서 명백히 보여주고 있다. 『팡세』를 쓴 파스칼은 이러한 이율배반을 부각시키기 위해 한 문장 한 문장마다 독자를 혼란과 불확실성 속에 빠뜨리는 문체를 사용한다. 한번은 인간의 입장에서, 또 한번은 신의 입장에서 논증이 이루어지는가 하면, 한번은 수학적으로 접근했다가 갑자기 시적·정열적인 접근법이 나타나기도 한다. 이 모든 것의 목표는 독자를 자극하는 것, 독자를 편안하게 내버려두지 않고 위협, 연극, 모순되는 말, 어조의 끊임없는 변화를 통해서, 언제나 중요한 고려의 대상으로서 엄청난 양의 지식을 가지고 있는 것으로 간주되는 상대를 불안 속에 몰아넣으려는 것이다. 또한 모든 것은 고도의 계산에 따라 이루어져 있다. 모든 문체 수단은 그것이 영혼이라는 무대 위에서 이성과 충동적인 비합리성간에 벌어지는 싸움을 이성에 유리한 방향으로 결판내는 데 도움이 되는가 하는 점을 정확히 고려해서 선택된 것이다. 이때 이성이란 물론 합리성이라기보다는 (번뜩이는 역설에 의해 발동되는) 사고력을 말하는 것으로서, 파스칼처럼 합리적 현상을 감각적이고도 치밀하게 서술하는 데 골몰했던 로버트 무질은 이를 두고 다음과 같이 말했다. 사고력은 "깊이, 대담성, 새로움에 대한 욕구를 간직한 채 일단은 합리적인 것, 과학적인 것"에 머물러 있다. "그러나 이러한 오성은 주변으로 점점 확장해 나가서, 감정을 붙잡는 순간 곧 정신이 된다. 이 일보를 내딛는 것이 시인의 임무다."

파스칼과 같은 시인 또는 철학자는 근본적으로 이미 알려지지 않은 얘기는 한 마디도 하지 못한다는 비난에 직면하게 되는데, 그는 이런 비난에 대해서 다음과 같은 주장으로 맞섰다: 나에게 있어서 적어도 배열만은 늘 새롭다. 이것은 저술가의 진정한 원칙이다. "공놀이를 할 때 누구나 같은 공을 가지고 한다. 하지만 어떤 사람은 남들보다 공을 훨씬 잘 다룬다."

파스칼이 바로 그러했다고 나는 생각한다. 파스칼은 신의 존재가 확실하지 않고 다만 개연적일 뿐인 그러한 상황, 반면에 예수라는 선구적 인물을 통해 구현된 인간을 초월한 인간의 출현은 가능할 뿐만 아니라 확실하기까지 한 그러한 상황을 나타내주는 적합한 표현법을 발견했다. 그것은 역설이었다.

몽테뉴의 『수상록』들은 수학책과 성서와 더불어 파스칼의 "마지막 재산"이었지만, 몽테뉴가 살아 있었다면 그토록 대담한 역설을 구사하는 자신의 후배를 보고 괴팍함과 무절제를 나무라면서 자중하도록 권고했을 게 분명하다. 대단히 탁월하고, 인간적이고 이교적이면서, 계몽주의적이기도 한 『수상록』의 피날레, "네 자신이 인간임을 깨닫는 때 너는 그만큼 더 신과 같이 된다"는 고대의 잠언을 따르는 나지막한 데크레셴도는 마치 파스칼에 대한 비판을 앞질러 해놓은 것처럼 들리지 않는가? "자신의 현존을 올바르게 향유할 줄 알게 될 때 인간은 최고의 완성,

거의 신적이라고까지 할 수 있는 완성을 이룰 것이다. 우리는 끊임없이 남의 존재양식을 추구하는데, 그 이유는 우리가 우리 자신의 존재양식을 이용할 줄 모르기 때문이다. 우리는 자꾸만 자기 밖으로 나가려고 하지만, 이는 실은 우리가 자기 내부에 무엇이 있는지 알지 못하기 때문인 것이다. 우리는 대말(竹馬) 위에 올라타고서 가만히 있고 싶어하지만, 그 위에서도 다리를 계속 사용하지 않으면 안된다. 세계에서 가장 고귀한 왕좌에조차 우리는 엉덩이를 대고 앉을 수밖에 없다. 내 취향에 맞는 가장 아름다운 삶은 기적이나 기이한 일이 없이 잘 정돈되어 있는, 일반적이고 인간적인 표본에 잘 들어맞는 삶이다."

 내 생각으로는 『팡세』를 읽은 다음에 몽테뉴의 『수상록』을 읽으면 유익할 것 같다. 그러나 시간에 대한 명상의 부분을 읽은 다음에 다시 파스칼로 돌아오는 것 역시 권장할 만하다. 반복해서 지적해두고 싶은 것은, 세계 속에서 (우주공간이든 영혼의 세계든) 그보다 더 넓은 자리를 차지한 사람은 없었다. 또한 우리가 아직도 여전히 체험하는 프톨레미적인 세계감정에 비추어볼 때, 무한한 지평 속에서 사고하는 존재가 얼마나 두드러져 보이는지를 그만큼 정확하게 서술한 사람은 없었다. 파스칼은 영원성의 체험이 어떻게 하면 가능해지는지, 또한 동시에 오늘날 사람들이 알긴 하지만 진심으로 받아들이지는 못하고 있는 시간과 공간의 무한성 속에서 인간 존재의 상대성을 어떻게 개념화할 수 있는지 누구보다도 날카로운 이미지를 사용해서 규명했다. "우리의 존재를 아예 알지조차 못하는 왕국이 얼마나 많은가." 파스칼은 『팡세』의 207번째 단장에서 이렇게 말하고 있다.

안드레아스 그리피우스
Andreas Gryphius

『시』
Gedichte

한스 큉

종교개혁 파문과 종교

청춘에 첫눈 떴을 때, 부드러운 봄날
잔인한 죽음이 나를 버렸지 / 슬픈 밤을
덮어버렸어 / 씁쓸한 한숨의 힘은 나를
갉아 버렸다. 나는 끊임없는 고생에 말라 버렸네
나는 내 시간들을 / 신음 / 곤경과 탄식으로 나누었지
그것들을 난 때로 단단한 기둥으로 삼아왔다오
그것들은 (유감스럽게도!) 모두 떨며 흔들리다 부서져 버렸지
이제 나는 내가 짊어진 / 비참함만을 지고 있을 뿐

안드레아스 그리피우스Andreas Gryphius(1616~1664)는 「주께서 나를 생각하시다」Dominus de me cogitat라는 소네트를 이렇게 시작한다. 여기서 말하고 있는 사람(Gedichte, Reclam-Ausgabe, S. 16)은 죽음과 신음, 곤경과 탄식이 무엇을 의미하는지 알고 있으며, "떨며 흔들리다 부서져" 버린 "단단한 기둥" 같은 표현법은 그에게 있어서 아름다운 시적 이미지와는 다른 것이다. 그것들은 시로 바뀌어 버린 실존적 경험들이다. 슐레지엔 지방의 글로가우, 괴리츠, 프라우엔슈타트, 그뒤의 단찌히와 쉰보른에서의 그의 젊은 날은 30년전쟁의 공포에 의해 완전히 그늘져 버리고 말았다. 다섯 살 때 그는 아버지를 잃었고 열한 살 때 어머니를 여의었으며, 그에게 가족을 대신해 줄 만했던 가까운 친구들은 전쟁이 끝난 뒤 창궐한 흑사병으로 죽었다. 일곱 자녀 중 넷은 아주 일찍 죽었고, 나머지 셋

중 둘은 가혹한 운명과 부딪쳐야 했다. 그렇다, 이 사람은 자기가 무엇에 대해 말하는지 알고 있는 것이다.

그러나 이같은 특징적 표현과 경건함, 그리스도교적인 것, 하느님께의 의탁 쪽으로의 아주 겸손하면서도 자발적인 방향전환이 그의 작품에 계속 주어지지 않는다면, 그리피우스는 아마 그리피우스일 수 없었으리라. 그의 시는 아주 조용히 그와 또 다른 쪽을 보여준다.

> 그래도 아니네! 충실하신 하느님은 내게 눈과 손을 주셨지
> 하느님의 가슴은 아버지다운 충실성으로 나를 향해 불탔다오
> 하느님은 그런 분 / 언제나 당신 자녀를 돌보고 있음이 틀림없네
> 속수무책일 때에도 / 그분은 이적을 보여주지
> 우리 힘이 없어질 때 그분은 당신의 강함을 증명하고
> 하느님이 숨어 있다고 / 우리가 말할 때
> 우리는 그분 모습을 바라보네(S. 17)

이 강의에서 우리는 그리피우스의 작품에 나타난 이 특징적 표현의 유래, 위치와 구조를 자세히 말해야 할 것이다. 우리는 이 사람과 그의 작품이 지닌 특성을 신학적으로 그리고 문학적으로 진단해 보고자 한다. 그러나 신학자는 우선 여기서 머뭇거려야 할 듯싶다. 그리피우스의 (일반적으로 허무라는 동기의 인상이 짙은) 문장들은 모든 그리피우스의 작품을 실존적 당혹성과 종교적 감동 이외의 아무것도 아닌 것으로 분석하기 쉽게 할 공산이 크다. 문학이론가는 필요한 것을 위대한 그리피우스 작품에 대해 말할 것이다. 그러나 시인의 전 인간됨과 그 작품이 지닌 모든 시대 관련성을 보기 위해서, 우리는 여기서도 우선 아주 냉철하게 역사적인 자리매김을 행하여야 할 것이다. 이 강의에서 중요한 것은 아마도 서로 괴리된 종교적 작품들이 흥미롭게도 나란히 있다는 점도 아니고, 작품 하나하나에 대한 개별분석만을 떼어서 보는 일이

아닐 것이다. 중요한 것은, 다음과 같은 근본질문 아래에서 개개 시대 사이에 존재하는 커다란 상관성을 정신사적·문화사적으로 밝히는 일일 것이다. 종교와 근대는 어떻게 사귀어 왔으며, 또 종교 자체는 근대에 무엇을 행하였는가?

바로크 문학에 별 이해를 보여주지 않았던 19세기에 벌써 문학사가 게르비누스는, 그리피우스를 "17세기의 모든 작가들 가운데 가장 독립적이며 가장 다면적인 시인"이라고 불렀다("Geschichte der Deutschen Dichtung" III, S. 349f). 우리 시대의 바로크 연구(특히 M. Szyrocki, W. Flemming, H. H. Krummacher, W. Maurer)는 이제서야 이 슐레지엔 지방 작가의 의미와 그 중요성을 부각시켰다. 안드레아스 그리피우스, 그는 확실히 독일 지역의 남자였다. 그런데 독일 지역은 그 시대 유럽의 전쟁터였다! 파리 사람 파스칼과는 아주 달리, 전쟁에 대한 고통이 위대한 문학적 형상화로 그를 몰고갔던 것이다. 그는 유럽의 컨텍스트 안에서 너무 적은 관심을 받고 있는 유럽 역사의 이 시기를 대변하는 또 다른 위대한 대변자이다. 그는 우리의 반열 가운데 위로받으며 주목되어야 한다.

교회적 구조와 정치적 구조, 신학/문학적 발전과 경제/사회적 발전, 종교운동과 사회운동을 동시에 함축하는 **전환기의 한복판에 있는 삶**이 독일에도 있다. 확실히 그렇다. 역사가들은 종교적인 것과 정치적인 것, 신학적인 것과 사회적인 것 사이의 상호의존적인 것에 대해 논쟁을 벌인다. 또한 교회사와 신학사의 연구 결과들도 이제까지 문화사와 정신사의 결과, 법률사와 제도사, 경제사와 사회사의 결과들과 너무 적은 내적 관련성을 가져왔다. 우선 서로 다른 시점과 연구에 의해 한 번쯤 상이하게 다루어질 수 있는 시대 구분 문제가 쟁점이 된다. 대부분의 일반 역사책과 교회사 책들에서는 종교개혁 이후, 루터식으로 개혁된 정교Orthodoxie와 가톨릭의 반종교개혁 이후에, 그럼에도 불구하고 신조信條주의 시대, 17세기 중반에 근세사의 두번째 거대한 분수령이 시작된 것으로 되어 있다. 새로운 전체 정세로의 이행移行, 새로운 학문·기술·산업·민주주의로 특징지어지는 **근대라는 새로운 파라디그마** 이행의 전제가 되는 종교개혁(반종교개혁) 파라디그마의 위기.

당시 독일만이 아니라 온 유럽이 깊은 위기에 빠져 있었다(최근에 쏟아져나온 영어(E. J. Hobsbawm, H. R. Trevor-Roper, Th. K. Rabb), 불어(R. Mousnier), 그리고 독일어(H. Lehmann)로 된 연구들이 그것을 자세히 말해준다). 인구폭발, 상공업과 농업경제의 불황, 문맹자의 증가 등의 현상이 도덕적 가치와 규범의 심각한 동요와 결부되어 나타난 것이다. 정치와 경제 분야의 위기일 뿐만 아니라 신학, 교회와 경건성의 위기이기도 했다. 달리 말하면 이렇다. 루터나 칼빈 시대와 달리 종교·신학·교회적 요구가 정치·경제·사회·문화 과정에 그렇게 큰 영향을 미치지 못하고 그 반대가 되었다는 것이다. 말하자면 교회조직과 경건운동과 신학이 정치·경제·사회·문화적 요소에 의해 결정되는 일이 늘어난 것이다. 그리고 이것은 또 다가오는 근대의 신호이기도 했다. 문화와 종교의 상호 표류는, 점증하는 모든 결정적 **세속화 과정**의 시작이었다.

*

이러한 변혁기에 처하여 (독일에서 파스칼과 데카르트의 동시대인이었던) 안드레아스 그리피우스는 어디에 서 있었는가? 17세기 중반 독일문학의 이 지도적인 대변자는 (파스칼과 달리) 이미 **신학적**으로 근대인이었는가? 그는 그의 신앙, 그의 신학에 있어서 새로운 자연과학·기술·산업·민주주의의 근본적인 힘에 의해 지배되었는가? 그는 근대라는 파라디그마에 신학적으로 적절하게 반응하는 일에 성공하였던가?

새로운 자연과학? 프로테스탄트인 그리피우스의 가장 중요한 한 송시頌詩는 봉건군주의 폴란드 프로이센의 한 가톨릭 수도사에게 바쳐졌다. 사람들은 그 수도사가 살아 생전 작품의 출간을, 당국의 지시와 화형에 대한 공포로 인해 거의 죽을 때까지 유예했던 것으로 알고 있다.

코페르니쿠스Nicolaus Copernicus(1473~1543)가 바로 그 사람이다. 잘 알려졌다시피, 그는 『천상계 운행의 혁명』De revolutionibus orbium coelestium 제6권에서(그는 죽는 날에야 첫 인쇄본을 가졌다고 한다), 그 자신의 고유한 관찰, 계산과 지리적·동태적 심사숙고를 기초로 새로운, 실로 혁명적인 세계 체계를 수립했다. 그것은 태양 중심의 체계였다. "파라디그마의 교체"로서 사실상 대단한 것이었다. 우선 물리학에, 그 다음 세계관 전체에 영향을 미쳤고, 인간의 "형이-상학"Meta-physik에도 영향을 미쳤다. "전체 정세의 교체"로서 처음에는 신학적으로만 기초가 잡혔으나, 종교개혁자 루터와 멜랑히톤Melanchthon에 의해 배척되었고, 이어서 갈릴레이와 케플러Kepler를 통한 분명한 증명이 나왔으며, 로마에서는 거친 논쟁이 일어나기도 했다. 파리의 파스칼, 네덜란드의 데카르트, 그리고 슐레지엔의 그리피우스도 이 논쟁의 출구를 아주 조심스럽게 뒤쫓았다. 그리피우스가 태어난 해인 1616년, 금서 목록에 코페르니쿠스의 이름이 올랐었다.

젊은 그리피우스는 열렬한 코페르니쿠스 송시를 썼다. 그것은 단찌히의 김나지움 교수, 페터 크뤼거Peter Crüger라는 중요한 수학자이자 천문학자의 영향 아래 있었던 일이었다. 그것은 그의 첫 송시집(1643)에서 상징적으로 중요한 일곱번째 자리를 차지한다(S.107). 그 사이 그리피우스는 1638년에서 1643년까지 5년간 네덜란드의 라이덴 대학에서 고대어와 근대어로 법학·철학·역사와 심지어는 자연과학까지 공부했으며(마침내는 강의도 했다), 높은 교양의 경지에 도달했다. 코페르니쿠스는 그에게 "세 배나 지혜로운 정신"이었다. "거인 이상의 존재였으며", "시대의 밤도 그의 모든 것을 무너뜨릴 수 없었고 / 가혹한 질투심도 / 지구의 운행을 새롭게 발견한 / 그 의미를 / 옭아매지 못했다." 이 사람은 "그 옛날의 꿈과 어둠"에 맞서서 "무엇이 살아 있고 무엇이 움직이는가"를 "올바르게"(수학적 확증으로) "우리에게 입증함으로써" 찬사를 받았다. 그러므로 그는 당연히 명성을 얻을 만하리라.

이제 눈을 들어, 별자리 위에 있는 명예의 꽃을 피우게
우리가 그 위에 있는 원주는 태양 둘레를 돌고 있는 게 틀림없네(S. 107)

세 배나 지혜로운 "정신"? 여기서 "정신"이란 데카르트적인 합리성이라는 의미에서 이해되고 있는 것이 아님은 틀림없다. 쇠플러Herbert Schöffler가 입증하고자 했듯이, 그리피우스는 데카르트에 대한 루터식 전문가로서 최초의 인물은 아니다. 최초의 루터식 데카르트주의자는 아니었던 것이다. 그가 "하느님의 파수꾼"으로 규정한, 문학적으로 수준높은 소네트인 「별들에게」(S. 7)라는 작품에는 무한히 "텅 빈 공간"에 대한 파스칼식의 불안에 대한 느낌이 거의 없다.

"정신"은 또한 물론, 슁즈Hansjürgen Schings가 그랬던 것처럼, "죽어가는 예술"과의 관련 속에서 성서적·신학적으로 관찰될 수도 없다. "정신"은 이 소네트를 따라 삶의 컨텍스트 안에서, 세계관의 지평 안에서 이해될 수 있다. "세 배"로, 완성된 "지혜로운" 정신으로서 하느님에 의해 의도된 것이다. 그렇다, 성스러운 정신, 즉 성령에 의해 은총을 받은 것이며, 따라서 덧없는 것은 아니다.

　　　　이것이 뭔가 세속적이라면
　　　　시간이 지나가면 스러지리
　　　　그대 명성은 태양과 더불어 흔들리지 않으리(S. 107)

자연과학과 신학. 그리피우스는 그러니까 근대인이었는가? 그의 세계상은 데카르트나 파스칼의 그것과 같이 본질적으로 수학적·자연과학적으로 각인되어 있었는가? 거의 그렇지 않다. 연구결과는, 그리피우스가 온갖 자연과학적 교양에도 불구하고 "말의 근대적 의미에서의 자연과학자"는 결코 아니었다고 말하고 있다. 그러므로 그리피우스는 근대적이었다고 할 수 없다. 왜냐하면 그는 "구원의 길과는 무관한 인간의 자율

적인 활동에 대해서는 한시도 자연 인식을" 보이지 않았기 때문이다. "그리피우스가 학문에 대한 인식을 고귀하고 가치있는 인간 활동으로 인정했다는 견해는, 그가 오늘날과 같은 의미에서 자연과학적이거나 '근대적'인(당시에는 **데카르트적**이라는 말로 자주 불리었다) 세계상을 대변했다거나, 혹은 그가 계몽주의자였다는 주장과 통하는 것은 아니다. 또한 프로테스탄트 예배서에서도 학문에 대한 인식에 관해 언급이 있었다"〔가장 중요한 그리피우스 해석자의 한 사람인 볼프람 마우저는 안드레아스 그리피우스의 소네트에 있어서의 "문학과 종교와 사회"에 관한 연구(S. 53, 55f)에서 위와 같이 말했다〕.

의문의 여지도 없이, 시인 안드레아스 그리피우스는 그의 시대를 알고 있었다. 라이덴 시절에 이어서 파리·플로렌스·로마·베니스·스트라스부르크 등지로 여행을 많이 다닌 덕분만은 아니었다(1644~1647). 그는 자연과학의 영역에 이르기까지 당대의 지식들을 많이 받아들일 줄 알았다. 그러나 그 지식들이 그에게는 결코 파스칼에게서처럼 신학적·정치적인 근본갈등의 요인이 되지는 않았다! 끔찍한 전쟁이 끝나자마자 바로 결혼했던 그리피우스, 프랑크푸르트/오데르, 웁살라와 하이델베르크의 교수직을 거절하고 난 다음 마침내 1650년 고향도시에서 영주령 글로가우 지방의 법률고문이 된 그리피우스는, 온 생각과 온 감각에 있어서 **종교개혁적 특징을 가진 그리스도인**으로 남은 것이다! 확실히 그렇다. 그는 새로운 자연과학적 활동과 지식을 다른 종교적 문필가들처럼 신앙의 진리를 확인하기 위하여 단순히 호교론적으로 이용하지는 않았다. 그러나 그는 연구하는 시인으로서, 학자이자 철학가로서 그것들을 정리하였다. 신앙인인 동시에 이성인이었던 그는 성서와 아욱스부르크 신앙고백에 의해 결정된 구원사적 질서표상으로 그것들을 정리하였다.

*

그리피우스가 근대적 시인이 아니라 분명한 종교개혁적 성격의 인물이 자 시인이라는 사실은, 자연과학에 대한 그의 태도뿐 아니라 **국가와 정치**에 대한 그의 태도에서도 유효하다. 복음신앙에 근거한 그의 에토스, 잘 발달된 그의 법의식, 통합된 그의 개인적·정치적 행동은 (모든 면에서 유명한데) 한평생 살아온 모습으로서의 그를 나타낸다. 바로 루터파 그리스도인으로서의 모습이다. 그러나 동시에 (그의 소네트와 송가에서는 간접적으로, 그리고 그의 드라마에서는 아주 직접적으로) 명료하게 드러나는 것은, 그리피우스가 루터파 그리스도인으로서, 또한 법학자와 정치인으로서도 조금도 에누리없이, 처음에는 프랑스에서 나중에는 독일에서 정점을 향해 나아간 봉건 군주주의를 수긍하였다는 점이다. 그는 또한 통치자에게 내려진 **하느님의 은총**을 인정하였으며, 신앙을 고백하는 자세 대신 국가교회에 충성하는 자세로 나아갔다. 확실히 그렇다. 군주도 그에 의하면 **하느님**의 법 (실정법이든 자연법이든) 밑에 있었다. 그러나 군주는 동시에 모든 **인간의** 법률과 규정을 **넘어서** 있다. 아무런 권력의 분립 없이 입법·행정·사법을 한 사람에게 집중시킨 채 말이다.

특히 「레오 아르메니우스 혹은 군주 살해」, 「살해된 폐하 혹은 대영제국의 왕 카를르스 스투아르두스」, 「고매한 법학자 혹은 죽어가는 자 에밀리우스 파울루스 파피아누스」 등 그의 도덕적·교육적 비극들은, 이미 요한 엘리아스 슐레겔이 셰익스피어의 왕을 다룬 드라마들과 비교한 작품들로서, 다음과 같은 점을 분명하게 해준다. 즉, **민중의 주권** (그리고 저항권)은 그가 공부한 라이덴에서 (1621년에 이미 추방된) 후고 그로티우스Hugo Grotius가 가르쳐준 것으로서, 절대주의자인 스튜어트 왕조에 맞서 영국 의회에서 처음 선언되었으며 그의 동시대인인 올리버 크롬웰에 의해 명예혁명에서 나타났거니와, 이것을 그리피우스는 좋아하는 편이 아니었다. 어째서? 참된 민중의식, 민중주권에 대한 전제는 독일의 작은 나라들의 조건 아래에서는 싹틀 수 없다는 것이었다! 그리피우스에게 있어서 충성과 순종은 평생 동안 신하의 가장 중요한 덕목으로 남아 있었다. 지배자에 대한 반항은 곧 하느님에 대한 반항이었다. 플레밍Willi Flemming의 판단(그리피우스에 대한 그의 전기에 정확하게 나와 있다)은 그러므로 근거가 있어 보인다. 플레밍은 말한다. 그리피우스의 드라마에는 사실상 "중부 독일에서 파악되고 실천된, 그리피우스가 처음부터 대변했던 루터에 기초를 둔 가부장적 절대주의"(S. 101)가 표명되어 있다는 것이다.

요컨대 이렇다. 그리피우스가 종교적·신앙고백적으로 명백한 입장을 보였을 경우에도 그것은 사회적·정치적이라는 것이다. 그는 **봉건군주적 자세의 그리스도교도**였으며, 봉건군주적 절대주의, 모든 인간적 법칙과 규정으로부터의 자유에서 벗어날 것을 단호히 주장하였다. 그러나 봉건군주의 압제정치와 마키아벨리즘, 자율적 "국가의 교활성" 혹은 "국가적 이성"과는 맞싸웠다. 하느님의 영원한 법에 기초한 것으로 받아들인 심오한 법의식에서 이 문제를 다루었던 것이다.

우리가 이제 그리피우스의 위치를 그 시대의 위기 안에서 **신학적**으로 더 정확하게 그려내고자 한다면, 이 모든 것은 추억 속에 머무를 만한 것이 될 것이다. 이 목사의 아들이 그 세기의 짓누르는 삶의 불안을 그 스스로, 또 다른 사람들에 대해 어떻게 다루어나갔는가? 그는 어디에 서 있었는가?

1. 특히 끔찍한 30년전쟁이 그리스도교권에서 요한 계시록 의식을 불러 깨웠다는 사실은 극히 자명하다. 불안이 가져온 어마어마한 외면적 억압은 세계의 종말이 곧 오리라는 것을 기대함으로써만 보상될 수 있었다. 구약의 다니엘서 신약의 신비한 계시는 사람들이 복잡하게 계산하면서 시인할 수 있는 증거를 충분히 갖고 있지 않은가? 그리스도가 곧 재림하리라는 것에 대하여 도처에 이른바 증명됨직한 "시대의 징표"가 없었던 것인가? 교황을 추종하는 반그리스도교도들의 재등장, 반종

교개혁의 결과들, 터키인들의 돌진, 소요, 신음, 자연재해와 특히 "불행을 가져온다는" 살별의 출현들은 어땠는가? 그리피우스가 죽은 1664년과 그 다음해에, 살별에 대한, 대부분 과학적인 설명을 전혀 무시한 130편의 팜플렛이 간행되었다. 그러나 그리피우스는 놀랄 만큼 예민한 감수성을 지녔다고는 하지만, **결코 묵시록적인 열광주의자는 아니었다.** 그는 최후의 날을 확실히 믿었어도 (20대에 쓴 최초의 소네트 가운데 하나가 여기에 바쳐졌다) 종파적 묵시록주의자의, 그 민감한 긴장에 대해 뭔가 보여준 일은 거의 없었다. 일반적인 세상 심판 이상으로 그는 (그의 소네트에 나타나듯이) 매일 개인적인 죽음의 운명을 계산한다. 그리고 이것은 그에게 (거의 놀랄 일이 아니거니와) 영원한 삶으로의 통로, 해방으로 나타난다.

2. 그리피우스는 양심과 항심과 용기의 인물이기는 했지만, 결코 **억압적인 열광주의자**는 아니었다. 그는 자기들의 불안을 다른 사람들, 즉 "속죄양들"에게 (종종 묵시록적인 차원에서도) 투영시키고는 박해로 대답했던 그런 사람들에 속하지 않았다. 외면적·내면적으로 불확실했던 이 세기에 소름끼치는 정점에 이르렀던 유대인 박해와 마녀 박해에 대해 그가 동의했다는 사실은 어디에도 없다.

유대인에 관해서라면, 바오로 4세의 반유대인 교서에 따라 1555년 아욱스부르크 종교평화협정이 체결된 해에(루터의 반유대인 문서를 잊지 말자) 바티칸과 이탈리아에서 유대인 박해가 있었으며, 17세기초에는 스페인과 포르투갈로부터 유대인 배척이 일어났고 프랑크푸르트와 보름스와 빈의 소수민족 박해로 이어졌다. 17세기 후반에 이르러서는 곧장 최악의 사태가 일어나 폴란드로 파급되었다. 폴란드의 봉건군주들에 의해 내팽개쳐진 가운데 25만 명 이상의 유대인들이, 들고일어난 카자흐 사람들에 의해 살해되었고 7백 개 이상의 마을이 파괴되었다.

또한 **마녀**에 관해 살펴보자면 16세기말부터 17세기말까지 유럽에서는 대충 (소수의 남자들과 어린이들도 포함해서) 백만 명의 불쌍한 여자들이 악마와 계약했다거나 인간과 짐승과 사물들에게 가해를 했다는 이유로 (교황, 게다가 루터와 칼빈의 해명에 의해 이데올로기적으로 비호된 채) 처형을 당했다. 이 모든 것은 상상할 수도 없을 만큼 끔찍한 종교재판식 박해에 의해 이루어졌다. 그 모든 과정과 고문으로 강요된 자백에 의해 피고에게는 어떤 탈출구도 주어지지 않았고, 재판과 집행 당국자에게는 짭짤한 이득이 있었다. 마녀재판에 첫번째로 (그리피우스의 첫 소네트(1631)가 나오기 5년 전에) 맞선 사람이 「파수꾼 밤꾀꼬리」 Trutz Nachtigall의 시인인 예수회 수도사 폰 슈페Friedrich von Spee라는 사실은 잘 알려져 있다. 그리피우스 자신의 호소도 억압에서 면제된 것은 아니다. 루터교도인 그리피우스 자신은 30년전쟁 이후 새로 합스부르크 왕조가 들어선 슐레지엔 지방에서 억압의 희생물, 반종교개혁의 희생물에 속했던 것이다.

3. 그러나 묵시록적 도취자들과 억압적 열광자들에 속하지 않았듯이, 그리피우스는 종교개혁의 살아 있는 사명을 실천과는 거리가 먼 경직된 철학적 · 신학적 체계 속에 쏟아붓고 신학과 경건성 사이의 긴장을 촉진한 그런 퇴보적인 **원리론적 정통주의자**에 속하지도 않았다. 시대의 혼란과 그리스도교의 분열에 직면해서도 그는 순수한 교리, 성서의 자구 하나하나의 무류성, 신앙고백 전통의 불가침성, 개별적 논점의 분석에 대한 불안한 염려를 결코 드러내지 않았다. 그리피우스는 위협받는 상황 속에서도 확신에 찬 루터주의자였고 충실한 공동체의 일원이었으며 신앙고백에 집착하는 평화주의자는 아니었다. 정통주의자들의 험담과 신앙고백적인 논박(그와 교양수준이 비슷했던 많은 동시대인들이 그러했듯이)을 혐오했다. 그는 교회 안의 알력과 논쟁에 맞서 발언했으며, 중간지점에 서서 가톨릭의 신앙고백도 아니고 다른 어떤 프로테스탄트의 신앙고백도 아닌, 그리스도교 공동의 것이라 부를 수 있는 많은 것들을 그의 시에서 (가톨릭 작가들을 본받기도 하고 인용하기도 했지만) 특별히 관심을 가지면서 언어화했다.

4. 그리피우스는 그러나 **결코 선구적 계몽주의자는 아니었다.** "르네상스의 낙관주의"(세계와 자신에 대한 신뢰)와 "바로크의 비관주의"(출구 없음과 절망)의 대조를 증거로 사람들은 종종 그리피우스를 그저 외면적으로는 루터식의 선구적 계몽주의자(Gerhard Fricke), 심지어 반역아(C. von Faber du Faur), 그렇다, 뭔가 부정적인 신비주의자 같은 것으로 보고자 한다. "우주적이며 문화인류학적인 허무주의"(Wolfgang Philipp, "Das Zeitalter der Aufklärung" S. 15)의 대변자로 보는 것이다. 그러나 사람들은 그리피우스의 무無의 문학을 완전히 루터식 신앙의 문맥에서 끌어내고 있다. 사람들은 그의 영성의 한쪽 극(세상의 헛됨)을 절대화시키면서 다른쪽 극(하느님에 대한 신뢰)을 무시하고, 근거도 없이 그에게 끝없이 깊은 분열과 지적 부정직의 혐의를 씌운다. 이 글 첫머리에 인용된 시와 그밖의 무수한 텍스트들이 이것을 뚜렷이 반증하고도 남는다. "모든 것이 헛되다(무)"라는 구절은 "영원한 것"이라는 구절을 배경으로 해서 보아야 한다.

> 너는 본다 / 어디를 보든지 이 지상의 헛됨뿐 …
> 아! 이 모든 게 무언지 / 우리가 소중하게 여기는 것이
> 끔찍한 무 / 그림자 / 먼지와 바람;
> 우리가 다시는 발견치 못할 / 들판의 꽃
> 아무도 영원한 것은 볼 수 없어라!(S. 5)

5. 또 한편, 그리피우스는 **신비주의자도 아니었다.** 정통신학에 대한 냉혹한 문학적 대항과 독문학을 통해 신비적 종교심을 즐겨 다룬다는 인상 때문에 그리피우스는 긍정적인 본래 의미에서 신비주의의 대변자가 된다. 그렇지만 이 시인(성서 말씀보다 자기 자신의 내면이 계시의 샘이 된 일은 훨씬 적다!)에게는 직접적·직관적 통일의 체험은(결국 헛된 일이지만) 중요하지 않다. 어떤 근거 없는 상황 및 원초적 상황과

인간과의 선험적 통일의 의식화가 중요하게 여겨지지 않고 있는 것이다. 신성의 "흐르는 빛"과 "영혼의 작은 불꽃"의 통일도 그에게는 별로 중요하지 않다. 브루노Giordano Bruno의 우주론적 사변, 뵈메Jakob Böhme의 신지학神智學적 사고과정, 요한 안드레아Valentin Andrea의 범지학汎智學적 황금십자단식 비전들도 중요하지 않고, 루터식으로 (은혜로운 하느님과 죄많은 인간의 지양될 수 없는 차이에 직면하여) 성령의 빛, 은총이 중요한 것이었다. 그것은 하느님과의 신비적 일치를 이루는 은총이 아니라, 얼굴을 맞대고 하느님을 바라볼 수 있는 은총이었다.

> 자주 밀려드는 나의 배 폭풍의 놀이
> 뻔뻔스러운 파도의 무도회 / 그것들이 물살을 갈라낸다
> 암초에 암초를 넘고 / 거품을 일으키며 / 모래를 삼키고 달린다
> 내 영혼을 원하는 / 항구로 일찍 오라
> 자주 / 검은 밤이 대낮을 엄습해올 때면
> 재빠른 번개가 돛을 때려 태워 버렸구나!
> 얼마나 자주 나는 바람과 / 남과 북을 잘못 판단했는지!
> 돛대 / 키 / 노 / 칼과 깃대는 얼마나 상해 버렸는지
> 그대 피곤한 정신아 내리거라 / 내리라! 우리는 뭍에 왔다!
> 항구가 무엇이 무서운가 / 그대 모든 구속과
> 불안 / 그리고 혹독한 아픔 / 그리고 무거운 고통을 풀리라
> 안녕 / 저주받은 세계: 그대 거친 광풍의 바다여!
> 내 조국으로 가는 행복 피난처와
> 보호와 평화 안에서 늘 평안하리. 그대 영원한 빛인 성채여!(S. 9f)

6. 그렇다면 그리피우스의 작업은 당시에 개화하기 시작한 **신앙문학**과 관련해서 이해될 수 있지 않을까? 위로를 구하는 암담한 곤경의 시대, 위기의 시대라는 바탕 위에 질문을 더해가는 그 신앙문학. 특히 아른트

Johann Arndt가 (중세 신비주의로부터 강한 영향을 받은 그의 선배 니콜라이Philipp Nicolai("Freudenspiegel des ewigen Lebens" 1599)처럼) 여러 권으로 된 주석서 『참 그리스도교에 관하여』Vom wahren Christentum (1606~10)를 출간한 뒤에 말이다. 그리피우스의 작업은, 신학적인 학문성과 학문적 발언의 객관적 정당성 대신 심화와 내면화의 실행에 좌우되는 경건문학의 장르에 속하는 게 아닐까? 경건문학으로 말하자면 가톨릭 쪽에서는 프란쯔 폰 살레스Franz von Sales, 베륄Bérulle 추기경, 드 몰리노스Miguel de Molinos가 나타났고, 또 종교개혁 쪽에서는 교회 성가가 유례없이 전성기를 구가하는 가운데(Paul Gerhardt) 위안의 글, 조사, 조시와 기도문들도 줄을 이었다.

새로운 연구들(P. Böckmann, E. Geisenhof, K. O. Conrady, A. Schöne, H. H. Krummacher, D. W. Jöns, H. J. Schings)은 그리피우스가 신앙문학, 그리고 그에 가까운 루터식 "종교개혁 정통교리"와 관련되어 있음을 의심할 나위 없이 증명해 주었다. 또 있다. 그리피우스는 원래의 의미에 있어서의 정신적 위안을 주고자 하는 신앙적 문필가는 아니다. 그는 (신앙과 신앙고백에 대한 논쟁의 시대 말미에서 그리고 앎과 학문의 새로운 시대의 문턱에서) 강한 **이성적 자세를 취한 시인**이었다. 그리고 그는 (그다운 특징인) 깊은 개인적 믿음으로 인간주의적·수사학적 교양과 루터식 성서신앙을 결합시킴으로써 무엇보다 식자층에 말을 건넬 수 있게 되었다. 개인적으로 철저하게 참여하면서 동시에 현실과의 관계를 유지하고 있었음에도 불구하고 그는 그의 시에서 그렇게 단순하게 경건한 감정을 드러내거나 개인적 체험을 이끌어내거나, 체험시를 생산하지는 않는다(예수에 대한 표현을 할 때조차도 매우 신중하다). 그렇다, 철학하는 시인으로서 그가 지식적 시를 통해 매개하고자 하는 것은, 시가 된 인식, **지혜**다. 간결한, 응축된, 마지막에 이르기까지 예술적으로 세련되고 힘찬 비유적 언어를 통해서(발터 옌스가 이 점을 더욱 자세히 분석할 것이다) 그는 그것을 항상 다른 관련성 속에서, 시간성과 영원성, 어둠과 빛, 삶과 죽음, 행복과 파멸에 의해 규정되는 이 거대한 전 질서체계 속에서, **인간이 서 있는 곳이 이 위성 위라는 사실을** 분명히할 수 있었다.

그러면 이 사람을 무엇이라고 규정할 것인가? 우선 그는 시대의 온갖 묵시록적인 바람에도 불구하고 결코 묵시록적인 인간이 아니었고, 온갖 끔찍한 신앙의 싸움에도 불구하고 결코 열광주의자도 아니었으며, 복음적·루터적 믿음에 대한 그 모든 무조건적 밀착에도 불구하고 결코 정통주의자도 아니었고, 그의 텍스트가 보여주는 매우 개인적인 따뜻함에도 불구하고 결코 경건주의자도 아니었으며, 인간실존의 원초 상황에 대한 모든 세속부정적인 온갖 의미에도 불구하고 결코 신비주의자가 아니었다.

 그렇다면 그를 특징짓는 요소는 과연 무엇인가? 신비주의자라기보다는 우울증환자, 지성적인 인물이라기보다는 영성주의자, 이론과 실천의 인물로 불리움직한 사람? 우리는 그의 뛰어난 지혜, 그의 상냥함, 그의 용기, **열광적인 시대 속의 비열광적인 성향**이라고 말해야 할 것이다. 그 모든 정열에도 불구하고 그 자신에 대한 결정적 제어를 잘 하는 데서, 온갖 감정에도 불구하고 자기 자신에 대해 엄격성을 유지하는 데서, 또 그 모든 당혹에도 불구하고 의연할 수 있는 데서 그의 텍스트는 생겨난다. 그는 절제 없이 절망적인 한탄을 하는 인물이 아니다. 그는 이성적으로 잘 절제된 (스토아 학파의 영향이 새겨진) 사람으로서, 그의 텍스트에 있어서도 신앙에 있어서도 그랬다. 많은 부분 그는 요한 세바스찬 바흐와 비교될 수 있다. 그의 정서가 고전적 절도(알렉산드리너, 소네트)를 부수지 않듯이, 그 시대의 파국도 그의 신앙을 부수지 못했다. 온갖 동요에도 불구하고 마지막 부동성을 보여주었으며, 온갖 반동에도 불구하고 그의 하느님에 대한 무조건의 신뢰를 잃지 않은, 항심恒心의 바위였다.

가슴으로! 깨어나 생각해보라
이 시대의 선물이 / 이 순간 너만의 것임을
너는 전에 무엇을 즐겼는가? / 그것은 강물로 흘러가 버렸다
미래는: 그게 누구의 것이 되겠는가!

세상과 명예를 비웃으라
두려움 / 희망 / 호의와 학문 / 그리고 주님에게 간청하라
항상 왕이신 주님:
어떤 시간이 되어도 물리치지 못하는
그는 영원할 수 있는 유일자이다

그를 믿는 자여 복될지어다!
그는 단단히 세웠으며 / 여기에 곧 나타날 것이니
거기 그가 있게 된다면 / 다시는 가 버리지 않으리
강한 힘 자체가 그를 붙잡고 있기에

더 현대적으로 표현하자면, 삶의 모든 척도와 의미가 없어지게 될 위대한 형식의 **방향설정**의 한복판에서, 실제적 정책을 밀고나가는 이 다면적 인물은 참여하는 학자 시인으로서, 통곡이나 그릇된 파토스를 드러내지 않고 고도의 시적 형태 안에서 그리스도교적으로 **방향설정의 도움**(W. Mauser)을 제공하고자 한다. 신학적 이론 아닌 새로운 의미, 새로운 척도, 그리스도교 신앙 안에 정착된 실천, 그것은 예수 그리스도의 후예가 곤경에 처한 시대에도 아주 실제적으로 의미한 일이었다.

이 주목할 만한 **위기 인지와 하느님에 대한 흔들리지 않는 믿음의 혼합**이 아마도, 새로운 패러다임으로 가는 과도기의 비슷한 위기에 놓여 있는 우리에게 이 그리피우스를 동시에 가깝고도 먼 사람으로 만들어 놓은 것인지도 모른다. 그것은 우리에게 공감과 거리감을 동시에

불러온다. 그렇다. 우리는 텍스트를 읽으면서 우리 삶의 온전한 불확실성, 모든 불안과 공포와 염려에 대한 묘사에 언제나 동의하게 된다. 시대의 위기에 대한 묘사에 공감하게 된다. 우리의 삶이 하느님 앞에서 **결국** 헛된 것이라는 사실, 강한 바람 앞의 연기처럼 덧없다는 사실을 확인시켜 주는 데 동의한다. 그리피우스의 믿음이 위기의 자각과 함께 가고 있으며, 수천 가지의 위협에서 눈을 돌리고 생각하거나 실천하지 않고 있음에 공감한다. 이 점에서 우리는 그와 가까운데, 그것은 우리가 "불안의 시대"에 언제나 살아가면서 묵시록적인 몰락을 심지어는 기술적 가능성으로 알게 되었기 때문이다.

공감도 있지만, **거리감**도 있다. 그리피우스의 위기 진단과 불안 인식과 위협 분석이 오직 극단적인 세상격하와만 함께 간다는 것, 하느님에 대한 희망이 세상의 어둠이라는 값을 치러야만 한다는 점에서 거리감이 있다. 물론 그리피우스는 그의 하느님을 피난처로, 평화와 안식과 조화의 항구로 확신하고 있었으므로 그 시대의 재난을 견뎌낼 수 있었으리라. 그러나 우리에게는, 그 시대의 위기에서 하느님 자신도 위기에 빠졌다고 묘사하던 도스토엡스키나 카프카가 몇 배나 더 가깝다. "변신론"은 18세기부터서야 관건이 되는 낱말이 된 것으로서, 그리피우스 자신은 아직 몰랐던 말이다. 근대적 자율성을 향한 (레싱에게서도 보여질) 인간 이성의 완전한 각성은 한편으로는 이 세상과 인간을 어마어마하게 가치절상시키면서, 다른 한편으로는 중세적·로마적 신관뿐 아니라 종교개혁적 신앙심에 대해, 그리피우스와 신앙고백 시대의 마지막 세대들은 예감도 못했던 방식으로 질문을 던진다.

그 파라디그마가 독일에서조차 바뀌어지고 있다는 사실은 그러나 종교개혁적으로 각인된 그 신앙의 의미를 빼앗지 못했다. 그리피우스의 시대에 나온 경건한 기도들이 오늘날까지도 많이 보존되어 왔으며, 그 당시의 힘찬 찬송가들은 오늘날도 여전히 잘 불리는 찬송가들에 속해 있다. 우리 시대에는 거의 모든 것을 새로 번역해야 하기는 하지만.

> 그대들 세상의 인간들아 모두들 감사하고 경배할진저
> 하늘에서 천사의 무리가 늘 찬양하며 알리는 그분을

지나간 파라디그마라고는 하지만, 그것은 여전히 똑같은 그 그리스도교 신앙이다. 그것은 파울 게르하르트의 찬송가에 대해서도, 동시대인인 그리피우스의 시들에 대해서도 적용된다. 그리고 이것은 발터 옌스가 나에게 주의를 환기해 준, 별 주목받지 못하고 있는 소네트에서 다시 한번 분명해지리라. 그것은 유고遺稿에서 발견된 것으로서, 전쟁이 끝난 후 글로가우 시절에 그의 딸 마리아 엘리자벳의 생일 축하파티가 동기가 되어 씌어진 것이다(Gesamtausgabe, hrsg. von M. Szyrocki/ H. Powell, I, 112).

다시 한번 분명히 해보자. 어린 시절 가톨릭 군대에 의해 계부가 쫓겨나는 것을 보아야 했던 그, 존경하는 후견인 쉰보르너Schönborner에게서 교양은 높으면서도 신앙적으로 분열된 사람을 배우고 겪었던 그, 반종교개혁이 끊임없는 위협, 술책, 그렇다, 폭력으로 관철될 때, 이를 무엇이라고 해야 했을까. 말하자면 그는 한평생 (때로는 더 심하게, 때로는 더 약하게) 가톨릭 압제의 희생물이었으면서도 다른 경우에는, 아무도 허락하지 않은, 자유로운 영혼에 대한 구속과 불합리하고 부당한 개종을 탄식했다. 그럼에도 결코 그의 입술에는 증오나 적의의 말이라고는 한 마디도 오른 일이 없었다. 있기는커녕, "네 입에 성낸 말을 담지 말라"고 딸에게 한 그의 말은 그 자신에게도 적용되는 말이었다. 그리스도교 교회 스스로가 "미친 듯한 불화 가운데" 찢겨져 있음을 함께 바라보아야 했음에도 그는 분노와 알력과 분열을 억누르고, 그리스도교 신앙 안의 온갖 방종한 풍습의 카오스에 미혹되지 않고, 단합·평화·"사랑스러운 일치" 같은 반대표상을 내세웠다. "조화"를! 그리피우스의 신앙은, 하느님은 곧 평화이며, 하느님의 정신은 일치의 정신이며, 사람들은 이 평화의 정신 안에서 "지존자의 딸", 곧 하느님의 자식이 될 수 있다는 믿음에 의해 유지되었다. 그러므로 이 텍스트를 단지 민족과 신앙고백의 분리에 반대하는 그리스도교적 대항 프로그램. 아주 깊이있는 인간적 대항 프로그램으로만 파악할 것이 아니라, 하느님에 대한 겸손한 자기절제로도 파악해야 할 것이다. "하지만 난 너무 많이 청했다. 그러니 너의 하느님과 조화롭게 맺어져라." 이것은 세상과 교회가 불화 가운데 있더라도 하느님과의 평화는 가능하다는 것, 하느님과의 조화는 곧 인간과의 조화에 상응해야 하며, 내면과 외면은 화해되어야 한다는 것 이외에 다른 아무것도 아니다. 사실상 너무나 심오한 그리스도교 텍스트, 진짜로 교회일치를 말하는 텍스트로서 오늘날까지 그 무엇과 바꾸어질 수 없는 것으로 남아 있다.

오라 일치의 담보물 오라 / 성난 민중들이 분노한다
미친 듯한 불화 가운데 / 교회가 갈라진다
그것도 그리스도인이라 불리움을 받은 / 이 무리들에 의해
방종한 풍습밖에 / 너 여기서는 아무것도 찾지 못하리
아, 지존자의 가슴이 인간에게 요청한다
일치의 방법을 알고 있는 것은 / 오직 그분
평화 가운데에서만 불타는 / 그분의 정신의 불꽃을 통해
모든 인간에게 의미를 알려 주리라 / 넌 아직 살아 있으니
그런 일이 일어나는 건 / 가능하다: 하지만 난 너무 많이 청했다
그러니 너의 하느님과 조화롭게 맺어져라
사랑스러운 일치가 네 의미의 목적
네 입에 성난 말을 담지 말라
네가 이 소망에 이르면 / 넌 비단 나의 것만이 아니다
아니지, 그보다는 훨씬 / 지존자의 딸이 될 것이다

발터 옌스

"칼이 쟁기로 바뀌고"

350년 전 튀빙겐의 가을 어느 날, 대전은 종전으로 기울고 있었으며, 많은 마을들은 폐허의 잿더미에 휩싸여 있었다. 약탈질하는 군대들이 지방을 누비고 다녀, 밭은 황폐해졌고 가축떼들은 쫓겨다녔다. 흑사병과 신음 소리가 온 누리를 지배하다시피 했다. 그때 수학과 동양학 교수인 (계산기의 고안자로서 명성을 얻고 있었던) 쉬카르트Wilhelm Schickard가 학부의 문서에 이런 조서를 기록했다. "모든 것으로부터 버림받은 채 (주州의 관리들과 윗사람들도 달아나 버린 채) 우리는 한밤중에 떨면서 평의회에 모여들어 죄없는 어린이들의 피를 막기 위해 승리자의 관용에 굴복했다."

모든 것으로부터 버림받은 채 — 이것이 30년전쟁이었다. 포악한 군인들 앞에 무방비상태인 채(쉬카르트의 늙은 어머니도 죽임을 당했다) 굴욕적인 군대 기부금을 내야 했으며, 의사의 치료라고는 없이 병으로 오염된 집에 살아야 했다. "오, 예수님, 우리의 종말은 어찌되는 건가요?" 쉬카르트는 대학의 기록부에 그렇게 썼던 것이다.

17세기, 30년전쟁의 한복판, 베스트팔렌 조약 체결 직전의 독일의 모습이었다. 당시 슈바벤 지방은 꽃피던 들판들이 황무지와 늪으로 변해 버렸으며, 쿠어작센에서 베를린으로 말을 타고 가는 전령은 이른 아침부터 밤까지 꼬박 하루 종일 달려도 제대로 된 건물이라고는 없는 땅과 앙상한 나무들만을 지날 뿐이었다. 쉴 수 있는 마을이라고는 한 군데도 없었다.

"2년 동안의 비참하고 슬픈 상황 때문에, 그리고 이로 인해 어린아이라고는 한 명도 태어나지 못했다." 코부르크의 교회 기록부에 나오는 이같은 노트는 튀링겐 · 탈쯔 · 메클렌부르크 · 폼머 · 뷔르템베르크의 인구 3분의 2 가량이 희생된 전쟁의 참상을 말하고 있다. 종자 하나, 가축 하나 남아나지 않았고, 일자리도 없었다. 재건은 몇 년이 지나도록 생각할 수조차 없는 일이었다.

"이 큰 세상이 생겨난 뒤, 이처럼 잔인무도한 학정과 공포를 들어본 일이 있는가? 전쟁, 칼, 화염과 창으로써 파괴되지 않은 것이 무엇인가?" 삼위일체 대축일 후 제25주일 소네트에 이렇게 쓴 사람이 안드레아스 그리피우스였다. 그는 자기가 무엇에 대해 말하고 있는지 알고 있었다. 전쟁, 방화, 흑사병, 살인, 근친의 상실, 신앙의 위기와, 육체와 영혼에 가해지는 약탈이 무엇을 의미하는지 그는 체험했다. 그의 삶은 **경고적** 성격을 (어느 정도로는) 갖고 있었다. 그의 조사, 기념시와 조의를 나타내는 송가들은 글로가우의 흑사병 묘사와 똑같은 방법으로 그것을 보여준다. 즉, 위기 가운데서 죽음의 천사들이 곤경을 당하는 자들과 대화를 나누고, 위기를 극복한 후 눈물과 감사의 노래를 하는 것이다. 그리하여 마침내 언약의 천사들이 나타나는데, 평화의 아버지가 아니라 공포에 가득 차고 전쟁을 일으키는 분노의 신이 그 노래의 중심에 자리잡고 있다. 그것은 욥의 신이다. "주께서 어찌하여 얼굴을 가리우시고 나를 원수로 여기시나이까?" 그리피우스는 그 고발의 정점에 씌어진 한탄에 욥의 말을 인용했다. "아! 그분은 얼굴을 감추었구나! 나를 극도의 곤경으로 몰아 파멸시키는구나 / 내게 전쟁터에 나가라고 요구하고 / 내가 복수의 목표로 뽑히도록 음모를 꾸몄구나! 나는 먼지와 연기밖에 아무것도 아니게 될 것을."

문학에서 전쟁을 그 모든 결과와 더불어 인간의 구원 망각 개념으로 묘사하는 작가가 있다면, 하늘의 분노를 도발한 것으로 묘사한 작가가 있다면, 안드레아스 그리피우스가 바로 그였다. 일찍 양친을 잃고 이리저리 떠돌아다닌 그는 (나중에 슐레지엔 지방의 프로테스탄트들에게는 대학이 없어 외국으로 공부하러 나가야 했다) 그의 첫 전기작가인 폰 슈토쉬Baltzer Siegmund von Stosch에 의하면 고향이 없는 아이였다. "온 독일의 모든 것이 뒤죽박죽되었을 때 그는 … 부랑자 합숙소에서나마 한 자리도 찾지 못했다." 글로가우는 황폐했으며, 프라이슈타트는 2차대전 시절의 다른 도시들처럼 (한스 에리히 노자크가 그중 한 도시인 함부르크의 파괴에 대해 보고한 바 있듯이) 파괴되었다. 본보기라 할 그리피우스의 시, 프라이슈타트의 붕괴에 대한 것은 지금도 알아보기 쉽다. 그 시는 이런 구절로 끝난다. "흑사병이 가져가지 않은 것을 칼과 칼집이 없애 버렸다! 이것들이 취하지 않은 것은 달아오른 화염이 삼켜 버렸다! 프라이슈타트의 화염은 무엇을 남겼나? 네가 보는 것은 한 줌의 재와 먼지."

이렇게 볼 때 독일의 평화도서관에서 (평화주의자이자 의사인 니콜라이Georg Friedrich Nicolai가 일차대전 당시 고안해낸 방식에 의해) 안드레아스 그리피우스가, 그와 마찬가지로 공포에 대한 이데올로기적 변용 없이 분명한 목소리로 평화의 상실이 인간에게 무엇을 의미하는지 서술한 바 있는 다른 작가들 사이에서도 조금 더 부각되면서, 명예로운 자리를 차지하게 되었으리라는 것은 의심할 여지가 없는 일이다. 그런 작가들 중 하나로, Kriegs(전쟁)의 자모 하나하나로 시작하는 아크로스티콘 형식을 사용한 폰 로가우Friedrich von Logau를 보기로 들 수 있다.

Kummer, der das Mark verzehret /	원기를 갉아먹는 근심
Raub, der Hab und Gut verheeret /	재화를 앗아가는 약탈
Jammer, der den Sinn verkehret /	의미를 둘러엎는 비탄
Elend, das den Leib beschweret /	육신을 짓누르는 곤궁
Grausamkeit, die Unrecht fehret /	불의를 몰고오는 잔혹
Sind die Frucht, , die Krieg gewehret.	이들이 전쟁이 낳는 결과들이다

사실, 엄청난 전쟁의 시기에 지옥이 살아 있는 현실임을 잊을 수도 있는 분석, 즉 **종교성의 현현 아래에서** 그리피우스의 시를 분석한다는 것은, 미리부터 그 대상을 잃어버리고 진공상태의 사변 속에 자신을 잃게 하는 위험에 빠질지 모를 일일 수도 있다.

전쟁, 그것은 단지 전쟁 현장 자체에서만이 아니라, 온 세계에 걸친 악의 지배를 의미한다. 전쟁은 작가들에 있어서 그들 실존의 육체적인 위협과 더불어 정신적인 위협이라는 면에서 같은 의미를 띤 것이었다. 전쟁은 예컨대 야외에서 혹은 임시 가설 교회에서의 설교를 의미했다 (슐레지엔 지방에서만 가톨릭 편에 의해 650개소의 개신교 예배당이 폐쇄당했다). 전쟁이란 또 질병과 때이른 죽음을 의미하는 것이었다. 17세기 독일의 대시인들 어느 누구도 55세를 넘어 살지 못했다. 그러나 전쟁은 또한 (그리고 결국에는!) 초월적인 비전의 형식 안에서 위대한 평화의 꿈을 꾸는 것이기도 했다. 그것은 당시 어느 나라로 대변되던 보편적인 화해의 꿈이었다. 1650년경의 작가들에게는 끝없이 먼, 지상적이라기보다는 차라리 천상적인 곳에 자리잡고 있으면서도 동시에 섬광 같은, 아주 고도로 현실적인 대안적 비전으로서 도달할 수 있는 가까운 것으로 여겨진 나라, 그 나라는 스위스였다. 그림멜스하우젠의 "심플리치우스"Simplicius와 그의 동반자인 친우가, "검고 긴 외투를 입고, 순례자의 단장과 묵주를 든" 순례자의 모습을 하고 슈바벤에서 스위스로, 겉보기에 먼 별나라에 있는 다른 세상 그러나 사실은 보덴제 가까이에 있는 손에 잡힐 듯한 세상으로 가는 것을 읽는 일은 감동적이다. "그 땅은 내게 다른 독일 땅들에 비해 낯설게 여겨졌다." 순례자 심플리치우스는 그것을 알린다. "마치 브라질이나 중국에 있는 것 같았다. 사람들이 평화롭게 행동하고 배회하는 것을 나는 거기서 보았다. 우리에는 가축이 가득 들어 있었고 농부의 마당에는 닭과 거위와 오리들이 뛰놀았으며, 거리마다 나그네들로 넘쳤다. 식당에도 사람들이 꽉 차도록 앉아서 즐기고 있었다. 적에 대한 공포라고는 없었고, 약탈에 대한 두려움이나 재산이나 목숨을 잃을까 불안해하는 모습도 찾을 길이 없었다. 누구나 포도주방과 무화과나무 아래에서 안전하게 살고 있었다. 다른 독일 땅에 대해서도 즐거운 마음으로 호의를 갖고 대해 주어 나는 이 땅을 지상의 낙원으로 생각했다. …"

그 평화가 어찌나 다정스럽고 낙원에 가까운지, 거기에는 **일체의 부정적 요소라고는 없었다. 부정적 요소의 완전 부재!** 성서적인 개념인 포도주와 무화과나무를 통해 지상적인 지금 여기가 배제될 수 있는 증거도 있었다. 브레히트Bert Brecht 방식의 작은, 아주 부드러운, 아주 구체적인 비전("겉보기에 좀 거칠어 보이기는 하지만 지상적인 낙원")이자, 3세기가 지난 뒤인 1939년 이후의 파시즘 독일에서 일종의 집단적 꿈이 되었다고 할 수 있는 감수성을 시적으로 미리 맛본 셈이었다. 심플리치우스와 그 친우의 은둔! 한 별 위에 있는 그 에덴 동산은, 도달할 수 없었기에 그 가까움도 아득함이었다. "거기엔 적에 대한 아무런 공포도 없고 … 아무런 불안도 없었다."

스위스의 오리와 거위들이 포도주방과 무화과나무 주위를 산보하는, 현실적이면서도 비현실적인, 성서적이면서도 세속적인 평화로운 스위스 농촌 풍경의 비유에 반영된 천상의 예루살렘은, 팔레스타인이나 그와 같은 곳을 향한 시적 도약을 통해 하늘 아래에서 날아가 버렸다.

1637년 초판본에 『황폐한 독일의 슬픈 고발』Traurklage des verwüsteten Deutschlandes이라는 이름으로 나온 뒤 7년 후에는 라이든의 소네트집 『조국의 눈물』Threnen des Vatterlandes(1636)에 수록된 그리피우스의 전쟁에 대한 고발은 그림멜스하우젠의 비전과는 다르면서도 또한 서로 통하면서 그에 필적하는 것이다(현대 어법에 가깝게 고쳐서 아래에 인용한다).

조국의 눈물 / 1636년

우리는 이제 완전히 / 정말이지 완전히 파괴되었구나!
뻔뻔스런 무리들 / 미친 듯한 나팔소리

피투성이가 된 칼 / 천둥치는 카타우네 포성이
온갖 땀과 / 노고 / 그리고 저 저축한 것을 쓸어버렸다
탑들은 화염에 휩싸였고 / 교회는 뒤집혀져 버렸다
관청은 자갈밭이 되었고 / 강자들은 절단당했다
처녀들은 능욕당하고 / 이제 우리가 바라볼 수 있는 곳에는
불 / 흑사병 / 가슴과 정신의 죽음이 우글거릴 뿐
여기 성채와 도시들 사이로 / 언제나 선혈이 흐르고 있다
6년 동안 우리 강물은 그 숱한 시신들로 세 배나 무거워져서
서서히 흘러가 버렸다
그런데도 나는 죽음보다도 더 사악한 것에 대해 침묵하였다
흑사병보다 / 화염과 기아보다 더 비참한 것에 대해
그리하여 이제 영혼이라는 보배에서 / 많은 것들을 빼앗겨 버렸다

「조국의 눈물」이라는 시는 체험을 표현하고 있지만 결코 "체험"시는 아니다. 현실적 요소로 가득 차 있는 소네트이지만 "현실적"이라고 할 수 있는 것과는 사뭇 다른 작품이다. 글을 쓰는 사람이 텍스트 속에 들어가 있는 시다. "**우리**는 파괴되었구나." 그럼에도 불구하고 다른 무엇으로 바꿀 수 없는 모습을 지닌 개인성, 혹은 극단적인 주관성을 바탕으로 한 시적 자아를 가리키는 고백이라고는 한 점도 없다. 그리피우스에게서 동시대의 쌍둥이 파스칼, 다른 사람들에 반대하는 전열에 앞장서서 작업하는 주체적(비록 겸손한 모습이라 하더라도) 자아를 기대하는 사람은 오류를 범하고 있는 것이다.

「조국의 눈물」에는 어떤 감정도 넘쳐흐르지 않고 오히려 매우 비장한 **영성훈련**이 정확하고 합리적이며 분별력있게 수행되고 있다. 앞서 살펴본 소네트 형식은 이렇다. 4행시 두 번, 3행시 두 번으로 되어 있는데, 제1행, 4행, 5행과 8행의 끝부분에는 의무적인 운이 오고 있으며 제2행, 3행, 6행, 7행에도 그렇다. 그러나 나머지 행들, 9행과 10행,

11행과 14행, 거기다가 12행, 13행은 운의 일치가 의무적으로 이루어져 있지 않다. 이것은 마틴 오피츠가 『독일시 이론』 제7장에서 기술한 도식으로서, 독일 시인들에게 권고되어온 것이었다. 페트라르카Petrarca 로부터 롱싸르Ronsard에게 이르는 로만어 계통의 형식 예술인들의 예를 곁들여 미래에 보조를 맞추고자 한 도식이었는데, 무절제와 독창적인 생각과 아주 사적인, 객관화 능력이 없는 감정에는 조그만 공간도 허락하지 않았다. 14행시로 된 소네트도 그랬고,(습관적이기는 하지만 의무적이지는 않은) 약강격의 구조로 된 12개 혹은 13개의 음절과 악센트를 주는 여섯째 음절 다음에 극적인 휴지부가 있는 알렉산드리너도 그랬다. "우리는 이제 **완전히** / 정말이지 완전히 파괴되었구나! 뻔뻔스런 **무리들** / 미친 듯한 나팔소리 / 피투성이가 된 **칼** / 천둥치는 카타우네 포성이 / 온갖 땀과 / 노고 / 그리고 저 저축한 것을 쓸어버렸다."

모든 것이 세부에 이르기까지 따져졌다. 소리나는 미운尾韻과 둔탁한 미운, 여성운과 남성운, 한 쌍으로 혹은 서로 엇갈리며 관계를 맺는 운들이 서로 간섭하고 있다. 휴지부들은 반명제와 수평적인 것들을 통해 문장을 구조화할 것을 요구한다. 아니다, 시인은, 모든 시인들에게 요구되는 (그리고 이게 최선의 방법인데, **테마 설정, 전개** 그리고 집약된 **결론**이라는 도식에 따라서, 눈부신 결정적 카드의 도움을 받아 시를 써야 한다는) 의무감에 따라 잔재주를 부릴 수가 없다.

「조국의 눈물」을 읽어 보라. 첫눈에 개인적인 묘사로 내세울 수 있는 것은 사실상 수사법적인 기교를 부린 모범답안이다. 테마를 가진 주장("우리는 이제 완전히 / 정말이지 완전히 파괴되었구나!")에 이어서 증명력있는 분석이 사건 기술의 모습으로 뒤따라온다. 그 목적은 앞머리에 내세운 주장의 시작 부분에 함축적인 의미를 지닌 세부묘사를 열거함으로써, 듣는 이와 읽는 이에게, 말하자면 사건을 직접 눈앞에 보여 주는 것이다. "탑들은 화염에 휩싸였고 / 교회는 뒤집혀져 버렸다 / 관청은 자갈밭이 되었고 / 강자들은 절단당했다."

부연이라는, 분절화 또는 세분화를 통한 주제의 명시는 시작품의 관건이 되는 낱말이다. 사물과 인간과 장소의 묘사를 통한 부연이다. 독자를, 묘사되고 세분화되고 해석되고 모두 이야기되어 버린 사건의 증인으로 만들고자 하는 의도를 가진 부연이다. "여기 성채와 도시들 사이로 / 언제나 선혈이 흐르고 있다."

　이런 방법으로 소네트의 중심부에 점차 조형적 이미지가 성립된다. 이 이미지는 끝에 가서 삼중창을 유보하고 있는 결정적 카드를 통해서, 의미를 가져오는 해석에 대해 놀라운 회화적 묘사를 겪게 된다. 하나의 교정을 통한 해석이다. 이렇듯 끔찍하게 그리피우스는, 이 땅의 황폐화가 **물까지**, 즉 움직임의 내용까지 멎게 하는 황폐화가 된다는 사실을 밝히고 있다("우리 강물은 그 숱한 시신들로 세 배나 무거워져서 / 서서히 흘러가 버렸다"). 육신의 파괴보다 더 나쁜 것은 영혼의 위험이다. 이 소네트를 쓴 사람은, "무거운 말"과의 약속보다는 차라리 침묵을 통해 생겨나는 적절성을 부여하기 위해 극적 침묵의 형식으로, 그것을 덧붙여 언급한다. "그런데도 나는 죽음보다도 더 사악한 것에 대해 침묵하였다 / 흑사병보다 / 화염과 기아보다 더 비참한 것에 대해 / 그리하여 이제 영혼이라는 보배에서 / 많은 것들을 빼앗겨 버렸다."

　그리하여 **정치적** 시가 돌연 **종교적** 시가 되어버린다. 거기서 파괴는 더 정확히 말한다면 이렇다. 수사법적으로 과장의 모습을 통해 규정된 "정말이지 완전한 파괴"란, 믿음의 상실, 강제로 혹은 자의로 이루어진 개종, 양심의 포기와 개신교 신앙고백의 배반과 관계를 맺고 있는 것이다. 불과 흑사병과 죽음이 아니라 십자가 아래에서의 거부, 예수 그리스도와 함께하는 생활의 취소가 소네트의 은밀한 중심부에 놓여 있는 것이다. 그리고 그 주변에서, 마지막 시행에서 전쟁의 근본적인 (그리고 궁극적인) 공포는 신앙의 상실과 영혼 자체의 상실에 의한 영원한 죽음에 있다는 사실이 분명해진다. 신의 영광으로 들어가는 죽음 아닌, **그 시대의 인류**의 지옥으로 가는 죽음 속에.

「조국의 눈물」은, 결론 부분을 살펴볼 때, 뭐라고 이름붙여지지 않은 것(영혼이라는 보배의 불가침성을 보증하는 그리스도의 십자가)을 통해 그 의미를 얻고 있는 소네트임이 증명되는 전쟁시다. 인간들 사이에 일어나는 엄청난 불화를 몰락한 자연의 승리로 파악하는 그리스도인의 전쟁시다. 그것은 영원한 생명의 포기라는 값을 치른다.

한 편의 경건한 시다. 게다가 걸작이라고 거듭 강조할 만하다. 세부에 이르기까지 규율이 바르고 수사학이 지켜지고 있으며, 은유가 풍부하고 생각이 깊으면서 이미지가 확연하고 계산도 정확하다. 그리피우스는 (파스칼처럼) 정교한 사상가이자 폭넓은 교양인이며, 법학자이자 자연과학자, 행정관리, 평신도 설교가, 게다가 해부학자이자 시인이었다. 학식있는 귀족이었지만 심오한 작가는 아니었다(그러나 나중에 사람들은 그를 그렇게 보았다). 파우스트적인 표현주의의 선구자라기보다(사람들은 또 결국 그를 그렇게 만들었다) 오히려 인문주의적인 공부를 한 프로테스탄트였다.

세상을 경멸했을지도 모르지만, 그는 세상을 잘 알고 있었고 관직과 사업에 종사하면서 세상 속에서 자신을 잘 다스려나갈 줄 알았다.

아니다. 안드레아스 그리피우스는 확실히 낭만적 도취론자는 아니었다. "죽음"에 대해서 (거듭 새삼) 쓰면서 "창백한", "검은", "슬픈", "차디찬", "소름끼치는", "뻔뻔스러운" 죽음이라고 말할 때, 그는 (특히 「교회묘지의 상념」에서) 해부학 지식이 있고 뼈마디마다 어떤 기능이 해당되는지를 잘 아는 사람의 하나로서 이야기하고 있는 것이다. 먼저 그리피우스를 똑바로 보고 그 다음 비유적인 해석을 해야 할 것이며, 먼저 현실을 제대로 보고 그 다음 현실을 초월하는 이미지 속에서의 알레고리를 보아야 할 것이다. 우선 삶이고, 그 다음이 사고인 것이다.

"온 세상에 명성을 날린(세계적으로 유명한) 대학의 유명한 해부학 무대에 한 해골이 다른 많은 해골들 사이에서 역시 고통을 받고 있었던 일이 기억난다. 그 해골은 깃발에 그 유명한 말을 달고 있었다. **너 자**

신을 알라." 그리피우스의 조사에 나오는 말이었다.
　그리피우스의 파토스는 냉철한 파토스이지 결코 환상적 도취의 파토스가 아니었다. 「교회묘지」에서의 공포의 환상은, 시체공시소에 대해 통달해 있는 작가가 여기서 작업중이라는 사실을 속이지는 못한다. 그는 우선 시체공시소를 잘 알고, 둘째로는 가능한 한 자연에 충실한 묘사로 (탄탄한 조형성의) 증명이라는 수사학상의 이상에 가능한 한 가깝게 도달하며, 그럼으로써 "시가 그림이 되는"(작가의 기술이 화가의 테크닉과 일치한다는) 규범을 만족시킨다.
　괴물 보기와 주검 광경은, 예수회 수도사들의 고유 영역인 대★세계극장의 상연에서 연출자의 비호 아래 그들과 죽음을 놓고 경쟁하는 프로테스탄트 시인의 예술증명이었다. 젊은 쉴러처럼 그는 해부학 극장에 나타나서, 고통스럽게 습득된 수사와 서적 행상과 형이상학을 경건한 교훈시와 경건한 잔혹시 안에서 서로 연결짓고 있는 것이다.

　　　　두 눈에서 꺼져버린 빛이
　　　　비오듯 하는 내부의 벌레들을 통해
　　　　끔찍하게 움직이기 시작한다
　　　　코가 찌푸려지더니 갈라진다
　　　　부드러운 뺨은 안으로 오므라들고
　　　　턱과 혀와 이빨이 드러난다
　　　　입술의 산호빛은
　　　　검은 반점으로 완전히 얼룩졌다
　　　　이마는 으깨어졌다. 흰 목은
　　　　흙빛이 되었고 / 태양이
　　　　그 완강한 서리를 녹일 때처럼
　　　　그 높은 곳에서 더 뜨겁게 비칠 때처럼

> 목구멍으로 석석거리는 것은 무엇인가?
> 가슴에서 쉿쉿거리는 소리는 뭘까?
> 내 생각으로는 / 뱀들이 휘파람 부는
> 소리를 내가 듣고 있는 것 같다
> 이 답답한 공기 속으로
> 어떤 참을 수 없는, 썩은 연기가 올라오고 있는 건지!

아니다, 신중한 언어를 사용하는 사람, **내면성**과 신비적인 비상飛翔의 옹호자가 그리피우스 최후의 모습이었다. 아주 화려한 예수회 극장, 그 사용법을 그는 능숙하게 다루었는데, 그것은 특히 그의 희곡 장면들이 잘 보여주는 바와 같다. 그것은 그에게 프로테스탄트식으로 굳어진 찬송가들과 마찬가지로 친숙한 것이었다. 그는 이 양자로부터 함께 배웠으며, 여기저기 선생을 갖고 있던 장인이었다. 그 선생이 개신교 찬송가를 주로 쓴 요하네스 헤어만이든, 그의 묘지 송시를 그리피우스가 기꺼이 변주시켜 독일화한 발데Jakob Balde와 같은 예수회 수도사이든, 그에게는 마찬가지였다. 예술적으로 고도의 수준을 지님으로써, 옳다고 생각된 사물에 정당성을 부여하고, 발전된 기술을 식자층의 토론 앞에서도 신앙에 마땅히 돌아가야 할 권리가 인정되는 그런 곳에 사용하고자 항상 노력하였다. 그래서 반명제, 4구교차배열법, 은유법, 당착어법 등이 알렉산드리너 시형 안에서 구사되었다. 그래서 어려운 형식, 소네트, 에피그람, 핀다르 풍 송가의 선호와 구사가, 그리스도인의 신앙이 침묵의 경계에서 속살거리거나 더듬거림에 있지 않고 풍성한 지식의 어법이나 완벽한 형식의 시에 설득력있게 나타남을 증명하였다.

"이성과 올바른 의미는 기교가 없는 곳에서 드러난다"는 괴테의 문장은 그리피우스 류의 바로크 시인들에게는 얼토당토않은 익살이나 신성모독으로 여겨졌으리라. 더욱 정신적으로, 예술적으로 더욱 세련되게, 그렇다, 귀족적으로 까다롭게 하나의 사물이 다루어질수록 (17세기의 예술 격언이 그랬듯이) 그 위치는 더 높아지고 그 설득력은 더욱 커졌다. "나는 그 의견과 전혀 같지 않다", 그는 「예수 그리스도의 고통에 대한 눈물」Tränen über das Leiden Jesu Christi이라는 송가 서문에서 말하고 있다. "능숙한 말솜씨라는 온갖 꽃과 시예술의 기술이라는 단장을 신의 교회에서 추방했다는 의견과는 ⋯." 이것은 또 다음과 같은 관점과 관계되었다. "시편 자체는 시와 다를 바 없는 것으로서, 그 얼마쯤 되는 높고 아주 아름다운 종류들은 가장 천상적인 비밀을 표현하고 있는 것이다. ⋯ 옛 사람들은 높으신 분의 가장 좋은 은혜를 노래부르는 일이 글로 쓰는 일보다 많았다. 저 위대한 입법자의 성스러운 누이는 폭군이 홍해에 빠져죽었을 때 꽹과리와 혀를 동시에 사용하였다. 모세 자신은 이 놀라운 구원을 그러한 방법 이상으로 부각시킬 줄 몰랐으며, 그 마지막 예언은 그의 마지막 노래 속에 들어 있었다."

성서와의 관계에 대해 시적으로 적합한 표현이 그 범위 내에서 어떤 것이냐는 문제에 대해서는 1세기나 논쟁이 계속되었다. 세상에서의 범위 안에서 가장 작고 가장 눈에 띄지 않는 것이, 성스러움의 범위 안에서는 작고 눈에 띄지 않는 것이 아니기 때문에, 극적이고 결정적이면서 황홀한 재현을 요구할 수도 있다. 마치 다른 한편으로는 초월적인 것, 십자가의 죽음, 부활이 아주 소박하고 감동적인 묘사로서 제시될 수 있는 것처럼. 가장 성스러운 것에 올바로 옷입히는 일은(어떻게 알맞은 언어로 옮기는가 하는 일이라고 말해도 좋다), 그리피우스에 의해서 「예수 그리스도의 고통에 대한 눈물」의 서문에서 포괄적인 역사적 개관을 통해 결정지었는바, 문학의 기능범위는 무제한이며 "때묻지 않은 양의 피"로 적셔진 펜은 성서적 소박성을 달변적 신념성과 마찬가지의 방법으로 기술할 수 있다는 것이다. 양자는 "주님의 십자가 둘레에 있는 뮤즈인들에게 노래하게 하라"는 **하나**인 목적을 가진다.

안드레아스 그리피우스는 설교, 비극, 희극, 송가 에피그람, 교회 찬송가와 풍자 시구로 끊임없이 글을 썼지만, 자기 앞으로 나서는 시, 자기 스스로의 발언. 쓰는 행위를 통해서 자아를 실현하는 일은 (17세기에 그것은 너무도 당연한 일이었는데도) 결코 하지 않았다.

너 자신을 알라 — 라이든의 해부학에서 표어 역할을 한 이 옛 문장은 그리피우스의 표어이기도 했다. 그것은 그에 걸맞은 수단을 갖고 「레오 아르메니우스」 드라마의 첫 대목(일종의 합창)에서 정열적으로 찬양된 진술이 가장 우수한 인간의 재능. 모든 생물 가운데 인간에게 두드러진 재능으로 여기고자 하면서 독자를 자아 인식과 세상 이해와 역할 통찰로 이끌고자 하는 한 작가의 표어였다. 그것은 그리스도교 세계극장이라는 틀 속에 있는 개개인에게 다가왔다. 이 땅의 "경주장"에서, "극장"에서, "학교"(공동묘지)에 시선을 던지면서, **영원의 현현**을 "시간의 놀이" 속에서, 죽음의 놀이를 하면서 신을 무한히 멀리 높은 곳에서 왕좌에 앉아 있는 구경꾼으로 시야에 밀어넣는 이 세상 무대 위에서 말이다. "진지한 놀음을 놀아라, 시간은 아직도 참을 만하니까."

안드레아스 그리피우스는 시인이었으나 동시에 루터의 발자취를 따르며 참회를 권고하는 설교가였으며, 마지막에는 예언하는 경고자이기도 했다. 그는 이 세상의 종말. 죽음의 지상적 현존을 신들린 듯 진지하게 파헤치고자 하는 작가였다.

30년전쟁에 있어서 한 그리스도인이 가졌던 공포의 환상은 이런 것이었다. "이 세상은 폭군 드라큐라의 도시다. 창과 교수대와 형차形車의 바퀴들로 점령당해 에워싸여졌고, 무고하게 죽은 자들의 피, 썩은 살, 고름이 거기서 흐른다. … 그 도시는 거대하고 넓은 납골당으로서, 그 속에는 영혼을 빼앗긴 자들의 바짝 마른 뼈다귀밖에는 아무것도 없다. 도시는 고문실로서, 그 속에서는 재판관의 위협, 사형집행인의 외침, 고문당하는 자들의 가냘픈 신음소리, 쇠사슬 소리와 불붙은 유황초의 타는 소리밖에 아무것도 들리지 않는다."

그리피우스의 세계는 주검의 나라로 이루어져 있다. 온갖 고문과 공포에도 불구하고 인간들은 그들이 사는 주거의 본질에 대해 지극히 불명료한 상태에 있다는 사실, 거기에 속하는 인간들이 가장 무상한 것을 지속적인 것으로 여기고 시간을 영원한 것으로 믿는다는 사실, 인간들이 순간의 행복을 영원한 구제와 맞바꾸고 자신들이 불확실성과 일시성 안에 살면서 죽음의 덧없음과 이별에 얼마나 임박해 있는가를 단 한순간도 알지 못하며 시간이 흘러감에 따라 영원한 구원을 확보하는 기회도 점점 더 적어진다는 것을 알지 못한다는 사실이 이 죽음의 나라의 패러독스다. 그러므로 그리피우스의 **위대한 교훈**은 "모든 것이 헛되다"는 격언의 주장이다. 그러므로 (때에 따라 스테레오 타입이 되는 변종을 보이기는 하지만) 중세 죽음무도곡의 동기를 그는 인용한다. 그러므로 세계 종말과 최후 심판이라는 시각에서 지금 이곳을 관찰하는 단호함("나는 비탄을 찬양하지 않을 수 없다")과 모든 날들 중의 날을 맞는 그리스도인다운 준비로서의 이 세계에 대한 냉소가 생긴다. 그러므로 엄밀하고 적절한 그의 죽음의 마술극장이, 설교가이자 시인인 마이파르트Johann Mattäus Meyfart의 펜에서 나온 「지옥 같은 소돔」Höllischen Sodoma과 「새로운 트럼펫」Tuba novissima의 묘사에 가까워진다. 그러므로 결국, 인간에게 영원의 정확한 반대상을 겉으로 드러내주는(비록 왜곡되었다 하더라도) 초상으로서 이해시키는 찰나의 모습에 대해, **개종과 참회**의 정신으로 각인지어진 질책이 나오는 것이다.

> **시간의 관찰**
>
> 내게서 시간을 가져간 해(年)들이 내 것이 아니고
> 아마 오고 싶어하는 / 해들도 내 것이 아니지
> 그 순간이 내 것 / 나는 그것을 주목한다
> 해들과 영원을 만들어 주는 / 그것이 내 것

시간과 영원을 하나로 생각하기, 모순이 두드러지게 나타나는 지평을 모순되지 않은 것으로 증명해 주는 당착어법이라는 문체 수단을 통해서 죽음과 삶, 빛과 어둠의 상호의존성을 밝히기, 이 세상이라는 "작은 요새"와 "고문실"에서 영원의 기호를 "일시적인 우리들 삶의 대조"로서 비추어 보이게끔 하기 — 이것이 그리피우스의 신학적인 그리고 시적인 목표일 뿐, 다른 아무것도 그 목적이 아니다. 밤과 낮, 골고타의 현실성과 베들레헴의 가능성은 그 상호관련성과 교차관련성 안에서 이름불리어져야 한다는 것이었다. 「십자가에 달리신 예수」An den gekreuzigten Jesum라는 소네트, 바로 그 소네트 형식에 앞서서 예수 탄생에 대한 시가 먼저 씌어졌다는 것은 우연한 일이 아니다. 이 예수 탄생에 대한 시는 자연을 거역하는 모순인 부활이 베들레헴의 밤에 보증된 새로운 영원의 시간을 통해 시의 빛 속으로 들어가고 그럼으로써 (그리피우스에게는) 진실의 성스러움 속으로 들어가도록 만들기 위해 그리피우스가 문학적인 패러독스의 형식을 얼마나 철저하게 사용했는가를 예시적으로 보여준다.

> 빛을 띤 밤보다 더한 밤이여! 낮보다 더 빛나는 밤
> 빛이 태어난 / 태양보다 더 밝은 밤
> 빛의 / 신이 / 빛 속에 살면서 / 그에게 뿜혔도다:
> 오 밤이여 / 모든 밤과 낮을 이겨낼지도 모를 그 밤
>
> 오 다정스러운 밤이여 / 거기서 한탄과
> 어둠과 이 세상에 얽매인 것들과
> 두려움과 지옥의 불안과 공포가 사라져 버렸다
> 하늘이 쪼개졌다! 그런데도 지금 뇌성이 울리지 않는구나
>
> 시간과 밤이 창조된 이래, 이 밤이 왔구나!
> 그리고 시간과 / 육신의 권리를 떠맡았도다!
> 그리고 우리들 육신과 영원의 시간을 넘겨주었다

비참으로 덮인 밤, 죄의 검은 밤
무덤의 어둠은 / 이 밤을 통해 사라졌다
낮보다 빛나는 밤; 빛을 띤 밤보다 더한 밤이여!

다시 말하거니와, 그리피우스로서는 경건하고, **그리고** 예술적인 시의 본보기이다. 수사법적인 표현으로 이루어진 사고작용의 형식으로 된 증언이며, 그리스도교적 권면이다. 그 작용은 마지막 시행, 첫 시행으로 되돌아가는 그 시행에서 그 목적을 달성한다.

   도입부에서 주장되고 있는 것은, 밤이 낮보다 밝을 수 있으며, 성지에 대한 신학적인 분석을 통하여 신을 증명하는 성격을 획득한다는 것이다. 그 명제는 이렇다. 즉, 밤의 태양이 있으며, 어둠의 빛(어둠 속에만 있는 것이 아닌 어둠의 빛)은 그리스도에 대한 호소를 통하여 드러난다. 그리스도는 밤과 어둠과 죄지음과 무덤의 밤을 한데 섞고 그것을 통해 무력화시킴으로써 그것들을 지양시킨다. "빛이 어둠 속에 비치고 있지만 어둠은 빛을 받아들이지 않았다"나 "그 심판은 이러합니다. 빛이 이 세상에 왔지만 사람들은 빛보다 어둠을 더 사랑했다는 것입니다"라는 요한복음서의 문장과의 대담한, 거의 줄타기와도 같은 대결에서 그리피우스는 빛 아닌 밤을, 신의 태양의 밤을 구원의 사도로 이름지었다. 지상의 낮과 밤들을 이겨낸 밤은, 모든 시간과 밤들에 앞서서 그 사도의 도착을 나타내고 있기에, 영원한 밤이라는 것이다. 예수, 빛 속에서 "소용돌이를 일으키는 자", 그 탄생을 통해 신과 인간이 화해한다. 왜냐하면 영원성은 시간과 육신 안에서 스스로 그 모습을 드러내기 때문이며, 육신과 시간은 다른 한편 베들레헴 이후 자기지양과 초월의 능력을 갖게 되었기 때문이다.

   14행의 시에서 "낮보다 밤이 빛난다"는 근본원리가 점점 더 새로운, 점점 더 대담한 변주를 보인다. 밤과 밤들 사이의, 태양의 밤과 어둠 사이의, 낮과 같은 밤과 무덤의 어둠 사이의, 애통함과 죄 사이의 싸움이 거기서 상연된다. 사고의 차원에서 펼쳐지는 시화詩化된 진열작품이자 시위작품으로서 상연되는 것이다. 「조국의 눈물」과 같은 소네트와 달리 현실적 요소들(왕의 사자, 우리, 말구유, 아기와 동방박사들)은 무시되고 있다. 구상적 이미지, 즉 **형상**(끝부분에서 의미가 밝혀지는)이 아니라 의미 내용의 해석, 즉 **함축성**만이 유일하게 시의 구조를 결정하고 있다. 사건의 묘사에 있어서 다른 요소들이 (여기서는 목가적으로, 저기서는 건조하게) 끼어드는 곳에서, 그리피우스는 독자의 사전지식을 믿는 가운데 그 밤의 어린아이를 **그리스도와 같은 계열**에 세움으로써, 인간을 신의 빛에 참여토록 하는 **예수 재림 순간**에 대한 구원사적 분석에 모든 비중을 두었다. 신의 빛에 참여함은 한번, 그럼으로써 영원하게 된다.

  나는 묻노니, "그리스도교 문학"(더 낫게 표현하자면 그리스도인으로 이해되는 작가의 문학)은 신학의 의미화에 있어서 이 성탄절 소네트에서보다 훨씬 진전한 것인가? 어딘가에 그 대답이 있다면, 그리피우스는 1643년에 내놓은 예수 탄생에 대한 시로써 하나의 한계를 만들었던 것이라고 할 수 있다. 거기서는 이미지와 생각이 자매로 맺어지고 있으며, 어떤 모험 앞에서도 놀라 물러서지 않는(14행의 시에서 열다섯 번이나 "밤"이 나온다!) 추상력이 오늘날에 이르기까지 어떤 작가에게서도 거의 성공하지 못하고 있는 그 무언가를 만들어내고 있다. 복음사가 요한의 방법과 그 의미 차원에서 시를 지어내는 그 무엇을. 공관복음사가들이 제공하고 있는 예수 탄생에 관한 에피소드의 모든 재현에 비하면 차원이 앞선다!

  이성을 대수롭지 않게 알았던, 그렇다, 참다운 현인은 지혜를 우습게 안다는 명제를 거듭거듭 대변하였던 안드레아스 그리피우스, 그는 인간을 신의 자녀로 보고자 했다. 바로 이러한 그리피우스가 시인으로서는 최고급의 "합리주의자"였으며, 냉철한 장인이었던 것이다(그의 소네트에서의 머리를 짜낸 기법, 판을 거듭할 때마다의 개작!). 그는 언어에 있어서나 생각에 있어서나 동화력과 환치력이 강한 예술가였고, 자유자재로 풍성한 의미를 연결시키면서 이성을 대신하기도 했던 수사학자였다. 무엇보다 "중요한 낱말들"을 사용해서 강조하는 이름붙이기, 은유와 감탄("오", "아", "오호라!")을 통해 고도로 정열적인, 감동적인 효과를 냈다. "정신력이 풍부한" 인물과 비유와 운의 도식과 창작에 관한 한 라이덴에서 공부한 논객이자, 예술가이자 데카르트 학파 학자였다. … 그리고 동시에 어린애처럼 경건했던 그는, 파스칼과 같이, 한 고통스러웠던 사람과 일생 동안 대화를 나누었다. 그 고통스러웠던 사람은 순교자 예수였는데, 그는 그리피우스에게 항상 새로운 표현을 도발시켰다. 부활한 예수는 영광 안에서 그리피우스에 의해 학문적으로, 전통적인 방법으로 표현되었다. 그러나 **동행자** 예수, 십자가에서 욥의 형제인 예수는 하느님의 아들인데도 유혹에 빠졌었으니 … 예수, 그는 "끔찍한 하느님"의 맞수였다("… 인간이 끔찍한 상황으로 바뀌었을 때, 신으로부터 참아내야 할 것은," 이것은 『주검을 슬퍼하는 논문』Dissertationes funebres에 나와 있는 말이다). 예수, 그에 관한 시는 유고 중 불과 7편의 소네트뿐이다. 그러나 눈물의 송가 안에서, 십자가 아래에서의 시적인 명상 안에서, 그리고 정열적인 노래 안에서 겸손하면서도 격정적으로 서약하는 예수가 그리피우스에게 있어서 주된 그 모습이었다. 그 그림자 속에서 그는 (태양의 소네트, 축제일의 소네트가 증명하고 있듯이) 성서와 그 구절들에 근거를 두고 있는 텍스트들을 동시대의 현안 문제들로 기능을 바꾸어 놓았다. 눈앞에 부각된 자취, 복음서에 나타난 자취를 따라가면서 동시에 의역을 통해, 이리저리 전용된 견본을 변증법적으로 변주시키고, 자신의 신앙고백적 변주를 가해서 말이다. 역사에 대한 이해를 돕는, 시대와 인물에 관련된 관심을 들추어내기도 했는데, 그 역사는 그가 (예컨대 루가 복음 10장 30절 이하 비유의 변주인 선한 사마리아인의 소네트 예에서 증명되듯이) 자신의 것으로 만들었던 것이다.

죽음에 이를 때까지 다치고 / 갈기갈기 찢기고 / 으깨지고 / 박살났다
나는 쇠약해져 쓰러져갔다 / 내 몰골은 말이 아니었다
약한 육신은 죽어갔고 / 내 여윈 가슴은 터져버렸다
피곤한 정신은 수천 가지의 재앙 속으로 묻혔다
핏줄은 벌써 굳어지고 / 입은 더 이상 불평도 못한다
죽음이 내 위에 떠돈다 / 고통이 얼마나 심한지
나 자신도 전혀 모르겠다! 오, 참된 삶의 빛이여!
주 예수여, 당신은 내게 별로 물으려고 하지도 않으십니다
사제와 레위인으로서! 아 사마리아인이 와서
내게 기름과 포도주 / 핏줄기와 물줄기를
당신 쪽으로부터 부어 준다면! 살인자로 가득 찬
세상의 거친 황무지가 곤경만을 더해갈 뿐이니
나는 교회에 가겠다 / 말씀과 성사를 통하여
당신의 계명을 지킴으로써 죽음에서 자유로워질 터이므로

여기서 다시 한번 경건한 열정과 비유적 기술, 소박한 기도와 세밀한 묘사 부분이 하나가 되고 있는데, 다른 곳에서와 마찬가지로 여기서도 그것은 눈앞에 각인된 소품들, 단골로 불려나오는 고통의 목록들로 이루어진다. 그리고 난 다음 돌연 그 결정적 카드가 나온다. 종교적 의미에 따른 비유의 해석이다. 사마리아인으로서의 예수. 학대받는 주님의 육신의 성찬으로서의 기름과 포도주. 교회로서의 숙박소. 고문받는 자가 돌보아지는 **여인숙**은, 말씀의 능력이 있는 개신교 그리스도인인 목사가 구원을 필요로 하는 사람을 루터식으로, 말씀과 성사를 통해 영원한, 영혼이라는 보배의 상실과 연관된 죽음 앞에서 보호하는 **신의 집**으로 해석된다.

프로테스탄트 문학은, 항상 자기 지방교회에 순종하며 이를 옹호했던 자로서 이해되었던 한 남자에 의해 대변되고 있다. 신앙의 분열과 대전

쟁 시기의 문학. 평화(그리스도교 교회 안에서의 평화, 세계 속의 평화)에 대한 동경의 표현은 엄청난 고난의 시기에 자신의 구원자를, 교회 안에 있는 그 고통받는 자와 그의 고향에서 발견했던, 그 학대받는 피조물의 시각에서 나온 것이었다. 이때 그 교회는 신전이 아니라 숙박소이자 구호소였다. 그 희생자를 위한 구호소의 이름으로 안드레아스 그리피우스는 ("자유도시의 몰락에 대하여") 그 어두운 시대에 미래에의 비전, 예수 그리스도라는 정신에 의해 확정된 고향의 비전을 밝히고 있다. "창과 반쯤 녹슨 칼이 자귀로 바뀌고, 쟁기로 바뀌었다."

1637년에, 그리스도교 정신이 그 어느 때보다 멀리 있던 때에, "살인자로 가득 찬 세상"을 사마리아인의 정신 속으로 개혁하고자 했던, 대담한 유토피아로서 씌어진 말이었다. 쟁기로 바뀐 칼과, 고문당한 구원자의 표징 속에 나타난 화해에 대한 그리피우스의 평화를 갈구하는 비전과 달리, 프리드리히 로가우의 한 경구시는 대전 말기에 나타난 현실을 잘 보여주고 있다.

> 루터파, 교황파와 칼빈파
> 이 세 신앙은
> 존재하고 있다. 그래도
> 그리스도교 정신이 어디에 있는지는 의심스럽다

고트홀트 에프라임 **레싱**
Gotthold Ephraim **Lessing**

『현자 나탄』
Nathan der Weise

한스 큉

계몽주의 과정과 종교

소년이 입학시험을 치를 때는 열두 살이었다. 그가 번역해야 할 라틴어 과제는 야만족에 대한 고대의 편견 극복에서 그리스도교의 영향에 관한 것이었다. 소년은 논문을 작성하고도 아직 시간의 여유가 생기자, 자발적으로 (그때 이미 놀라운 대담성과 통찰력과 능변을 역력히 드러내어) 라틴어로 몇몇 문장을 구사해 덧붙였다.

민족들 사이에 차별을 짓는다는 것은 야만적인데, 모든 민족은 하느님에 의해 창조되었고 이성이 부여되어 있기 때문이라고;

특히 그리스도인이라면 마땅히 이웃을 사랑해야 한다고. 예수 그리스도의 말씀에 따르면 우리의 도움을 필요로 하는 사람이 이웃인데 (그의 결론인즉) 우리 모두가 타인의 도움을 필요로 하므로, 우리 모두가 서로 이웃이라고.

"그러므로 우리는 유대인을 단죄하지 않을 것이다. 비록 유대인이 예수 그리스도를 단죄하였을지라도 …" 이 열두 살의 소년은 요구하였다. "우리는 회교도들을 단죄하지 않을 것이다: 회교도들 중에도 또한 품위 있는 사람들이 있다." "결국 비인간적이고 잔혹한 자 이외에는 아무도 야만인이 아니다"(K. Aner S. 14에서 인용).

그런 그의 내면적 확고한 의지가 동요하는 외적 현실 속에서 이런 문장으로 표현되고 있음은 진정 놀랄 만하다. 그 문장들은 그가 살아 생전 그 공연을 볼 수 없었던 마지막 드라마의 표어로 기대될 만하다. 소년은 관용적이지만 엄격했던 정통파의 작센 목사 가정에서 1729년 1월 태어났다. 그리고 1781년(칸트의 『순수이성비판』의 해) 1월에 임종을 맞이했던, 무엇이든 빨리 익혔던 이 소년은 매우 두려워할 만한 당대의 문학비평가이자 동시에 매우 독창적이고 매우 사상이 풍부한 극작가가 되었다. 이 소년이 바로 고트홀트 에프라임 레싱이다.

그러나 여기서 잠시 말을 멈추고, 위의 시대로 거슬러올라가 보자. 파스칼과 그리피우스는 거의 같은 시대에 살았다(1662/1664). 그들의 생존 당시에 한 남자가 암스테르담에 은거해서 활동을 하고 있었다. 그는 약 10년 뒤에(1670) 출판된 그의 책으로 말미암아 맹렬한 저항에 부딪쳤다. 출판 후 4년 동안 그 책은 자유스러운 네덜란드에서조차 판금되었다. 그리고 그 책의 저자는 이미 1656년 자신이 속한 종교단체에서 파문되었다. 그 누구보다도 비난을 많이 받았던, 근대 초기의 이 종교적 철학자, 랍비 학생인 **스피노자**Baruch de Spinoza(1632~1677)는 이제 그의 신학 정책에 관한 논문에서, 종교개혁으로 도래했던 모든 것에 대해 매우 과격한 사항들을 주창했다.

1. 교회와 국가에 대해서 개인이 (그리스도인이든 유대인이든 혹은 그 누구든) 가지는 무한한 종교의 자유.

2. 유대교-그리스도교 신앙의 인간적인 (때로는 모순적인) 기록으로서의 성경 자체에 대한 비판.

3. 신인동형동성설에서 순화된 새로운 신이해: 더 이상 외부에 있지 않고 이 세상 안에서 모든 것을 포괄하고, 모든 것을 지배하고, 모든 것을 존재케 하는 하느님.

물론 1670년 당시로서는 절대 받아들일 수 없었던, 저주받아 마땅한 것으로 여겨졌던 것이 이제 100년이 지나서 바로 레싱에 의해 널리 받아들여지고 있는 것이다. 사람들(즉, 광범위한 교양인 계층)이 (프랑스 18세기의 표현에 의하면) **근대화**된 것이다. 사실 그동안 **시대가 근본적으로 변화**되었고, 17세기 중반에 나타난, 프로테스탄트와 반종교개혁의 정통교리에서 근대로 향하는 파라다임의 변화는 (내적·개인주의적 경건주의와 영국의 경건한 자연신학 "Physikotheologie"(물리신학)에 의해서, 저지되기보다 오히려 진척된) 유럽의 정신적 엘리트층에서 관철되었다. 18세기에는 정치적 안정과 더불어 경제상태, 식량상황, 생활수준이 개선되었다.

물론, 아자르Paul Hazard의 『유럽 양심의 위기』Crise de la Conscience Européenne(1935)가 씌어진 시기를 1680년에서 1715년대로 추정하는 것이 매우 편협하다고 비판할지도 모른다. 그러나 우리가 유럽의 정신문화에 있어서, 유럽 신앙의 위기를 고대에서 근대로의, 전통적 종교에서 새로운 종교 형태로의 변화와 관련시킨다는 것은 논쟁의 여지가 없다. 문화의 중심은 남부에서 북부로 옮겨진다. 일련의 변화 속에서 악마신앙·마녀신앙·혜성신앙·기적신앙은 억제되고, 모든 인간에게 적용되는 자연법과 사회계약 이념이 점점 더 관철된다.

종교의 기본성향과 모든 생활감정에 있어서 또한 이 격변은 (유럽 최초의 근대 독일 철학자이며, 예수회원들이 그의 유명한 『신정론』 Theodizee(1710)을 두고 "낙관주의"란 말을 창조했던) 라이프니쯔의 철학에서 현현된다. 즉, "공포의 세기에서 희망의 세기로"(H. Lehmann) 가는 변화인데, 독일에서도 명백히 나타난다:

그리피우스의 시대만 해도 아직 삶에 대한 공포, 허무와 무상, 죄의식과 은총희구의 분위기가 팽배해 있었다.

레싱의 시대에 와서는(그의 논문에서 명백하게 파악할 수 있듯이) 삶에 대한 희망과 선한 인간본성에 대한 신뢰의 분위기가 지배적이다. 자아긍정과 자아실현에 의해 자아부정과 자아경멸은 후퇴하고 자연적인 것과 감각적 기쁨으로 말미암아 육체에 대한 적대감과 성에 대한 적의도 뒤로 물러서게 된다. 세계부정과 세계포기 대신에 세계정복에 대한 의식이 이 자리를 메운다. 즉, 북아메리카 개척과 영국의 인도 식민지화(유럽사는 이제 세계사가 된다), 아이작 뉴튼에 의한 고전 물리학의 세계모델의 구상이 그것들이다.

계몽주의란 말은 이 시대의 마술 주문이 된다. 계몽주의, 이것은 네덜란드와 영국에서 시작되어, 프랑스에서 (볼테르의 영국 방문 후) 급격히 반교회적 · 반그리스도교적인 것으로, 즉 무신론과 유물론으로 변화하게 된다. 라이프니쯔Leibniz · 볼프Christian Wolff · 레싱에 의한 독일 계몽주의는 물론 매우 온건주의적(반유물론적 · 유신론적 · 이신론적)인 노선을 택하게 된다. 세계상 · 신상 · 인간상에 대한 도전들 또한 막대하다. "하느님의 창조물"인 세계는 세상이라는 기계가 되고, 하느님은 **최고 이성**이 된다. 그리고 모든 인간론적 · 신학적 비관론(원죄!)에 반대해서, **인간의 존엄성**이 그 중심에 위치하게 된다. 즉, 인간의 선천적 신의식과 자연의 도덕법칙, 의지의 자유와 영혼의 불멸이 그 핵심이 된다. 요컨대, 천부의 자연종교가 "덕행"의 목적이 되고 ("유용성"이 선이 되고) 따라서 고귀한 인간성을 촉진하게 된다는 것이다. 계몽주의의 종교다!

　따라서 종교를 통한 계몽주의? 바로 레싱과 관련해서, 계몽주의 연구에 관한 최근의 문헌을 볼 때, "빛으로 향하기, 빛의 시대, 계몽"의 다층적 진행과정이 종교적 뿌리와 요소들을 가지고 있다는 사실에 주목하게 된다. 빛과 깨달음에 대한 계몽주의적 사고는, 사실 경건주의적 계몽의 경건성과 영국 자연신학(물리신학)에 의해 강조된 초월성 경험에서부터 보나벤투라Bonaventura와 아우구스티누스를 거쳐 플라톤 철학에 이르기까지 거슬러 그 뿌리를 더듬어낼 수 있다. 그러나 이것이 그 결정적 특징과 계몽주의 본래의 근대주의 정신이 (독일에서는 특히 철학과 신학에 집중되는) **계몽주의의 종교비판적 잠재력**에 기인한다는 사실을 변화시키지 않는다. 전통과 도그마, 교회와 그리스도교로부터의 종교정치적 해방, 이것이 바로 **종교의 계몽주의**이다! 그러므로 임마누엘 칸트는 성숙의 행위를 감행한다. 그는 (필연적으로 데카르트의 기본명제 "나는 생각한다"의 선에서) 레싱이 죽은 3년 후 "계몽주의란 무엇인가"라는 질문에 고전적으로 답한다. "계몽주의란 그 자신의 책임인

미성숙상태로부터의 인간의 탈출이다." "미성숙"은 "무능, 즉 타인의 지도 없이는 자신의 오성을 사용하지 못하는" 것을 이른다(Werke, hrsg. von W. Weischedel, Bd. VI, S. 53). 그리고 누군가가 "계몽주의의 표어"인 "너 자신의 오성을 사용할 용기를 가져라"를 모범적으로(칸트가 확언한 "인간의 나태와 비겁"에 대항해서) 실천한 사람을 꼽으라면, 그는 바르트Karl Barth 역시 "18세기의 완성된 그리고 완성하는 인간"이라고 적절하게 명명했던, 고트홀트 에프라임 레싱이다(S. 208).

그렇다면 계몽주의자 레싱의 종교성에서 중요한 것은 무엇인가? 자유문필가, 저널리스트의 전형인 그가 약관 스물한 살 당시에 맨 처음 쓴 신학 기록문들은 (독특하게도 헤른후트회 수도 공동체에 대한 사상을 담고 있거니와) 그의 노선을 분명히 밝혀준다. 즉, 인간은 "궤변을 부리기 위해 창조된 것이 아니고" "행동을 위해" 존재한다는 것이다(Werke in drei Bänden, Hanser-Ausgabe, III, S. 272). 이 점이 정통교리에 반해 종종 대적자로만 잘못 간주되고 있는 경건주의자들과 계몽주의자들 사이에 있어 중요한 문제이다. 즉, 진정한 그리스도교 신앙은 이성적인 생각이 아니라 올바른 실행에서 입증된다는 것이다. 그것은 인간의 이익을 위한, 인간의 행복을 위한 노력이다! 이때문에 레싱은 신학보다는 행위에, 교리보다는 생활에, 도그마보다는 모럴에 훨씬 더 중점을 둔다.

    레싱은 이미 **일찍부터 전통과 도그마로부터 해방**되었다. 신학생이기보다는 철학, 언어학, 고고학 그리고 결국 의학을 더 즐겨 공부한 그에게 있어 양친의 전통주의는 이미 라이프찌히 대학시절에 사라졌다. 그러나 당시의 두드러진 신학 세력들(루터의 정통교리, 볼프의 계몽주의 철학, 신신학Neologie)과도 그는 독특한 거리를 유지한다. 우리가 그것을 나쁘게 해석할 수는 없다. 그에 의하면 대단히 "통찰력있는", 그러나 맹목적 신앙복종을 요구하는 루터식 **정통교리**는 이성에 대한 루터의 공격에도 불구하고, 그리고 이성과 계시에 대한 근본적이며 냉혹한 반대에도 불구하고, 단지 자신들의 신학적인 체제를 성취하려 했다. 따라서 공교롭게도 근대 윤리학과 철학이 결국은 사장시켜야 했던 어떤 위대한 "요술쟁이"에게 다시 도움을 청했으니, 그가 다름아닌 아리스토텔레스였다. 계몽주의의 대중 철학자 **볼프**와 그의 신학적 추종자들은 이성의 질서와 계시의 질서를 (물론 이성을 강조해서) 거의 토마스적인 방법으로 다시 조화시켰다. 따라서 공연히 가톨릭화 혐의를 받는 것은 아니었다. 끝으로, 치욕스런 명칭으로 간주되던 "**신신학자**들"Neologen은 도그마들을 (우선 첫째로 계몽주의의 낙관적 인간학을 모욕하는 원죄 교의를, 또한 삼위일체와 성육신 교의도) 비판하긴 했으나 이성과 계시 사이의 모순을 "신식으로" 탈합리화시켰는데, 레싱 생각에는 "어설픈 철학이 낳은 하찮은 편찬물"을 만들 뿐이었다.

왜냐하면, 철저한 사상가들에겐 이미 오래 전부터 다음과 같은 의문들이 제기되어 왔기 때문이다. 즉, 니콜라우스Nikolaus von Kues, 피치노 Marsilio Ficino, 브루노Giordano Bruno가 예감했듯, 그리고 사람들이 갈릴레이와 파스칼 이래로 안다고 믿어왔듯, 이 "세상이란 기계"가 아무런 중심도 경계도 없는 무형의 무한성의 것이어야 한다면, 천상적 제도도, 고대 교회적 헬레니즘의 도그마도, 중세 로마적 가톨릭의 도그마도 더 이상 지속될 수 없는 것이었다. 새로운 세계상에 의하면 아버지인 하느님은 지형학상 위쪽 하늘에서 군림할 수 없지만, 로고스며 말씀인 그 아들은 그러나 승천의 날에 다시 위로 올라가기 위해 세상의 중심으로, 그렇다, 지상 아래로(지옥으로)까지 내려온다. 그러나 이 새로운 세계상을 지탱해내지 못하면, 많은 것이 동요하게 된다. 교부신학과 스콜라 철학에서 거의 과장되어 조명된 그리스도의 신성, 바로 동정녀 마리아에게서 태어난 그리스도상까지도 흔들린다는 것이다.

물론 가톨릭으로의 복고주의 시대에는 바로크 둥근 천장과 바로크 둥근 탑과 바로크 교의학에서 대용 하늘을 창조했었다. 마치 프톨레메우스와 아리스토텔레스가 여전히 만사에 오류가 없는 성서를 뒷받침해 줄

수라도 있는 것처럼 말이다. 그 사이에 던져진 모든 신학적인 문제들은 레싱에게는 **성서 해석**에 있어 결정적인 역할을 한다. 이때 중요한 것은, 그가 성서를 (고대와 중세의 신학 정신에서처럼) 상징과 비유들, 그리고 오리게네스와 아우구스티누스가 이미 행했던 비유적인 방법을 통해 해명될 수 있는 수수께끼 및 그런 수수께끼로 가득 찬, 신적 영감과 암호책으로 더 이상 여기지 않는다는 것이다. 레싱은 성서를 스피노자와 경건한 파리 오라토리오회 수도사인 시몬Richard Simon(1638~1712)의 정신 속에서 인간 작가들이 쓴 매우 세속적인 기록으로 이해한다. 시몬은 파스칼이 죽은 직후에 『구약비평사』로 무엇보다도 프로테스탄트에 근대적 성서비판연구 시각을 구축하였고, 보쉬에Bossuet의 영향으로 그의 책이 금지되자 그는 수도회에서 추방되었다. 물론 그렇다고 이 일이 그의 힘찬 학문연구 진행을 저지하지는 못했다.

그리고 레싱은 어떠했는가? 그로부터 정확히 100년 만인 1778년(레싱이 볼펜뷔텔Wolfenbüttel 공작 도서관의 사서로 일한 지 8년이 되는 해)에 레싱의 『익명의 단편』Fragmente eines Ungenannten이 출판되어 물의를 일으킨 때의 상황도 옛날보다 낫지는 않았다. 이 단편은 함부르크의 동양어 학자인 라이마루스Hermann Samuel Reimarus에서 유래한다. 그는 영국의 이신론자(Locke, Toland, Tindal 등)의 자연종교와 이성종교의 영향하에서 전적으로 비밀리에 이 논문을 집필했다. 레싱 자신도 그것을 라이마루스의 사후에 라이마루스의 딸로부터 얻었다. 그의 글에선 가차없는 합리적인 비판으로 성서 텍스트의 모순이 폭로되고, 12사도와 복음서 필자들의 신빙성이 논박된다. 그리고 나자렛 예수에 대한 근원적인 재질문을 던짐으로써 현존하는 교회로서의 그리스도교가 철저하게 문제시된다. 라이마루스 단편의 출간과 함께 역사적 사실에 근거한 예수 생애 연구가 독일에서 착수되었다. 이 예수 생애 연구의 오디세이적 방황은 알베르트 슈바이쩌가 탁월하게, 레싱의 논거를 그로테스크하게 인용하면서 기술한 바 있다.

레싱의 만년을 장식한 **단편논쟁은** (이에 대해 정통교회에서는 모든 학문적 내규에 반해서 아주 공공연하게 명백한 유감을 표명한 반면) 루터 이래 독일을 강타한 제일 큰 충격이라 일컬어졌다. 또한 이는 간접적으로 절대주의 국가에 대한 위협이었다. 가톨릭 교회에 대한 갈릴레이의 경우와 마찬가지로 이 논쟁은 여기서 프로테스탄티즘에 있어 신학의 **근대적 파라디그마**를 위한 어떤 "결전"과 같은 것이다. 즉, 신학이 성서의 근원에 그 원류를 두고 있다 하더라도, 근대 자연과학(Galilei)과 근대 역사학(Reimarus – Lessing)의 결실 역시 학문으로 받아들여야 한다는 것이다. 레싱은 검열 후의 분노와 조소와 저항과 외침 등 온갖 소요에도 불구하고(50개 이상의 반박서가 나왔다!) 그의 『익명의 단편』을 변론하고 나섰다. 하지만 그가 이성과 계시의 관계에 대한 기본질문에 관해서 전부 그 『단편』과 동일하게 생각하는 것은 아니다.

라이마루스는 독단적인 정통교리를 다음과 같이 논박했다. 그리스도교 교리의 진리 혹은 도그마(예를 들면 예수 그리스도의 부활)는 믿기 어려운 데가 있다. 왜냐하면 복음사가들의 보고가 서로 모순될 수도 있기 때문이다. 이에 반해 정통교리측에 따르면, 역사적으로는 믿을 수가 없을 수도 있으나 그리스도교 교리상의 진리들은 믿을 수 있을 수도 있다. 왜냐하면 복음사가들의 보고들은 서로 모순되지 않을지도 모르기 때문이다. 레싱은 둘 다 논박한다. 그리고 오늘날의 비판신학은 원칙상 그에게 동의할 것이다. 즉, 예수 그리스도의 부활은 그 보고들이 모순**될지라도** 믿을 수 있다. 레싱이 논박하는 문제는 예수 그리스도의 시대에 아직 "정신과 힘의 논증"이 없었는가 하는 것이다. 이런 종류의 논증은 없고, 단지 그에 대한 보고만이 존재하는 오늘날, 그리스도교의 진리는 한 인간에게 어떻게 이해되어야 하는가? 그 당시로부터 오늘날에 이르기 위해, 그리고 우연한 역사의 진리에서 필연적인 이성의 진리에 다다르기 위해, 나는 그 "야비하고 넓은 무덤"을 어떻게 뛰어넘을 수 있는가?

98 레싱, 『현자 나탄』

우리들은 오늘날의 시각에서 말할 것이다. 레싱이 (라이마루스와 함께 정통교회와 싸우면서) 문자 그대로의 영감, **자구적 영감**에 관한 교의를 신학현상으로 거부한 것은 옳다. 왜냐하면 성서는 이론의 여지가 없는 자연과학적·역사적 모순과 오류들을 내포하고 있기 때문이다. 동시에 레싱이 (이 점에서 정통교리 신봉자들과 라이마루스에 반대되는데) 그리스도교의 교리적 진리를 위한 **역사적 논증**을 거부한 것도 옳다. 인간은 완전한 영원성을 한 거미줄에 떠맡겨서는 안된다. 그러나, 오늘날 레싱에 대해 다시 질문을 해봄직하다. 성서의 증거와는 상관없이 영원한 이성적 진리 속에서 계시의 진리를 내면으로부터 통찰하는 인간 이성은 진정 주어져 있는가? 그리고 그것이 가능하지 않다면, 그러면 무엇인가? 키에르케고르와 관련해서 우리는 이 질문으로 되돌아가야 할 것이다.

아마도 교회가 무슨 일이 일어날까를 심각하게 생각했다면, 레싱 같은 사람을 좀더 진지하게 생각했다면, 이를 수용했을 것이다. 근대에 들어 종교와 사상의 일치가 급속히 깨어졌을까? 정신생활과 신앙심 또한 고정된 교회와는 전혀 상관없이 전개되었을까? 괴쩨Melchior Goeze 목사의 방법대로 완고하고 독단적이며 유머 없이 전통적인 성서이해·신이해·세계이해에 머무르는 대신, 이제 눈사태같이 불어난 문제들을 해결하고 새로운 인식을 수용했더라면 어떻게 되었을까? 레싱 스스로 (베를린에 있는 유대인 계몽주의 철학자 멘델스존Mose Mendelssohn에게 띄운 편지가 이를 입증하듯이) 이미 약 1750년부터 새로운 상황을 경험하였다. 그는 자신이 예전에 일종의 편견에서 배척했었던 많은 것들을 다시 수용해야 한다고 적고 있다. 그는 이전의 연구(가령 Karl Aner, Theologie der Lessingzeit , 1929)가 관찰했던 그런 용감한 합리주의자도, 이에 대한 반동에서 신학자들이 그를 신학적으로 병합하려 했던 그런 루터적 기독교인도 아니다. 그는 (최근 연구에서 점점 같은 의견으로 좁혀진) 엄격한 논리의 진짜 **변증법적 사상가**이며, 격렬한 논쟁에서 단지 "연습삼아"

(정책적으로) 토론하려 했을 때, 종종 "교의적으로"(원칙적으로) 이해되기는 했지만, 그렇다고 조직신학자도 아니었다. 바로 이런 면이 적어도 마르틴 루터를 전혀 닮지 않은 것은 아니다.

새로운 시대로 옮겨진, "진가를 인정받지 못한 위대한 인물" 루터가 또한 그의 입장을 대변할 수는 있지 않을까? 레싱은 이제 그의 적수에게 묻는다. 논쟁의 절정에서 그는 함부르크의 주임 목사 그리고 그 당시 정통교리 신봉자들의 중요한 대표자 중 한 사람이었던 멜키오르 괴쩨를 향해 외친다. "나는 단연 당신으로부터, 당신보다 루터의 교회를 덜 좋게 여기는 사람으로 비난받기를 원치 않습니다. … 결국 누가, 당신이 (그는 루터에게 말을 건다) 지금 가르치려는 것처럼, 그리스도 스스로 가르치려 했던 그대로, 그리스도교를 우리에게 알게끔 하는가! 누가 …"(III, S. 441f). 이에 괴쩨를 겨냥한 그의 "짤막한 예의바른 도전"은 다음과 같다: "목사님, 쓰십시오. 전력을 다해 집필하십시오. 저 또한 글을 쓰겠습니다. 만약 제가 그 익명의 사람 혹은 제 자신에 관계한 가장 사사로운 일에서, 정당하지 않은 당신이 옳다고 주장한다면, 그러면 저는 더 이상 펜을 잡을 수 없을 겝니다"(III, S. 443).

그후 4개월이 지나 그의 "펜"은 멈춰야 했다. 괴쩨를 반대하는 열한 개 항목을 실은 팜플렛(파스칼의 『시골 편지』와 유사한 최고 수준의 반박문)의 출간 이후 볼펜뷔텔 도서관 사서의 검열 자유가 칙령에 의해 철회된다. 이 칙령은 신학적 테마를 다룬 작품들의 출판 금지와 필적할 만한 명령이었다.

*

1778년 8월 8일, 레싱이 검열 자유의 철회 때문에 공작에게 회신을 보냈던 날과 한 날에, 대담하고 명민한 단독 투쟁자요 (그가 늘 겸손히 자칭하던 대로) "신학 애호가"인 레싱은 이제야말로 투쟁을 결심하고, 자신의 새로운 행동방침을 알린다. 다름아닌 운문 드라마 『현자 나탄』

Nathan der Weise이다. 그는 "나는 시도해야만 합니다"라고 그의 익명의 사람의 딸 엘리제 라이마루스에게 쓰고 있다. "사람들이 나의 옛 연단에서, 적어도 극장에서 설교하는 것을 전혀 방해하지 않을는지, 아무튼 시도해 보겠습니다"(Ges. Werke, hrsg. von P. Rilla, IX, S. 798f), 말하자면 그는 전투장만을 바꾼 셈이다. 그리고 이것은 "열 편의 짧은 글보다 오히려 약올리는 익살극 하나로 신학자들을 놀려 주겠다"는 단호한 의지의 표현이다. 작업은 급속도로 진척되었다. 약 반 년 후, 이미 『현자 나탄』이 검열을 피해서 출판되었다.

이 작품은 전 5막을 통해, 여느 때와 마찬가지로 주도면밀하게 정의를 내리고, 재미있는 대화로 논쟁을 벌이며, 계몽하고 숙고하게끔 한다. 더구나 이 작품은 이제 유연한 무운無韻 시구로 씌어졌다. 극작가로서 레싱은 독설적 궤변론자로, 재치있는 대화를 주도하는 인물로, 정열적이고 기지있는 사람이다. 그러나 그의 대화는 이제 임의의 문학적 시공 속에서 이끌어지는 것이 아니라, 관객의 상상력을 자극했을 것이 틀림없는, 오늘날도 그러한, 그런 장소에서 벌어진다. 바로 예루살렘이다! 유대인들의 성지, 그리스도인들과 이슬람교인들이 중세 전성기와 십자군 시대에 세속적으로 충돌했던 유대인 박해의 성지다. 오늘날까지도 서로 차지하려고 다투는 바로 그 예루살렘이 무대인 것이다.

레싱은 큰 안목으로 종교와의 논쟁을 한 차원 높은 경지로 끌어올렸다. 즉, 정통 종교의 주임 목사와 계몽주의 작가 사이에 종종 있을 구구한 충돌에 관심을 두는 것이 아니라, 기지와 이성으로 가득 찬 입체적인 등장인물들 속에서 구현되는, 유대적 원천과 예언자적 특성의 세 가지 세계종교 사이의 드라마틱한 대화에 관심을 둔 것이었다. 한 계몽된 유대인(독일극에서 최초의 고귀한 유대인인 나탄), 한 계몽된 이슬람교도(의미심장한 인물인 술탄 살라딘), 그리고 미성숙하지만 결국은 계몽된 그리스도인인 한 젊은 십자군 기사, 동시에 (소박한 수도사와 함께) 이 기사의 대칭상으로 "총대주교"가 등장인물들인데, 이 비열한 성직자는 정책상 필요하다면 화형이란 협박으로 교회의 절대성을 주장하며 인간들을 미성년적 복종상태에 머물러 있게 하는 그런 교회를 대표하고 있다.

예술의 모든 법칙과는 상반되게 희극과 비극을 동시에 한 작품 속에 수용하고 있는 이 교훈극에서 중요한 것은 무엇인가? 오늘날을 위해서라면 어떤 결론들이 나올까? 그럼, 세심한 세 단계를 거쳐 외부에서 그 내면으로 접근을 시도해 보기로 하자.

*

우선 개인의 **가정 드라마**로 여겨질 수 있는 것은 사실상 **인간에 관한 드라마**임을 입증한다. 레싱이 인간 존재에 관한 질문이든 신의 섭리에 관한 질문이든, 그의 근본문제를 자리옮김함으로써 그의 입장에 해가 가해질 수 없게 했다는 신학적 해석에 맞서, 이 점은 강조되어야 한다. 여기서 필요한 것은 두 가지로 분명한 선을 긋는 일이다.

첫째, **프로테스탄트적 레싱 해석**은 확실히 틸리케Helmut Thielicke의 공이다. 그는 이미 1936년 『계시, 이성과 실존』Offenbarung, Vernunft und Existenz (³1967)이라는 독특한 제목하에, 레싱의 종교철학에 관한 연구로 레싱의 신학적 "구원"을 유도했다. 새롭게 계시와 이성, 역사의 진리와 이성의 진리 사이의 관계가 고찰된 것이다. 그러나 분명한 것은 레싱의 경우에 무신론을 언급할 수 없다는 사실이다. 레싱은 신, 자유, 불멸과 도덕에 (그와 더불어 온 독일 계몽주의가 그랬던 것처럼) 집착하였다. 그러나 틸리케는 시대유형적·존재론적 편협함 속으로 빠져들었다. 그 당시와 마찬가지로 지금 또다시 그의 새 저서, 『근대의 신앙과 사상』 Glauben und Denken in der Neuzeit (1983)의 레싱 편에서, 인간 "실존"과 그 실존 위기가 레싱의 "근본문제"였다고 언명할 때(S. 124), 그는 레싱의 『나탄』을 주관성과 연관하여 취급했다(S. 131). 여러 계시종교들의 진리 주장을 단순히 "암시"하는 데에 만족하고 이것이 "반지 우화의 가장 심오한 문제"(S. 143)라고 함으로써 틸리케는 레싱의 종교문제의 핵심과 동떨어지게 되었던 것이다.

둘째, 튀빙겐에서 성립된 아르노 쉴손의 **가톨릭적 레싱 해석** 또한 중요하다는 것은 의심할 여지도 없다. 특히 반근대적 징후 속에서 백년 동안 레싱에 관한 가톨릭 신학자의 서적이 전혀 출판되고 있지 않았기 때문이다. 이 해석은 최근 가톨릭적 해석(예: B. Bothe) 중 물론 가장 포괄적인 해석이며, 『섭리의 지평에서 본 역사』Geschichte im Horizont der Vorsehung(1974)란 제목으로 출판되었다. 그러나 이 "섭리"가 레싱과 독일 계몽주의에 있어 의심할 나위 없이 중요한 이성의 진리일까? 이것이 (쉴손의 제목에서처럼) "지평"이 아니라 뜻밖에도 레싱 역사철학의 중심이 된다면, 내겐 레싱의 문제성이 별반 중요치 않은 듯 생각된다. 따라서 『나탄』은 단순히 (쉴손이 새로이 출판한 『레싱의 그리스도교』Lessings Christentum (1980)에서도 표현하듯이) "섭리의 극"(S. 65)이 되어 버리고, 종교문제는 완전히 배제된 것은 아닌지!

이처럼 혹자에게는 (족히 프로테스탄트적으로) 실존변증법인 것이, 다른 사람에게는 (족히 가톨릭적으로) 신 중심과 인간 중심의, 그리고 섭리신앙과 자유의 문제성이다. 그러나 유대인 나탄에 관한 부분은 그 **근본문제** 안에서, 즉 총대주교의 권력기관인 교회에 대한 신랄한 비판, 그리스도교와 유대교의 문제점, 신학적 계몽주의 연구의 중요한 미해결점들, 무엇보다도 또한 신학자들에게 특히 불편한 세계종교에 관한 질문, 말하자면 참된 종교에 관한 질문 속에서 그만 **길을 잃게** 된다. 이때문에 이 계몽적이며 비관념적인 계시비평가인 레싱이 가톨릭 신학에서나 대부분의 근대 프로테스탄트 신학사에서 쉽게 간과되고 있다는 사실은 새삼스런 것이 아니다(1867년 도르너I. A. Dorner 이후, 1947년에야 비로소 다시 바르트K. Barth가 감정이입적인, 그러나 결국은 비난하는 한 대목을 그에게 할애한다). 레싱 수용사受容史의 "협궤성狹軌性"이 "지금까지 (특히 좁은 의미에서 '종교개혁 유산'을 고집하는 후기 바르트주의자들과 근본주의자들에게) 영향을 끼치고 있다"(W. Trillhaas, S. 62)는 사실이 여기서 뚜렷이 드러나는 것이다.

레싱은 **신학적 계몽주의 연구**가 구체적으로 무엇을 의미하는지 이미 이 드라마의 제1막에서 제시한다. 그는 재치있고 아이러니칼하게 나탄은 "단지 유대인"에 불과하다고들 하는 편견을 제거한다. 나탄은 그 모든 상투어와는 반대로 "성실, 관대 그 자체"(I/1)이며 고리대금을 하는 대신에 돈을 선사하는 유대인, 반자본주의자이다. 또한 모든 미신을 구체적으로 제거한다. "그리고 달콤한 망상은 더 달콤한 진리에게 자리를 양보한다. … 인간에게는 천사보다 인간이 더 좋은 것이다"(I/1). "기적을 찾는 민족"의 기적의 종교를 비판한다. "최고의 기적은, 진정한 기적이 우리에게 그렇게 항상 일어날 수도 있고, 일어나야 할 것이라는 것이다"(I/2). 기적 대신에 실행이 제시된다: "깊은 신앙심에 도취한다는 것이, 선한 행위를 하는 것보다 얼마나 쉬운가?"(I/2).

그러나 (그리고 이것이 둘째 단계인데) 우선 이념적인 **경향 드라마**로 여겨질 수 있는 것은 사실 머리와 가슴을 계몽하고 따뜻하게 하는 **계몽 드라마**인 것으로 입증된다. 이 계몽 드라마는 2막과 3막에서 점점 프로테스탄트 신학자도 가톨릭 신학자들도 차라리 피하려 하던 커다란 미해결 인간 문제에 집중된다. 바로 인간이기를 포기하고서는 그리스도인도 될 수 없다(III/1); 예수 그리스도의 이름이 중요한 것이 아니라 그의 덕과 인간성이 중요하다(III/1); 이성의 씨앗은 인간의 영혼 속으로 뿌려진다(III/1); 실행과 고통이(종교의 내용이 아니라) 순교자들에게 가장 영웅다운 것이다(III/1). …

인류의 이상은 자연히 휴머니즘이다. 그 휴머니즘이 나탄이라는 인물 속에 빛나고 있지 않은가! "유대인과 그리스도인, 이슬람교인과 조로아스터교인 모두가 그에게는 똑같다"(II/2). "그의 정신은 편견으로부터 얼마나 자유로운가; 그의 마음은 얼마나 모든 덕을 향해 열려 있고, 온갖 아름다움과 얼마나 조화를 이루고 있는가!"(II/3). "그리스도교도와 유대교도들은 인간이기보다 그리스도교도이고 유대교도들인가? 아! 만약 내가 당신에게서 인간적 인물을 발견할 수 있다면!"(II/5).

그러므로 이 드라마에 의하면 "**현자**"는 누구인가? 단지 "영리한 자"(III/5), 이기적으로 계산하고 역설적으로 대화를 이끌며 "책에 의존하는 냉철한 학문"(V/6)의 이성적 인간은 아니다. 그는 머리와 가슴을 지닌 인간이다. 고난에 시험받고, 투쟁하며, 자기 의지를 이성으로 하느님의 의지와 일치시킬 수 있고 올바로 숙고하는 지식으로부터 나와 몰아적인 상태에서 타인에 대해 행동할 수 있는 자가 나탄이다. 유대인인 그는 삶의 드라마에서 그리스도보다 더 그리스도교적으로 나타난다. "당신은 그리스도이십니다! 진정 그리스도이십니다. 당신보다 더 훌륭한 그리스도는 결코 없었습니다!"(IV/7)라고 수도사는 말한다(V/7). 그러나 나탄은 논증을 곧 뒤집는다. "물론 우리는! 당신이 나를 그리스도인으로 만든다는 것은 내게 있어 당신을 유대인으로 만드는 것입니다!" 휴머니즘을 모호하게 할 때는 그리스도인이라고도 유대인이라고도 할 수 없다. 아니, 인간이 아니다. 양자의 공동기반이라 할 수 있는 휴머니즘의 진리가 중요한 것이다. 그리고 더 나아가 결정적으로 중요한 것은 레싱이 (프랑스인 볼테르와는 달리 윤리적 진실이 없는 회의적 종교 조소자가 아니고) 휴머니즘을 종교의 근본으로 삼았다는 것이다.

그러나 (그리고 이것은 중심을 향해 천착하는 셋째 단계인데) 우선 종교와는 무관한 **관용 드라마**로 이 작품이 생각될 수 있는 것은 최종적으로 유토피아적인 **화해 드라마**임을 입증하는 것이다. 이 드라마는 낙관적 세기에서조차 간과할 수 없는 고통과 불행이라는 암울한 배경, 처형과 유대인 학살의 밤이라는 배경에서 심오한 인간성을 그리고 있다. 바로 사랑이 그것이다. 계속 살아갈 수 있는 힘과 위대성을 부여해 주는, "그 무엇으로도 매수할 수 없는, 편견으로부터 자유로운 사랑"이다. 진정 『나탄』에서 중요한 것은 단지 일반적 하느님과 인간의 변증법 혹은 존재의 변증법만이 아니며, 또는 빈번히 피상적으로 해석하듯, 비정치적인 개인 각자의 선행만이 아니다. 아니, 극의 대단원에서 보여주는, 여러 다른 종교인들이 축제를 통해 함께 포옹하는 장면은 인류의 더 나은 미래에 대한 정치적·종교적 유토피아를 상징적으로 표상한다. 레싱의 이같은 미래지향적 역사관의 정신은 오늘날에 이르기까지 그리고 오늘날에도 또다시 새롭게 영감을 주는, **인류의 편차의 전제조건으로서의 종교들간의 평화에 관한 비전이다!** 바로 이 위대한 종교평화에의 비전으로 말미암아 레싱의 『나탄』이야말로 클로프슈토크나 헤르더나 비일란트 같은 동시대인의 모든 작품을 능가하며 재삼 관객에게 새로운 감동을 주는 것이다.

물론 이 위대한 미래의 비전은 참 종교 문제가 해결되어야 한다는 것을 전제한다. "이 세 종교 가운데 하나만이 참 종교일 수 있다"(III/5). 레싱은 이 문제를 주지하는 대로 고대 보카치오의 『데카메론』에서 빌려온 (그러나 완전히 새롭게 구성된) 세 개의 반지 우화를 가지고 풀려고 했다. 이 우화의 중요성은 역설적으로 이 우화가 드라마의 핵심(III/7)에 위치한다는 사실로 미루어 알 수 있다. 그러므로 어느 것이 진짜 반지인가, 이론적인 해명이 별 효력을 지니지 못한다면 (진짜 반지를 증명할 수는 없었다), 어느 것이 진실한 종교인가? 대답은 단지 실천적 증명만을 통해서 효과가 있다. 그리고 각자가 "노력하라. … 그 매수되지 않는, 편견으로부터 자유로운 사랑을 향하여!" 그러면 반지의 힘이 입증된다. "관용, 진심에서 우러난 온화함, 선행, 하느님께로의 가장 내적인 귀의를 통하여." 그러므로 단지 하느님이 주신 휴머니즘을 통해 생활 자체에서 입증하라! 한마디로 말해, 각각의 종교가 하느님과 인간 앞에서 실제적으로 실천적으로 "신통력"을 증명하는 한, 그것이 참 종교이고 진리다. 이토록 분명한 입장이 대체 어디 있는가?

우리는 이 드라마가 프리드리히 대왕의 슬로건인 "각자는 자기나름대로 구원받을 것이다"라는 말의 예증일 뿐이냐고 자문할 수도 있다. 과연 그럴까? 아니다. 그것은 레싱의 종교적 평화의 비전을 경시하는 것이며, 그의 사상의 차별성을 과소평가하는 것이다. 『나탄』이 출판되기 거의 10년 전, 이미 베를린의 계몽주의자인 프리드리히 니콜라이에게 띠우는 한 편지에서, 그는 "종교를 마음대로 비판할 수 있는 자유"에 맞서 베를린에서 일어난, 사상과 언론 자유의 제한에 앞장서서 대항하였다(Ges. Werke, hrsg. v. P. Rilla, IX S. 327). 레싱은 그 위대한 종교를, 통속적 계몽주의 시각을 가진 라이마루스처럼, 순수한 이성종교 또는 자연종교의 잠정적인 가리개로 보지 않는다. 그는 반역사적으로 사고하지도 않고, 단순히 순수이성적 보편종교를 위하여 역사적으로 함께 성장해온 종교들을 배제하려 하지 않는다. 그 반대로, 바로 이때문에, 그에게는 당대의 이성과 종교 사이의 불행한 의식분열을 극복하기 위해 이성과 역사, 이성과 전통, 이성과 계시를 함께 숙고하는 것이 최대 문제였다. 아니다. 레싱은 또한 모든 역사적 난제에도 불구하고 그리스도교를 늙은 피부 벗기듯 다루려고 하지도 않았다. 그는 그리스도교를 새롭게 해석하려 했으며, 우선 내부에서부터 앞으로 냉정하게 변화시키려 했다.

레싱은 유대교와 함께 그리스도교를 "하느님이 하나인 교육계획 속에 포함하려 하신 인류의 일부분"(§54)으로 보았다. 그것이 바로, 항상 세부적인 질문보다는 기본 질문에 흥미를 느꼈던 이 학자가 중요한 마지막 대작인 (바로 라이마루스와의 논쟁에서 생겨난 것으로, 그가 죽기 1년 전에 "위장을 위해 익명으로" 발표한) 『인류의 교육』Die Erziehung des Menschengeschlechts (1780)에서 밝히고 있는 것이다. . 넓은 의미의 이 "교육"은 계몽주의 "교육의 세기"에 곧 실현될 것 같았다. 레싱의 논술이 안고 있는 신학적 쟁점은 물론 교부신학에까지 거슬러올라간다. "역사계획"("하느님의 경륜"(§88))이라는 이념 또한 인류의 교육자로서의 하느님 또는 그리스도에 대한 사상과 마찬가지로 레싱이 잘 알고 있던 그리스의 교부에서 발견되기 때문이다. 그에 반해 세 시대(고대계약 - 근대계약 - 영원한 복음시대)라는 표상은 폰 피오레Joachim von Fiore와 그를 추종하는 중세의 "도취론자들"의 경우에서 나타난다(§87).

그러나 역사에 대한 지식이 없는 인간은 미숙하고 심히 위태로운 아이에 머문다고 확신하는 레싱은 역사적 토대 위에서 온 역사의 철학적 구상을 시도하고 유대교 내지 그리스도교 역사를 살펴보려 한 최초의 사람이다. 그는 따라서 무엇보다도 헤겔의 역사철학에 바른 길을 제시한다. 그때까지의 사람들과는 다르게 그는 바로 이 점에 근거하여 계시를 하느님 섭리의 교육과정으로서, "인간 이성을 위한 새로운 방향충돌"(§63)로서 이해한다. 따라서 인류의 온 역사가 필연적으로 미래를 제시한다. 즉, 천 년 동안의 유년시절(구약)에서 소년시절(신약)을 거쳐 장년시절(완성)에 이르기까지 앞서서 걷는, **이성을 향한 계시**로서 말이다. 이때 "계시된 진리들"은 점차 내부로부터 통찰할 수 있는 "이성의 진리들"(§76)이 되는 것이다.

레싱은 드라마나 신학 분야에서도 혁명가라기보다는 새로운 것을 합법화하기 위해 옛것을 노련하게 이용하는 개혁자이다. 그리고 그 자신은 그 누구보다 훨씬 **과도기**에 있음을 의식한다. 즉, 온 인류와 함께 "완전한 계몽주의"(§80), "완성의 시대"로 가는 도정에 있다는 것이다. 그 완성의 시대에 인간은 선을 행할 것이다. 선은 보답받기 때문이 아니라, "선은 선이기 때문이다"(§85). 그리고 레싱 자신은 (스스로의 자기 특징 묘사에 따르면, 머리를 지닌 이교도이고, 가슴을 지닌 루터파 그리스도인인데) 최후에 머리와 가슴 중 무엇에 의존하였을까? 우리는 그것을 알지 못한다. 그는 자신의 최후의 사상과 감정을 누구에게도 거의 표명하지 않는다. 그러나 확실한 것은 이 『나탄』의 시인이 자신의 청년시절 꿈들에 충실했고, 자유재판에 의해 명예를 박탈당해 감금되어 있다가 레싱 자신의 중재에 의해 구제되었던 한 유대인의 품에서 겨우 52세에 숨을 거두었다는 사실이다.

그리고 오늘날의 신학은? 『나탄』의 해답에, 레싱이 실증종교들을 진지하게 존중하되 동시에 근본적으로 상대화하는 것에 만족할 수 있는가? 이 질문은 몇 마디로 답변될 수 없다. 그러나 신학자들은 그러한 통찰의 주변에만 맴돌기 좋아했지만, 이것만은 확실하다. 그 원래의 진리가 절대적이라서 다른 진리들로부터 떨어져 있다는 **신학적 절대주의**는 레싱 이래 **동요**되기 시작했다. 그리스도교 아닌 종교들을 모두 진리가 아니라는 그런 배타성의 입장도, 마찬가지로 자신의 종교를 원래부터 도덕적으로나 지적으로나 더 뛰어난 것으로 평가하는 그런 우월성 주장도 한갓 신학자들의 요청으로 나타날 뿐이다..

바로 여기서 가톨릭 신학도 프로테스탄트 신학도 오늘날 개별화의 과제에 직면하게 된다. 레싱은 당시에 이 과제를 좀처럼 만족하게 해결할 수 없었다. 그는 절대주의와 함께 **모든 가치와 척도를 평준화하는 상대주의도 피했다.** 근대 당시에 서서히 등장하여 현대에는 지성인들에게 통용되고 있는 임의선택적 다원론은 자신의 종교와 다른 종교를 구분없이 시인하지만, 이것만은 역시 확실하다. 레싱에게서는 모든 종교의 입장과 결정들에 개의치 않고 "정신의 구별"을 시도하지 않는 그런 무관심주의를 찾아볼 수 없다. 레싱의 정신에 대해 옳게 말하려면, 옳음과 그름의 경계는 단순히 그리스도교와 다른 종교들 사이에 나 있는 것이 아니라 그때그때의 종교들 내면에 존재한다고 해야 한다. 이것은 다양한 층의 종교의 범주를 요구한다. 이 종교의 범주는 레싱 시대 이후 실행에 옮겨지지 않은 미해결의 문제이며, 우리가 "여러 종교"에 대해 대략적으로 판단하지 않고 모든 개별 종교의 전체구조와 세부구조를 가지고 토론에 끊임없이 노력할 때 발전될 수 있는 것이다.

근대 정신은 레싱의 계몽주의에 이르러 그 절정에 다다른다. 많은 신학자들이나 교회 대변자들이 대체로 그랬듯이, 우리가 이 계몽주의를 피상적이고 천박하고 실속없는 것으로 비판할 수도 있다. 그러나 그러한 판단은 독일 고전주의 시대를 준비했고, 해방하는 합리성과 청렴한 도덕성과 포용력있는 휴머니즘을 보증하는 이 레싱이라는 인물의 새시대적인 모습에서 여지없이 스러져 버린다.

물론 우리는 철학자 가다머Hans-Georg Gadamer와 더불어 편견에 대한 편견이 심각한 계몽주의의 편견이라고 지적할 수도 있다. 그러나 여전히 타당성을 갖고 있는 모든 성서해석학적인 전숙고前熟考와 후숙고에 의해 다음과 같이 생각할 수 있다. 편견에 대한 계몽주의의 투쟁이 없었더라면 그리스도교 내에서 여전히 압박과 종교재판이 실제로 행해지며 교회의 제도 종교는 더 강하게 강요되고 모든 가능한 미신과 반계몽주의가 허용되었으리라는 역사적 사실을 배제할 수 없다는 것이다. 계몽주의는 이미 오래전에 지나갔다고 말하는 오늘날의 모든 이들은 다음과 같은 점을 생각해 볼 일이다.

로마교회가 레싱이 요구했던 인권과 정신의 자유와 검열 없는 표현의 자유를 밖으로는 끊임없이 요구한다 하더라도 그 자체 안에서는 한 번도 그것을 실현하지 않는 한,

그리고 세계교회회의가 역설적이게도 대화를 나누기 위한 지침들을 제시했다 하더라도, 유대교도 · 회교도 · 힌두교도 · 불교도와 그밖의 수많은 모든 사람들의 영원한 구원에 관한 질문에는 감히 아무런 실제적인 대답도 해 주지 못하는 한,

그리고 근대적임을 자처하는 신학이, 신약성서의 예수와는 거리가 먼 소위 초이성적이라는 그리스도교의 "신비들"(가톨릭)과 "역설들"(프로테스탄트)을 비판 없이 다루는 한,

이러한 한, 이런 교회들과 신학자들에게는 레싱과 계몽주의는 지나간 것이 아니라 바로 앞에 있는 것이다!

물론 오늘날, 레싱은 (곧은 걸음과 지적인 육감을 지닌 인물로서) **계몽주의를 극복하는 계몽주의**를 요구했던 사람들 중 최초의 사람이었다고 추정할 수 있다. 파스칼이 이미 데카르트에 대해 행했던 것처럼, 오늘날 그는 이성과 과학에 대한 인간의 무비판적 신뢰를 (진리의 인식

과 인간적 삶의 형성을 위해서) 경고하려 했던 최초의 사람들 가운데 하나일 것이다. 이성의 실현에 관한 근대의 의문은 현대에 더욱 커지고 있다. 그리고 인류 역사의 진행을 지속되는 깊은 발전으로, 그리고 계속해서 진보하는 이성에 대한 계시로서 이해한다는 것은 아우슈비츠의 유대인 학살과 히로시마 폭격과 수용소 군도로 말미암아 절대적으로 불가능해졌다. 레싱이 좀더 오래 살았었다면, 아마도 그는 스스로 "계몽주의의 변증법"에 더 주의를 기울였을 것이다.

    레싱의 『인류의 교육』의 대단원에 있는 감동적인 문구로 나는 이 글을 끝맺고 싶다. "알아차릴 수 없는 그대의 걸음을 걸어가시라, 영원한 섭리여! 다만 내가 이처럼 그대 발걸음을 알아차리지 못한다고 해서 그대에게 절망케 하지 마시라 — 내게는 그대 발걸음이 뒷걸음질로 보일지라도, 내가 그대에게 절망케 하지 마시라!"(§91).

발터 옌스

"예로부터 나탄과 나는 한마음"

"나의 (괴쩨Johann Melchior Goeze와의) 행동이 어떤 일의 발단이 될는지 나는 아직 모르겠다. 그러나 누구든지 기꺼이 상대할 준비가 되어 있다." 이렇게 레싱은 1778년 8월 11일 볼펜뷔텔에 있는 동생 카알에게 편지를 썼다. "너도 알다시피, 필요한 만큼의 돈을 지닌 것보다 더 좋은 것은 없단다. 그런데 간밤에 문득 재미있는 생각을 해냈지. 수년 전에 한 연극 작품을 구상한 적이 있었는데, 그 내용이 작금의 논쟁거리에 대한 일종의 유추해석이거든. 그 당시론 출판을 꿈도 꾸지 못했지. 너와 모세Moses Mendelssohn가 좋다고만 한다면, 예약을 해서 이 물건을 출판시키고 싶구나."

이 물건, 이것이 바로 『현자 나탄』이었다. 레싱은 자신의 작품들에 관해 말할 때, 별로 요란스럽지 않은 말을 좋아했다. 되는대로의 말, 거의 내뱉는 듯한 말투를 선호했다. 훗날 이를 일컬어 "천재의 결실이라기보다는 논쟁의 열매"라 했다. 한 사람의 저술가로서 그 모습을 갖추어가고 있는 자신의 작품에 대해 더욱 장황하게 말할 수 없었을 것이다. 이러한 상황에, 한 남자가 설교단에서 극장무대로 뛰어들어 말하기 시작했다. 그는 격정적 힘, 즉 시적 정열에 사로잡힌 것이 아니라, 확고한 여러 이유에서 이 길을 선택했다. 첫째, 만일 신학 팜플렛을 통해 괴쩨에 반대하는 싸움을 계속했다면 필경 그를 처단했을 사전 검열을 피하려고 했다(이러한 사전 검열이 브라운슈바이그에만 해당되는 것은 아니다). 둘째, 그럼에도 불구하고 논쟁에서 벗어나지 않으려 했다. 오히려 반대로 이 논쟁에 공론적 특성을 부여하고자 했으며, 온 민중을 감동시키는 사건으로 다루어지길 바랐다. 셋째, 자신의 경제형편을 개선하고자 했다.

이렇듯 소득을 기약하는 선동적 이유에서 『나탄』은 씌어졌고, 현명한 유대인 멜키세덱에 대한 보카치오의 우화가 계몽적 신학으로 시화되었다. 볼펜뷔텔 도서관의 사서로서 연봉 6백 탈러라는 보잘것없는 봉급을 받는 이 문인은 그야말로 가난한 시인이었다(당시에 브라운슈바이그의 영주가 세운 오페라 극장의 지배인이 연봉 3만 탈러를 받고 있었고, 한 프리랜서 발레리나만 해도 연간 6천 탈러 남짓을 벌고 있었다). 이 빈털터리 시인이자 그리스도인이 갑자기 친구 멘델스존처럼 돈많은 유대인 상인으로 둔갑하는 것이다. 이렇게 해서 "레싱, 그대는 그리스도교 신앙과 어떤 관계인가?"라고 묻는 괴쩨의 질문에 대해, 전략상 피해갈 뿐만 아니라 오히려 근본적으로 또 진지하게 (그러나 가면과 의미심장한 유희로 감싸서) 대답을 하려 한 것이다.

실제로 괴쩨가 종교재판식으로 세밀하게 질문을 했던 것이고, 참된 그리스도교 신앙과 종교상의 분명한 구분까지 들고나와서는, 자기 논쟁 적수에게 항목마다 분명하게 특정한 해명을 슬쩍슬쩍 피하지 말라고, 스스로 "정직한 사람임을 밝히고" 더 이상 독자들의 "눈에 연막을 치지" 말라고 몰아붙인 것이다.

이러한 상황에서 궁지에 몰린 레싱에게 달리 할 수 있는 방도란 무엇이었겠는가? 그리스도교란 "첫 사백 년 동안 그리스도교회 창건의 상징 속에서 보전되어 온" 신앙교리라고 이해한다고, 요구대로 분명하게 확언하는 수밖에. 하나의 교활한 대답이 분명한데, 이 대답으로 이 피의자는 정신과 글자 하나하나를 엄격히 분리해서 종교와 성서를 수호하는 처지에 들어섰다. 그러나 동시에 그것은 레싱에게는 사악한 가톨릭 명제이기도 했다. 성서와 전통 Scriptura et traditio, 즉 성문화된 계시와 교회 공동체를 규정짓는 살아 있는 신앙 전승을 평화적으로 통일시키는 일,

여기서 이 카멘쯔Kamenz 출신의 목사 아들 고트홀트 에프라임 레싱은 바로 2세기 교부들의 발자취를 따르려 했던 것이다! 하나의 프로테스탄트 교황과 맞선 싸움에서 서로 공범증인이었던 이레네우스와 테르툴리아누스를! 레싱은 결국 프로테스탄트라 규정하는 문자의 폭정에 희생된 사람으로 결국 개종의 길에 들어섰던 것일까? 신앙 규범regula fidei에 대한 신앙고백이었다: 18세기의 가장 유명한 개종자 빙켈만Johann Joachim Winckelmann이 프로테스탄트 교회에서 가톨릭 교회로 전향하면서 사악한 양심을 드러내는 그런 불손한 자세로 세상에 알렸던 그런 영적 냉소주의의 표현이었던 것이다. "처음, 미사에서 내가 무릎꿇고 있는 것을 몇몇 자유신앙주의자들이 보았을 때 나는 부끄러웠다. 내 행동만이 나날이 대담해졌다. … 처음 내가 감지하기론, 아버지는 내가 결코 가톨릭 신자가 되는 것을 원치 않으시는 듯했다. 훌륭한 가톨릭 신자로 성스럽게 무릎을 꿇어야만 했을 때, 아버지는 내게 얇고 부드러운 가죽으로 무릎방석을 만들어 주셨다. … 여름에 나는 … 경건하게 무릎꿇기 위해서 … 장갑을 한 켤레 지니고 다녀야 했다. … 축복받기에는 나 자신 여전히 많은 것이 부족하다는 사실을 깨닫고 있었다. 오른손으로 십자성호를 그리려고 하면, 왼손이 내 옆에 있는 사람들의 심한 분노를 알려왔다. … 재의 수요일에는 이마에 재를 받다가 옳지 못한 짓을 한다는 두려움으로 몸을 움츠리는 바람에 고개가 흔들려서 하마터면 입 안에까지 축성된 재가 묻을 뻔했다."

이제 레싱은 빙켈만의 자취를 좇는가? 빙켈만은 가톨릭 교회의 충실한 아들이 되었으면서도 오랜 습관에서 벗어나고 싶어하지는 않았다. 즉, 아침마다 식사를 준비하면서 "우리의 멋진 루터식 찬송을 불렀다!" "왜 내가 이토록 애통해야 합니까?"라는 찬송이 성도聖都 예루살렘의 모든 교회를 향해 복음의 가장 높은 종소리를 낸 것인가? 아니다. 물론 레싱은 빙켈만식의 개종작가가 아니라 오히려 그 반대였다. 은근히 속임수를 쓰고 여러 종교의 경계가 되는 가장자리에서 기지를 발휘하여 바람막이를 하고 … 그러나 그런 위장술도 끝내 바람을 막아 주지는 못했다. 신앙 규범에 대한 신앙고백이 문제가 된 것이다. "최초의 교부들의 신앙고백"이 "그리스도의 교회가 세워진" 반석이라는 그의 신앙고백은 독일 고등검열법정, 왕실 고문관을 위태롭게 하려는 의도로 쓰여졌던 것이다. 이 "오로지 성서"sola scriptura의 원리부정에 반대하여 프로테스탄트들은 레싱 및 구교회를 지지하는 대다수의 교회 관리들을 공격하기 시작했다. 이들 대다수는 (볼펜뷔텔 사람들의 추론에 따르면) 처벌되지 않을 수 없도록 문제를 야기시킨 격이었다. 괴쩨를 추종하는 모든 이에게 지지 않으려고!

레싱은 1778년 7월 23일 동생 카알에게 이렇게 썼다. "나는 확실한 수단을 갖고 있다. 바울로가 유대인 최고의회를 그렇게 했던 것처럼 왕실 고문관들을 스스로 사분오열하도록 하는 수단. 말하자면 똑같은 가톨릭 신자들 사이에도 아주 여러 계파가 있다. 따라서 나는 내 일을, 루터교 성직자들이 내게 해댄 저주 가운데 원래 모든 교황 예찬론자들에 대한 저주도 그 근간을 이루고 있다고 그저 소개할 뿐이다. 다시 말해, 모든 교황 예찬론자들이 나와 마찬가지로 글을 토대로 하지 않는, 또 글을 토대로 해서 세워지지 않은 종교를 알고 있을 뿐이라는 것이다. 이미 이런 의도로 나는 전지 한 장을 가득 채운 글을 썼다."

괴쩨에 반대하는 가톨릭 신자들과 더불어, 괴쩨의 명예를 "리본 달린 부인 모자"로 실추시키기 위해, 레싱은 다음과 같은 슬로건을 내세웠다: 검열에 대항하는 사람은 1778/79년의 연방 동맹원 선거에서 분명히 고상한 척해서는 안된다. 적어도 신학에 관한 글을 쓰는 문인으로서는 더욱 그렇다. 그는 늘 중요한 관건이 문제될 때, 이를 위해 투쟁할 전투원을 찾아야 한다. 그럼으로써 이성적 일은 촉진되고, 온갖 전술에도 불구하고, 수용된 일반 노선에서 한 치도 벗어나지 않게 된다.

한 치도 아니고말고! 「함부르크 주임 목사 괴쩨가 제시한 아주 불필요한 질문에 대한 필요한 답변」이라는 글에서 다음과 같은 명제를 볼

수 있다: "그리스도의 교회가 세워진 반석은 신앙 규범이며 **성서가 아니다.**" … 그리고 곧이어 루터교 정통교리에 대립된 명제를 (이번에는 가톨릭 교의학자들을!) 겨냥하는 병행 문장은 다음과 같다: "이 신앙 규범은 그리스도 교회의 근간이 되는 반석이지 **베드로와 그 후계자들이 아니다.**"

오른쪽 빰을 때리면, 왼쪽 빰을 내밀어라. 그리고 나서 왼쪽 빰을 치면 오른쪽 빰을 비웃음거리로 내밀어라(또 그 반대순서도 마찬가지다). 이렇듯 레싱은 강력한 문학·정치·종교 제도들에 대항하는 싸움에서 자기 공격력을 골고루 배분했다. 용기를 갖는 동시에 언제나 신중하게 정면충돌을 피하고자 했다. 그래서 차라리 우화·동화를 통해 의미를 다양화했다. 그리고 이렇게저렇게 해석될 수 있는 비유들을 "긍정적"인 어조로 말하면서, 진리의 굉음과 올바른 신앙의 울림으로 온 집안을 떠들썩하게 뒤흔들어 놓았다.

흠! 흠! ― 놀라운 일이군! ― 어찌된 건가
대체 나는? ―
술탄은 무얼하려고 하나? 무얼? ― 나는
돈을 벌려고 했지. 그리고 그가 원하는 건 ― 진리. 진리!
그리고 진리는 ― 마치 금전이라도 되는 듯 ―
저렇게 벗은 몸으로 번쩍거리네! ― 그렇지,
무게를 잴 수 있었던 옛날 금전이라면야! ―
아직 그럴 테지! 도장이 찍어내는 새 금전들만은
단번에 지불할 수 있지. 하지만 그게 지금은 아니잖은가!
주머니의 돈처럼, 머리 속에다가 진리도
넣어야 하나? 여기 대체 누가 유대인인가?
나 아니면 그? ― 어째서? 그는
진리 속에서 또 진리를 요구해야 한다는 것인가? ― 그것도

그것도 진리를 아주 별것 아닌 듯이
그저 덫으로만 그가 사용하는 것 같은 의심이 든다
별것 아니라고? — 그러면 별것은 무엇인지
별것 아니라고? — 그럼, 그럼: 그는
문과 함께 집안으로 그렇게 나둥그러졌다!
사람들은 두드리고, 소리를 듣는다
친구로서 가까이할 때나 비로소. — 나는
조심하면서 걸어야 한다! — 어째서? 그게 어떻게? — 아주
순수한 유대인이 되고자 해도, 아직 이루지 못했다 —
전혀 유대인이 되지 않으려 해도, 나 자신 아직 부족하다
유대인이 아니라면, 그는 내게 물어봐야 하기 때문이리
왜 회교도가 아니냐고? — 바로 그것이었다!
그것은 나를 구원할 수 있다! — 사람들은 비단 아이들만
그럴싸한 동화로 구슬려 쫓아내는 것이 아니다
— 그는 온다. 그저 올 뿐이다

어느 곳을 보든지 나탄의 유명한 우화의 전주곡을 이루는 독백에는 작가와 제목의 주인공과의 동일성을 뚜렷이 나타내고 있다. 26행의 시구들은 낭독조로, 거의 일상 회화체에 가까운 리듬화된 산문이다. 그리고 "흠! 흠!"부터 "올 뿐이다" 사이에 21개 줄표가 보인다. 결정을 할 때가 되면 레싱은 먼저 서두르지 않고 오히려 느긋해지고, 곰곰이 생각해보고, 그만두었다가 새로 시작하고, 질문을 던지고, 이의를 제기하고, 상대방을 유회에 끌어들이고, 대안을 전개하고, 그 대안에 원래의 생각을 변증법적으로 실습시키고 한다. 진리란 이렇듯 심사숙고로 얻어진 정수이지 결코 단번에 주르륵 헤아릴 수 있는 주화가 아니다. 진리는 적어도 신중하게 계량되어야 한다("무게를 잴 수 있었던 옛날의 주화! — 아직 그래야지!"). 진리는 재빨리 주조된 후, 곧 사용할 수 있는 것이

아니다. 진리의 화폐 본위는 계산 가능한 것, 덧셈과 뺄셈의 받아쓰기로 이루어지는 어떤 계산에 의해서도 측정될 수 없는 것이다. 진리는 대차대조표의 결과가 아니다. 무엇보다도 먼저 대화 행위 속에서, 서로 동참하고 상대방의 말을 들어주는, 그러니까 친구들 사이의 소크라테스식 대화 속에서 그 편린을 얻는다. 진리는 공식과 원리로 귀납되는 것이 아니며, 오로지 비유적이며 표상적인 방식으로 추구할 가치가 있는 (결코 소유는 아닌!) 것으로서 시야에 들어오게 된다.

요컨대 레싱의 표현에 따르면 진리는 결코 "가질" 수 없는 것이고 어떤 경우에든 언젠가는 얻을 수 있는 것이다. 그러나 그것은 하나만을 축복하는, 정치적으로 유효한 진리에 집착하는 사람들 한가운데서는 매우 조심스럽게만 언급될 수 있다는 것을 의미한다. 또 그것은 진실의 이율배반성과 연계된 사람이 여러 역할을 해야 함을 의미한다(더 이상 유대인이 아닌 나탄이 유대인 역할을 하듯이, 또는 올바른 신앙인이었던 적은 없는 레싱이 ― 신앙 규범! ― 올바른 신앙인의 역할을 하듯이). 그것은 동화를 이야기할 수 있다는 것을, 위협받는 진리를 위해서는 보호받지 못하는 공언보다 침묵이 더 이성적이라는 것을 의미한다. "당신은 침묵하는 편이 더 나은 그런 진리들을 벌써 알고 있군요." 레싱의 『에른스트와 팔크, 프리메이슨 비밀결사단원들을 위한 대화』Ernst und Falk, Gespräche für Freimäurer에서 비밀결사단원 팔크가 상대방에게 한 말이다. 에른스트의 대꾸: "하지만 말할 수도 있겠지요." 팔크: "현자가 침묵하는 편이 좋은 것을 말할 수야 없지요."

말한다는 것은 확실히 안되지만, 암시하고, 고쳐쓰고, 은유로 수수께끼화할 수는 있다. 적어도 예술적 유희를 통해서! 신학 논쟁의 글이 핵심을 건드려 격해지기 시작하는 어떤 지점, 거기서 더 이상 논쟁을 계속할 수 없을 때 가능한 것이 드라마이다. 말하자면 신앙의 제반 근본문제에 관해 그 반대로 말하는 것이다. 이것은 명랑한 설왕설래, 예리한 진지성과 경쾌함을 연관시키는 탁월한 유희이며, 세상에 흔한 세련됨이 보증하는 것처럼, 최고의 파토스(유대인 박해에 대해 나탄이 말할 때)와 근사한 에토스 사이의 놀이다(장기 내기, 자매 사이의 작은 다툼, 스파이 행위의 이점에 대한 심사숙고, 자신의 것을 이용함에 있어 부富를 축적하고, 그리고 상대방의 피해를 위해 즐겁게 덫을 놓는 일 따위).

결국 (사전 검열만을 고려해서가 아니라!) "신학 교과서 용어"에 대한 반대는 레싱에게 유감스런 일이었다. "나는 신학을 좋아하는 사람이지, 신학자는 아니다"라고 『공리』Axiomata의 서문에서 그는 말했다. "나는 어떤 일정한 체계를 세우려 했던 것이 아니다. 내가 말하는 언어 이외의 어떤 언어도 나를 구속하지 못한다. 나는 이렇게 스스로 말할 수 없는, 모든 정직한 이들을 불행하고, 참 안쓰럽게 생각한다."

레싱은 행복했고, 요한 멜키올 괴쩨는 안쓰러웠다. 그러는 동안 함모니엔Hammonien 교황이 끊임없이 예수회가 차지한 연극 무대가 악마의 설교단이라고 힐책하였다. 이렇게 말함으로써 그는 예배 참석보다 오페라 극장에 가길 즐기는 프로테스탄트들을 뜻했다. 그 사이, 괴쩨는 "극장에서 매력을, 지시를, 아주 해로운 연애의 기회"를 찾으려는 예의 젊은 부인네들의 연극 애호를 반대했지만 헛수고였다. 마침 이때, 레싱은 마침내 줄곧 뇌리를 떠나지 않던 생각, 그러나 반쯤은 잘 교육받은 것이지만 반쯤은 시적으로 다듬어진 논쟁점들을 불충분하지만 실행에 옮길 수 있었다. 자연종교의 아가雅歌를 노래하는 그 자신의 언어로서, 계시되었으며 따라서 절대적이라고 선언된 신앙의 진리가 지닌 편협성을 실증해낸 것이다.

그렇다, 우리는 카멘쯔 출신 목사 아들인, 그가 자신에 대해 거침없이 분노를 감추지 못했음을 (몇 번이나?) 알고 있다("아, 이제 내 사랑스런 그 급한 성미여! 너는 어디 있는가? 너는 어디 숨어 있나? 너는 이제 자유롭다. 그저 풀어놓기만 하라! 잘 서두르라! … 이를 갈며, 내 이마를 치고, 내 아랫입술을 깨물라!"). 우리는 그가 어떻게 자신을 지키면서 정열적인 아버지를 회상하고 있는지 알고 있다("얼마나 자주 당신은 내게 말했는지요: 고트홀트! 제발 나를 본보기삼아 조심하도록 해라. 나는 두렵단다. 두려워 … 그럼, 늙었지, 늙었고말고").

과연, 우리 눈앞에 그 모습이 선하게 보이는 듯이, 이 경건한 이단자 고트홀트 에프라임 레싱은 온 나라 각지에서 (아직 그 작품은 시작되지 않았지만) 위대한 예약출판 계획을 지휘했고, 사려깊게 작성된 정보와 예보들을 통해서 긴장감을 팽배하게 했으며, 오스트리아와 덴마크 사이에서 "아름다운 예배기도"를 연출해 냈다. 모순에 가득 찬 공고문으로 여기서는 적수를 떨게 했고, 저기서는 검열관들의 태도를 달래놓기도 했다. 그러나, 예컨대 빈에서처럼 의심을 받게 되면 즉시 예약 출판을 취소해 버렸다. 작업이 한창 진행중일 때는 (작품의 불확실한 결과로 인해) 동시에 성직자들과 각료들을 초조하게 했다. 한번은 "내 작품은 오늘 우리들의 검은 양복과는 무관합니다"고 말했는가 하면, 또 한번은 "괴쩨라면 어떨까요?"라는 물음에 "이제 한 총대주교를 등장시키겠습니다!"라고 했다. 자기가 연출한 세련된 걸작이 여기서 시연된 것이다. 모든 일이 자금도, 권력층으로부터의 지원도 없이 몇 안되는 친구들과 성실한 인쇄인들의 합심으로 이루어졌다. 레싱은 극장의 무대 위에서 신학적 투쟁을 벌인 고독한 사람이었다. 그리고 그가 얼마나 완전히 모든 것을 자기 자신에게로 귀착시키는지는 『현자 나탄』을 예컨대 독일인들이 높이 평가하는 가운데 이 작품의 대를 잇게 될 괴테의 『파우스트』와 비교함으로써 더욱 뚜렷이 나타난다. 1800년 3월 24일 쉴러는 코타 Cotta에게 이런 편지를 보냈다. "괴테에게 외부로부터 꽤 매혹적인 보수로도 권유할 수 없다면, 이미 꽤 많이 집필된 『파우스트』를 그만두고 마는 것은 아닌지 두렵소. … 그 대작을 … 완성하기를. … 물론 그는 이 작품이 많은 독일인들의 관심을 모으고 있다는 사실을 알고 있기 때문에, 큰 이익을 계산하겠죠. 당신이라면 훌륭한 조언을 해서 그가 이 작품을 마무리짓게 할 수 있다고 나는 확신합니다."

그러나 레싱의 경우는 얼마나 다른가. 그에겐 세력있는 출판인도 없었고, 돈도, 외부로부터의 도움도 없었다. 그는 항상 검열 위험의 가장자리를 맴돌며 엄격한 징벌규정에 쫓기는 신세였다. 『나탄』이 바로 그런 신세였다. 뷔르츠부르크에서, 아욱스부르크에서 그리고 여러 황실의 요충 지역에서 이 작품은 금지되고, 괴상한 타협(갑자기 총대주교가 기사수도회장으로 둔갑!)으로 경멸당하고 …. 그리고 그럼에도 불구하고 레싱은 **우정** 적수에게 비아냥거림으로써 **우정** 그를 자극하고자 했다. 이 위대한 "헤라클레이토스" 대주교는, 볼펜뷔텔의 각색자가 세부에 이르기까지 총괄하고, 부분적으로 번역된 역사기술에 의해 전승된 역사처럼, 한 뚱뚱하고 붉은 옷을 두른 친절한 성직자로 변화되었다! 이 어리석은 독선가로 드러난 수도자는, 너무도 비천한 쎄자르 볼기이마냥 교회정책을 이끌어나가고, 늘 괴쩨의 문장들을 글자 그대로 인용한다. 이제 이 대주교가 성당기사를 극장 무대로 가도록 지시하는 것인지, "극장 무대에서의 익살"에 관해 이야기하는 것인지(『L씨의 극장 논리학』이라고 괴쩨는 그렇게 불렀다) 그에겐 상관없었다. 혹은 그가 권력의 야심을 품고, 사상적으로 술탄 알라딘을 추종할 생각이었는지 역시 별반 차이가 없었다. "아무것도 믿지 않는다는 것이 국가 자체를 위해서 얼마나 위험한 것인지, 나 또한 그리 쉽사리 그를 납득시킬 수 없습니다! 인간이 아무것도 믿어선 안된다면, 모든 시민적 유대는 해체되고 파열됩니다." 요한 멜키올 괴쩨의 원래 말은 이렇다. "오직 이런 사람만이 레싱 방식의 구상들을 별반 중요치 않은 것으로 바라볼 수 있다. 이 사람 … 즉, 시민헌법이 지닌 행복이 바로 같은 토대 위에 기초하고 있다는 점을 통찰하려 들지 않는 사람이다."

바로 이 사람이, 레싱과 그의 작품을 즐거운 비웃음의 대상으로 삼으려 했던, 관료적이며 교권적인 교회의 의미에서, 그 경우와 딱 맞아떨어졌다. 이는 우선 소박과 경건을 특징으로 하는 수도자의 시각에 내맡겨진 것이다. 이 그리스도교에 서약한 수도자가 그리스도교 옹호자의 글을 통해서 무엇이 그리스도교인지를 밝혀준다. "하늘에서만 살아야 할 성인이 동시에 세상 사물들에 대해 가르치기 위해 세상으로 내려올 수 있다는 사실에 나는 자주 감탄했다. 그것은 성인에게는 씁쓸한 일임에 틀림없다." 그렇다면 이 총대주교라는 희화는 바로 나탄을 통해서, 나탄과 더불어 레싱에 의해 실증적 종교가 공격받는 무서운 광경이란 말인가? (레싱은 이 작품 서문을 "모든 실증적 종교를 거슬러 생각하는 점에서 나탄과 나는 예로부터 한마음이었다"라고 구상하였다.)

총대주교, 그는 경건한 다야 사람들처럼 신에 이르는 참된 유일한 길을 안다고 믿는 바리사이를 조롱함인가? 연극 복장 속의 괴쩨, 즉 오랜 교회의 특권 상실을 애달퍼하는 국가교회의 불운한 대변자? "성직자들이 누구보다도 중요했던, 그들은 우리를 위해 생각하고 우리를 위해 먹었기에 행복했던 시대여! 대주교 나으리가 다시 기를 펼 수 있다면 얼마나 좋아할까! 독일 군주들이 이런 성스런 의도로 그와 하나가 된다면 그는 얼마나 좋아할까!" 제5장 "괴쩨에 반대하며"에 나오는 말이다.

총대주교, 그는 그리스도교적 세계정신의 시대가 후딱 지나가버린 다음에 그것을 대신하는 존재인가? 우정 힘주어 강조되어 있는 **이** 그리스도교의 총대주교, 그는 유대인·그리스도인·이방인·터키인들의 큰 종교공동체만의 큰 적이었던 것이 아니다. 레싱은 이들을 이미 『히에로니무스 카르다누스의 구출』Rettung des Hier. Cardanus이라는 초기 저작에서 그의 오른편에 두었다. 그가 수학자, 철학자, 히에로니무스 카르다누스의 의술인들과의 그럴싸한 논쟁을 더 좋은 것으로 변화시켜갔던 그곳, 오른편에 말이다. 아니다. 무엇보다 우리의 총대주교는 교의학자에겐 그 특유의 선상에 위치한다. 레싱은 인간들의 부조리한 행동방식을 궁전의 보기를 들어 ("밖에서는 조금밖에 이해되지 않던 것이, 널리 안으로부터는 빛과 상호연관성이") 힐책하듯 (이를테면 그리스도교적으로 생각하는 자들에게) 예의 그 "우화"에서 경직된 자세의 이 책상물림들을 비웃었다. 이들은 추악한 외면과 수다한 전승의 기본구도 위에서, 위에서 비추어진 궁전의 아름다움을 잊고 사는 사람들이다. 그들은 내면에 머물지 않고 외부 사건들에 눈을 돌릴 따름이다. 숱한 역사적 해석에 너무 몰두해서 노력의 대상들을 간과한, 한 건물의 나쁜 대리인들이다. 그들은 또 궁정의 여인들, 그 구조와 그 길들에 친숙하려는 교의학자들을 책망하는, "당신네 기본구도는 우리와 어떤 관계가 있는가?"라는 사람들의 말에 귀기울이려 하지 않는다. 그 훈계는 이렇게 계속된다. "이런 구도든 혹 다른 것이든 우리에겐 모두 마찬가지다. 우리는 온통 자비로운 지혜로 충만되는 궁전, 그 궁전으로부터 아름다움과 질서와 복지 외에 아무것도 온 나라로 퍼져나가지 않는 것을 아는 것만으로도 충분하다."

총대주교, 그는 결코 궁전에 있은 적이 없는, 이성과 계시가 서로 만나는 빛의 궤도 속에도 속해 본 적이 없는 편협한 정통주의자이다. 나는 이렇듯 특징짓는 것이 작품의 모든 다른 인물들과 달리, 모든 휴머니티를 조장하는 의사소통 관계와는 무관한 사람에게 가장 잘 들어맞는다고 생각한다.

총대주교, 그는 레싱에게 있어 서로 말을 주고받을 줄 모르는 유일한 사람이다. 그는 인간을 장기판의 말로 착각하기 때문에 대화 문화의 적이며 대화 능력이 없는 외톨이로 여겨진다. 총대주교, 그는 오직 신과, 혹은 글이나 고해자와의 대화만을 인정한다고 할 수 있는 그런 교회가 영혼을 어디로 인도하는지, 그것을 예시적으로 보여주는 한 사람이다. 게다가 그의 대화는 명령과 순종을 기초로 하며, 모든 인간적 세련화와 동등한 권리를 가진 자들 사이의 모든 의견 교환을 근본적으로 의심스럽게 한다.

자발성, 개인적 표현, 상황과 관련된 특별한 진술, 타인 속에서 자아의 발견, 애정어린, 말하자면 고유한 것과 관계된 대화, 이것은 총대주교가 훈육하는, 즐거움과 웃음에게 적의를 담은 힘을 행사하는 대화 속에서는 존재하지 않는다!

이렇게 볼 때, 총대주교는 거부당한 사회성 쪽에 있으며, 유대인 나탄은 이와 반대로 그 사회성의 승리 쪽에 있다. 대주교가 (단단한 권력 구조에 얽매여서) 스스로 문을 닫고 있는 사이에, 나탄은 누구와도 흉허물없이 터놓고 그에게 알맞은 모든 방법으로 진리를 가까이 가져온, "열린" 교리문답의 본보기 인물로 나타난다. 가장 낮은 단계에서는 얼마나 다른 모습으로 그 들뜬 여자 레햐를 분별있게 하는가. 중간 차원에서는 또 얼마나 다른 모습으로 선입견을 지닌 수도사를 중용의 길로 인도하는가. 마침내 최고의 단계에서는 또 얼마나 다른 모습으로 그의 (잠재적인) 제2의 자아 살라딘을 … 그리고 이 모든 것은 레싱에게 오직 유일한 이성적·계몽적·인간적·교육적 위치에서 나오는 것이었다. "아직 아닌 것"에서부터 "더 이상 아닌 것"의 경계, (**그러한** 인간으로서, **단순한** 인간이라는 본질적 레테르가 붙여져 개체가 된『에른스트와 팔크』의 대화법에 나오는 바로 그 문제점) … 이 분기점에서 인간적 동시성을 주장하는 것이며, 아직 온전한 인간이 되지 못한 것만큼이나 거의 더 이상 유대인(그리스도인, 회교도)이 아니라는 사실을, 기실 부인하지 못하는 것이다. 변혁의 시대를 맞아, 이렇듯 레싱은 그의『나탄』을 통해서 서로 함께함을 증명한다. 그렇다고 그가 소위 유일하게 봉헌된, 그 나름의 독자적 입장을 결코 선입견에 입각해 고수하려는 것이 아니었고, 막연한 박애주의적 이상에 얽매이지도 않았다.

에른스트와 팔크 사이를 오간 대화들이 가르쳐주듯, 18세기의 사물들 모습은, 오직 광신자로부터 종교의 분리를 **극복**하는 데서 생각될 수 있었다. 즉, 레싱과 같은 리얼리스트들이 신앙 공동체와 분열된 국가와 신분계급 사이에 가교를 놓고자 했다. "연민어린 정신의 공동체적 감정"을 통해서 진작됐던 것이다. 레싱이『인류의 교육』이라는 저술을 통해서 제3의 복음(구약과 신약 다음으로 이성의 복음)을 위해 어떤 미지의 것을 설교했는지는 아무래도 좋다. 그가『에른스트와 팔크』에서 커다란 관객석을 상상했는지는 아무래도 좋다. 바로 "품격을 지닌 사람들이 국적과 상관 없이, 종교의 구별 없이, 시민 신분의 차별 없이" 휴머니티를 진작하는 데 기여할 수 있을 그런 관객석을 이름이다. 그리고 끝으로 『나탄』의 작가 레싱이 대담한 예견과 더불어 자연적인 것을 자유와 평등 사회에서 실현시키는 것 역시 아무래도 좋다. 결코 어디에나 편재하는 유토피아가 중요한 것이 아니다. 항상 구체적인 유토피아, 항상 한발짝 한발짝 나아가는 개혁이 중요하지, 혁명적 행동주의가 문제되는 것이 아니다.

"프리메이슨 비밀결사단원", 이를 『에른스트와 팔크』는 다시 한번 "자연종교의 옹호자"로서, "이성-진실의 변호자"로 보증한다. 즉, "비밀결사단원은 조용히 해가 뜨기 시작하는 것을 기다리며, 등불이 다 타도록 켜놓는다. 이제 등불이 꺼진다. 그리고 꺼지고 나면 그 끄트러기를 다시 불붙이거나 아니면, 아예 다른 불을 지펴야 한다는 것을 비로소 알게 된다. 이것이 비밀결사단원의 일은 아니다."

비밀결사단원의 일도 아니고 나탄의 일도 아니다. 그렇다고 그는 순수한 유대인도 아니며, 유대인이 전혀 아니라고 말할 수도 없는 그런 유대인이다. 그리스도인과 회교도에게 유래의 기원과 초월에 대한 충직성, 우연한 출생의 고백, 말하자면 역사·문화적 유산에 대한 고백, 여기 지금에서의 사회화, 그리고 비교와 비탄을 통한 그 (노력해가는) 상대화가 서로 배척하지 않고 규정하면서 휴머니티가 바로 세계법칙이 될 것이라는 사실을 가르치는 그러한 인간으로서 존재한다.

『현자 나탄』은 청년기 작품 『유대인』처럼 유대인의 편을 드는 작품이 아니다. 오히려 더욱더 힘주어 말해야 될 사실은, 이 작품이 만나쎄 Manasse Ben Israel의 『유대인의 구원』이라는 저서에 대한 모세 멘델스존의 서문과 같은 의미에서 쓰어진 작품이라는 것이다. 그리고 이 작품은 소수자 인물들을 더욱 미화함으로써, 모든 각기 개인들의 권리를 선입견으로 왜곡하고 경시하여 단지 소수자일 뿐이라고 매도하지 않고는 인류의 권리를 침범할 수 없다는 사실을 입증하고 있다.

거듭 말하거니와, 나탄에게서 결정적인 친유대인 경향을 띤 박애주의적 발라드를 보고자 하는 사람은 오류를 범하고 있다. 유대인을 위한 경건한 변화가 아닌, 그리스도교의 기원이 지닌 선민의식의 이데올로기를 본보기삼아 파괴하고자 하는 것이 레싱의 생각이었다. 그것은 멘델스존이 "그리스도인이 아닌 모든 사람"에게서 가장 사랑스럽게 "암살자와 거리의 도둑"의 모습을 규정지으려 했던 것과 같은 맥락이다.

낯선 이방인을 고려하여 본국인들에게 관용을 가르치는 일, 이는 실제 입증됐다. 레싱은 문제를 낯설도록 드러내기 위해, 바로 그리스도인에 의해서가 아니라,『인류의 교육』에서 이성적 세대의 복음주의자들을 통해 이를 증명하고자 의도하였다. 바로『에른스트와 팔크』에서 한 비밀결사대원에 의해, 그리고『나탄』의 한 유대인을 통해서 설명하려 했던 것이다.

나탄, 그는 셰익스피어의 샤일록과는 정반대의 모습을 보여준다. 샤일록은 유대인이자 장사꾼이며 능력있는 세상의 재주꾼을 한몸에 체현하는 현실성을 띤 인물인데("돈"·"이자"·"조폐"라는 말이 "신"·"그리스도"·"이성"이라는 말들처럼 그의 입에 쉽게 오른다). 그럼에도 불구하고 책에 들어 있는 대로 한 창작 인물이다. 즉, 양자를 맞아들이는 찬송을 노래하며 자신의 소생을 둘째 서열로 선언하는 그런 아버지다. 그뿐 아니라 그리스도교 사회의 여성이 갖는 제약으로 말미암아 어머니 역할까지 떠맡는 그런 아버지다. (이다$_{Ida}$처럼 그녀의 이상적 역할로서의 명예를 현자 나탄으로 부른 위대한 여배우들은 결코 첫눈에 보이듯 그렇게 대책없는 인물들은 아니다.)

레싱은 그의 여인들에게 정확하고 분명하고 힘있게 (멘델스존의 판단에 따르면 **너무** 정확하고 분명하고 힘있게) 말하게 한다. 사라·에밀리아·미나·프란치스카의 작가인 레싱은 나탄에게서 이상적인 아버지, 알맞은 권위뿐 아니라 모든 형태의 남성적 거만함이 없는 인물을 창조했다. "나는 어머니가 아이를 위로하듯 너희를 위로하리라", "해산하는 여인처럼 나는 큰 소리를 지르고 외치리라". 예언자 이사야의 해석에서 야훼가 아버지이자 동시에 어머니로 표현되듯(남자와 여자가 한 인격 속에 있다. "당신은 나를 어머니 몸속에서 끄집어냈습니다"라고 시온은 왕에게 말한다), 야훼가 ("그 육체의 출산을 궁휼히 여기는" 여인과 비교되면서) 지배자인 동시에 고통받는 여인이듯, 나탄은 그리스도인들이 겨냥한 종족살해에 대한 대연설에서 피에타상이 주는 감동과 위엄을 가진 아버지 모습으로 부각된다. 살해된 어린이들 때문에 슬퍼하며 우는 유대인 남자와 여자, 아버지와 어머니의 모습을 동시에 갖춘 아버지다.

아니다. 여기서 남자인 아버지의 변모가 중요한 것은 아니다(문제는 총대주교다. 그는 군림하는 비非아버지다. 아버지 같은 존재라기보다는 차라리 법궤와도 같다). 여기서는 아버지라는 남자와 아버지라는 신이 유대인의 신화만큼이나 별로 중요하지 않다. 여기서는 차라리 오랜 종교교육을 통해 미리 형성된, 여러 역할의 틀에 고정된 많은 사람들에게 여전히 휴머니티가 결여되어 있다는 사실이 바로 그리스도인들을 통해 나타난다. 그리고 남을 존중하는 것은 바로 이 휴머니티를 보장하며, 바로 그같은 신호로서 여러 종교들이 서로 용납하는 것이다(관용은 단순히 겸손하게 **참는다**는 뜻만이 아니라 **인정한다**는 뜻이다).

유독 그리스도인만을 고집하는 사람은 레싱에겐 어리석은 혀를 가진 괴물이었다. 대화를 나누기에는 너무도 비사교적이고 무능력한 자이다.(볼펜뷔펠에서는 대화란 거의 죽을 죄처럼 생각됐다.) 다른 교육 형식과의 비교라고는 없는 그리스도교 교육, 거기에는 수도사까지도 동참하지 않는다. "… 아이들에게는 사랑이 필요하다. 야생동물의 사랑만이라도 그런 나이에는 사랑이 그리스도교보다 더 필요하다. 그리스도교로 갈 시간은 아직도 얼마든지 있다."

그리스도교로 갈 시간은 아직도 얼마든지 있다. 이것은 지극히 엄숙한 의미가 있었다. … 그리고 연극배우들은 이 작품을 같은 시기에 잘 공연했고, 일반적으로 관중들을 활짝 웃도록 자극했다. 사실상 독일

문학에 이런 작품이 없고 보면, 유대인 학살과 신학적인 섬세한 부분, 또 철학적·경제적·계보적 논쟁점에도 불구하고, 『현자 나탄』처럼 기지에 차고 정신이 풍성하며 얽히고설켜 있으면서도 재미있는 작품이 왜 있으면 안되는가. 폰 호프만스탈Hugo von Hofmannsthal이 다음과 같이 말한 것은 옳은 말이다. "이 작품이 … 반드시 어떻게 공연되어야 하는가에 따라서 공연된 일은 없다. … 이 작품은 우리가 가진 가장 재치있는 희극으로서, 상대방의 말을 기다리며 서로서로 대답을 떠넘기는, 비교할 바 없는 긴장된 대화를 보여준다. 그리고 이성과의 싸움도 (이성으로 가장된 감정과의 싸움도) 보여준다. 바로 이런 것들이 온 작품에 … 충만해 있다."

나는 묻고 싶다. 레싱을 전후해서 어떤 작가가 온갖 그리스도교적 맥락 속에서 그 근본에 관용과 교육 문제를 안고 있는 까다로운 신학적인 쟁점들을 단순히 소박하고 멋진 모습만이 (물론 웃기는 모습만도) 아니라, 호탕하게 이중적인 의미로, 심금을 울리는 비극의 형식으로, 슐레겔Friedrich Schlegel에 따르면 "높은 냉소적 요소가 깃든 각본"의 자유로운 이야기 형식으로, 또 진지한 희극의 형식으로 무대 상연을 시도해 본 일이 있던가?

레싱말고 대체 누가 실천적 헌신의 의무와 온갖 회피에 대해 서슴없이 경고하며 (간지스 강가에서든, 수도원이나 장기놀이에서든) 시적 거리를 보여주는 블랑크페르제가 중요하게 다루어지는 시구를 감히 시도했던가? 그 시구는 동방과 역사의 전설적 세계를 가리킨다. 다른 한편, 운율이 파괴되면서 리듬이 느슨해지고 산문에 가까워짐으로써 현재, 지금 이곳을 불러온다. 18세기의 독일? 반지 우화가 들어 있는 이 작품의 근본 발언은 그 고리의 폐쇄 아닌 획득방법을, 그 소유가 아닌 선물을 품위있게 보여주려는 노력이다. 보석 같은 물건이 아닌 신에 의해 닮은 모습으로 창조된 인간을, 이웃사랑의 행동에서 이성적이며 그 한계를 의식한 교육자로서 나타나는 그런 인간을 …. 어떤 종교에서든지 대상

아닌 주체가 각 개인의 축복을 인정한다. 나는 묻노니, 누가 감히 이 높은 단계의 철학적 명제를 이론과 실천의 통일에 맞추면서 레싱만큼 위트있게, 대담하고 뱃심좋게 강론할 수 있었던가? "졸지에", "속을 떠보다", "다시 달라붙다", "옭아내다", "망치다", "아싸드Assad는 예쁜 그리스도교 여인에게서 그처럼 환영을 받고, 그 예쁜 그리스도교 여인에게 넋이 빠졌다"와 같은 표현들은 놀라운 것이 아닐 수 없다는 사실이 잘 알려지자 쉴러는 화를 냈다. 엄격한 장르 분리와 언어 분리에 회의를 갖던 바이마르 사람들의 귀에 이 모든 것은 확실히 놀랍게 들리지 않을 수 없었던 것이다.

한마디로, 레싱(디데로 이상의 인물!)이라야 교육 작품을 희극 형식으로 (밀교 단원인 팔크가 가르쳐준 것을 나탄이 행하도록) 처리하여 (괴테가 말하는 의미에서) "매우 진지한 농담" 성격을 띠고서 아주 문제성이 많은 다양한 사회를 통해 부각되는 인간극으로 무대에 올릴 수 있다. 탐정극 수법으로 드러난 가족 드라마이기도 한 인간극인 이 작품에서는 나탄이라는 예외와 더불어 주요인물들이 상호 친척관계에 있다. 삼촌·숙모·조카·조카딸 등이 평화롭게 하나가 되어 있는데, 한 사람도 결혼한 사람은 없다! 과부 한 사람과 처녀 세 사람과 청년 다섯 사람이다. 꼭 하나로 꼬집어 말하라면 나는 이것을 가족 드라마라고 부르겠는데, 물론 여기에는 문제점도 있다. 어쨌든 거기엔 해피엔드가 없다. 혼인잔치도 (구상에서도 마찬가지였듯이) 없고, 신랑 신부의 술렁이는, 면사포가 바람에 날리고 얼굴이 살짝 붉어지는 피날레 장면도 없다. 그 대신, **말없이 사방으로 거듭 되풀이되는 포옹**이 있다. 더 이상 말도 없고 사교성도 없으며, 그런 인간들을 지탄하는 반박도 없다. 똑같은 사람의 궁정식 의식과 신중한 반복이 있을 뿐이다. 장기를 두는 배화교도도, 어떤 민중적 발언을 하는 수도사도 잔치에 활력을 불어넣지 못한다. 사람들은 그저 말없이 논쟁에 넋을 잃고 밀세공품 진열장에서 가족축제를 열고 있다. 우울한 결말이라고 나는 생각한다.

여러 종교간의 화해와 계몽주의적 이성해방에 이르는 길이 분명해졌다. 언젠가는 (길을 고르게 닦고 나면) 그 계시가 필요하지 않은 날이 (아직은 멀지만) 온다. 바로 이 길을 레싱은 보여주고자 한 것이다.

회색빛 원시시대와 영원무궁한 시간의 중간에서 (아마도!) **수천 년을 거쳐서** 스스로 책임져야 할 철부지 상태로부터 일반적으로 해방될 수 있는 나라가 시작될 것이다. 국가적 공인을 받은 실증적 종교와 이데올로기 공동체가 지닌 편협성과 광신주의에 한 시대가 놓이게 된다. 이 시대는 종교논문과 연극을 통해 이름붙여지고 그 **무제한한** 지배력을 빼앗기지만 별로 오랫동안 계속되지는 못하며 자연종교에 유리하게 부조리하게 이끌어져 나갈 수 있을 것이다.

리얼리스트였던 레싱은 그의 문학적·신학적 구상효과에 대해 하등의 환상을 갖고 있지 않았다. "이 작품이 이제 어디서 상연될 수 있을는지 나는 모른다." 그러나 분명한 것은, 역사를 이끄는 힘을 자부하는 그리스도교가 그리스도의 종교에 대해 눈이 멀지 않도록 하자는 것이다. 예수는 "인간임을 자인하고 또 그렇게 실천했다. 누구나 예수와 함께할 수 있다. 인간은 누구나 단순한 인간으로서의 그리스도로부터 얻어내는 성격이 고귀하고 사랑스러울수록 더욱 그분과 함께하려고 해야 한다". 잘 알아볼 수 있는 **단지** 인간으로서의 (신으로서가 아닌, 그렇다고 회자되는 **그런** 인간으로서가 아닌) 예수, 즉 휴머니티의 성육신으로서의, 우연히 제한된 그 의인화가 아닌 그런 그리스도다.

그리스도교와 휴머니티, 이 둘을 레싱처럼 우리는 파스칼이나 그리피우스와 같은 방식으로 파악하면서 바라볼 수 있다. 『인류의 교육』에서는 예수를 교육자로 약칭하면서 그는 인간이기를 그만둔 적이 **결코** 없었다고 말한다. 나자렛 출신의 이 남자는 우연히 극작가의 작업실에서 최종 구상으로 고안해 낸 인물 가운데 하나가 결코 아니다. 그는 5막으로 이루어진 비극에서 경건한 사마리아인을 등장시키려고 착안했었다. 『나탄』이 출판된 지 몇 주 지나지 않아서 라이마루스Elise Reimarus에게 보낸 한 편지에서, 그는 "예수 그리스도라는 남자에 대한 창안"에 의한 작품이라고 쓰고 있다. 그리고 그는 "유대교 사제와 목사들이 거기서 아주 훌륭한 역할을 할 것"이라고 말했다. 우리는 그가 계몽주의적 합리성을 보여주는 신의 섭리계획을 가장 신뢰할 수 있도록 충만시켜 주는 그런 경건성 실천의 대변자였으며 동시에 죽을 때까지 계속 신학적인 쟁론가였음을 알고 있다. 그는 반지 우화가 의미하듯이 자의로 권위를 포기한 그런 아버지, 신의 마음에 드는 인간교제 형식인 이웃사랑을 통해 사마리아인을 인도하고 종교의 선택을 아들에게 맡기는 그런 아버지에 속한다.

지혜로운 아버지에 속하나, **성난** 아버지에도 속한다. 목사, 사제, 대주교 그리고 순수한 학문과 좋은 작품들에 대한 경건한 열광을 함께 드러내는 속세의 괴폐들에 대해 가차없이 선전포고를 하는 것이다. 그럼에도 레싱은 훌륭한 작품이란 신앙고백이라는 잣대로 측정해선 안된다는 점 역시 분명해져야겠다고 생각했다. (작품『나탄』에서 회교도는 그리스도인에게 은혜를 베풀고, 그리스도인은 유대 여인을 불에서 구출한다. 유대인은 가장 높은 단계의 휴머니티를 발휘해 그리스도교 여인을 받아들인다. 그러나 그 여인과 같은 신앙을 믿는 동료들은 바로 얼마 전 이 유대인의 집을 부수었다.)

그리스도가 나타난 후 레햐에 대해 다야가 말한다. "적어도 그녀가 미소지으며 망상에 젖어들도록 하자. 유대인과 그리스도인과 회교도가 하나가 되는 그런 달콤한 망상에!" 레싱은 그 당시 형세로 보아 이런 망상은 오로지 예표적으로만, 예술이 선취하는 꿈속에서만 **진리**가 될 수 있으리라 생각했다. 오직 극장에서만 이에 동조하는 사람들의 정신적·자율적 사회가 실현될 수 있는 것이었다. 그 사회는 정부도 필요치 않고, 그 어떤 현세의 폭정과 종교적 훈련도 필요치 않은 사회이다.

레싱은 임종 몇 주 전에 친구 모세 멘델스존에게 이주민인 유대인 다베손Daveson이 유대인과 그리스도인 역을 동시에 잘 소화해낼 수 있을 것이라며 그를 추천했다. "친애하는 모세, 다베손이 원하는 것은 다름 아니라, 유럽 땅에 이르는 가장 가깝고 안전한 길을 자네가 열어주었으면 하는 것이라네. 그리스도인도 유대인도 없는, 그런 유럽 땅 말일세. … 다행히 그가 거기 다다르면 곧장 뒤를 좇을 첫 사람은 바로 나일세." 계몽주의 시대를 살다 간 한 신학 애호가의 유언은 이렇게 표현되었다. 그의 묘비에는 브레히트의 다음과 같은 말이 씌어 있을 법하다: "그는 여러 가지를 제안하였다."

오늘날까지 받아들여지지는 않은, 하물며 실천됐을 리는 없는 그런 제안들이다.

프리드리히 **횔덜린**
Friedrich **Hölderlin**

『찬 가』
Hymnen

한스 큉

고대문화와 그리스도교의 화해로서의 종교

레싱이 죽은 지 10년 뒤의 튀빙겐. 앙샹레짐Ancien Régime이라는, **전근대적** "시스템" 혹은 프로테스탄트 신학·교회·국가와 사회의 파라디그마가 의미하는 것을 생생하게 경험할 수 있는 곳이 있었다면, 그곳은 프리드리히 횔덜린Friedrich Hölderlin(1770~1843)의 시대, 전제군주 카알Karl Eugen 치하에서의 튀빙겐 수도원이었을 것이다. 당시 횔덜린의 친구로는 노이퍼Neuffer, 마게나우Magenau와 슈토이들린Stäudlin이 있었으며, 1790년 이후로는 헤겔Hegel과 쉘링Schelling이 있었다.

근대적인 빛깔로 닦여 있기는 하지만, 이곳의 신학은 슈토르G. Chr. Storr를 그 우두머리로 한 "옛 튀빙겐 학파"의 모습으로 튀빙겐에서 전통적·정통적인 경향을 보였다. 루터식 정통주의와 17세기 바로크의 가톨릭 스콜라 학파가 그리피우스Gryphius 시대에 아리스토텔레스와의 연관성을 가졌고, 18세기의 계몽주의 신학이 라이프니쯔와 볼프에 관련되어 있었다면, 슈토르는 자신의 "성서적 초자연주의"를 변신론적으로 확고히함에 있어서 임마누엘 칸트만큼이나 힘을 쏟았다. "순수이성"이 삼위일체, 그리스도의 성육과 부활 같은 교리상의 진리에 대해서 별로 상관하지 않았기 때문에, 그 진리들도 역시 순수이성을 비판적으로 따질 수 없었다는 것이다. 사정은 그처럼 단순한 것이다.

횔덜린과 헤겔과 쉘링, 결국은 한 방에서 살았던 이들은 도그마와 비판 사이의 이러한 가짜 절충에 안주하지 않는다. "튀빙겐에서처럼 구 시스템이 그렇듯 충실하게 계속 번식해 나간 곳은 없었다"고 뒤에 헤겔은 쉘링에게 편지하면서 이 가짜 근대적 정통성을 비웃었다. 그것은 "새로운 이념의 물을 자기의 삐걱거리는 물레방아로 끌어들이려고" 하는 것이었다("그래, 하기는 맞는 일이지"라면서 옆으로 돌아누워 버리고, 아침이면 자신의 커피를 마시고 또 다른 사람들에게도 그 커피를 따라주는 것이다. 마치 아무 일도 일어나지 않았다는 듯이). 자신의 편협한 경건주의적 환경을 통해 그렇지 않아도 자기긍정이 아니라 자기부정으로 훈련된 횔덜린은 곧 후기 정통파의 독단주의와 도덕주의의 강박적 사고에 자신이 부딪쳐 있음을 느꼈다. 그리스도교는 그에게 점차 이미 고갈되어 버린 종교로 여겨질 수밖에 없었다. 그러나 그리스 고대문화는 (젊은 시절부터 횔덜린의 "목마"였거니와) 그리스도교를 대신하여 새로운 종교적 매력을 획득하였다. 그것은 빙켈만Winckelmann이 새롭게 발견한, "고귀한 단순성과 조용한 위대성"(독일 고전주의의 미적 이상!)을 지닌 이상적 그리스 정신으로 밝고 행복한 신들의 정신, 자연의 경건성과 조화로운 인간성이 보여주는 정신이었다.

그것은 튀빙겐 수도원과 그 음울하기까지 한 교회·그리스도교와는 얼마나 대조적이던가. 그도 그럴 것이, 신학이 정통적이었던만큼, 교회는 엄격한 규율하에 있었고, 성직자 양성은 철저한 감독하에 있었던 것이다. 어디서나 복종이 슬로건이었다. 권위적인 교회가 절대주의 국가를 뒷받침하였다. 아우구스티누스파 수도원이었던 튀빙겐 수도원에서는, 횔덜린에 따르면, "비위생적인 공기", "좋지 못한 식사", "궤변"이 판을 쳤고, 쉘링에 의하면, "도덕적 압제정치"가 지배하였다. 그것은 노예근성과 허위로 곧장 빠지기 쉬운, 훈련과 벌의 질서라고 할 수 있는 것이었다. 그 뒤에 영주의 권위, 강력한 슈투트가르트 주교회의 권위가 있었다. 거기서는 교회와 국가의 권위 및 질서와 규율에 대한 수많은 신학도들의 비판적 입장에 대해 심각한 염려를 하였다.

횔덜린에게 튀빙겐은 전환을 의미하였다. 그는 재빨리 봉건적 기구인 교회와 국가에 대해 반대되는 입장을 취했다. 근본적으로 그는 성직을 싫어하였다. 그러나 단지 어머니의 뜻에 따라서, 이 밀랍처럼 부드럽고, 분위기를 잘 타고, 별스럽게도 샘많고, 명예욕이 강한 "망상가"였던 그는 언제나 회의하면서, 차라리 법학을 공부할 걸 하면서 신학의 "억압"을 견뎌냈다. "내가 아직 수도원에 있는 까닭은, 그것이 어머니의 청이었기 때문이다. 어머니를 위해서라면 몇 년쯤은 그냥 썩여 보낼 수도 있는 것이다"(Werke und Briefe in zwei Bänden, Insel-Ausgabe, II, 803f).

학생활동, 특히 몇몇 연구 클럽과 독서에 있어서만은 수도원 운영이 리버럴했다. 70년대(레싱의 마지막 10년) 이래로 그리고 특히 미국 독립전쟁 이후에 독일 지식인들 사이에서는 클로프슈토크와 "질풍노도"의 작가들(괴테의 『괴츠』Götz와 쉴러의 『군도』Räuber)에 의해 정치적으로 과격화된 "후기 계몽주의"가 그 모습을 드러내면서, 자유를 추구하는 마음과 영주에 대한 증오가 널리 퍼졌다. 뷔르템베르크에서는 이런 성향으로 슈바르트Schubart, 콘쯔Conz, 슈토이들린Stäudlin 등이 활약하였는데, 휠덜린은 이들 모두와 개인적으로 아는 사이였다. 수도원에서는 공적으로는 성경이 읽혔고, 사적으로는 루소가 읽혔다. 미헬Wilhelm Michel이 쓴 고전적 휠덜린 전기(1940)가 이같은 정치적 차원을 악의적으로 무시하는 데 반해, 새로운 연구(W. Binder, Chr. Prignitz)는 (베르또Pierre Bertaux의 견해와 부딪쳐 가면서) 휠덜린 최초의 시가 단순히 그의 가문과 기숙사의 그리스도교적·경건주의적·내세주의적 정신을 나타낼 뿐 아니라, ("신의 위대한 가인歌人"으로 최초로 존경받은) 클로프슈토크의 자유주의 정신에 의해 각인되고, 봉건적 불의의 구조에 대항하는 정신이 점차 증대되고 있음을 보여주었다고 말하고 있다.

1788년, 그러니까 프랑스 혁명 1년 전에 벌써 「남자들의 환호」 Männerjubel와 같은 시가 나왔는데, 이 작품은 "신의 딸들", 이상적 "정의", "자유"를 "조국에 대한 사랑"과 함께 강조한 것이었다. "전제군주의 저주"와 "사제의 분노"에 맞선 반궁전反宮殿의 파토스, 그러면서도 "신들의 신"에 대한 새로운 진술을 뚜렷하게 나타냈다.

우리 내부에 신들의 불꽃이 탄다
지옥의 힘도 남자들 가슴으로부터
이 불꽃을 잘라내지 못하리!
들으라, 전제군주의 법정아, 이 소리를 들으라!(I, 257)

1년 뒤 파리에서는 프랑스 국민회의 구성, 바스티유 감옥 습격, 왕의 감금, 인권선언과 교회재산의 국유화 등과 더불어 시민적 관심과 국민 사상 및 계몽주의의 보편적 인간 이상을 결합시키는 **대혁명**이 시작되었다! 다시 말하면 이렇다. 라이프니쯔·흄·칸트의 철학에서, 뉴튼과 보일의 물리·화학에서, 몽테스키외·볼테르·루소의 정치사회 이론에서 이미 고전적 형상을 이룩한 **근대의 파라디그마**가 이제는 **실제 정치영역**에서 움직이기 시작한 것이다. 프랑스 계몽주의자들도 레싱도 이렇듯 폭력적인 혁명은 생각하지 못했었다. 프랑스 혁명은 처음에는 피흘림 없이 진행되는 것같이 보였다.

혁명은 더더구나 위기감 감도는 독일에서 중산층과 민간 지식인들 다수의 공감을 얻고 있었다. 칸트·야코비Jacobi·피히테 같은 철학자들 사이에, 클로프슈토크·헤르더·비일란트·노발리스 그리고 프리드리히 슐레겔 같은 작가들 사이에, 물론 또 영주통치로 인한 정부형태에 대한 자유로운 변화를 꿈꾸고 있었던 세 명의 젊은 저항적 신학도들 사이에도 그러한 기운은 팽배했다. 불어를 사용하는 지역이었으나 당시에는 뷔르템베르크에 속해 있었던 묌펠가르트Mömpelgard(Montbéliard) 출신의 소그룹 학생들을 통해서 프랑스에서의 상황 발전에 대해 교육을 받으면서, 수도원 사람들 사이에 혁명이념이 전파되었고 정열적인 프랑스 신문들이 탐독되었다. "폭정 반대!", "잔다르크를 보라!", "그 자유를!" 그리고 또 다른 것들이 기념첩에 씌어졌다. 자유와 평등의 정열적 전사였던 헤겔은 횔덜린, 쉘링 등 여러 다른 사람들과 더불어 튀빙겐이나 튀빙겐 근교에서 자유의 나무를 길러갔다고 전해진다.

혁명이념에 대한 휠덜린의 정열은 『튀빙겐 찬가』Tübinger Hymnen에서 명백하게 표현된다. 즉, 인간성의 가장 높은 이상들 (조화·아름다움·자유·사랑 등)은 여기서 현실적으로 믿어지는 힘으로, 하느님의 계시와 형상으로 체험되었다. 그것들은 시인에게 말을 걸어왔고, 또 시인도 그것들에게 말을 걸어 그것들을 찬양하고, 숙고하고, "열렬히" 축하를 했다. 여기서는 또 처음으로 (『인간성 찬가』Hymne an die Menschheit(1791)에서) "우리 안에 하느님이 계시네!"라는 말이 나왔다. 이 정치적·종교적 찬가의 목적은 인간사회를 새롭게 하자는 것이었다. 『하늘의 딸』Himmelstochter(1792)의 첫 찬가에서는, 자유란 다음과 같은 것이었다 (Athenäum-Studienausgabe I, 106).

> 수확의 위대한 날이 시작되고
> 폭군의 의자가 황량해지자
> 달콤하고 뜨겁게 목적이 쟁취되었다
> 폭군의 노예들은 곰팡이가 되었다
> 내 형제들의 민들레꽃 속에서
> 독일의 피와 독일의 사랑이 불타면
> 그때, 하늘의 딸이여! 나는 다시 노래하노라
> 죽어가면서 그대에게 마지막 노래 부르리

혁명이 극단으로 치닫자 물론 상황은 달라졌다. 1791년 루이 16세가 도망가고자 하는 일이 발생했으며, 1792년에는 9월의 살육이 일어났고, 1793년에는 왕을 길로틴에 처형하고 마침내 로베르피에르의 공포통치가 시작되었다. 이 모든 일은 독일에도 분위기의 돌변을 가져왔다. 같은 해에 수도원에서는 교구청의 명령에 따라서 민주주의 정신의 탄압을 위한 조사가 시행되었다. 그 결과 수도원의 한 수도사가 쫓겨났다. 영주는 개인적으로 수도원을 힐책하였다. 프랑스 국가인 「라 마르세이에즈」를 번역했던 쉘링은 사과를 하고 우울한 마음으로 성경을 인용해야 했다. "각하, 우리는 여러 모로 부족합니다!" 새로운 엄격한 조상影像이 도래하고 있음을 알리는 일은 급기야 휠덜린과 같은 몇 안되는 사람들을 매우 쓰디쓰게 만들었다. 그의 찬가에서 휠덜린은 조국이 "강도들"인 폭군들로부터 "빠져나와야" 한다고 역설했다.

1793년 신학부 시험에 합격한 직후에 휠덜린은 (헤겔이나 쉘링과 비슷하게) 목사직을 단호히 팽개치면서 우선 그리스도교도 등졌다. 인격신도 예수 그리스도의 모습도 마찬가지로 물러났다. 휠덜린은 자기 자신의 길을 찾기 시작했다. 우리는 여기서 그가 어떤 시대, 어떤 정신적·종교적 상황에서도 "현존하는 종교적·정신적·교회적 질서에 순응하지 않는" 그러한 천성을 가진 사람은 아닌지를 질문해도 좋을 것이다. 히르쉬Emanuel Hirsch는 이 점에 동의하면서 동시에 이 시대의 전환기적 성격에 주목하였다(파라다그마의 변화도 언급될 수 있겠다). 사실상 휠덜린은 "종교적으로 자유신앙가로서, 훨씬 앞선 세기에서라도 신비주의자 혹은 공상가로서 자기 자신의 길을 갔을 것이다. 1700년경의 극단적 경건주의자였다면 「휘페리온」Hyperion 대신에 자서전을 썼을 것이고, 그리스적 양식의 송가 대신에 그리스도교적 경건성이 담긴 가슴의 목소리가 울려나오도록 했을 것이다. 이러한 그가 다른 길을 갔다는 사실은 그 시대의 한 징표이다. 이 변모의 위기는 이미 1800년경 그리스도교의 보편성이 지닌 중요한 부분을 으깨어 버렸다. 그리스도교 신앙의 내적인 힘은 국가·교회·신학 속에서 사람들이 느끼고 있는 것보다 훨씬 더 프로테스탄트 독일의 내부에서 미약해지고 있었다"(S. 455).

 이러한 국면에서 휠덜린은 그리스 종교·예술과 생활방식의 이상적 모습, 고대문화의 운명적 신앙에 더 압도되었으며, 자연의 현존하는 창조성과 새로운 이상주의 철학에 사로잡혔다. 약 3년 동안 세 대학생은 새로운 시대의 대표적인 지도자적 인물들과 어울려 공부하였는바, 라이프니쯔·루소·야코비·헤르더·피히테 그리고 특히 (횔덜린에게는 쉴러를 중개로 한) 칸트와 만나게 된 것이었다.

이 일은 정신사 전체로 보아서는 **신 이해의 새로운 방향정립**이라는 아주 지난한 결과로 이어졌다. 이 점을 고려하지 않고서는 횔덜린의 중기와 후기의 찬가들이 결코 이해될 수 없을 것이다. 레싱은 다시 한번 해결사가 되었다. 철학자 야코비F. H. Jacobi는 멘델스존Mendelssohn에게 보낸 『스피노자의 학설에 관하여』Über die Lehre des Spinoza(1785. ²1789)라는 공개서한에서, 레싱이 죽기 얼마 전 그와 가진 한 사담에서 신성에 관한 정통교리 개념을 버린다고 말했다고 주장하였다. 레싱은 신을 이 천지만물의 비인격적인 영혼으로 이해했노라고, 헤라클레이토스의 이른바 "Hen kai pan"을 예의 범신론적인 "모든 것이 하나"라는 사상으로 이해했노라고 말했다는 것이다. 야코비는 이것을 무신론으로 결론지었다. 이것은 대규모의 "범신론 논쟁"을 불러일으키는데, 야코비가 전한 말을 어떻게 받아들이느냐 하는 문제는 오늘날까지 아직 분명히 설명되지 못하고 있다. 그는 저 위대한 변증가인 레싱을 정말로 이해했던가? 확실한 것은, 레싱이 그때부터 공공연하게 스피노자주의자로, 역동적인 범신론의 독일적 기능 유형을 확립한 사람으로 여겨져 왔다는 사실. 따라서 그 뒤로도 수많은, 더욱이 "Hen kai pan"을 자신의 것으로 삼은 세 사람의 튀빙겐 학도가 나타났다는 사실이다.

헤겔·쉘링·횔덜린, 이들은 과연 범신론자였던가? 확실한 것은 이들이 인간을 굴종상태에 가두고 있는 성서적 하느님의 지배로부터 등을 돌리고 이원론적 이신론의 신으로부터도 떠났다는 사실이다. 신은 머나먼 초월성 속에서 그저 맞은편에 있는 존재로 밀려난 것으로 보였다. 그러나 이것이 이미 "모든 것이 신이다"라는 엄격한 의미에서 범신론Pantheismus이었던가? 아니다. 횔덜린까지도 모든 것이 신이라는 생각을 밀고나가지 않았으며, 신과 자연은 그렇게 단순하게 겹쳐지지 않는다. 더 정확히 말하자면 "모든 것이 신 안에 있다"Pan-en-theismus라는 뜻이라고 해야 할 것이다. 신적 유일자가 모든 것 안에 작용하고 있으며, 모든 것이 하나인 신 안에 조용히 들어 있다. 신적으로 이해된 삶과 사랑과 모든 것을 포용하는 정신의 분화된 통일성이 그것일 터인데, 여기서의 삶·사랑·정신은 적어도 후기 프랑크푸르트 학파 동료들에게서 특징적인 개념이 되었다. 이러한 신 이해를 가지고 허물을 벗어버리듯 그리스도교의 경직된 도그마를 내던진다는 사실은 의문의 여지가 없다. 신적인 것의 환골탈태! 세계의 창조주와 거대한 시계라는 세계의 섭리자로서의 신에 대해 말하는 대신, 한 번도 쓰여지지 않은 말로 새로이 신에 대해 이야기하는 것이 가능하게 되었다. 모든 것을 포함하는 존재, 절대적 존재, 신적인 존재로서인데, 거기에 제우스·야훼·하느님 아버지 등이 떠오르고, 동시에 "인격신"이라는 표상은 설익은 신인동형동성설神人同形同性說로서 뒤로 제쳐놓을 수 있게 되었다.

이로써 근대 종교에 결정적인 것이 생겨났다. 세 사람의 튀빙겐 학도는 (다른 방식으로는 괴테까지도) 새로운 파라디그마의 자연과학적·철학적 전제들에서 처음으로 신에 대해 아직 충분히 세분화되지는 못했다 하더라도 명백히 새로운 결론을 이끌어내었다. 그같은 신 이해는 오늘날 샤르댕Teilhard de Chardin과 화이트헤드Whitehead에까지 영향을 미친다고 할 수 있다. 신, 신성(혹은 어떻게들 부르든, 가장 원초적이며 가장 궁극적으로 가장 현실적인 현실), 그것을 이제는 미숙한 인간학적으로, 우리 **위**의 물리적인 하늘에 있는 신이라고 생각해서는 안된다. 그러나 또한 계몽주의 이신론理神論적으로, 이 세계 **밖**의 형이상학적 피안에 존재하는 신이라고 생각해서도 안된다. 신은 이 세상 안에서만 그리고 세상은 신 안에서만 적절하게 고려된다. 무한성은 유한성 속에서, 초월성은 내재성 속에서, 절대성은 상대성 속에서 고려된다. 말하자면 신·신성은 모든 것을 감싸는, 모든 것을 지배하는 현실로서 사물의 심장, 인간, 이 세계 속에 있다. 그 결과로 느끼게 되는 생명과 자연과 자기 자신에 대한 감정은 매우 다양할 수밖에 없다.

횔덜린이 튀빙겐을 떠나 예나 근교의 발터스하우젠Waltershausen에서 목사 대신 가정교사가 되었을 때, 이러한 새로운 신 이해는 여하간 그 배후에 놓이게 되었다. 같은 시기에 베른에서 가정교사를 하고 있던 헤겔에게 횔덜린은 이렇게 편지를 썼다. "친구여! 우리가 하느님 나라라는 암호를 가지고 서로 헤어진 후 자네가 내 생각을 이따금 했을 줄로 믿네. 내 생각으로는 갖가지 변형을 해 본 다음 이 암호에 대해 다시 인식하게 되리라 보네." **하느님 나라.** 이 성서적·궁극적 "암호"는 벵겔Bengel과 외팅어Oetinger의 슈바벤 경건주의와, 당시 널리 퍼져 있던 천년기설에 영감을 받았다. 이 천년기설은 세속적·이성적 형식 속에서 레싱과 칸트 같은 진보적 사상가들에 의해 분류되고, 새로워지는 사회의 위대한 목표를 포괄적으로 표현하였다. 그 목표는 독일에서 직접 정치적으로 실현되지 못할지라도 결코 포기될 수는 없는 것이었다. 프랑스에서 정치적 혁명이 혼미를 거듭한 다음 이들 친구들은 더욱더 **정신의 혁명**을 위해 힘을 기울였다. 그 혁명은 물론 모든 분야에 걸친 것이었으나, 우선은 철학·문학·과학·예술, 그리고 종교에까지 미치다가 마침내는 정치학까지 포함하게 되어야 할 것이었다.

튀빙겐에서 횔덜린과 다시 만난 다음 쉘링은 헤겔의 사본에 그 단편이 포함되어 있는 "독일 이상주의의 가장 오래된 체계가 담긴 프로그램"(1795/96)을 완전히 이러한 정신에 입각해서 계획하게 되었다(II, 647-649). "도덕적 세계"에 대한 논문에서 쉘링은 (모든 "미신"에 반대하여, "새삼스럽게 이성을 내세우는 사제주의"의 온갖 형태에 반대하여) "지성적 세계를 간직하면서 **자기 밖**에서는 신도 영원도 추구하지 않는 모든 정신의 절대적 자유"를 요구하였다. 확실히 시인 횔덜린의 직관에 고무되면서 철학자 쉘링의 이 프로그램은 (진리와 선에 연결되면서) 플라톤의 "미의 이념"과 "미학 철학"에서 절정을 이루었는데, 이 철학은 그러나 결국에 가서는 시詩라는 "인간성의 교사"에 의해 추월당할 것이었다.

이것은 공통의 신념이었다. 즉, 계몽주의적 합리성만이 필요한 것이 아니라 (초기 헤겔의 생각으로는) "새로운 종교"도 요구되었다. 이 종교는 "철학자들"과도 같은 "큰 무리들"과 말을 틀 수 있는 "감각적인 종교"가 되어야 했다. 횔덜린이 그리스에서 발견한 것과 같은 구체성을 지녀야 했다. "이성과 가슴의 유일신교, 상상력과 예술의 다신교, 우리가 필요로 하는 것은 바로 그것이다!" 혹은 달리 말하면 이렇다. 민중과 교양인, 계몽된 자와 계몽되지 않은 자를 위하여 우리는 "새로운 신화를 가져야 한다. 이 신화는 그러나 이념에 기여해야 하며, **이성**의 신화이어야 한다." 그렇게 되면 아마도 목적이 달성되리라. "어떤 힘도 더 이상 억압되지 않을 것이다. 그러면 정신의 보편적인 자유와 평등이 이루어지리라! 하늘로부터 더 높은 정신이 주어지면서 새로운 종교가 우리 속에 세워져야 한다. 그 종교는 인간성의 최후이자 최대 작품이 될 것이다"(II, 649). 감각적인 종교, 이성의 신화, 인간성의 교사로서의 시. 이같은 삼층 구조와 더불어 횔덜린의 종교이해·문학이해는 특징지어지며, 그것이 그의 찬가를 지배한다.

그러나 대체 어떻게 이것이 실현되어야 하는가? 역시 단편으로 남아 있는 논문의 「**종교에 대하여**」라는 대목(II, 635-641)에서 그는 체계적으로 계속 숙고하고 있다. 횔덜린에게 근대세계는 철저히 대립을 통해 부각되고 있는 것으로 여겨졌다. 한편으로는 "물리적이고 기계적이고 역사적인 관계", 즉 경험적 사실과 요소들의 세계가 존재하고, 다른 한편에는 "지적이고 도덕적이고 올바른 관계", 즉 추상과 가치와 인식의 세계가 존재한다. 그러면 시인은 어디 있는가? 자연주의적 입장에서 그는 "단지 사건, 사실"을 다루는가, 아니면 관념론적으로 "그저 이념 혹은 개념이나 특성들"을 다루고자 하는가? 둘 다 아니다. 시인은 문학을 통해 "둘을 하나로" 엮어야 한다. 일상적으로 흔히 표상할 수 없는 것을 표현하고, 시간을 초월하는 것, 그대로 남아 있는 것에 현존성을 부여한다. 그런 다음 시인은 "그 표상 속에서 지적이지도 역사적이지도 않고, 지적으로 역사적인, 즉 신화적인 것이라고 불리는 종교적 관계"를 실현한다. 모든 종교는 따라서 "그 본질상 시적"이다. 시인이 "인간과 정신의 잃어버린 연관관계"를 다시 회복하고, 자연과 신성간의 그리스적·자발적 연관성을, 즉 그가 청년 시절 그렇듯 생생하게 경험했던 "신화의 신"을 재발견하자는 것이 횔덜린의 큰 희망이었다.

> 내가 소년이었을 때
> 한 신이 자주 나를 구해 주었지
> 인간의 부르짖음과 채찍에서
>
> 그 시절 나는 숲속의 꽃을 가지고
> 안전하게 잘 놀았고
> 하늘의 작은 대기도
> 나와 놀았지
>
> 식물들이 당신에게
> 부드러운 팔을 뻗치자
> 당신이 식물들의 가슴을
> 즐겁게 해주듯
>
> 당신은 내 가슴을 그렇게 즐겁게 했다오
> 아버지 헬리오스여! 엔디미온처럼
> 나도 당신이 사랑하는 소년이었소
> 거룩한 루나여!
>
> 오 그대들 충실하고
> 친절한 여러 신들이여!
> 그대들은 내 영혼이 얼마나
> 그대들을 사랑했는지 아시겠지요!

그 시절 나는 아직
그대들 이름을 부르지 못했다오
그대들 역시 나를, 인간들이 마치 서로를 잘 아는 것처럼
이름들을 부르듯이 그렇게 부르지는 못했다오

나는 인간들을 아는 것보다
그대들을 더 잘 알게 되었소
나는 에테르의 정적을 알지만
인간들의 말은 잘 알지 못하니까

속살거리는 숲의 소리가
나를 키웠고
꽃들 사이에서
사랑을 배웠지
여러 신들의 팔에서 나는 자라났다오(I, 40)

그렇다. "내가 소년이었을 때"였다. 예술사·문학사의 분석자로서, 작품·그 형식·다루는 방법만을 보지 않고, 예술사·문학사가 단순히 사실관계에 의해서가 아니라 살아 있는 인간들에 의해 증거가 주어진다는 사실을 알고 있는 사람이라면, 이 소년이 그뒤 계속해서 밟게 된 길 앞에서 무심한 분석만을 그대로 행할 수는 없는 노릇이다. 여기서 나는 수수께끼 같은 그의 종말을 두고 말하는 것이 아니라, 그 삶의 절정에 나타난 과감한 시도를 의식하고 있다. 또한 횔덜린 낭만주의를 말하자는 것도 아니며, 더구나 우리 세기에 (이미 국가사회주의 이전에) 지칭된 것처럼 새로운 민족종교 혹은 사이비 종교적 횔덜린 광신Hölderlin-Schwärmerei을 들먹이자는 것은 더욱 아니다. 횔덜린의 책은 탄생 백주년인 1870년까지 8천 부가 팔렸고, 1921년에만 8만 부가 팔렸다. "지시자"·"예견자"·"사제"·"법의 대변자"·"중개자"이자 동시에 "희생자"

라는 횔덜린(W. Michel, S. 566) … 아니다. 나는 결코 횔덜린 대안종교를 변호하는 것이 아니다. 그러나 물론 자기비판적으로 숙고된 감정이입과 공감에서 나오는 해석을 옹호한다.

그렇다, "내가 소년이었을 때 한 신이 자주 나를 구원했지"라는 소년 시절의 회고는 진실의 진술이다. 아직 산업화가 이루어지지 않은 슈바벤의 시골정경과 꺾이지 않은 전근대적 종교성 속에서 극도로 단단한 자연과의 유대가 있었던 시기에 대한 회고다. 여기서 한 남자가 숙고한다. 신학·교회·국가에 대해 모두 마찬가지로 환멸을 느끼고 있었던 그는 모든 전통적 체계, 모든 정통 프로테스탄티즘의 파라디그마를 내던져버림으로써 이상주의적 성향의 친구와 동료들의 영향 아래 "근대"를 받아들였다. 그러나 다만 시인일 뿐인 이 근대의 "휘페리온"은 무엇을 해야 했던가? 자기 행복, 자기 삶의 의미를 친구들처럼 철학적 고찰이나 확고한 대학교수직에서 발견할 수 없었고, 한층 더 근대적인 인간들처럼 자연과학이나 기술·산업에서도, 또한 다른 인간들처럼 정치와 민주주의 실현을 위한 투쟁에서도 발견할 수 없지 않았던가? 횔덜린은 자기가 "신들의 팔에" 안겨 있다고 생각했으므로 젊은 시절의 경험으로 의식적으로 되돌아가고자 했다. 젊은 날의 모습은 그의 현재를 비추는 비판적인 거울로서, 그 안에서 신성은 분주한 인간생활과 자연으로부터 사라져 버린 것으로 비치고 있었다.

그러나 한 시인이 신이 없는 시대에 맞서 저울판에 올려 놓을 것, 종교와 시의 대담한 종합, 더 나은 인간성을 위해 준비할 것이 언어말고 무엇이던가? 철철 넘칠 만큼 주어진 언어의 힘으로 횔덜린은 꿈꾸는 탐미주의자를 위해서가 아니라 위협에 직면한 "조국"(그의 마지막 튀빙겐 시Griechenland(1935) 이름인 "그리스")을 위해서 "그리스의 천재"를 다시금 일깨워 내고 그럼으로써 삶의 힘도 자연신비론적으로 일깨워내고자 했다. 즉, 땅과 빛, 에테르와 바다, 강과 계곡, 우정과 사랑, 이 모든 것들을 그는 (이제 그리스도교와는 멀리서) "**신들**"이라고 불렀다.

그러나 그는 단순히 "신들"이라고 부를 뿐 아니라, 그렇게 일컬어 (호머 이전의 고대 그리스 신화에 의지하여, 핀다르와 비극 작가의 합창에 의지하여) 호소하고 공경하였다. 뵈크만Paul Böckmann의 "횔덜린과 그의 신들" Hölderlin und seine Götter(1935)에 대한 본격적 연구 이래로 우리는 다음과 같은 사실을 알게 되었다(과르디니Romano Guardini(1939)의 연구도 여기 끌어들일 수 있으리라). 즉, 이 "신들"에게서 중요한 것은 "요소들"(Obernauer)이나 "의인화"擬人化(Gundolf)만이 아니고, 영혼숭배·조상숭배(Pigenot)와의 신비적 관계도 아니며, 지적·미학적 형상(Böhm)도 아니다. 중요한 것은, 우리의 인간 외적 자연과 인간관계를 똑같이 지배하고 있는 근본적인 자연의 힘, 지속하는 삶의 힘, 우리 현존재의 그 힘이다. 이 자연신들은 우리네 자신의 경험 저쪽에 있지만 정화精華된 인간에 의해 믿어지고 실재로 인정되며 **언어**로, 노래로 **찬양**될 수 있다는 것이다. 쉴러처럼 위대한 이상의 정열적 선전이 아니라 클로프슈토크식의 찬가적 기림이 그의 목적이었다! "신화의 원초적 의미가, '신화' *mythos*라는 말이 우선 언어 혹은 진술의 의미가 있고 '신화한다' *mytheĩ sthai*라는 말이 말하다 혹은 부르다라는 의미가 있는만큼, 횔덜린에게서 재생되었다. 동시에 '찬가'는 노래하다, 찬양하다, 기리다는 뜻으로 번역될 때 원래 의미가 다시 획득된다"고 파울 뵈크만은 『횔덜린의 신화적 세계』Hölderlins mythische Welt (1944) S. 20에서 언급하였다.

여기서 횔덜린은 자족하는 신들의 세계라는 의미에서 새로운 신화를 꾸며내려고 한 것이 아니라, 인간에 의해 경험 가능한 더 높은 자연의 힘, 경건성을 얻어내고자 했다. 횔덜린에게 있어서 신화는, 레싱이나 헤겔과 같은 이상주의자들에게서처럼 실재하는 참된 이념의 진실에 대한 비실제적이고 허구적인 선형식先形式에 지나지 않는 것이 아니라, 모든 것을 지배하는 신성 선언이 지니는 참된 경험이라고 할 수 있다.

그의 창작의 정점에서 (특히 그의 애인 주제테Suzette, 그러니까 프랑크푸르트의 은행가 콘타르트의 부인이 그의 시 「휘페리온」에 꿈의 여인으로 화신한 **디오티마**와 함께하던 시절에) 횔덜린은 한동안 자기 길의 목표를 보았다. 디오티마에게서 그의 동경은 충족된 듯했다. 잃어버린 과거와 가능한 미래가 현존하는 듯, 그의 이상의 가장 순수한 화신인 애인에게서 신성이 (신화적 그리스가 새로운 모습으로, 새로워진 세계의 아침선물로서) 나타난 듯 여겨졌다.

> 자! 이제 내가 너를 찾았구나!
> 예감하면서 본 것보다 아름답고
> 휴식의 시간마다 바랐던 것보다도 아름답구나
> 귀여운 뮤즈여! 너 거기 있네
> 즐거움이 그 위로 올라간
> 저기 저 위 천상으로부터
> 시간적 연령 따위에서 벗어나
> 항상 밝은 아름다움이 꽃피는 곳으로부터
> 너 내게 내려오는 것 같구나
> 여신이여 … (I, 28)

그러나 밖으로부터 세찬 저항이 일어 이 관계가 해체되지 않을 수 없게 되었을 때 그 붕괴가 나타났다.

> 하지만 내가 그걸 모른다고? 슬프도다! 너 사랑하는 자여
>   수호신이여! 너에게서 멀리 떨어져, 가슴의 현 위에서
>   죽음의 온갖 정령이 곧
>   내 가슴을 찢는 듯 울리는도다(I, 33)

흥분은 사라졌다. 자전적으로 구상된 서한소설 『휘페리온 혹은 그리스의 은둔자』Hyperion oder der Eremit von Griechenland에서는 신적인 것과 세속적

인 것이 하나인 상태였던 날들이 회상의 형식으로 진술되었다. 그러나 근대의 (점점 더욱 신으로부터 멀어지는) 종교적 위기가 이로써 극복된 것은 아니다. 「휘페리온의 운명의 노래」Hyperions Schicksalslied는 "저기 저 위 천상"과 자기 자신 사이, 신적인 힘과 고뇌하는 인간 사이의 평준화할 수 없는 간극을 냉정하게 고백하고 있다.

>그대들 저 위 빛 속에서 움직이도다
>부드러운 바닥 위에서, 축복받은 천재들이여! …
>
>하지만 우리에게는 쉴 만한
>　아무런 곳도 주어지지 않았다
>　　고통받는 인간들은
>　　　눈을 감은 채 이 시간에서
>　　저 시간으로 사라져가고
>　떨어져간다
>마치 물이 절벽에서
>　절벽으로 떨어지며
>　　알 수 없는 어딘가로 내려가듯이(I, 44)

불안·고통·맹목·내던져짐·불확실성, 이러한 윤곽으로 이 작가는 자기 자신을 (휘페리온의 탈을 쓰고서) 묘사하였다. 이로부터 그의 인생은 이러한 특징 아래 이어질 것이었다. 그러면서 이제는 계획과 실천, 이념과 현실성, 미학과 현실, 문학과 사회를 함께 거머쥐고자 하는 횔덜린이 실상은 별로 성공하지 못한다는 사실이 차츰 뚜렷이 드러날 것이었다. 그는 더욱더 자기의 신비적 공간 속에 들어가 살았으며, 이것을 독립시키고 진짜 현실로부터 자기를 소외시키는 일이 이로부터 시작되었다.

새로워진 그리스 정신의 환상이 새로워진 독일 안에서 더욱 확실히 녹아없어질수록, 독일 정신과 그리스 정신의 신앙적인 동일 전제기반이 더욱더 의문시될수록, 예배드릴 신의 재림이 지체되면 될수록, 이제 새삼 더욱 **그리스와 그리스도교 사이의 종합**이 추구되었으며, 그 옛날의 신들 옆에 횔덜린의 어린 시절을 결정지었던 한 신의 모습이 (고통스러운 회상 속에서) 더욱 가까이 다가왔다.

> 당신과 당신 아들로 인해
> 나는 크게 고통받았다오
> 오 마돈나여
> 달콤했던 어린 시절
> 그에 대해 듣고 난 다음부터(I, 208)

마돈나 찬가는 이렇게 미완으로 끝난다. 그러나 후기에서와 마찬가지로 여기서도 벌써 특징적인 징후가 엿보인다. 그 성자와 자연신들을 똑같은 자리에서 바라본 것이다.

> 당신에게서, 마돈나여, 그리고
> 성자에게서, 또 다른 신들에게서도
> 그럼으로써 노예들에 의해서가 아니라
> 힘으로써 신들은 그들의 것을 취한다오(I, 211)

「그리스의 섬들」Der Archipelagus은 순수한 고대 정신에서 나온 마지막 명시였다. 이미 『엠페도클레스의 죽음』Der Tod des Empedokles이라는 드라마 단장에서는 어법의 성숙(1797~1800)과 더불어 그리스 철인의 모습이 점점 그리스도화해 나아간다. 그 철인은 시실리 섬의 활화산인 에트나 산에 많은 사람들 대신 희생물로 떨어짐으로써 살신성인한다. 즉, 그리스도의 모습을 띤 엠페도클레스다. 발터 옌스가 훨씬 자세히 다룰 것이지만, 무엇보다 횔덜린의 정신착란 전 **마지막 찬가**는 바로 이 한 신에게 바쳐지고 있다. 이 대목을 매듭짓기 위해서 여기서는 다만, 그렇게 오랫동안 믿음에서 멀어져 있던 그리스도의 귀환을 바야흐로 감동적인 방법에 의해 **화해자**로, 그 위대함으로 시인을 무릎꿇게 한 친구로서, 불멸자로서, 축복의 평화로서 찬양하는 그런 한 부분만 뽑아내야겠다.

> 화해자여, 당신이 믿지 않았던 그대는
> 이제 여기 있고, 친구의 모습으로
> 나를 받아들이는군요. 불멸자여, 하지만 그 위대함을
> 나는 알고 있습니다
> 그 위대함이 나를 무릎꿇게 합니다. … (I, 156)

오랫동안 어둠과 분란 가운데 살면서 프랑스와 독일 제국(1801) 사이의 뤼네빌Lunéville 평화협정에 의해 잠시 흥분했던 시인에게 있어서, 한 인간, 한 현자 혹은 친구보다도 더 분명한 자가 나타났다는 사실은 뜻밖의 "선물"이었다.

> 거의 맹신자처럼 나는
> 그대, 천상적 존재에게 묻지 않을 수 없소
> 그대 무엇 때문에 내게 있고
> 그대 어디서 왔는지, 축복받은 평화여!
> 한 가지 내가 아노니, 그대는 절대로 불멸의 존재라는 것
> 그럴 것이 한 현자나 눈밝은 친구들 중 하나쯤
> 많은 것을 밝혀줄지 모르겠지만
> 하지만 한 신이 나타난다면
> 하늘과 땅, 바다 위에는 새로운 맑음이 도래하리라(I,156f)

"한 신"이 나타난다. 즉, "그 신"이 아니다. 여기서 물론 곧장 연상되거니와, 신약성서에서도 아들 또는 로고스는 그저 "하느님"_theós_으로 불릴 뿐이고, 오로지 아버지만이 그 신_ho theós_으로 불린다. 횔덜린은 여기서도 소년시절을 상기하면서 일요일 아침 교회에 나가 기도와 찬송을 부르던 그때의 의심과 불안을 연상하고 있다. 그러나 "그것은 미리 결정되어 있었다. 신이 웃는다". 그리스 문화의 출구에서, 신들을 위한 축제로 거의 꺼질 지경이었던 "성스러운 불"로 연결된 그 "모든 것을 붙잡은 자", "신들 중의 신", 이제는 "하느님 아버지"로 불리는 그 신이.

이제 하느님 아버지가 재빨리 불을 붙이면서
그가 지녔던 가장 사랑스러운 것을 내려보내 주셨도다(I, 158)

그리고 이 사자使者는 죽음으로 사명을 성취한다. 그럼에도 다음 세대의 인간들은 자기도취에 빠져 하늘을 잊어 버리고, 이제 새로운 세대가, "시간의 완성"을 체험하고 비밀이 밝혀지게 되는 세대가 와야 한다는 것이다. 신들 가운데 마지막 신으로서 시간의 저녁 무렵 나타날 그리스도의 재림, 새로운 사랑의 공동체 안에서의 신들과 인간의 화해가 바로 그것이라는 것이다.

"그 나라가 오게 하소서." 말세적 분위기에서 튀빙겐 친구들은 이러한 슬로건과 작별을 했었다. 이 종말론적 희망(그리스적이 아니라 그리스도교적인 기대)이 여전히 횔덜린의 문제였다. 그러나 이 그리스도가 헤겔과 쉘링의 종교철학에서 시간이 지남에 따라서 결국 중심적 위치를 획득했듯이, 프리드리히 횔덜린의 후기 문학에서도 그러했다. 그는 고대 그리스의 종교성에서만 해석적 의미를 찾은 것(Walter F. Otto)도 아니고, 그리스도교 교의학의 가치를 찬성한다든가(J. Richter, A. Winklhofer) 반대하는 방법으로만(E. Przywara, M. Schultes) 그 의미를 추출한 것도 아니다. 횔덜린은 (자연신들의 합창을 통해) 하느님 나라를 위해 화해의 사랑을 체현할 그리스도의 재림을 선포하였다.

횔덜린의 그리스도교 이해가 그리스도교 교의와 부합하는지, 그리고 어느 정도로 그런지를 따진다는 것은 피곤한 일이다. 그에게는 그런 이해도 그럴 의사도 없었다. 횔덜린에 의하면 예수의 죽음은 희생도 속죄도 아니고 그의 재림은 심판이 아니다. 그러나 이러한 전통적 생각들은 오늘날도 문제가 없는 것이 아니다. 25년 전 튀빙겐의 참여파 목사 부르Heinrich Buhr를 중심으로 들끓었던 횔덜린의 이른바 "성령신학"에 대한 정통교리 논쟁은 오늘날이라면 아마도 훨씬 조용히 지나갔을 것이다.

어쨌든 횔덜린은 마지막에도 처음의 경건주의적 태도로 그냥 돌아오지는 않았다. 아니다, 끝까지 그는 이 두 가지를, 즉 활력이 불어넣어진 그리스도교성과 새로워진 그리스성을, **그리스도와 자연신들**을 하나로 묶고자 했다. 횔덜린은 쉴러와 달리 이들을 결코 아름다운 문학적 허구가 아니라 예배의 대상이 되는 실재로 보았다. 그가 그리스도와 그리스의 신들을 완전히 똑같이 취급하지 않은 것은 확실하다. 그리스도는 하느님 아버지의 "가장 사랑하는 자"이자, 그 스스로가 화해하는 사랑 자체인 "신"이다. 모든 다른 존재 그 이상의 존재다. 그러나 동시에, 이 세계의 종말에 오는 더 높은 신으로서 그리스도는 여전히 그리스 신화의 신들에게 속한 존재라고 횔덜린은 믿었다.

그러면 어떻게 이 둘이 함께 갈 수 있을까? 그리스 신화와 나란히 그리스도교를, 디오니소스와 나란히 나자렛 사람을, 헤라클레스와 나란히 십자가에 달린 예수를, 그렇다, 신들 중 신과 나란히 하나인 하느님을 끝까지 고수할 수 있을까? 그 내적인 모순을 부수지 않을 수 있을까? 이러한 그리스도 찬가 중 어느 하나도 완성되지 않는다는 것은 우연일까? 마지막 **횔덜린의 좌절**은 이 점을 말하고 있으므로 우리는 이렇게 말해야 할 것이다. 그래서 횔덜린은 정치적·시적 구도에서도 사적·개인적 연계에서도 실패한 것처럼 종교에서도 좌절하고 말았다고. 새로운 시대는 오지 않았다. 위대한 종합은 정치적으로도 종교적으로도 성공하지 못했다. 사실상 이런 견해가 있다. "고대 그리스 신화의 신들에 대한 불만에서 도출된 그리스도교와 이교도적 신성의 연결이 그의 파멸의 한 이유이다. 그러나 주된 이유는 신성을 노래 속에서 정말로 붙잡아내고 천상적인 것과 모든 현존하는 것들의 친밀한 사랑의 공동체가 찾아오는 날을 새로운 신들의 날이라고 말하고자 했던 그의 시도 자체이다. 「화해자여, 그대 결코 믿어지지 않았던 자여」라는 찬가는 이것을 보여주면서 바로 거기서 파탄에 이른다. 그 찬가는 단상으로 남아 있다. 왜냐하면 그러한 믿음과 선언은 현실에 걸맞지 않았기 때문이다." 스톨 Robert Thomas Stoll(S. 150)의 말인데, 그는 로마노 과르디니보다도 횔덜린의 그리스도교 찬가에 대해 훨씬 철저하고 문헌학적으로 정확한 의미분석을 한 바 있다.

그러나 여기서 실패한 것은 감당할 수 있는 것보다 많은 것을 짊어져야 할 거창한 문학을 가진 횔덜린만이 아니었다. 아니, 실재로 존재하는 그리스도교에 완전히 실망하고 멀어져서, 이상적인 그리스 정신(혹은 독일 정신)의 도움, 신비적 자연숭배와 무엇보다도 새로운 휴머니즘의 도움을 받아 새로운 길을 시도했던, **특수한 근대의 종교성**도 실패했거나 실패할 위험에 처했다. 횔덜린의 운명을 우리가 더 진지하게 받아들인다면, 우리는 먼저 다음과 같은 의혹을 가져야 마땅할 것이다.

1. 고대 그리스 문화가 그리스도교 속으로 받아들여지는 것이 아니라 거꾸로 그리스도교가 그리스 문화 밑으로 자리잡게 되는, 그리스 자연종교와 그리스도교 사이의 화해가 성공할 것인지.

2. 근대사회의 조건들 아래에서 철학과 미학의 유사종교적 종합의 도움으로 "하느님 나라"를 건설하고자 하는 수고가 필요한지.

3. 시인의 말을 통해 신성을 이 세계에 불러내어 현존케 할 수 있는 능력을 시인이 갖고 있는 것인지. 광란하는 언어 조각인 "슬프도다!" "그릇된 사제"(I, 137) 등의 말 같은 답변 속에서 그것이 가능하겠는지.

"궁핍한 시대"에 대해 말하면서 하이데거Martin Heidegger는 휠덜린을 분석한 바 있다. 그 시대는 "그리스 신화의 신들이 달아나 버린 **그리고** 앞으로 올 신의 시대"(S. 49)라는 것이다. 휠덜린의 초기의 침묵은, 이 시절 고대 라틴어와 그리스어 공부에 불가결한 개혁을 단행하고 고대의 문학과 문화를 분석하는 방법을 발전시킬 뿐 아니라, 그 드센 계몽주의적 교양운동을 독일 고전주의와 새로운 휴머니즘의 기치 아래 밀고나갈 준비가 되어 있었던 사람들에 대한 경고는 아니었을까?(그 드센 계몽주의적 교양운동은 빙켈만·루소·헤르더·빌힐름 폰 훔볼트·괴테·쉴러로 이어졌으며 휠덜린 역시 한 사람이었다). 문학적·미학적·역사적인 목적설정이 이루어진 **새로운 휴머니즘**은 그 인간성의 이상을 가지고 우리의 학교와 대학을 완전히 한 세기 동안 지배하면서 근대의 교양인에게 **대체종교**가 된 것은 아니었던가? 예술이 윤리와 긴밀한 관계에서 고찰되면서 그 중심을 차지하는 독일 교양시민계층의 저 "괴테 종교"가 구원과 화해의 기능을 했던 것인가?

근대적 파라다임이 양차 세계대전을 겪으며 획기적 변혁과 더불어 위기에 빠진 다음인 우리 세기에 있어서는, 예술이 신의 계시를 **대체**할 수 있으리라는 믿음, 시인이 사제가 되고 극장이 예배당이 되며 뮤즈가 교회가 되리라는 믿음, 요컨대 **문학과 예술**이 **종교**가 될 수 있으리라는 믿음이란 세계와 동떨어진 이론으로 보이고 있다. 이상주의 철학의 몰락, 산업화·민주화의 발전과 더불어 이러한 근대적 휴머니즘 자체가 위기에 빠졌다. 그 비정치적 개인주의, 자아의 그 미학적 변용, 그 교양적 에고이즘과 교양적 구상이 갖는 엘리트적 기본태도는 많은 비판을 만나게 되었다. 우선 문화인류학과 사회학 쪽에서 그리고 실존철학과 변증법 이론으로부터.

이러한 비판은 그것이 이러한 휴머니즘·개인성·전체성·경쾌성· 아름다움·인간성의 이상, 그렇다, 그것이 "저주받은 가톨릭의 '**그리고**'"(신앙 **그리고** 행업, 그리스도 **그리고** 마리아, 그리스도교 **그리고**

문화에 반박한 칼 바르트의 말)에 대항해 나갈 뿐 아니라 너무 일찍 침묵해 버린 횔덜린을 자기 쪽에서 진지하게 받아들일 때만 신학적·교회적 입장에서 정당화된다. 그러니까, 그 비판이 아무리 들을 만한 것이라 하더라도, 근대 이전의 정통주의자와 경건주의자들의 초기 파라디그마에 떨어지지 않는 경우에 정당화된다는 말이다. 그 정통주의자들과 경건주의자들은, 1799년 1월 횔덜린이 그의 어머니에게 보낸 편지에 의하면, "우리 시대의 글쓰는 학자들과 바리사이인들"이다. "그들은 거룩하고 사랑스러운 성서에서 정신과 가슴을 죽이는 차디찬 수다를 만들어내는 사람들"이며 "성서의 말씀을 낱글자로, 살아 있는 분을 공허한 우상으로 만듦으로써 유대인보다도 더 흉악하게 그리스도를 죽이는 사람들"이다. "따뜻한, 살아 있는 믿음"으로 그는 "**직업적** 신학자 앞에서 (자유롭게 진심으로 신학자가 된 것이 아니라 양심의 압박과 직무 때문에 그렇게 된 신학자들 앞에서)", 또한 "어린 시절부터 죽은 낱글자와 끔찍한 계명을 통해서, 어쨌든 인간 최초이며 최후의 요구인 모든 종교를 싫어하도록 되어버렸기 때문에 종교에 대해서는 아무것도 알고 싶어 하지 않는 사람들에 대해"(Sämtl. Werke, Stuttgarter Ausgabe, VI/I, 309f) 침묵하고자 했다.

종교는 "**싫다**" — 그래도 그것은 "**어쨌든 인간의 최초이자 최후의 요구다!**" 진실한, 참된, 인간적 종교를 향한 풀릴 길 없는 동경, 신의 현실적 현존을 향한 동경이 이 젊은이의 삶을 꿰뚫으며 이끌어가다가 5년 뒤에는 정신착란에 빠뜨렸다. 그는 36세였고 튀빙겐의 탑 속에서 37년을 더 갇혀 살았다. 횔덜린의 발언은 "인간의 가장 오래되고, 가장 강력한, 가장 절박한 소망"이 종교에서 그 성취를 발견한다는 지그문트 프로이트의 문장을 상기시킨다. 모든 것이 환상인가? 모든 것이 구상일 뿐인가? 과연 횔덜린의 종교에서는 많은 것이 구상이었고, 또 많은 것이, 킬리Walther Killy의 지적처럼, "사적私的 신화"였지만, 전부 그런 것은 아니었다! 횔덜린의 종합은 실패했더라도, 그의 비전은 여전히 부정할 수 없는 것으로 남아 있다. 우리네 근대 후기 인간들에게 프리드리히 횔덜린은 하느님에게서 멀어진 근대의 벼랑에 매달린 채 이 세계 **안**에서의 신성과 신에 대한 믿음에 가득 차서 자기를 던져 버리는 일도 사양치 않겠노라고 선언하는 말더듬이 증인으로 남아 있는 것이다.

발터 옌스

"그리고 평화를 바라보라"

"살아 있는 호흡 하나라도 있는 곳이면 그 어디서나 정령들은 틀림없이 나타나고, 배척당하지 않아야 할 모든 것과 한몸을 이룬다. 그리하여 이러한 합일, 보이지 않는 가운데 싸우는 이러한 교회로부터 시간의 위대한 아이, 모든 날 중의 날이 나오는바, 그것을 내 영혼의 남자(오늘날 그 맹종자들이 자기 자신보다도 잘 모르는 한 사도)는 **주님의 미래**라고 부른다." 이렇게 말하면서 1795년 11월 9일 한 작가가 신앙고백을 했다. 그는, 다른 어떤 주州보다 슈바벤 주에 많았던, 숱한 경건한 괴짜들(교회 밖 기도주의자들, 그리스도 재림론자들, 영매靈媒론자들과 신들린 자들) 중에서도 가장 고집 센 자 중의 하나였다.

튀빙겐의 두 곳 사이(엎어지면 코닿을 만한 거리)를 오가며 수도원 신학교와 목공 찜머Ernst Zimmer의 집에서 공부하고 기거하던 때에, 횔덜린은 교회 관리와 종교국 인사들을 (유감스럽게도 그들에게 "의존"하는 처지의 젊은이로서) 만나면 질겁을 했고 사실 경멸하고 있었다. 그리고, 그러면서도 동시에 횔덜린은 그의 상관과 더불어 영성에 대해서만이 아니라 성경 지식과 성서 문장, 특히 바울로와 요한의 글에 주체적으로 통달하는 일에 대해서라면 언제라도 겨룰 수 있는 그런 그리스도인이었다.

이 "격정적 관찰자"이며 "아폴로에게 정복된 시인"은 우선 전문적 설교가이자 신학자로서, 고린토서의 저자("내 영혼의 남자")를 마치 자기 또래처럼 다루던 **종교인**Homo religiosus이었다. 이미 주어진 은유와 개념과 표상들을 다양하게 변형시켜 표현할 수도 있을 만큼 정통해 있었던 것이다. 그는 결코 몽상가가 아니라, 이미 개척된 길에서 자기만의 것을 하나의 특수한 것으로 눈에 보이게 만들고자 했던, 예술적 이해력을 지닌 시인이었다.

독일 문학을 통틀어 상당 부분의 작가들이 목사의 아들들이다. 그리피우스 · 고췌트Gottsched · 겔러트Gellert · 비일란트Wieland · 리히텐베르크 Lichtenberg · 클라우디우스Matthias Claudius · 렌쯔Lenz · 파울Jean Paul · 슐레겔 형제 · 고트헬프Gotthelf · 니체 등, 프로테스탄트의 각인이 찍힌 거대한 신전 아닌가! 슈바벤의 관리 · 목사 집안 태생인 횔덜린도 여기에 추가된다. 게다가 덴켄도르프와 마울브론과 튀빙겐에서 교육받은 이 신학자 (그는 평생 신학자로 머물렀다. **신학과 로고스**는, 아버지 하느님과 요한의 말로서, 횔덜린의 핵심개념이었다), 뉘르팅겐Nürtingen 출신의 이 수도원 신학생은, 성서의 확실성에 관한 논쟁을 벌이면서 루터식 교육을 받아온 동료작가들과 함께 보조를 맞추었음이 확실하다. 첫눈에는 영감에 의해 이름붙여진 것처럼 보이는 것도, 더 자세히 살펴보면 바울로나 요한의 말을 수식 · 인용한 것으로 증명된다. 예컨대 찬가 「파트모스」Patmos의 경우에서 볼 수 있듯이 (물론 주체적이며 비정통적으로 다루어지고 있지만) 가능한 한 경건한 어조가 숨어 있는 것이다.

횔덜린이 단순한 방랑자일 뿐 아니라("가시지팡이", 즉 그가 아끼는 막대기를 "없어서는 안될 가구"로서 지니고) 언제나 길 떠날 준비가 되어 있는 사람이었다는 사실은 쉽게 잊히곤 한다. 하루에 50Km를 걷는 것도 그에게는 별로 대단한 거리가 못 되었다. 그렇듯 빨리 그는 튀빙겐에서 스위스로 가곤 했다. "나는 작은 가방에 속옷 세 벌, 손수건 석 장과 양말 세 켤레(찢어질 경우를 대비해서)를 가지고 갈 생각을 했다. 우리는 셋이서 여행을 했기 때문에, 한 장소에서 다른 장소로 가면서 우리 빨랫감을 날라다 주고 길을 가르쳐 주는 사람을 쓰는 데에 그렇게 많은 돈이 들지 않아도 되었다."

그러나 "본능적으로 들판을 가로질러" 고향을 유랑하면서 "시골길"에 대해서, 평야에서의 이별과 재회에 대해서 말하기를 좋아했던 이 방랑자, 온 지역을 이리저리 걸어서 쏘다녔던 이 방랑자("엄청난 눈이 덮인 프랑스의 오베르뉴 고지를 황량한 폭풍 속에서 살을 에는 추운 밤에 올랐는데, 거친 침대에 누운 내 옆에는 장전된 권총이 있었다"), 한 목격자가 말한 대로 "시체처럼 얼굴이 창백하고 바싹 마른 몸에다가 움푹 들어간 불타는 눈에 머리와 수염을 기르고 있었으며 옷차림새는 꼭 거지 같은 모습"으로 1802년 여름 슈투트가르트로 돌아온 이 유랑인, "열린 거리와 열린 세상"의 친구였던 그에게는 동시에 수도원의 보잘것없는 작은 골방이 집이기도 했다. 10년이 넘게 여행을 했고, 60년을 은둔 상태에 있었으며, 일생의 절반 이상을 넥카 강변의 찜머 집에 매여 있었다.

"이렇게 나는 다시 이곳에 왔다네! 조용하게. 숱한 혼돈을 겪은 끝에 다시금 수도원에 온 거지." 1786년 가을, 마울브론의 나스트Immanuel Nast에게 보낸 편지 가운데의 이 문장은, 모험에 찬 출발과 명상에 찬 침잠 사이, 세속적 실존과 정신적 실존 사이의 동요를 보여 주면서, 횔덜린의 삶의 방식을 짐작케 해준다. 혹은 여기서는 "힘겨우면서도 풍부한 경험을 주는 길"을 걸으면서, 혹은 저기서는 (40년 가까운 은둔생활을 하면서는) 검은 수도복을 펄럭이거나 (자주 묘사되듯이) "아주 짧은 웃옷"을 걸치고서.

독자로서 우리가 그를 제대로 이해하기 위해서는 다음과 같은 그의 모습을 상상하지 않을 수 없다. 즉, 허리를 구부리고 성경과 호머의 글들을 읽거나, 아니면 "툭 터놓고 마음대로 이야기하는" 기분에 젖어 연단에 서 있거나 그렇지 않으면 그의 방에서 왔다갔다하면서 "힘들여 시를 쓰는" 모습을 말이다(그는 펜대를 날아가듯 휘두른 것이 아니라 낱말들을 찾기 위해 아주 긴장한 상태에서, 이상하리만큼 천천히, 공 굴리듯, 곰곰이 생각하면서 노심초사했다).

횔덜린은 뷔히너Büchner나 랭보Rimbaud처럼 초고로 모든 것을 완성시킨 사람이 아니었다. 그는 고된 수업이라는 대가를 치러야 했다. 그의 초기 시, 경건하고 인습적인 운율로 이루어진 습작품들은 별로 천재성을 보여주지 않는다. 신의 전능에 대한 (배워서 익힌) 환희(혹은 이에 걸맞은, 그러니까 인간의 비참성에 맞부딪쳐 토해내는 통회; 주여! 당신은 무엇입니까, 인간의 자식들이란 무엇인지요! 야훼님, 우리는 연약한 죄인입니다)가 아니라, 신의 나라를 성직자의 방에서 지배하는 신학자와 바리사이들에 대한 분노가 횔덜린의 종교적 글쓰기에 독특한 색조를 부여했던 것이다.

나이가 들수록, 권력을 가진 교회와 그의 관계는 더욱 틈이 벌어지게 되었다. 더 나아가서, 여기서는 위선적이고 저기서는 이성적인 프로테스탄트의 각인이 찍힌 유일신론과도 그렇게 되었다. 그 유일신론은 하나인 신을 숭배하는 것을 넘어서 신의 영향 아래 있는 자연과 역사를 망각하고 마는, "추상적 절대성"을 신성화하기 위해서 완전히 신과 멀어진 세계를 감수할 수밖에 없는 그런 것이었다.

그리고 이에 대한 횔덜린의 답변이 있었다! 그리스도교를 넓히고 자유롭게 하고 열어 보인다는 뜻에서, 도그마적 유일사상에 맞서 우주의 살아 있는 다면성을 신성의 빛남과 되비침으로 이해하기 위한 목적으로의 그리스화가 그것이었다. 그는 그리스도교 신을 직접 이름부르지 않았으며 시를 수단으로 한 설교를 인정하지 않았다. 그 대신 유일자를 구체적 모사물들로 변형시키고자 한 것이 횔덜린의 프로그램이었다.

주변에서부터, 낯선 시각을 통해서, 그리고 직접적 방법 아닌 다양하게 굴절된 모습으로 그리스도교적 성격이 시야로 들어왔다. 원숙기에 접어들어서는, 그러니까 「휘페리온」에서부터는 횔덜린이 문학적 방법과 설교적 선언 사이의 구별을 잊은 적은 단 한 번뿐이었다. 1798년 프랑크푸르트에서 예의 경건성이 다시 발동해서 「72회 생일을 맞는 존경하는 할머니에게」라는 시를 썼는데, 거기 이런 표현이 들어 있는 것이다.

아! 그 고귀한 분이 어떻게 백성들 속에서 사는지 그들은 모른다
그 살아 있는 분이 무엇이었는지도 거의 잊혀져 있다
몇 안 되는 사람들만이 그를 잘 알며, 천상의 모습은
돌풍이 몰아치는 시대 한복판에서 그들에게 환히 나타난다
온전히 용서하는 마음으로 조용히 그는
죽을 수밖에 없는 가련한 사람들과 함께 갔다
그 정신이 신성이었던 이 유일한 남자가 가버린 것이다
살아 있는 것 가운데 그 어느 것도 그의 영혼으로부터 쫓겨난 것은 없고
세상의 고통을 그는 사랑스러운 가슴에 짊어졌다
그는 죽음과 벗하여, 다른 사람의 이름으로
괴로움과 수고스러움에서 벗어나 승리하여 아버지에게로 돌아갔다

졸렬한 경건시다. "천상의 모습", "죽을 수밖에 없는 가련한 사람들", "유일한 남자"와 "사랑스러운 가슴" 등, 너무나 분명하고 인습적인 일련의 담보 같은 표현들로 정확히 신성화하는, 예수의 활동에 대한 신심 가득한 묘사다.

주어져 있는 것을 표상으로 바꾸는 대신 리듬의 중복으로 강조하고 변화를 보임직한 부분은 모사적인 반복으로만 그치는 그런 기도시가 되고 말았다. 예수는 모든 모순과 대립과 균열을 빼앗겨 버린 채 천사적인 정신의 예배 대상이 되어버렸다. 그 목적인즉 문학적인 승화라기보다는 할머니를 달래기 위한 정통교리적인 노력인 셈이다.

말하자면 한 행사시行事詩, 게다가 한 백조白鳥의 노래다. 1798년부터 마지막 침묵에 이르기까지의 횔덜린은 예수에 대해서 더 이상 도그마의 해석대로는 언급하지 않았다. 그러나 물론 그 자신의 독특한 방법, 아주 비정통적인, 그렇다, 때때로 곤혹스러운 방법으로 그리스도를 불러내는 일을 그치지는 않았다. 엠페도클레스의 **또 다른 자아**인 그리스도, 그리스 영웅들의 형제, 그리스도, 반신半神, 천상 아버지와 지상 어

옌스: "그리고 평화를 바라보라"

머니의 아이인 그리스도, 제3의 최고 존재로서 디오니소스와 헤라클레스의 벗인 그리스도, 횃불을 들고 뇌우 속에서 나타나는 신인 그리스도였다.

그러니까 **또 다른** 그리스도인데, 그것은 횔덜린이 비정한 사제 헤르모크라테스Hermokrates의 형상 안에서 엠페도클레스를 통해 재판케 하는, 예의 경건한 자와는 반대되는 모습이다. "나는 성스러움을 직업처럼 추구하는 사람을 내 앞에 상상할 수 없다. 당신의 얼굴은 그 신들처럼 썩어 있고 차디차며 죽어 있다."

또 다른, 그리스적인 그리스도, 그것은 횔덜린이 협소한 현실의 자리에 갖다 놓은 엄청난 가능성이다. 그 현실의 협소함은 프로테스탄트 정통교리 속에서 (여러 가지 특성이 있지만) 문자에만 매달리는 정신 때문이었다. 성직자들의 편협함, 그것이 (1799년 어머니에게 보낸 편지에 의하면) "유대인보다 더 악랄하게 예수를 죽입니다. 그들이 그의 말을 낱글자로 만들어 버리고, 살아 계시는 그를 헛된 우상으로 만들기 때문입니다. … 이제야말로 모든 것이 제대로 되어야 합니다. 특히 종교에 있어서 그렇습니다. 그리스도가 세상에 왔을 때에 거의 지금과 같은 종교적 상황이었죠. 그러나 겨울이 가면 봄이 오듯이 인간 정신의 죽음 뒤에 새로운 생명이 오며, 인간이 주목하지 않는다 하더라도 성스러움은 항상 성스럽게 남는 것입니다. 말할 수 있는 것보다 훨씬 더 종교적인 것을 가슴에 품고 있는 많은 사람들이 있답니다."

"종교적"이라는 개념을 "그리스도교적"이라는 낱말로 첨예화한다면 "… 많은 사람들이 있답니다"라는 문장은, 세기전환기(1798년부터 1802년)의 횔덜린의 종교성향시를 특징지었던, 예수에 대한 예의 비본래적 진술의 특수성에 대한 참고가 된다. "비본래적 진술"이란 다음과 같은 것이다. 즉, 성서의 사건들을 다른 (헬레니즘적·서방적·신화적 혹은 시사적인) 차원으로 넘기는 일을 통해서 특수한 그리스도교성이 임의적인 것 속에서 제 모습을 잃는 것이 아니라 범상하고 일반적인 것 속에서 새삼 참신한 의미함축을 획득한다는 것이다. 엠페도클레스가 그와 절친한 제자 파우자니아스Pausanias에게 "저리 들어가서 식사를 준비하게. 줄기의 열매를 다시 한번 맛보고 포도의 맛을 즐기면서 내 이별에 감사한 마음을 갖도록 말일세"하고 요구했을 때, 그 마지막 유월절 축제의 묘사는 어떤 열렬한 직접적 연설도 이룰 수 없는 역사성과 사실적 현존의 한 범위를 보여주고 있는 것이다. "인자는 머리를 누일 곳조차 없다"라는 예수의 말이, 저주받고 도시로부터 쫓겨난 엠페도클레스처럼, 죽을 때까지 "더 이상 아무것도 갖지 못한 채" "자신이 잠들 자리를 찾고 있는 거기"서, 신에게 버림받고 (신앙의 지평에서 모든 고귀함을 박탈당한 채) 고독한 상태였던 그의 한탄에서 얼마나 구체적으로 나타나고 있는가. 또 빵과 포도주의 의미를 가리켜 인간이 대낮의 어둠 속에서도 기억하고 희망하면서 즐거워하는 선물이라고 하는 횔덜린의 해석에서 성찬례가 얼마나 현실적으로 (지금 여기서의 평화의 잔치로서) 나타나고 있는가. 곡식과 포도, 그것은 확실히 그 집전자와 그의 제자들이 만찬을 함께하면서 함께 생각한, "확실한" 노자路資였다. "… 거기, 포도나무의 신비 곁에 함께 앉아 있도다."

여기서 물론 주목해야 할 것은 그리스도 사건에 힘입어 이 그리스 시인을 구원하는 것, 동양과 서양을 헤겔식으로 서로 화해시키고자 하는 시도를 그리스도교식으로 해석하는 것(구체적으로 그리스도를 빵으로, 디오니소스를 포도주로 하는 미사를 거행하도록 하는 것) 그것이 아니다. 횔덜린을, 헤시오드Hesiod의 작품과 생애 그리고 솔로몬의 잠언들 사이의 대비에 관한 그의 석사논문으로부터 마지막 찬가에 이르기까지, 새로운 관점으로 부각시켜내고자 한 것이 그런 시도 중의 하나이다. 우라노스Uranos로부터 예수라는 "조용한 천재"에 이르기까지 일련의 신들에 대해 아주 개인적인, 때에 따라 조금쯤 사적이라고 할 수 있는 회의도, 그러므로, 중기 작품에 이따금 드러나는 예수의 변용문제처럼 그대로 묵과되지만은 않을 것이다. 그것은 예수의 수난과 십자가를 무시하고 오히려 거룩하게 뽑힌 그 누구를 역사와 무관한 입장에서 이 세상과 화해시키면서 모든 것을 제거시키는 문학적 목가화牧歌化라고 할 수 있다. 이를 일컬어 "한 사람이 항상 모든 이를 위해 있다"라고 한다. 그러므로 횔덜린에게 있어서 그리스도라는 "매개"가 존재한다는 점은 의심의 여지가 없다. 일반적인 신성을 대변하는 성격 안에서 그 기능이 고갈되어 버린, 기묘하게 창백한 형상이다.

그러나 다른 한편 (그리고 이것이 결정적인데) 횔덜린은 그리스 인문주의가 제기하는 이의를 통해서 그에 의해 불려나온 그리스도상에게 인간성이라는 지참금을 건네어 주었다. 이 지참금은 "구세주가 하늘 아래에서" 범속한 일상성 속으로, 오늘 여기라는 역사의 현장 속으로 되돌아 들어가도록 하는 작용을 한다. 초원과 포도원, 곡식이 자라는 들판 그리고 「평화축제」Friedensfeier라는 작품에서 축제의 성주들, 평화를 가져오는 예수를 맞이하듯 우뚝 솟아 있는 알프스 산록, 그러한 슈바벤의 풍경이 바로 그것이다.

> 그리고 많은 사람들을 나는 부르고 싶다, 오 그대여
> 사람들에게 친절하고 다정스러운 이
> 거기 시리아의 종려나무 아래
> 도시가 가까이 있고, 우물가에서 즐거워했지
> 그 둘레에서 밭이 솨아 소리를 내고
> 성스러운 산 그림자가 조용히 숨을 쉬며 식어갔다
> 사랑스러운 친구들, 거짓 없는 구름들이
> 그대에게 그림자 드리우고, 성스러운 이가
> 험한 하늘 헤치고 부드럽게 인간에게 그대 빛으로 왔도다, 오 젊은이여!
> 아! 하지만 말 한가운데에서 더 어둡게 그림자 드리우면서
> 끔찍한 운명이 무섭게 그대를 감돌았다. 그렇게 빨리
> 모든 천상적인 것은 덧없이 간다, 하지만 헛된 일은 아니니 …

여기서는 과거의 현재가 허용되어 있지 않다. 여기서는 어제에 대한 낮과 시간의 승리가 노래되지 않는다. 1801년 르네빌의 평화, 그것은 횔덜린에게 민중들 사이에 있어 화해의 보증이었다. 여기서는 또한 이른바 불가침의 과거라는 것이 절대화되지도 않는다. 아니다. 여기서는 "한때"와 "이전에"가 "지금 여기"를 **함께** 의미한다. 우물가의 시리아 종려나무 아래에서 사마리아 여인에게 말을 걸었던 예수는 젊은이들과 더불어 (히브리서에 나타나듯 "구름 같은 증인들"인데) 자신의 친숙한 영역으로 당당히 들어가는 것이다. 먼 곳이 가까워지고 **저기**가 **여기**로 된다. 그 시절과 지금 사이의 거리가, 문맥 속에서 용해된 인용문에 현실성과 실천력을 부여하는 묘사 기법과 불러내오기 기법의 도움을 얻어 극복된다. 시카르Sichar는 뷔르템베르크 지방의 작은 마을일 수도 있다. 시카르 근처의 성스러운 그리심 산은, 슈투트가르트와 보덴 호수 사이에 있을 수도 있으며, 또 슈바벤 지방의 밭은 팔레스타인의 들판 같기도 하다. 요한 복음 4장에 나오는 말씀들이 친숙한 일상성에 의미를 부여하는 구절이 곳곳에 있다. "아직 넉 달이 있어야 추수 때가 온다고 여러분은 말하지 않습니까? 이제, 나는 여러분에게 말합니다. 여러분의 눈을 들어 들녘을 바라보시오. 허옇게 무르익어서 추수하게 되었습니다."

 요한 복음 말씀과 중심개념들을 매우 조심스럽고 진지하게 이해한 덕분에 횔덜린은 「평화의 축제」에서 수천 년 동안 서로 동떨어진 사건들을 결합시키고 지금 일어나는 일을 어렴풋하면서도 의미심장한 원형 속에서 해석하는 데 성공했다. 그 해석은 하나의 결정적인 지점에서 거리감을 망각하지 않는다는 것인데, 그 거리감은 상호관련성에 종지부를 찍고 부드러운(인간들을 위해서 견디는) 빛을 발하는 젊은이(그리스도, 하느님 아버지의 따뜻한 광채!)와 그와 만난 자 사이에 생긴 그 다정한, 보살핌받는 만남의 자리에 돌연(아! 하는 외침을 통해 분명해지듯이) 그 거리를 그 시야로 이끌어들인다. 그 거리는 "훨씬 어둡고" 더 이상 인간우호적이 아니며 끔찍한 운명으로 가득 찬 그림자를 드리우고 있다. 그것은 젊은 예수를 "말씀 한가운데에서" 폭력적으로, 그러니까 죽여가면서, 또 천방지축 꼴로 나가는, 거의 뭐가뭔지 알 수 없게 하는 십자가에 못박기에 바탕을 두고 있다.

예수를, 요한의 로고스를 「평화축제」에서는 순수한, 부드럽게 반짝거리는 빛으로 일컫는바, 그 빛은 마치 고귀한 친구의 모습처럼 어둠 속에서 인간들을 동료로 삼는다. 그 빛은 인간들을 그 앞에 무릎을 꿇도록 하는 그의 고귀함 속에서 인식되는 자의 맑은 빛이다. 인간들은 평화와 화해의 시간에 그가 임재하고 있다는 사실에 감사하지만, 언덕 위에서 처형되고 난 다음 예수가 거의 사라져 버리고 말았다는 회상으로 인하여 두려움을 가득 품고 있었다. 그 언덕을 횔덜린은 우정과 신뢰의 맞은편 극점이라 생각하고 "분노의 언덕"이라 이름하였다.

골고타, 그것은 작가가 요한의 말을 빌려 (혹은 그 말을 여러가지 암호화로 변주하여) "맑음", "샘", "들판", "말" 등으로 그 상황을 묘사한 평화의 축제에 가해지는 끊임없는 공포였다. 여기서 그 젊은이의 정신에 의해 결정된 거대한 환상이 그 모습을 분명히한다. 그 정신은 살아서나 죽어서나 (죽어서 더욱 명백히) 전쟁, 분열, 증오와 반란에 대해 화해가 승리할 수 있도록 만들었다.

평화의 현현. 시간의 끝에 벌어질 축제. "수천 년 뇌우"가 친 다음의 친구들의 모임. 축복받은 풍경 속으로의 귀환. 군주의 축제에 부름받은 젊은이, "조용한 실력자"의 인도 아래 베풀어진 잔치. 여기에 초대된 사람들은 아버지를 알기 때문에 예수를 알고 있다. 요한이 제시한 바를 과감하게 반전하는 것이다("나로 말미암지 않고서는 누구든 아버지께 갈 수 없느니라"는 말씀 대신 "우리가 아버지를 앎으로 이제 그도 잘 알게 되었느니라"). 위대한 화해의 시간, 휴식, 자유로운 대화와 나날의 근심걱정으로부터의 탈피, 일 대신 안식 … 이 모든 것이 "이 세상의 고귀한 정신이 인간을 향해 베푼 축제의 날" 다음에 나오는 마지막연聯이 말하는 평화의 비전을 통해 묘사된다. 뇌우와 번개와 천둥은 지나갔다. 평화의 영원한 시간에 대한 희망이 예수를 통해 기약되고, 그 오른편으로 들어선다.

> 가볍게 숨쉬는 대기가
> 벌써 그대들에게 전한다
> 연기 피어오르는 계곡이 그대들에게 알린다
> 땅은 아직 뇌우로 으르렁거리지만
> 그래도 희망이 그대들 뺨을 붉혀 주고
> 집 문 앞에는
> 아이와 어머니가 앉아서
> 평화를 바라보고 있으며
> 죽어가는 이는 몇 명 안 된다
> 한 예감이 금빛 빛으로부터 와서
> 영혼들을 붙잡는다
> 하나의 약속이 가장 늙은 이들을 떠받치고 있다

만일 "독일 평화 도서관" 같은 것이 있다면 (그리피우스의 시를 분석하는 자리에서 이미 내가 언급했듯이, 아인슈타인의 친구인 평화주의자 니콜라이Georg Friedrich Nicolai가 일차대전 때 그것을 구상한 바 있거니와) 거기서는 안드레아스 그리피우스, 헤르더(『위대한 평화부인의 일곱 가지 생각』Sieben Gesinnungen der Großen Friedensfrau)와 칸트(『영원한 평화를 위하여』Zum ewigen Frieden)와 나란히 횔덜린도 못지않게 명예로운 한 자리를 차지할 것은 의심할 나위도 없다. 횔덜린의 철저한 "평화신학", 구원된 인류의 유토피아는 그처럼 종말론적으로 표현되어 있으면서도 구체적으로 현재와 관련되어 있다. **지금**이 평화요, **지금** 그것이 혁명적 성과를 내는 이성과 그리스도교적 사랑의 공산주의를 자매로 맺는다. **지금** 자유의 빛 속에서 "절망의 차가운 냉동지대 아래" 숨막혔던 자유가 구가된다. **지금** 에고이즘이 "사랑과 선의 성스러운 지배 아래" 고개를 숙인다. **지금** 신앙은 (1793년과 1800년 사이 형에게 보낸 편지에서 나온 말인데) "우리의 시대가 가까이 왔다는 사실, 이제 형성되어가는 평화가, 바로 그 평화가 지금 가져오는 것과 가져올 수 있는 것을 가져오게 되었다는 사실을 확실한 근거로 보여줄 수 있다. 평화는 많은 사람들이 바라는 많은 것을, 그러나 또한 몇 안 되는 사람들이 예감하는 것도 가져올 것이다".

아주 멀리서부터 (이제 횔덜린에게 특징적인 현세적 약소함 — 그러나 은밀한 함축 — 속으로) 낡은 수도원이 "신의 나라"에서 풀려나는 소리가 울려 오면서 "죽어가는 이는 몇 명 안 된다"는 감동적인 문장에서 평화의 실체가 구체화되면서 밝혀진다. 이별은 새로운 합일적 존재라는 표시를 통해 극복되고 ("그리고 집 문 앞에 어머니와 아이가 앉아 있다"는 대목에서 동사가 단수이다. 복수가 아니다!) **세상의 평화**가 그 오른편으로 들어온다. 그 평화는 삶과 구원을 보증하면서, "그리스도"와 "평화"라는 낱말이 여기서는 더 좁은 의미로, 저기서는 더 넓은 의미로 서로 얽히며 함께 속해 있다는 생각에 의해 오히려 은유적인 방식으로 규정된다. "신비로운 천상 요람의 시대에서 영원한 평화인 아기가 나올 때까지."

인간들 사이에서든, 인간과 신들 사이에서든, 혹은 천상적인 것들 자체 내에서든 한결같이 언제나 횔덜린에게 중요한 것은 "끝없는 평화"로 나타난다. "모든 평화 중의 평화, 더 높은 평화는 그 말의 유일한 의미에 있어서, 존재로서의 일체의 이성이다."

한 우애로운 표상인즉, 그리스도교적인 것을 강조하면서 그 넓이를 넓혀 포괄적인 종교성으로 확대하는 것이다. 포괄적인 교의적 정의들은, 횔덜린에게서 늘 그랬던 것처럼, 그리스적인 것에서부터 살아 있는 직관으로 변해가는 신학적 공식의 고양 현상 안에서 결정된다. "신의 평화", 그것은 횔덜린이 즐겨 쓰는 낱말인 "아름다움"·"평화"·"의욕"과 일치를 이루는 이 세상 모든 것의 평화로 확대된다. "만사가 의욕에서 비롯한다면, 만사가 평화와 더불어 끝난다. 『휘페리온』의 마지막 장면은 그리하여 이렇다. "이 세상의 불협화는 사랑하는 사람들끼리의 불화와 같다. 화해는 분쟁의 한복판에 있고 모든 헤어진 자들은 다시 만난다. … 일치하는, 영원한, 불타는 듯한 삶이 모든 것이다."

또 하나의 우애로운 비전, 그것은 더 넓은 지평 앞에 현존하면서도 잘못된(혹은, 적어도 이류가 된) 그리스도교적 중심 표상들을 형상화하는 비전이다. 종교의 해석자로서의 문학, 그것은 망각된 것에 다시 생기를 불어넣고 역사적으로 협소해진 것을 비전을 통해 초월시킨다. 그 비전은 원래의 의미를 자유롭게 붙들어서 다시 열어 놓는다.

평화란 "그 말의 유일한 의미에 있어서 존재"라는 이 시의 표현형식은 그리스도의 평화pax Christi라는 교회의 교리를 시의 공식이 얼마나 멀리 뛰어넘고 있는가. 이로써 횔덜린은 그런 권력 표상과 연결된 교리를 포괄적인 평화 사상 안에서 즉각 제거되도록 하고자 했던 것이다. 그는 형에게 보낸 한 편지에서 이렇게 썼다. "나는 앞으로 오는 세기의 세대를 사랑합니다. 사실 이것은 나의 가장 축복받은 희망입니다. 나를 탄탄하게 붙들어주고 활동케 하는 신앙입니다. 우리 손자들은 우리보다 훨씬 나을 것이며, 자유는 언젠가 틀림없이 옵니다. … 계몽주의의 이 싹, 인간의 세대가 형성되어가는 일에 한 사람 한 사람이 보내는 이 조용한 소망과 노력들이 널리 퍼지고 더욱 강해져서 놀라운 결실을 거둘 것입니다."

1793년 가을에 씌어진 것이다. 바로 그 뒤 10년 사이에 구상과 스케치, 마지막 찬가와 논술과 메모들의 초안과 부가 노트들, 몇 편 안 되는 시작품 파기와 개작들이 행해졌다. 마지막 수확기라고 할 수 있는 정신착란 직전의 시기의 이러한 흥분된 확신에 의해서는 더 이상 감지될 것이 없었으며, 1801년 2월 23일 상트 갈렌St. Gallen 근처의 하우푸트바일Hauptweil에서 누이에게 써보낸 편지에서 피력한 저 평화 시대에 대한 신뢰에 의해서도 더 이상 나올 것은 없었다. 그 편지는 이러했다. "이 세계가 이제 잘 되어갈 것이라고 나는 생각합니다. 나는 가까운, 혹은 이미 지나간 시간을 잘 살펴볼 수 있습니다. 모든 것이 내게는 진기한 날들로 여겨집니다. 아름다운 인간성의 날, 안전하고 두려움 없는 선 그리고 양심을 이끌어내는 진기한 날들로 말입니다. 성스럽다기보다는 맑고 밝은, 기품이 있으면서도 소박한 날들이지요."

그런데 이와 달리 시에서는 마지막 창작기가 아닌가! 다정한 과거, 평일 저녁에 신들이 돌아오리라는 희망, 축제를 즐기는 무리들의 입성, 천상적인 것의 멀고 가까운 모습이 조화롭게 교체되는 광경, 많은 사람들과 마지막으로 가장 환영받는 유일자 사이에 품위있는 광경 속에서 이루어지는 화해, 그것뿐이었다. 횔덜린은 찬가 「유일자」Der Einzige에서 말하기를, 데몬이 이 세계를 관장하고 있으며 어떤 부드러운 빛도 험난한 밤을 비추지 않는다고 했다. "말하자면 악령이 행복한 고대 사회를 좌지우지한 이래, 어떤 한 존재가 노래도 싫어하고 아무런 소리도 내지 않은 채 지금껏 오랫동안 움직여왔다. 그 존재는 엄청난 규모로 폭력적인 감각을 보여준다. 그러나 신은 제멋대로인 것을 증오한다."

언제나 새로운 변주를 통해서 담담하고 냉정하고 위엄있게(말하자면 "애국심있게"), 실제적이며 무뚝뚝한, 단어 하나하나를 에워싸는 언어로 조화를 갖춘 문장구조를 유지하지 않으면서 지상에 대한 이 세계의 반란이 그려진다. 구속·절도·분별력 따위의 힘에 대한 온갖 요소를 풀어버리는 반란, 거기에는 그리스도도 관계되어 있다. "그는 그를 갈가리 찢어내는 어떤 것을 물론 가지고 있었다. 운명. 그것이다."

간결한 문장, 추상적인 명명命名, 단단히 서로 접합된 개개의 낱말들은 세부의 무게로 인해 부서지고 흩어진 한 세계를 가리키고 있음을 분명히 해준다. 그 세계는 끼워맞춰진 세계이고, 그 한가운데에는 신, 사랑을 모르고 심판과 파괴를 행하는 신이 있다. "정작 두려운 것은 여기저기로 끝없이 살아 있는 신이 흩어져 버리고 있다는 사실이다."

자주 인용되는 "파트모스", 곧 ("모든 것이 신이다"라는 뜻에서) "모든 것이 좋다"라는 말은, 이렇게 볼 때 불행한 시대에는 "그럼에도 불구하고"라는 성격을 띠게 된다. 마지막 송가와 초기 작품들 사이에는 「휘페리온」에서 「평화 축제」에 이르기까지 얼마나 먼 거리가 있는가! 결국 그 세계상이란 얼마나 황량하며, 그리하여 예수상 또한 얼마나 그늘져 있는가. 자기 죽음을 구원의 소망과 인류에 대한 보살핌으로 보지 않고 아버지의 분노 탓으로 보는, 고통받는 사람 예수. 그런 예수상에서는 아버지의 계획 안에서 인간들이 그 "반신"半神을, 정체도 잘 모르는 채 죽이도록 되어 있었다. "인간의 손은 그 살아 있는 분을, 반신에게 어울리는 정도 이상으로 제멋대로 방자하게 끝없이 공격했다."

그리스도의 모습은 후기 찬가에서 나타나는 것처럼 더 이상 다정한 천재도 아니고, 조용히 순종하여 하늘로 향하는 신도 아니다. 그는 슬픔과 죽음의 고통을 왜곡시킨 무방비상태의 인물, "순백의 인간"일 따름이다. "말하자면 고통이 이 인물을 순수성으로 채색시켰다. 순수함이란 칼과 같은 것이니까."

축제의 군주가 아닌 **걸인**으로서 예수는 그려진다. 아주 냉정하고, 이단시됨직한 인물이다. 그 최고의 (그리고 인간적인!) 특성은 그의 사려깊음에 있다고 할 것이다. 그는 자기를 둘러싼 격렬한 소용돌이 한가운데서도 침착하고 의연했기 때문이다. 초기와 원숙기 작품에서는 엠페도클레스처럼 죽음 속에서 모든 것과 화해하기 위해 지상에서 소리치며 떠나가는 프로메테우스적 정령들이 구속받지 않고 자유롭게 떠도는 것을 성스러운 황홀경에 잠긴 인간이 신의 영감을 받은 일로 묘사했다면, 마지막 시작품들에서는 절제를 잃고 금기로 흘러간 모든 힘이 심판받은 것으로 나타난다. "나락을 갈망하라"는 엠페도클레스의 말, "모든 것으로 되돌아가고자 하는 가장 짧은 길"에의 의지가 신의 질서에 대항하는 반란의 성격을 띠게 된다. "유일자가 우리를 탐욕스럽게 취해 버렸을 때 그것은 무시무시하게 일그러진 모습을 가지고 있지는 않았다. 그러나 가장 높은 존재임은 의심할 여지가 없다."

횔덜린이 창작의 고갈상태에서 침묵의 위협에 직면해서 애국적인 방향으로 신중해지고 주어진 가능성들을 스스로 제한하면서 분노에 찬 적과 마주한 **충실한** 신을 찬양하는 노래를 불렀다는 것은 보기에 감동적이다. 그가 "죽음의 황량한 세계"에서 아가서를 부르기를 삼가고 "구속받지 않음에 대한 그리움"에 자신의 불변성을 대비시키는 중용을 지키는 불변하는 존재를 얼마나 찬양하는지. "말하자면 천상적인 것은 그다지 기꺼운 것은 아니다"고 말하는데, 이 말은 마지막 찬가 중 『므네모쥐네』Mnemosyne에 나온다. "누군가 자제하며 영혼을 돌보지 않았다 해도, 그래도 그는 그래야 한다."

이별의 시간에 행해진 인사말, 그것은 다가오는 영혼의 몰락 위협을 막으면서 질서있게 길이 닦여진 쪽에 붙으려는 필사적인 노력인데 (그리고 이것은 완전한 종국에 이르러서 다시 한번 구체성을 얻는 저 "반신"에게 아주 단호하게 호소하는데) 예수는 출신을 숨기고 노예 모습으로 나타난다. 신 앞에서 허리를 구부리고 그저 멀리서 보았을 때에나 손님들 무리 앞에 선 젊은이의 모습을 상기시키는 그런 노예로.

후기 찬가와 단장들에 묘사되고 있듯이 횔덜린의 그리스도, 그것은 이중의 의미로 "마지막" 존재이다. 「빵과 포도주」Brot und Wein 혹은 「평화 축제」에서처럼 그리스 신들이 벌이는 윤무를 고별로써 완성하는 존재일 뿐 아니라, 횔덜린이 그에게 마련해 준 다른 두 반신들과 새로운 지평에서 만나는 가장 소박하고 겸허한 존재였다.

　　… 그 세 존재는 그러나
　　사냥길의 사냥꾼들처럼, 혹은
　　일을 끝낸 후 숨을 몰아쉬며
　　모자를 벗는 농부 혹은 걸인처럼
　　태양 아래에 있는 그들이었다

세 반신은 횔덜린의 생각 속에서는 똑같은 아버지의 아들들이었고 동시에 소박하고 겸허한 세 인간인데, 두 "세속적" 인물, 즉 사냥꾼 헤라클레스와 지상을 향하고서 농부처럼 고생을 해야 하는 디오니소스는 "정신적"인 형상을 한 그리스도와 대비를 이룬다. 그 둘이 수고하고 고생하면서 이 세상과의 관계를 잇고 있다면, 그리스도는 고생하고 있는 사람들과는 동떨어진 "전혀 다른" 존재다. 그는 스스로 겸손한 아주 소박한 자였고, 또 바로 그렇기 때문에, 무아지경과 무모한 경계벗어남 속으로 빠져드는 위험을 막을 수 있는 모든 (횔덜린을 앞서간!) 사람들의 동행이었다.

그들, 횔덜린의 신들은 결국 작은 존재들이며, 멀리 있는 아버지를 인간들에게 친근하게 만들어 주는 아버지의 사자들로서 서로 가까운 사이다. 그들은 아버지의 "계단"이고, 천상적인 것이 일상성 속으로 넘나들 수 있도록 배려하는 존재들이다.

세 명의 작은 반신과, 아주 멀리 떨어져 있는 진노한 아버지라는, 횔덜린의 신전은 만년의 작품에서는 보잘것없이 되어버리지만, 그러나 신뢰를 일깨우는 것이기도 하다. 한 명, 모든 존재 가운데 가장 불쌍한 자가 결국 전면에 나서는 작은 세계, 거기서 가장 사랑받는 자이자 가장 사랑하는 자이기도 한 그는 그 누구와도 비교될 수 없다.

"그대들 중에서 내가 사랑하는 한 사람을 찾노라." 이것은 다른 신들과의 모든 공통점에도 불구하고 한 가지 점에서는 그들과 다른 한 신에 대한 고백이다. 그 한 가지 점은 그가 힘을 잃고 속수무책인 상태에서 사랑(주어진 특별한 재능을 통해서만이 아니라, 그 실존을 신뢰할 수 있는 확신이라는 의미에서의 현존을 통해서 주어지는 사랑)을 일깨웠다는 사실이다.

내가 거기 있노라. 나는 머무르도다. 나는 버티도다. 나는 말 없이 이 세상의 조잡한 잡담 한가운데에서 지친 자를 돕노라. 사랑하는 자로서 고통받기를 강요당하는 예수, 죽음을 대가로 치르고 가져온 빛, 혼란과 끔찍한 시도들이 난무하는 세계의 믿을 만한 동반자라는 이 비전은 횔덜린의 후기 그리스도 해석에 하나의 (성숙기 작품의 수수께끼 같은 간결한 언어 속에 숨겨져 있는) 신앙고백적 성격을 부여한다. 아우슈비츠 이후 우리 시대 신학의 예수 이해를 위해서는 그 고백의 함축성이 강조될 필요도 없이 아주 명백하다.

>그러나 한 분에게
>사랑이 달려 있다. 그렇잖아도 언제나
>폭력이 난무하고, 수많은 사람들로
>가득 찬 황야에서 죽어감으로써
>진실은 무구無垢한 채 그대로이지만
>고통은 여전히 남아 있도다

후기 횔덜린은 거나하게 취한 축제에서 신성의 세계를 노래하지 않았다. 그는 냉정하게 **이름붙이고, 가리키고,** 부호를 해석하고, 원리를 분석했다[세상과 지상 사이에 일어나는 갈등, 미친 듯한 황홀경과 예수의 모습이 되면서 분노를 침묵으로 이끌어간 저 선善 사이의 갈등]. 여기 마지막으로, 그 작품에서 한계는 있지만 더욱더 언어에 매달린, 틀림없는 정보와 이야기, 성스러운 글들을 통해 만나게 된 신의 문자와 직접적인 그 계시에 매달린 한 사람이 있다. 횔덜린의 마지막 시에서처럼 독자들이, 예수의 역사성을, 가파르나움을, 베들레헴에서의 유아살해를, 세례자 요한의 죽음을, 제자들의 생각을, 그리고 그리스도와 함께 시작한 서양 전통을 풍부하게 경험할 수 있는 경우는 없을 것이다.

>… 놀라운 일이어라
>노래하기에도 벅차다, 우화가
>생긴 이래 엄청난 일. 나도

고귀한 이들을 따르고 싶도다
예루살렘, 백조처럼 배가 기우뚱거리며
고통은 카놋사에서 방황하며, 타는 듯이 뜨겁다
그리고 하인리히를 노래하노라

"… 그리고 하인리히를 노래하노라." 찬가 「파트모스」의 둘레 속에 있는 이 시구는 때에 따라 구체성의 기품있는 보기로서, 횔덜린 문학에서 유례를 찾기 힘든 강렬한 리얼리즘의 색채를 띤다. 성서에 나왔던 것이 구체적인 것으로, 그렇다. 심리적으로도 납득될 수 있는 것으로 바뀐다. "요한이 예수의 가슴에 기대었다"라는 요한 복음 13장 25절의 말은 애제자 요한에게 적중하는 말이다. 그리고 횔덜린은 거기서 무엇을 꺼냈는가? "주의깊은 그 사나이는 하느님의 얼굴을 보았다."

널리 유행어로 바꾸어 놓는 것이 아니라 시적 응축 덕분에 장르로 전환시켜 놓는 것, 그것은 설득력을 얻기 위해서이다. 요한은 주님을 가장 정확하게 바라보기 때문에 예수 바로 다음의 인물이 된다. 횔덜린은 (내가 많은 것을 배운 베르또 Pierre Bertaux에게는 실례되는 주장이겠지만, 정신착란증이 발작하기 직전에) 디테일에 매달리고 단상적인 것들 가운데에서 전체를 인식하면서 고상한 문체와 비속한 문체, 고귀한 것과 조야한 것, 그뤼네발트 Grünewald 식의 파토스적 정열과 뒤러 Dürer 식의 꼼꼼함 사이의 경계를 고통없이 무시해 버리는 리얼리즘을 따라다녔다. 빛의 탄식을 마치 거룩한 물방울로서 그치게 한 것 같은 일이 예수에 의한 일이었음은 우연이 아니다. "목마른 짐승"과 비슷했던, 혹은 "닭의 외침"과도 비슷했던 그 탄식을 말이다.

미약한 것들의 성화聖化라는 표징 속에서, 그리고 다른 한편으로는 성담聖譚을 냉정하게 묘사함으로써, 횔덜린은 정통적 문학 이론을 위해 일상적 사건들의 지극히 비장함에만 문체 분리의 법칙을 인정하였다. 그 법칙은 그 가치에 걸맞은 모든 대상을 위해 적절한 표현 방법을 요구하는 것이었다. 그것은 세속적 문학과 정신적 문학으로 시를 가르기만큼이나 힘든 일이었다. 세속적인 것은 영성화가 시도되었고, 영적인 것은 현세적인 것으로 현실화가 시도되었으며 하나의 종합이 추구되었다. 그 종합의 표징 속에 의미없는 것이라고는 존재하지 않았다.

이 종합을 휠덜린이 후기 시에서 시적으로 현실화했다는 것은 의심할 여지가 없다. 이에 반해 다른 종합은 낯선 것과 민족적인 것, 그리스적인 것과 그리스도교적인 것이 자매관계를 맺는 일. 그것이 그가 마지막에 가서 말을 아주 잃기 전에 샘이 풍부한 사이프러스, 아프로디테스 섬과 요한이 살고 있던 가난하지만 손님에게 친절한 파트모스 섬 사이의 유대를 보여주면서 짐짓 상상하고자 한 것이었다. 이 **다른** 종합은 그에게 성공하지 못했다. 유일자("나의 주님이요 스승이시여! 오 그대, 나의 선생님이시여!")와 다수자, 여기 "집의 보물"인 그리스도와 저기 그리스 신들의 무리, 그들이 리얼리스트가 된 시인에게는 더 이상 밀착해 있을 수가 없었다.

횔덜린이 역사상의 예수를 빛도 힘도 없이 불명예스러운 죽음을 당한 인물로 진지하게 받아들이기 시작한 순간, 수많은 의미를 가진 이미지보다는 엄격한 언어에 더 신뢰를 보내기 시작한 그 순간, "사랑스러운 비교"라는 예술의 단계는 이미 지나간 것이다. 이때 하나이신 그분이 그에게 능력을 주는 현존의 차원을 획득한다. 걸인으로서, 귀찮은 짐을 진 자로서, 포로가 된 독수리로서(독수리: 그리스도와 복음서 저자 요한의 상징!) 촉발된 자아를 항상 새롭게 변화시키는 능력을 얻는 것이다. 한편 다른 신들은 이 과정에서 금박金箔 이상으로 봉사하면서 그리스도를 밝혀주지만, 그전에 횔덜린에게서처럼 그들 쪽에서 그에 의해 더 이상 해명을 받지 못한다.

프리드리히 휠덜린은 확실히 그리스도교적 종교의 길 아닌, 그리스도라는 종교에 대한 접근의 길 위에 있었던 것은 아닐까? 아폴로에게 정복당한 자의 눈으로 형제 같은 걸인의 모습 속에서 알아본, 그 고통받는 자인 그리스도의 종교? 그렇다고 할 수 있을 것이다. 그러나 또한 잊지 말아야 할 것은 예수에 관한 가장 중요한 ("예수는 살아 계시다"는) 말이 (그리고 마찬가지로 "이전의 모든 업적을 알고 계신" 아버지에 관한 말도) 찬가 「파트모스」에 나와 있다는 사실이다. 이 찬가는 횔덜린이 클로프슈토크의 자리에서 넘겨받은 청탁 작품으로, 그가 가능한 한 엄숙하게, 그렇다, "굳건한 글자"를 통한 진술 속에서 사실보다 훨씬 경건하게 꾸민 작품이었다. (「파트모스」는 루터가 최고의 걸작으로 평가한 찬가로서, 예술작품의 모범이다. 그 까닭은 말씀의 힘이 막강했던 요한 복음서 저자가 일반 독자를 위한 눈에 띄는 종교 형식을 일종의 암호를 통해 거의 눈에 띄지 않을 정도로 만들었기 때문이다. 그러나 홈부르크의 태수들과 같은 종교 전문가들은 암호로 된 종교적 문장으로 알아보게끔 해두었다. 요한이 첫번째로 그 말을 썼으며 슈바벤의 경건한 대가들, 여기엔 브렌쯔Brenz, 저기서는 벵겔Bengel이 성서의 통일과 서양 역사의 모국화에 만족해야 했다 — 그들 외에도 독일식 심성의 태수들도 뒤따랐지만.)

그가 맨 마지막에는 어떠했는지, 목공 에른스트 찜머의 집에서 그가 무슨 생각을 했는지는 여전히 미해결 문제로 남아 있다. 헬레니즘의 신화들을 계속해서 그리스도교화해 나갔을까? 아니면 반민족적인 쪽으로 (또다시 사냥꾼들과 농부들인 옛 신들로, "시간의 주"인 주피터와 "자연의 영"인 사투르누스 쪽으로) 되돌아선 것일까? 늘 그렇던 대로 튀빙겐의 지척간에서 몇 년 안 되는 세월에 일어난 일을 천재적 횔덜린 해석가이며 나치에 의해 죽음을 당한 소설가이자 시인인 빙클러Eugen Gottlob Winkler는 『후기 횔덜린』Später Hölderlin이라는 논술에서 기록한 바 있다. 짧은 시간에 거기서 생긴 일은 가교架橋의 성격을 가지고 있다는 것이다. "그 다리는 그것을 세운 사람과 이용하는 사람 모두를 이 세상과 저 세상 사이에서 사로잡고 있다. … 그 다리를 밟는 이교도는 신앙을 이해한다. 물론 완전히 그렇지는 못하지만, 그는 다만 믿음의 땅이

자기 앞에 있음을 보았다. 그 다리 위에 있는 그리스도인은 고대 문화를 바라볼 수도 있다. 그러나 결코 거기에 이를 수는 없다. … 동일한 신이 … 무수한 소리를 내면서 극도로 정확하게 감쪽같이 변장을 하고서 다리를 통과한다. 그 신은 다리 위에 머물지도 않고 자기 존재를 알리지도 않는다."

혹은 그런데도? 최소한 시사적으로 말하자면, 휠덜린은 예수가 **능히 그러했음직한** 것을 묘사하는 그런 수수께끼 같은 면밀한 시의 언어로 모든 학문을 멀리 넘어서면서 예수가 자기 시대와 우리를 위해서 **과연 그러했던** 것을 표현하고자 했다.

노발리스
Novalis

『그리스도교 혹은 유럽』
Die Christenheit oder Europa

한스 큉

낭만주의 시정신에 비친 종교

"횔덜린은 이따금 예나에서 내게 편지를 쓴다네." 헤겔은 그의 친구 쉘링에게 1795년 1월말에 이렇게 알리고 있다. "그는 피히테의 강의를 듣고 있다는데, 피히테를 가리켜 인간성을 위해서 싸우는 거인 같고, 분명 그의 영향권은 강의실 안에만 머무르지 않을 것이라며 흥분해서 썼더군"(Ausgabe Lasson-Hoffmeister, XXVII, S. 18). 피히테Johann Gottlieb Fichte는 (헤겔과 횔덜린보다 여덟 살 위인 그는 처음에는 신학 지망생이었다가 가정교사를 거친 뒤 튀빙겐에서 두 사람과 헤어진 다음 바로 서른두 살의 나이로 예나Jena 대학의 교수가 되었는데) 레싱의 이른바 은밀한 후기 스피노자적 사고의 길을 따르면서 한편으로는 젊은 괴테 방식으로 생각을 하고 있었다. 즉, 하나이며 전부인 존재로서의 신을 생각했다. 칸트의 실천철학이 동일성의 방식, 숙명론적인 신과 세계관에서 그를 해방시켜 주었다. 칸트의 실천철학은 모럴과 의무를 강조하면서 자유로운, 책임성있는 도덕적인 인격을 지닌 자아의 위엄을 그로 하여금 맛보게 했다.

1795년 5월이었다. 예나에서 피히테와 횔덜린이 만났다. 여기에 또 한 사람, 그들과 아주 뜻이 잘 통하고 횔덜린보다 두 살 아래인 매혹적인 정신과 모습을 한 젊은이가 있었는데, 그의 이름은 폰 하르덴베르크Friedrich von Hardenberg였다. 그 당시 텐슈테트Tennstedt 근처의 지방 관서 서기로 있었던 그는 나중에 "노발리스"라고 불리게 된 젊은이였다. 하르덴베르크의 옛날식 라틴어 이름이 노발리스였는데, 그 의미는 새로운 나라를 개척하는 자라는 것이었다. 그는 얼마 안 가서 북부 독일의 초기 낭만파 가운데 가장 중요한 작가가 되었다. 이 만남을 주선한 사람은 이 대학의 철학강사인 니히트하머Immanuel Niethammer로서 튀빙겐 시절부터 횔덜린의 친구였다. 니히트하머는 이날 저녁의 만남에 대하여 일기장에 이렇게 기록하였다. "종교와 신의 계시에 대하여 많은 이야기를 나누었고, 철학에 대해서 많은 의문을 제기한 채 헤어졌다"(zit. bei F. Hiebel, S.126).

1770년대는 많은 인물이 태어난 위대한 세대라고 할 수 있다. 하르덴베르크·횔덜린·헤겔뿐 아니라 또 다른 초기 낭만파 작가인 프리드리히 슐레겔과 티이크Ludwig Tieck, 또 베토벤이 태어났으며, 프랑스 혁명 이후의 시대, 유럽 역사를 쥐고 흔든 나폴레옹과 메테르니히Metternich도 이때 태어난 인물들이었다. 젊은 하르덴베르크가 어떤 정신 성향 속에서 태어났는가 하는 것은, 예나와 바이마르의 좁은 공간에서 초기 낭만파만이 성장했을 뿐 아니라, 계몽주의자였던 궁중 고문관 비일란트(그는 하르덴베르크의 첫 시작품을 출판하였다), 개신교 지방 감독 헤르더, 역사학 특별교수 프리드리히 쉴러(그의 집에서 하르덴베르크는 여러 사람과 사귀었다), 그리고 물론 예나 대학의 총장, 하르덴베르크가 식객이었으며, 피히테를 취리히에서 예나로 불러들였던 괴테 등이 모두 자리를 잘 잡았었던 사실을 생각해 보면 명백해진다.

횔덜린이 "거인"이라고 부른 것이 헛말이라 할 수 없는 철학자 피히테의 등장은 높은 윤리, 애국심, 인간의 권리를 위해서는 하나의 도전적 성격을 지닌 것과 다를 바 없었다. 부드러운 감수성과 자연에 대한 친화력을 지니고 있던 횔덜린은 피히테에게 강한 애착을 느꼈는가 하면 동시에 거의 숨이 막힐 지경이었다. "철학은 하나의 폭군"이라고 1년 뒤(1796년 2월)에 그는 기술하였다. "나는 그 철학의 강요를 견디다 못해 마침내 자진해서 굴복하고 말았다"(Sämtliche Werke, Stuttgarter Ausgabe, VI/I, S. 203).

그리고 그의 아버지가 엄격한 경건주의자였던 하르덴베르크는 학생 피히테에게 경제적 지원을 했던가? 지칠 줄 모르고 "피히테가 되고 있던" 하르덴베르크는 철학을 폭군으로 본 것이 아니라 정반대로 애인으로 보았다. 그의 체계적인 피히테 연구는 (7백 개의 재치있는 기존 연구에 반증을 제기함으로써) 동시에 스물두 살의 청년에게 커다란 첫사랑의 경험이 이루어졌던 것이다. 열두 살 먹은 폰 퀸Sophie von Kühn, 여성에 대한 그의 이상이었던 그녀에 대한 사랑과 함께 말이다. 피히테와 횔덜린을 만나기 바로 얼마 전에 몰래 약혼했던, 자기의 디오티마Diotima라고 일컫던 이 소녀가 반 년 뒤면 치명적인 병으로 쓰러지게 되어 있다는 사실도 모른 채, 당시(1796년 7월 8일)의 그는 사랑의 행복, 학문에 대한 행복으로 가득 차서 프리드리히 슐레겔에게 이렇게 썼다. "내가 좋아하는 공부는 근본적으로 나의 신부와 같답니다. 소피라는 여자이지요 — 철학이 내 삶의 영혼이며 나 자신에 대한 열쇠이지요. 그녀를 알게 된 다음 나는 이 서재와 완전히 하나가 되었답니다"(Schlegel-Novalis, Briefe, hrsg. von M. Preitz, S.59).

횔덜린과 마찬가지로 하르덴베르크도 경건한 집안 출신이었다. 엄격한 아버지 곁에는 다정다감하고 소년의 따뜻한 사랑을 받는 어머니가 있었다. 횔덜린과 마찬가지로 그 역시 철학과 문학, 정치와 자연과학에 지대한 관심을 가지고 있었다. 횔덜린과 마찬가지로 그도 루소를 읽고, 프랑스 혁명으로 인한 세계의 변화에 감격했다. 클로프슈토크와 "괴팅겐 숲의 결사"의 정신에 혈연감을 가지고 있었던 그는 계몽주의자 영주 "요제프 2세"에게 바치는 송시를 썼으며, 18세기에 자주 있었던 이성을 넘어서는 사랑의 유대를 통한 친교를 찬양하기도 했다. 오랫동안 그에게도 프리드리히 쉴러가 커다란 모범이었다. 쉴러의 『그리스 신들』Götter Griechenlands이라는 작품을 (보통 무신론적인 것이라고는 하나) 그는 "독실한 신자들 및 다른 정열적 사람들"(Schriften, hrsg. von P. Kluckhohn, II, S. 90)이라는 평에 맞서 옹호하였다.

프리드리히 휠덜린과 프리드리히 폰 하르덴베르크 사이에서 우리는 (자주 생기는 일이거니와) 미리부터 하나의 대비점을 이루어 놓고 있지는 않은지 조심할 필요가 있다. 물론 휠덜린이 공부하고자 했던 것을 하르덴베르크는 실제로 공부한 일이 있다. 법학 공부 말이다. 신학 대신에 그는 법학 졸업시험을 치르고 성직자나 (궁정의) 가정교사가 되는 대신에 사법관 시보가 되었으며, 같은 해에 거의 현학적일 정도로 의무감에 가득 차서 작센 지방(봐이센펠스Weissenfels 가문의 고향)의 관리가 되었다. 그의 원래 모습을 담은 유일한 초상은 활력이 넘치는 지성, 목표를 향한 노력과 강한 의지로 가득 찬 것으로서 아이헨Eduard Eichen의 필치를 통해 널리 퍼졌지만, 20년 뒤에는 그 모습이 소녀 같고 꿈꾸는 듯한, 말하자면 "낭만적인" 얼굴로 무의식적으로 왜곡되기에 이르렀다. 환상적일 만큼 발랄하고 민첩하며 비범한 재질을 타고난 그는 내면적으로는 불안한 정신을 지니고 있었으며, 엄격한 자기 관찰과 자기 훈련을 통해 꾸준히 자기 삶의 방식의 확고성과 일관성과 책임성을 향해 노력하고 있었다. 그리고 "거인" 피히테를 통해 자신의 독자성을 발견하고 있었다. 피히테에게서 그는 대립을 통해 통일로 가는 변증법적 사고를 배웠는바(헤겔이 사용한 "명제"These · "반명제"Antitese · "종합명제"Synthese라는 말은 원래 피히테의 용어였다), 이로 말미암아 바로 하르덴베르크의 철학은 절대자를 파악하기에 이른다. 즉, 그의 비망록에 나타나듯이 "스피노자는 자연의 상태에까지 올라섰다. 피히테는 자아의, 혹은 개인의 상태에까지 갔다. 나는 신이라는 명제에 이르렀다"Werke, hrsg. von G. Schulz, S. 300). 신 자체는 거대한 자아로서 하르덴베르크 작품에서 문학적으로 원용된 자아철학으로 이해되었다. 이 거대한 자아에서 모든 개개의 자아는 그의 삶의 바탕을 얻고, 온 우주는 그 정신적 · 윤리적 연원과 중심을 가지게 된다. 근대라는 선상에 놓여 있는 신은 세계 속에 있는 신, 우리 자신, 우리의 양심 속에 나타나는 것으로 이해하게 되었다.

피히테의 철학 주위에서 야기된 무신론 논쟁은 그 마지막 국면에서 피히테의 저 정열적인 『독자에 대한 호소』Appellation an das Publikum (1799)도 예나에서의 그의 사직을 방해할 수 없었던, 레싱이 관련된 범신론 논쟁만큼 불유쾌한 것이었는데, 이때 노발리스의 태도는 분명하게 피히테 편에 있었다. 당시 한 친구에게 그는 『호소』와 관련해서 글을 쓴 일이 있다. "이 글은 작으나 탁월한 글이라네. 우리 정부와 성직자에 대해 특출한 정신과 계획으로 자네를 사로잡을 것이네. 부분적으로는 여론의 억압상이 소상히 쓰어 있는데, 그리하여 모든 이성적 인간들로 하여금 이러한 길을 가도록, 이러한 가설에서 중요한 결론을 이끌어 내도록 요구한다네"(Schriften, IV, S.270). 그의 "일반 초고"는 심지어 "지성적 기사도"를 세우는 일이 (계몽주의의 인간적 사회에 접한 상태에서 철저하게 현실적으로 사고된) 그의 생애의 "주된 임무"가 되어야 한다고 언급했다. 누가 이렇게 묻는가? 그는 이성의 권리를 옹호하지 않는가? **노발리스**는 그의 가슴 밑바닥에서 혹시 한 **계몽주의자**일까?

이미 여기서 계몽주의(레싱!)와 낭만주의(노발리스!)를 배타적인 대립으로 바라보는 것이 얼마나 그릇된 일인지 명백해진다. 낭만주의를 1815년 이후 메테르니히 시대의 정치적 반동과 결부짓는 사람들은 이런 경향이 있다(정치적 반동의 신호는 프리드리히 슐레겔이 1808/9년에 합스부르크Habsburg 왕조의 의전 및 선전 담당자로 들어가는 것이다). 먼저 "청년 독일파"(특히 Heine)의 지식인들, 다음으로 자유주의 문학자들(가령 Gervinus), 끝으로 마르크시스트들(누구보다 Lukács)은 낭만주의에 반대하는 (그들에게 있어서 낭만주의는 정치적 반동이라는) 입장에서 계몽주의를 끌어낸다. 이와 달리 20세기 전환기의 "신낭만주의자"들뿐 아니라 세계대전중의 낭만주의 연구(노발리스 전문 연구가 Rudolf Unger와 Paul Kluckhohn)는 낭만주의에서 계몽주의 18세기에 대항하는 저항운동을 주로 찾아낸다.

그렇다. **계몽주의와 낭만주의**는 데카르트와 파스칼이 대비되는 정도로 대비될 뿐이다. 이 둘은 (1960년대 이후 최근의 연구에서 특히 노발리스는 점차 분명하게 규정되어 가고 있는바(W. Malsch, H. Schanze, C. Träger, P. Pütz, W. Rasch, K. Peter)) 분화된 양극적 관련체계에서 관찰된다. 낭만주의는 횔덜린·헤겔·피히테·슐레겔·노발리스의 생애들이 보여주듯이 계몽주의에서 나온 것이다. 낭만적 현실 도피는 쉽게 쓰이는 상투어일 뿐이다. 계몽주의와 초기 낭만주의는 편견·미신·위선·압제·화형에 대한 거부, 요컨대 인간 그 자체의 해방으로 가는 길목에서 절대 영주와 성직자 중심주의에 대해서 실천을 통해 반대한다는 입장을 취함에 있어서 완전히 하나였다. 달리 말하면 이렇다. 원천적으로 낭만주의는 비합리성이라는 문제와 간접적으로만 연관된다는 것이다. 낭만주의에 있어서는 이성을 이성 상실적인 것, 즉 인간 영혼, 자연과 역사 속에 있는, 의식으로도 충분치 않은 영역과 매개시키는 일이 관심사가 된다. 낭만주의는 그럼으로써 우선 계몽주의의 비판적 지속과 승화로 이해될 것이다. 그것은 (반작용과 복고이기 이전에) 근대라는 파라디그마 내부에서 일어난 자율운동의 확대된 국면이다.

1799년 11월, 노발리스는 예나의 첫 "낭만주의자 모임"(Schlegel 형제와 그 부인들인 Caroline와 Dorothea, 그리고 Tieck, Schelling, Ritter)에서 친구들 사이에 즉각 격앙된 논쟁을 불러온 그런 글을 낭독하게 된다. 셸링은 그 글을 "비종교적인" 풍자시로 몰아붙였으며, 중재재판관으로 초빙된 괴테는 그 글의 출판을 말렸다. 노발리스 생전 출판되지 못한 채, 그 글은 작품집 초판본에도 끼지 못하다가, 그의 사후 25년 만에야 비로소 슐레겔에 의해 간행되었다. 다음 판본부터 다시 그것을 빼어 버렸던 티크 Ludwig Tieck는 모르겠지만, 마침내 19세기 후반에는 규칙적으로 인쇄되면서 중심적인 작품들 가운데 한 걸작으로 헤아려지게 되었다. 오늘날 이 작품은 낭만주의의 첫손가락에 꼽히는 종교적·정치적·문학적 문헌으로 인정되고 있다. 『그리스도교 혹은 유럽』Die Christenheit oder Europa이 그것이다. 그 짧은 시간에 노발리스는 어떻게 이 자주적인 글을 쓰게 되었던가?

1797년 부활절에 그의 신부가 죽고 나서부터 1800년 여름 자신의 치명적인 발병에 이르기까지 고작 3년 사이에 노발리스의 문학작품이 씌어졌다. 우리가 알고 있듯이 물론 오랜 발전과 성숙의 과정이 기초가 되었으나, **소피**(그리고 얼마 되지 않아 그의 남동생 에라스무스)의 죽음에 직면해서 우선 그에게 모든 것은 "죽은 것, 황폐한 것, 마비된 것, 움직이지 않는 것"(Schriften, IV, S. 179)으로 여겨졌다. "동트는 새벽을 바라보는 동안에 나의 둘레는 저녁이 되었다. 나의 슬픔은 나의 사랑처럼 끝이 없었다"(IV, S. 183). 그러나 고독감과 상실감 속에서도 죽고 싶은 마음과 뜻에 맞서 결국 삶의 의지가 자리잡았다. 더 정확히 말한다면, 그 자신 "보이지 않는 세계에 대한 소명"이라고 부른 것이 자리잡았다. "신, 그리고 인간이 지닌 가장 고귀한 것에 대한 사랑스러운 접근"(IV, S. 190)이 그것이었다. 몇 주가 지난 뒤에야 비로소 그는 소피의 무덤을 찾을 수 있었다. 그러나 거기서 그는 "번쩍하는 정열의 순간"(IV, S.385)을 체험하는데, 그것은 자기 신부의 환상과도 같은 것이었다.

횔덜린에 대한 디오티마와의 관계와도 비슷하게 소피라는 인물은 노발리스의 문학활동에 있어서 그의 삶의 커다란 이상이었다. 눈에 보이는 세계와 눈에 보이지 않는 세계 사이에 있는, 이를테면 그리스도와 비슷한 매개의 여인이었던 것이다. 얼마 뒤의 새로운 (율리Julie von Charpentier와의) 약혼도 아무 모순될 것이 없었다. 죽음·밤·사랑은 지금까지의 어떤 시인에게서도 볼 수 없을 만큼 무수한 변화를 통해 그의 테마로 남아 있다. 이제 단순한 "사랑"으로서뿐 아니라 "종교"로 느끼게 된 소피와의 관계를 통해 조화와 사랑의 보이지 않는 나라의 실존을 그는 확실히 느낄 수 있었다. 그는 법학도로서 이제 다시 집중적으로 "학문들"에 매달렸다. 철학과 자연과학을 (특별히 프라이베르크의 광산 아카데미에서 공부하면서) 연구했으나, 그 모두가 가능한 한 변증법적으로, 그리고 자주 "더 높은 목적"이라는 시점 아래에서 임의적으로, 모순된 상태로 결합되었다. 즉, "더 높은 상태", 거기서부터 "보이지 않는 세계"(IV, S.192)에 대한 전망을 획득한다는 것이다. "더 높은 상태" - "보이지 않는 세계", 그것은 곧 "피히테의 마법"("그는 그의 모임에 있는 한 사람을 마법으로 호리듯 사로잡았다")으로부터의 벗어남, 그 "엄청나게 꼬여 있는 추상성"(IV, S. 208)으로부터의 벗어남을 의미하는 것임이 뚜렷해졌다. 피히테의 "지식학"의 단단한 체계 속에서 미적인 것, 시적인 것, 사회적인 것, 요컨대 사랑을 잃어 온 프리드리히 슐레겔의 영향 아래에서 노발리스는 네덜란드 철학자이자 예술 이론가인 헴스터위스Frans Hemsterhuis(1970 사망)의 이미 잘 알려진 저작들을 집중적으로 파고들었다. 헴스터위스는 노발리스가 피히테와 칸트에서 취하지 못하고 있던 많은 것을 일깨워줄 수 있었다. 즉, 물리적 · 육체적인 근본 힘과 영적 · 정신적인 근본 힘의 유추, 인간이 하나의 (물론 그 마음에 걸려 있는) 지적 · 감정적 "모럴 기관"(가슴, 양심)을 경험할 수 있는 (그 힘은 사랑이고 그 표현은 시 또는 시적 진실인) 우주의 통일과 같은 그런 문제였다. 모럴 기관이 그 기능을 전개할 수 있게 되었을 때, 그때 그것은 무수히 기대되었던 황금시대인 것이다.

작품 『꽃가루』Blütenstaub(1798)는 (1791년에 발표된 시 이후 하르덴베르크의 첫 작품으로서, 이때 "노발리스"라는 필명으로 나타났는데) 당시의 수많은 그의 생각과 이념과 테마를 안고 있다. 활발하게 자신의 생각을 계속하기 위한 자극으로서, 공통된 "교감의 철학", "전체적으로 철학하기"를 위한 자극으로서의 "혼합된 글"이었다. 이 글은 다른 글들, 『믿음과 사랑』Glaube und Liebe(1798)이라는 제목 아래 하느님 나라로서의 이상국가에 대한 상당한 정치적 소견을 담은 글들과 함께 분명한, 그리고 **내면으로의 낭만적 전환**이 진행된 최초의 예문이다. "우리는 우주를 여행하는 꿈을 꾼다. 그 우주란 **우리 안에** 있는 것이 아닌가?

우리 정신의 깊이를 우리는 모른다. 내부로 향하는 신비스러운 길이 있다. 영원과 영원의 세계(과거와 미래)는 우리 안에 있거나 아니면 아무 데도 없다"(Werke, S. 326).

노발리스는 여전히 "꿈꾸는 낭만주의자"인가? 그의 시인 국가에 대해 정치적 전망을 세밀히 적용하라는, 전제주의적 공화국 혹은 공화국 형태의 전제정권의 대변자로서의 왕과 왕후에 대해서 꼬치꼬치 정치적 전망을 따져드는 사람, 시인을 사제로서 생각하는 그는 비록 작은 독자에게 알려졌다 하더라도 『그리스도교 혹은 유럽』에 대한 자기 꿈의 일단을 피력한 것인가? "유럽"이라는 말에서 울려나오는 첫번째 소박한, 생기있게 단순한, 아주 높은 멜로디의 문장들이 울리는 것을 듣노라면 확실히 꿈과 같은 무엇인가가 울리는 듯하다. "유럽이 그리스도교의 땅이었을 때, 하나인 그리스도교가 이 인간적 형상을 한 세계의 일부에 살고 있었을 때, 정말이지 빛나는 시대였다. 하나의 공동체적 관심이 이 넓은 정신세계의 가장 후미진 곳을 묶어주었다"(Werke, S. 499).

하나인 그리스도교! 여기서 고대세계와 그리스도교를 화해시키면서 그리스 신화의 신들에게 재림하는 신 그리스도의 관을 씌워주고자 했(다가 실패했)던 횔덜린과 다시 한번 그를 비교할 때, 낯선 점이 뚜렷하게 나타났다. 노발리스는 달랐다. 그리스도교적으로 주님을 모시는 세계에 무의식적으로 사로잡혀 있는 그는 이상론적 철학과 정밀한 근대 자연과학 교육도 받은 터였고, 애인의 죽음을 통해 종교적으로도 각성된 상태였다. 이제 그는 고대문화와 그리스도교 사이의 대립을 새롭게 인식할 수 있었고, 그리스도를 통해서 그리스 신화의 세계를 분명히 극복하고자 했다. "그를 똑바로 보아야 합니다. 왜냐하면 그의 책 30권을 읽을 때 당신은 그와 차 한 잔을 마실 때보다도 그를 잘 이해하지 못하니까요." 프리드리히 슐레겔의 동반녀였던 도로테아 바이트는 슐라이어마허에게 노발리스에 대해서 이렇게 썼다. "나에게 그는 아직 그런 느껌을 안 준답니다. 그는 유령을 본 사람처럼 보이지요. 그의 온 존재가 자기 혼자만을 위해 있는 것 같지요. 그것은 부인될 수 없지요. 그리스도교는 여기서 빛을 향한 질서입니다"(zit. bei G. Schulz, S. 124). 노발리스, 그는 불안해진 괴테가 비웃은 대로 낭만적 지성의, 일종의 "지배자" 혹은 "나폴레옹"인가? 노발리스 자신은 의심할 여지 없이 (슐레겔에게 썼듯이) "새 시대 **종교**의 첫 주자의 한 사람"으로 자처한다. "이 종교와 더불어 새로운 세계사가 시작된다 …"(Briefe, S. 164).

놀라운 전환이다. 그리스 고대문화로 향하면서 쉴러와 괴테의 전성기의 (극복된 전근대적 요소로서의 그리스도교에 고도로 거리를 두고 대립하는) 고전주의와 "빛을 향하는 질서로서의 그리스도교"의 종합이, 바야흐로 노발리스와 더불어 놀라운 생기로 새로워진 그리스도교와 가장 극단적인 근대의 종합이 이루어진 것이다. 쉴러와 괴테가 그리스도교를 극복된 전근대적 현상으로 보고 거리를 두면서 맞서 있는 그런 상황에서 이 종합은 『그리스도교 혹은 유럽』 속에서 문학적 표현을 얻었다. 고전주의를 동시에 완성하고 파괴한 언어로서 슐레겔 형제의 노선에 전적으로 입각해 있었으나 고전주의적 "고대문화로의 회귀"에 집착하지 않고, 낭만주의의 "완전한 근대시로의 전진!"을 표방하였다. 그 전제는 물론 과거에 대한 새로운 각성이었다.

쉘링의 풍자시 「에피큐리언적인 믿음의 고백」Epikurisch Glaubensbekenntnis은 노발리스의 근본 의도를 그르친 것이 아닌지? 그의 『유럽』에 대해 어떤 반박이 나오게 되었든간에, 노발리스는 중세적 교황교회로의 복고를 옹호하고 로마 가톨릭으로 개종마저 할 생각이라고는 하지 않았다. 나중에 괴테까지도 뒤에 남은 노발리스 숭배에 대해 분개해 마지않았지만 말이다(티크는 심지어 1837년에 이를 공식적으로 부인해야 했다). 노발리스의 전제는 실상 (프랑스 혁명 발발 10년 뒤) "낡은 교황주의는 무덤 속에 있다"는 것이다. 그것이 『유럽』의 극적인 **시대사적 배경**인 것이다. 1775년 유대인들에 반대하는 치욕적인 새 훈령으로 통치를 시작한 바로 그 교황 비오 6세가, 프랑스 인권선언 후에는 모든 인권, 종교의 자유, 사상의 자유, 언론·신문의 자유를 "어이없는 것들"이라고 엄숙하게 저주했던 바로 그 교황이 이제 1798년 11월에는 로마의 점령을, 자기 자신의 폐위와 프랑스로의 압송을 받아들여야 했다. 그는 발랑스에서 갇혀 살다가 1799년 8월에 죽었는데, 이것이 프랑스 정부가 후계자의 선출을 거부하는 계기가 되었다. 10월초(노발리스가 갓 나온 슐라이어마허Schleiermacher의 『종교에 대하여』Über die Religion에서 감명을 받고 『유럽』을 쓰기 시작한 때)에는 나폴레옹이 이집트에서 프랑스로 돌아왔으며, 11월 9일경(예나의 낭만주의자 모임이 시작되기 이틀 전)에는 파리에서 집정 내각이 붕괴되고 제1 집정관에게 국가의 모든 권력이 귀일되었으니, 그는 혁명의 대담한 완성자이자 동시에 현실적·실용적 극복자였다.

이런 환경 아래 모인 초기 낭만주의자들은 모두들 들뜬 향수병자이기는커녕 당연히 근대의 전위로 자처하는 문인들이었다. 노발리스 역시 그러하였다. 세련되게 과거를 향하곤 했으나 결국 그의 시선은 이 글에서 앞을 향했으며, 역사적 출처를 밝히는 작업이나 서정시, 그리고 철학 논문을 결코 지향하지 않았다. 그것은 유럽을 위한 종교, 즉 그리스도교의 중요함을 알고 있는 동시대인에 대한 **고도로 반성적이고 고도로 문학적인 이야기**(W. Malsch: Poetische Rede)이다. 우리는 이 글을 당연히 "초기 낭만주의 이념의 가장 응축된 자기 표현"이라고 부를 수 있을 것이다. "모든 것을 가장 작은 공간에서 시화하였고, 문학과 진실, 역사 형이상학과 역사 편찬, 수사학적·교화적 신화문학을 동화양식과 온 유럽의 평화적 질서를 담는 마술적 표현으로 나타내는 것이었다"(H. Timm, S. 114).

눈에 보이지 않는 교회에 대한 슐라이어마허의 『종교에 대하여』이외에도 레싱의 『인류 교육』이 이 배후에서 작용하였다. 순전히 앞을 내다보면서도 회상적이기도 한 것이다. 더 나은 미래, 제3시대의 복음에 대해 오로지 시선을 던지는 가운데 과거가 통찰된다. 그러나 레싱과는 달리 간결한 철학적·신학적 명제를 수단으로 삼지 않으며, 낭만주의 역사가들처럼 역사 전개를 더 정확하게 본뜨지도 않는다. 아니다, 위대한 시적 **표상들**의 도움으로 초기 시대가, (우리나름으로 말하자면) **그리스도교의 다양한 파라디그마**가 눈앞에 생생하게 전개된다.

이같은 회상을 함으로써 노발리스는 이제 물론 놀랄 만한, 그리고 때로는 아주 모험적인 주장을 내세우고 낭만주의에 대해 결정적인 가치전도를 부여하였다. 여기서 고대교회, 비잔틴과 러시아 그리스도교에 보존된 헬레니즘 색채가 짙은 오이쿠메네Oikumene에 의해 완전히 간과됨으로써 이같은 그의 평가가 침묵리에 생겨난 것이다(비잔틴, 러시아 그리스도교에 대해서는 도스토옙스키에게서 더 많은 것을 들을 수 있다). 그것은 (동서간의 교회 분리에 대해서는 언급조차 않는다 하더라도) 이미 완전히 발전된 중세 로마 가톨릭 교회에 직접 유입되었다. 그것은 노발리스에 의해, 최소한 슈바벤 출신의 프리드리히 휠덜린에 의해, 고대 그리스가 강하게 이상화된 만큼, 이상화된 가치였다.

첫째 표상: "고무적인 그림들로 장식되어 있고, 황홀한 향기로 가득찬, 그리고 성스럽고 고귀한 음악에 의해 생동하는, 신비에 가득 찬 교회에서 사람들은 아름다운 모임을 기분좋게 즐겼다"(Werke, S. 500). … "유럽이 그리스도교 땅이었던 아름다운 빛나는 시절을 암시적·문학적으로 일깨우는 일을 단 한 사람이 우두머리를 가지고, 새로운 예루살렘으로서의 로마, 꽃피어나는 정신생활, 선량하고 평화롭게 하나가 되어 있는 열렬한 성직자와 만족스러운 국민으로서의 로마로서, 그리고 성자에 대한 존경과 하느님의 아들을 가진 성모에 대한 믿음 안에서 성유물과 순례자들, 이적과 신화를 가지고 보는 자 … 이 모든 것을 처음으로 읽는 자에게는 세상에 대한 이러한 낯선 감정이 (그 당시의 다른 선택들에 비추어본다 해도) 그야말로 우습게 나타날 것이다. 그토록 많이 이상화와 신비화, 변용과 변형을 진지하게 받아들일 수 있을까? 중세

갈릴레이의 경우는 노발리스에 의해 너무 많이 다루어졌고 "지식의 영역에서 비시대적인 위험한 발견"을 반대하는 교황의 조처에 대해서는 "무한한 믿음"의 대가로 찬사가 나왔다.

그러나 이 글은 소홀하게 다루어지기 전에 정확하게 읽혀져야 한다. "진짜 가톨릭 혹은 진짜 그리스도교 시대"의 그 모습이 오늘날에도 여전히 (혹은 오늘에 와서 다시!) 많은 사람들에게 정치적·교회정치적인 주요 모습으로 자리잡고 있음을 부인할 경우, 이 글은 정말이지 그토록 미숙하고 신기하며 세상에 낯선 것일까? 이 글에 있어서 "그리스도교 서양"의 이상적 모습의 진행은 무엇보다 노발리스 비전과 함께 그 특유의 정치적 관심을 추구한 그런 사람들이 영향사적으로 지지하고 있는 바로 그 원형의 표현이 되고 있는 것은 아닌지? 그것은 오늘날에도 자기 스스로 붙여진 온갖 "서양 나라들"의 모습으로서 그리스도교 서양의 진부한 모습이 된 것은 아닌지? 종교개혁도 계몽주의도 거치지 않은 폴란드와 같은 가톨릭 국가의 교회권에서 보듯이? 그렇다, 오늘날 로마 교회는 폴란드·바이에른·이탈리아·스페인 사람들에게서는 하나도 새로워지지 않았다. 그들은 (근대에 대한 온갖 세련된 적응전략에도 불구하고) 중세 그리스도교 모델과 그 다음의 반종교개혁·반근대주의 모델을 지향함으로써 요한 23세를 침묵케 하고 그 대신 제2차 바티칸 공의회의 "비종교성"을 한탄하게 되었다. 그러니까 그들은 종교개혁과 근대의 파라디그마 변화가 마침내 가톨릭 교회에서 나중에 이루어지도록 (성서를 높이 평가하고 예배에서의 자국어 사용을 존중하는 일로부터 인권문제와 비그리스도교적인 종교와 현대 세계 전체와의 새로운 관계에 이르기까지) 성공적인 배려를 한 바로 그 재판정을 그냥 무시하고 불신해 버린 것일까?

아니다, 노발리스는 그렇게 미숙하고 비현실적인 인물이 결코 아니다! 이같은 반동적인 가톨릭 사회는 노발리스에게 말할 나위 없이 한탄스러웠으리라. 아마도 그의 한탄은 중세 후기의 "믿음과 사랑"이 "지식과 소유물"(자율적인 학문과 개인 사유물)로 대체되었고 이기주의, 탐욕심, 경건성의 이완, 소유욕, 인간의 세속적 심성이 중세 전성기의 전 "첫사랑"에 종지부를 찍고 말았다는 것이었으리라. 그렇다, 노발리스에 따르면 16세기의 교회는 그저 "폐허"일 뿐이고 초기 그리스도교 제도의 "시체"일 뿐이므로 "로마의 원래 지배는 … 오래 전 격렬한 반란 앞에서 말없이 소멸되었다"(S. 503)는 것이다.

다만, 우리의 보수적인 가톨릭 교회의 서양은 노발리스와 더불어 그렇게 멀리 가려고 하지 않는다. 그 무류의 교황직은 필경 어떤 시대에든 살아서 지배하기를 그치지 않았다. 가톨릭의 서양은 노발리스가 **마르틴 루터**의 "불타오르기 잘하는 두뇌"와 "이전 제도의 전제주의적 문자에 대항하는 공공연한 반기"를 의표 찌르듯 날쌔게 변증법적으로 칭찬하는 것에 이제는 정말 찬동하지 못할 것이다. 이것이 곧 **둘째 표상**이다. "양심에 대해 불편하고 부당하게 보이는 힘의 과용에 맞서 과감하게" 프로테스탄트들이 저항하는 것이 당연해 보인다는 것이다. 또한 그들은 "수많은 올바른 기본 문장들을 내세우고 수많은 근사한 일들을 안내하고, 수많은 해로운 규칙들을 폐지했다"(S.503)는 것이다.

로마와 루터에게 동시에 이야기하는 사람은 모든 전선의 사이사이에 앉아 있는 것이 아닌가? 혹은 모든 종교 종파를 넘어 보편적 주권을 가지는가? 어쨌든 노발리스는 경직된 정통 프로테스탄티즘을 타락한 중세 후기의 가톨릭보다 훨씬 날카롭게 비판하였다. 심지어 (역사적으로는 좀처럼 정당성이 없이 일방적으로) 유럽 분열의 책임도 프로테스탄티즘에 밀어붙였다. 그러나 그의 비판은 거기 중심부를 겨냥하고 있으며, 거기서 그는 그리스도교가 지역화하면서 메말라 들어가는 과정에 대한 책임을 정통 프로테스탄트 체계에 지우고 있는 것이니,

첫째, 영주들에게 교회를 넘겨주고 그럼으로써 "범세계적인 관심"이 상실된 탓으로, 그런 종교답지 않은 이유로 종교의 평화가 없어졌다는 것이요,

둘째, 하찮은, 죽은 성서 문자와 문헌학에 종교를 넘겨주었고, 그럼으로써 "골동품 같은 종교"에 교조적 종파가 생겨났다는 것이다.

"종교개혁과 더불어 그리스도교는 멍들게 되었다. 이때부터 그리스도교는 존재하지 않게 되었다." 이렇게 노발리스는 간단히 확인하고서 그럼으로써 가톨릭과 프로테스탄트는 마호메트와 이교도보다도 분파주의적 거리가 훨씬 멀리 있다고(S. 505) 재빨리 비판하는, 양자를 대립적으로 보는 입장을 취한다. 그렇기 때문에 강력한 영주들과 민족국가들은 유럽에서 그 이후 주도권을 확립하고 "보편성이라는 빈 의자를 차지하려고"(S. 505) 시도해 왔다는 것이다. 노발리스가 (지성적 기사도, 평화를 추구하고자 하는 작은 골방을 머리에 담는 설계를 하고) 그리스도교의 몰락에 대항해 싸우면서, 비록 정치적으로 수모를 겪고, 반종교개혁적 포진에도 불구하고 계몽주의 정부의 압력으로 1770년 교황에 의해 해체된 예수회를 "이른바 비밀집단의" 모범이 되는 "어머니"(S. 506)로 찬양했다는 사실은 그 당시 그에게 나쁜 인상을 주었다. 오늘날 (결코 비밀집단은 아닌!) 예수회 대신에 지금의 교황과 가까운 현실적 비밀집단인 "오푸스 데이"Opus Dei를 마치 무슨 모범이라도 되는 양으로 찬양하듯이 그 당시에 그것이 퍽 좋지 않은 일이었기 때문이라는 사실은 이해될 만하다.

그러나 역사의 변증법적 진행과정에서 유럽 선진국들에게서 (주변문화는 빼고) 종교개혁도 반종교개혁도 이미 새로운 파라디그마를 통해 해체되었다. 즉, **근대**의 파라디그마다. **셋째 표상**이다. 종교전쟁과 유럽의 정치적 새 질서가 끝난 이후 새로운 힘이 폭발하게 되었다. "모든 국가의 훌륭한 두뇌들이 은밀한 가운데 성년이 되었다"(S. 507). 성숙, 그리스도교 교회의 해체, 필요한 두번째 종교개혁으로서의 계몽주의, "천성적인 학자는 옛날식의 종교성에 대해서는 적수이다"(S. 507).

노발리스가 이제 계몽주의에 대해 생각하는 것은 쓰디쓴 역설과 격렬한 비탄이다! 그리고 그런데도 그는 뒤로 돌아가려고 하지도 않는다!

증기기관과 기선, 피뢰침과 새로운 채굴방법이 발견된 시대, 독일에서 처음으로 지폐가 나오고 쿠크$_{Cook}$의 두번째 세계 항해와 칸트·라플라스식 세계체제의 시대에 법학·철학·자연과학의 교양을 갖춘 광산 전문가였던 노발리스, 그는 과학·기술의 발전과 아울러 정치의 발전을 드러내놓고 찬양하였다. 그리고 바로 "그의 위치, 그의 모럴의 급진성" (기성질서의 해체)이야말로 "노발리스가 정치적으로 행동적이 되기를 막고 있었다"(K. Peter, S. 138).

그러나 근대의 발전에 대한 결정적 비판은 무엇이었는가? 그것은 "**믿음을 상실한 근대사**"라는 것이다! 이것이 "더 새로운 시대의 온갖 공스러운 현상에 대한 열쇠"(S. 509)라는 것이다. 이것이 "근대적 사고방식의 결과"라는 것이다. 지식과 신앙은 완전히 분리된 채 유럽의 초기 정신세계는 계몽주의적 합리성이라는 황야가 되고 말았다. 교회의 타락에 이어 그 내부적 결과로 그리스도의 추락이 나타나고, 뒤이어 신의 추락이 나타나는 것이다! 교회에 대한 적대감이 성서에 대한 적대감을 거쳐서 종교에 대한 적대감으로까지 도도히 발전하는 것이다! 그렇다, 종교를 경멸함으로써 환상·감성·예술에 대한 사랑, 윤리와 선대와 미래에 대한 멸시가 생겨나는 것이다. 인간? 그것은 그저 자연존재에 지나지 않는다. 우주? 그것은 물방아도 없이 텅 빈 채 덜거덩거리는 방앗간이다. 신? 그것은 학자들이 연출하고 있는 회전무대를 구경이나 하는 피곤한 관객이다. 사제와 수도승? 그들은 계몽주의자들과 박애주의자들의 새로운 조합에 의해 해체되어 버리고 없다. 그리하여 결국 무시무시한 지배를 초래하는 혁명과 혁명전쟁이 터지고 그것들이 불러오는 것은 오로지 혼란뿐이다. … 노발리스의 이같은 예리한 지적은 로마 가톨릭의 호교론의 병기창에서 받아들여졌고, 근대 프로테스탄트의 진보적 사고에 맞서는 몰락이론으로 안내되었다. 그러나, 그렇기 때문에 그 이론은 틀린 것인가? 그저 틀렸다고 하면 되는가? 아니다, 그것은 결코 문화비관론도 아니다.

왜냐하면 오늘날의 무정부주의적 혼란상은 비종교성의 깊은 심연 다음에 "부활의 시대가 왔다"(S. 510)는 것을 알려주기 때문이다. 그리고 바로 프랑스에서 이 사례가 보인다. "진정한 무정부는 종교의 생성요소이다. 모든 실증적 요소들이 없어진 상태에서 진정한 무정부는 세계를 새롭게 세우는 자로서 그 휘황한 머리를 쳐든다"(S. 510). 다른 유럽 나라들에서 평화를 위해 비로소 추구될 문제가 독일에서는 벌써 확실히 나타난 것이다. "새로운 세계의 자취", 그것은 "새로운, 더 높은 종교생활을 … 힘차게"(S. 511f) 하기 시작하였다.

그리하여 노발리스는 **넷째**로 힘찬 **마지막 표상**을 우리 눈앞에 제시한다. 즉, 레싱의 『나탄』의 마지막 장면을 연상시키는, 정치적 반동과 반교회일치적인 로마의 복고주의가 노발리스를 자기네 편으로 하지 않는다는 점을 명백히하게 하는 화해된, 평화적 인간성이 나타나는 유토피아의 표상이다. 그 예를 들고 있는 이 시인의 "새로운 역사, 새로운 인간" 편에 누가 있는가? 어쩌면 단테 혹은 칼데론Calderon? 아니다. 그것은 괴테이다. 괴테는 위대한 물리학자이기도 했기 때문이라는 것이다. 그리고 누가 그에게 있어 과학과 문학과 예술의 이같은 힘찬 발효에 있어서, 유럽 "문화의 더 높은 시대"로의 이행기에 있어서 신학적 지표이겠는가? 토마스 아퀴나스? 마르틴 루터? 아니다. 종교에 대해서 "종교를 경멸하는 자들 사이에서 교양있는 사람들에게" 시대에 따라서 이야기해 줄 수 있는 그런 신학자, 근대 신학자가 됨직한 인물은 프리드리히 슐라이어마허였다.

슐라이어마허를 노발리스는 신뢰하였다. 밑으로 끌어내리는 힘의 맞은편에 하늘에서 내려오는 무거운 힘이 없이는 국가 지배자, 국가 전복자들의 모든 행동이 한갓 시지프스의 일에 지나지 않고, 평화는 단지 휴전상태일 따름이라는 것이다. 종교 없이 통일된 유럽은 없다. 그러므로 다른 세계 나라들도 그저 기다리게 된다는 것이다. 그리스도교 없이 세계에 평화는 없다! 이제 시인의 말은 예언자의 말로 변한다. "민족들이 마침내 자기네의 무서운 광기를 알아차리고 거룩한 음악에 감명받아 상냥해져서는 옛 제단 둘레에 갖가지 빛깔로 섞이어 나타나 평화의 일꾼으로 나서게 되고 사랑의 큰 잔치를 포연 어린 전장의 평화대동제로서 뜨거운 눈물과 함께 거행하게 될 때까지 한참 오래도록 유럽 땅 위로 핏물이 흐르리라. 오직 종교만이 유럽을 다시 일깨워 백성들을 안정시키고 그리스도교가 새로운 영광을 떨치며 지상에 눈에 띄게 나타나서 평화를 이루는 그 옛 직분에 자리잡게 할 수 있는 것이다"(S. 516).

이 모든 것은 그저 예술-종교 문제인가? 이것이 노발리스의 호소이며, 이에 대해 그는 유럽 종교회의의 소집을 요구한다. 근대의 "종교적 수면상태"는 종식되어야 하고 "유령의 지배"(S. 513)는 끝나야 한다! 계몽주의자 레싱이 종교와의 화해를 촉구한 것과 비슷하게, 낭만주의자 노발리스는 신앙고백, 이데올로기와의 화해를 위해 비밀결사에 둘러싸여 있었다! 노발리스가 옛날의 가치에 서 있는 가톨릭의 보편주의와 위축된 교황주의의 면전에서 그 저항의 대상이 없어져 버린 프로테스탄트의 "지속적 혁명정부"의 화해를 촉구한다면, 그것은 빗나간 혼합주의인가? 전통의식적·전제적 보수성과 자유주의적·민주주의적 진보성과의 화해, 믿음을 가진 그리스도인과 계몽주의적 박애주의자와의 화해인가? "아무도 그리스도교적 강요와 세속적 강요에 맞서 더 이상 항거하지 않을 것이다. 왜냐하면 교회의 본질은 진정한 자유이니까. …"(S. 517f). 그러나 언제 (이것이 큰 질문인데) 그것이 일어날 것인가? 레싱과 비슷하게 노발리스는 답한다. "참고 기다리자. 그것은 올 것이다. 영원한 평화의 성스러운 시간은 반드시 온다. … 그리고 그때까지, 믿음의 동무들이여, 시간의 위험 속에서 밝고 용기있게 살자. …"(S. 518).

지상의 평화를 향한 놀랄 만한 동경은 (그리피우스·레싱·칸트·횔덜린을 상기하자) 노발리스에 의해 채택되었다. 그러나 그것은 충족되지 않았다. 초지상적인 평화를 향한 동경, 파란 꽃을 향한 동경, 무한을 향한 동경, 그런즉 마지막 고향을 향한 동경은 여전히 남아 있다.

"우리는 대체 어디로 가는가?" 예나에서의 낭만주의자 모임 이후 집필이 시작된 그의 마지막 작품 『하인리히 폰 오프터딩엔』Heinrich von Ofterdingen에 이런 질문이 나온다. 그리고 대답은 "항상 집으로"이다(S. 267). 노발리스는 당초에 교양소설로 쓰기 시작한 이 작업을 완성하지 못했다. 건강상태가 다음해에 급속도로 악화되었기 때문이다. 폐결핵이었다. 1801년 3월 25일, 스물아홉 살의 나이로 그는 쓰러졌다.

슐라이어마허가 같은 나이에 숨졌다고 상상해 보라. 그에 대해 어떻게들 판단할까? 그리고 노발리스에 대해서는? 물론 문학적 시각 중에는 문학과 작가에 반대되는 많은 것들이 제기될 수 있으며 낭만주의자들 사이에 있는, 이같이 주도적 낭만주의 작가들에 대한 이의가 있을 수 있다(발터 옌스가 이 점을 분명히해 줄 것이다). 신학적 시각 가운데에도 그런 점이 적은 것은 아니다. 신학자들은 (특히 — 나의 대상은 아닌 — 개인적인 수기, 소설, 찬미가와 성가에 대한 시선으로) 종교에 대한 이해가 변색하는 것을 비판하고, 신의 개념에 대한 애매모호성을 비판한다. 신학자들은 또 종내에 가서는 야콥 뵈메의 신지학에 의해 영향을 받은 우주론과 인류학, 그리고 그의 "가톨릭의 환상 종교", 그의 "회의론적 상대주의", 그의 "주관론과 개인주의"(E. Hirsch)로 빠지는 막연한 그리스도론을 비판하는데, 이들은 우주적인 것을 향한, 세계적인 것, 인간적인 것, 그렇다, 무한을 향한 낭만적 충동의 결과일 뿐이기가 일쑤다. 노발리스에게서 그리스도교적 성격이 일반적 종교성으로, 인문적인 것으로, 사랑, 그러니까 에로스적인 것, 성적인 것으로 와해되는 위험을 분명히 본 칼 바르트는 성을 바라볼 때 훨씬 은혜스러운 것으로 판단한다. "끔찍한 불안에 대해 충분히 알 수 있었던, 그리고 그것을 충분히 알 수 있었던 것처럼 보이는 삶이, 신앙고백을 우리에게 흘러 넣어주는 모든 고려에도 불구하고, 우리가 그 고백을 존중해야 한다는 사실의 배후에 100년 이래 수천 명의 사람들이 여기서 진실한 증언을 듣는다고 믿어 왔다. 그들이 실제로 들은 일이 없다고 누가 그들과 다투려고 하겠는가?"(S. 340f).

그러나 이 모든 것은 『유럽』의 끝부분을 건드릴 뿐이다. 그리고 시인의 이 위대한 진술에 대해서라면 신학자의 자질구레한 비난과 헐뜯음만큼 당치 않은 것도 없으리라. 노발리스에게서 작품화된 (니체에 의하면 "경험과 본능을 통한 성스러운 질문에 있어서의 하나의 권위"이며 "인간적인, 너무나 인간적인"(Menschlich-Allzumenschliches, Nr. 142)) 낭만주의는 어쨌든 세계의 시적 변화에 대한 "소박한" 믿음 때문에 비웃음을 받을 수는 없다. 또 비교秘敎적인 분위기 예술이라고 비방될 수 없으며, 가지각색의 이데올로기를 거기서 이끌어내는 그 효과 때문에 무시될 수도 없다. 차라리 그 반대로 질문될 수도 있을 것이다. 많은 사람들이 노발리스 시의 부드러운 힘을 통해 감동을 받고 변화된다면, 그의 낭만적인 평화의 꿈이 정치적 현실이 되고 자유스러운 교회에 대한 꿈이 현실성을 가지게 된다면, 무엇이 이 세계에 아깝게 남을 것인가? 요한 24세 시대의 교회일치적 가톨릭 교황직으로써라면 노발리스가 설명될 수도 있을지언정, 비오 13세 치하의 당시 로마 가톨릭 교황직으로써는 어림도 없다! 로마 가톨릭의 편협성도 프로테스탄티즘의 촌스러움도 아닌, 참다운 가톨릭(보편적) 교회, 유럽의 일치가 그의 이상이었다. 그러고 보면 오늘의 우리는 그 당시보다 그저 조금 앞으로 나아간 것처럼 보일 뿐이다. 낭만주의가 계몽주의와 현저한 대조를 이루는 정치적 복고주의로 옮겨가는 과정을 노발리스는 경험하지 못했다. 그는 반동적인 것을 내다볼 수 없었고, 그리스도교의 포스트모던 파라디그마와 같은 것을 문학적으로 규정지었다. 믿음이 (중세에서처럼) 이성 위에 있거나, 믿음과 이성이 (종교개혁에서처럼) 맞서 있거나, 이성이 (근대에서처럼) 믿음에 대립되어 나타나거나 하지 않고, 이성은 (모든 불신에 맞서서) 믿음 안에서 그 충족을 찾아내고, 믿음은 (모든 비이성적인 것에 맞서서) 이성 안에서 그 계몽성을 발견해야 한다는 것이다.

『그리스도교 혹은 유럽』, 이 글은 정말이지 종교가 성 모럴에서부터 국가의 권리에 이르기까지 사회를 전체적으로 지배하는 그런 그리스도교를 유럽은 또다시 (중세 전성기처럼) 필요로 하지 않는다는 것을 말하고 있다. 둘째로 유럽은 한편으로는 종교와 교회, 다른 한편으로는 사회와 정치와 국가라는 두 나라로 나란히 형성되는 그런 그리스도교를 필요로 한다고 주장한다. 셋째로 유럽은 (아우슈비츠와 히로시마와 굴락Gulag 군도 이후로) 종교가 없는(그리고 사실상 대체로 모럴도 없는) 그런 사회가 (근대에서처럼) 선포되는 그런 체계를 필요로 한다는 것이다. 낭만주의에 의해서 남겨진 것은 사회와 종교의 엄청난 종합이라는 비전이다. 모든 것이 환각이 아니라면, 오늘날 유럽의 많은 시민들은 사회 안에서 믿음의 권위가 실현되는 종교를 그리워한다. 동시에 그들은 종교 안에서 이성이 가치를 가지고 뿌리박는 사회를 그리워한다. 혹은 끝으로 프리드리히 폰 하르덴베르크의 시적인 표현을 들어 보자. "깊고 무한한 눈을 가진 황금시대, 예언적 기적이 일어나고 상처를 치유하며 위로의 손길을 가진, 영원한 삶을 불지르는 시대 — 위대한 화해의 시대 …"(S. 512f).

발터 옌스

"포연 어린 전장의 평화대동제"

"그리스도교는 생기와 활력을 되찾아야 한다. … 다시 옛 축복의 뿔통을 민족들 위에 쏟아내어야 한다. … 존경스런 유럽 공의회의 거룩한 품안에서 그리스도교는 소생할 것이다. 그때는 아무도 저항하지 않을 것이고, 모든 필요한 개혁이 교회의 지도 아래 평화스러운 … 국가의 과정으로서 이루어질 것이다. … 와야 한다, 영원한 평화의 거룩한 시대가." 노발리스의 논문 『그리스도교 혹은 유럽』은 충분히 자주 거론되지 못하고 있다. 이것은 축복을 독점하는 교회에 유리하게 세심한 계산과 역사상 요인들의 엄밀한 해석에 의해 규정된 그런 경향문헌이 아니다. 신성동맹(메테르니히가 후견인 노발리스의 성유로써 한수 높은 그리스도교 전략을 마련할 것)을 미리 점치는 그런 선취문헌도 아니다. 『그리스도교』는 오히려 예언과 명령과 명령적으로 떠오르는 비전을 통해서 강조된 종교적 담론예술의 걸작이다. 우의가 깃든 실습이요 이념이 담긴 동화인 이 작품에서는 모든 것이 읽혀 나오는 것이나 다름없다. 단연코 개종문헌은 아니다.

열변의 본보기를 노발리스는 보이고자 했다. 그는 "멋진 소재"를 필요로 하는 상당한 수사법의 본보기로서 무대에 강력한 영향을 끼쳤다. 하르덴베르크가 다른 공개적 진술과 더불어 작품 『유럽』을 가볍게 변화된 형태로 짜맞추도록 계획했다는 것은 하등 놀라운 일이 아니다. 그것은 "영주들에 대한, 유럽 국민들에 대한, 시를 위한, 모럴에 반대하는, 새로운 세기에 대한" 요구였다.

종교정신이 새겨진 새로운 세기를 향한 포고, 이것이 노발리스가 그의 능숙한 묘사로 1799년에 표방한, 이 해에 발표된 「종교에 대하여」Über die Religion의 강론에 응수한 표어였다. 하르덴베르크는 설교가 슐라이어마허에 대응하여 다른 시각을 가지고 종교가 무엇인지에 대해 국민들에게 (비단 교양계층에게만이 아니라) 가르치고자 했다. 새로운 세기, 아직 지속되고 있던 "중심시대"(Friedrich Schlegel)의 마지막 부분에서 황금의 영겁으로 넘어가는 문턱에 두 프로테스탄트가, 한 신학자와 한 암염광산 직원이 "가톨릭적"인, 즉 모든 포괄하는 종교를 다시금 좌우명으로 설정한 것이다.

슐라이어마허와 노발리스, 경건주의 자유교회의 교육을 받은 이 두 사람은 (제3의 인물로 한 철학자, 곧 「순수이성의 한계 내에서의 종교」에 대해 글을 쓴 칸트와 아울러) 낭만주의 운동의 길을 마련했다. 한 사람은 자선병원의 설교가, 또 한 사람은 쿠어작센 지방 암염광산의 감독자. 그들은 열띤 어조로 평화와 종교와 자유의 동터오는 나라를 알렸다(프리드리히 슐레겔처럼 "황금시대와 신의 나라에서는 싸움이란 없다"고). 두 사람은 환상적인 공동체에 대해 호소해야 한다는 의무감에 매여 있었다. "그대들에게 임할 신에게 기도하기를 주저하지 맙시다." 슐라이어마허의 「종교에 대하여, 종교 경멸자에 속하는 교양인들에게 말함」이라는 달변적 논문의 말미에는 그런 말이 나와 있다. 한편 노발리스는 역사의 비밀스러운 의미와 신이 결정하는 변증법에 대한 설교를 다음과 같은 말로 끝맺었다. "믿음의 친구들이여, 시간의 위험 속에서 밝게 힘을 냅시다. 말과 행동으로서 신의 복음을 알리고 죽을 때까지 참되고 무한한 믿음에 충실합시다."

여기저기에 종교 연설가로서의 멋진 언어가 번득이며, 여기저기에 도그마에 얽매이지 않은 종교의 비전이 나타나서 자연과 역사에도, 인간의 습속習俗과 개개인의 기분에도 종교가 미치는 영향력을 천명한다. (자칭) 가톨릭 신자 노발리스가 (자칭) 자연종교 변호인의 자취를 밟는 것이다. 한 경건자가 옛 선조를 기리는 것이다. "한 형제에게 그대들을 인도하리라"고 그는 『유럽』에서 말한다. "그분은 그대들과 이야기하며 가슴을 열어주고, 그대들이 사랑했던 죽은 조상을 새로운 사랑의 옷으로 입혀서 다시 감싸며, 무거운 이 지상의 합리성이 … 그대를 붙들 수는 없다는 것을 알려 준다. 이 형제는 새 시대의 맥박이며, 그것을 느끼는 자는 그 도래를 의심치 않는다. 그분은 동시대인들에 대한 황홀한 자부심을 가지고 무리 속에서 나타나 새로운 제자 무리에게로 온다. 그분은 성도들을 위하여, 그 천상 가닥들이 하늘거리는 새로운 베일을 만든 것이다. …"

마돈나를 섬기는 슐라이어마허, 그는 마돈나에게 베일 한 가닥을 던져놓고 그 뒤에서 입을 열어 노래를 부르게 한다. 그 노래는 새로운 세기의 탄생을 알린다("누구나 준비할지어다!"). 프로테스탄트 설교가가 동정녀 마리아와 맺어진 것인데, 슐라이어마허에 의해 촉발된 현상은 "한 지나가는 영국인 사자使者가 날개를 퍼덕이는 것"을 노발리스에게 듣도록 했다. 즉, 사실상 그것은 차라리 가톨릭 비전으로서 무모한 혼합주의적 비전이다. 여기서 모든 것은 모든 것에 맞게 되어 있다. 새 시대의 **탄생**을 향한 **원초 집회**, 불어오는 새 시대의 첫 **바람**을 향한 **부호음악** … 노발리스가 『유럽』에서 꿈꾼 교회와 관련해서 본다면, 그것은 평화를 세워가는 오두막과 같은 가톨릭 성당이다. 박애주의자들과 백과사전파들이 그들의 위대한 장인인 프리드리히 에른스트 다니엘 슐라이어마허로부터 평화의 교회에 받아들여지는 부호로 환영받는, 레싱식의 프리메이슨 비밀결사 단원을 위한 집이다. "그리고 우애의 입맞춤을 받는다."

『유럽』, 그것은 가톨릭 정신의 아가雅歌인가? 가톨릭 정신이란 "프리메이슨 비밀결사도 교회도"를, "이성이라는 평화의 나라"도 "해방된 감성의 세계"도 뜻한다면, 말하자면 역사와 함께 분리된 자의 화해와 만남의 일대 종합이라면, 그렇다면, 그러나 그런 한에서만 하르덴베르크의 종교적 발언은 **사실상** 가톨릭적 발언이다. 그러나 결코 부르케나 드 메뜨르 부류의 계몽주의 혹은 경건주의 문필가의 세련된 문장은 아니다. 오히려 그것은 슐라이어마허식으로 된, 종교를 다시금 모든 사물의 중심으로 밀어넣고 근사한 울림을 가짐으로써 설교로 "신적 영감의 연상, 천상적 관조의 연상"을 조명시키고자 한, 하나의 헤른후트 교파 노래라고 할 수 있다.

이런 관점에서 본다면, 『유럽』은 결국 **하느님 예배 모임**들에서 형제자매들에게 이야기되던 것과 같은 그런 하나의 이야기가 아니다. 그가 그리스도교와 종교에 대해 집중적으로 매달렸던 시기인 1799/1800년에 예배 모임에서 정열과 영감과 정기가 가득 찬 수사학의 성격을 강조하면서 지적한 바와는 다른 것이다. **음악**은 설교단에서 내려오는 고지告知와 같은 것이며, 수사법이 **심리학적 분위기의 학**學에 속한다는 것을 알고 있는 고도의 시적 선언이라는 것이다. 메마른 언어나 고정된 글자, 개념, 숫자 그리고 **강의실**의 언어를 통해서가 아니라 **연극적 무대 언어**의 도움으로 청중의 가슴 속에서 "다른 세계의 햇빛 쪽에 대한 종교적 배려"가 일어나게 된다는 것이다. 1798/99년의 『일반 초고』에서 이미 노발리스는 드물지 않게 슐라이어마허의 어투로 말하고 있다. "모든 설교는 종교를 일깨워야 한다. 종교의 진리를 설파해야 한다. 종교는 인간이 전해줄 수 있는 지고의 것이다. 설교는 신의 관찰을 포함해야 한다. 그리고 신의 실험도. 모든 설교는 영감의 작용이다. 설교는 천재적일 수 있고 또 천재적이어야 한다."

만일 이같은 문장이 출간되었더라면, 자선병원에서는 그 강한 종교적 열정을 보고 손뼉을 쳤으리라(물론 그렇다고 해서 슐라이어마허는 그의 강의록에서 그의 가톨릭화하는 찬탄자가 결국 『그리스도교 혹은 유럽』에다 가져다 놓은 것에 대해 아주 만족하지는 못했다는 사실이 배제되는 것은 아니다). 환상적인 교황 지배의 이같은 신화神化란 굳어져 있는 교황주의자에게는 소박한 것을 시적으로 지나치게 꾸미는 일이었다. 당혹스러움이 널리 번져 나갔고 보도진들이 몰리어 나타났다. 말을 눌러 버리는 것이 바람직한 일인지에 대한 의문이 매주 늘어나더니, 마침내는 (그가 아니면 누구랴?) 괴테에게 묻게 되었고, 괴테는 안된다고 말했다.

일반적인 안도의 한숨인즉 이러했다: 그것은 이미 언제나 반대했던 것이 아닌가? **괴테 만세**라고 카롤린은 썼다. 그리고 그녀의 편지 수취인인 슐라이어마허는 그에게 아주 심각한 기분을 만들어 준 한 복사服事의 공공연한 발언이 인쇄되지 못한 채 남아 있음으로 해서 마돈나의 머리를 값진 수건에 감싸게 되었다. … 슐라이어마허는 이름 강가로 긴 한숨을 보냈을 것이다. **괴테 만세**, 카롤린 슐레겔은 (루치펠 부인이라고 불리기도 했지만) 아주 옳았던 것이다.

온갖 옥신각신에도 불구하고 하르덴베르크 자신에게는 여전히 한 가지만은 정작 걱정스러운 일이 남아 있었는데, 그것은 자신의 작품이 제거되어 버렸기 때문이 아니라(그는 작품을 초안대로 가지고 있었고, 실은 이미 그 발언의 새로운 적용을 안중에 두고 있었다), 그의 설교가 슐레겔이 계획했던 것처럼 쉘링의 파로디와 함께 온통 슐라이어마허와 하르덴베르크식의 마돈나 예배와 종교 제례, 여성 숭배와 천당 광신으로 보이게 될 수도 있기 때문이었다. 단 한 가지, 바로 이 점이 노발리스를 괴롭혔다. 우선 『그리스도교 혹은 유럽』, 그리고 그 다음으론 슈바벤식의 유물론적·비합리적 심성을 담은 세련된 문장, 쉘링의 「한스 비더포르스텐의 에피쿠로스적 신앙고백」Epikureisch Glaubensbekenntnis Hans Widerporstens, 작스Hans Sachs의 문체로 나타난 때로는 떫고 때로는 이죽거리는 팜플렛 … 빗나간 튀빙겐 수도원 사람의 너무나 청아한 공언公言이 지닌 더듬거리는 진술을 통한 찬가적 증언, 이것은 철두철미 노발리스의 취미였지 유감스럽게도 괴테의 취향은 아니었다. 또 그래서 종교 토론은 여전히 성숙하지 못한 상태였다. 만일 그 논쟁이 출판되었더라면 (그리고 하르덴베르크가 출판을 지원한다는 사실을 온 세상이 알았더라면)『유럽』에 있어서 중요한 관심사는 하나의 (로마에서 생겨나서 요양지 작센 지방으로 옮겨온) 교황주의적 설교동화일 수도 있으리라. 이런 일이라면 이미 프리드리히 빌헬름 요세프 쉘링이 (노발리스식 중세 열광을 오히려 더욱 나쁘게 만들면서) 애를 썼던 셈이다. 가톨릭주의, (쉘링의 말마따나) 충심으로 반가운 것이다! 중세, 왜 안되랴! 그러나 제발 바른 말을 하자. 현세적이고 당차고 현실적이고 힘차고, 과연 구체적이고 의욕적이었다 하더라도, 베일 만드는 자(슐라이어마허 Schleier-Macher)의 온갖 영적 요소와 그 결과들은 싫다.

> 보이지 않는 것은 아무것도 붙들지 말라
> 보이는 것에만 나를 붙들어 달라
> 냄새맡고 맛보고 느낄 수 있는 것
> 모든 감각으로 그 속을 후벼낼 수 있는 것
> 나의 유일한 종교는 그것
> 그래 나는 예쁜 무릎과
> 팽팽한 가슴과 날씬한 엉덩이를 사랑하지
> 황홀한 향기의 꽃이 있으면 더욱 좋고
> 온갖 쾌락으로 가득 찬 양분
> 모든 사랑의 달콤한 지각知覺

하인리히 하이네는 인사를 보내는데 (그리고 노발리스는 이 세상의 어떤 대가를 치르고라도 억제되도록 하고 싶지는 않았던 구절에 박수를 치는데) 그는, 여기서 유물론적 무신론을 설교한다는 비난을 받는 프리드리히 하르덴베르크인 그는 다음과 같은 명제와 만나게 되었다: 그러면 그리스 신들은? 가령 그 신들마저 금지하고자들 한다면 — 쉴러도 거기 속하나? 자, 계속하게나, 쉘링, 자네의 슈바벤 수도원식 재치를 부려 보게나.

212 노발리스,『그리스도교 혹은 유럽』

그대 한 종교가 있다고 하면
(종교 없이도 나는 살 수 있지만)
다른 모든 종교 가운데서
오직 가톨릭만이 내 마음에 들지
옛날 있던 그대로의 모습대로
그 시절엔 말다툼도 분쟁도 없었고
모든 것이 죽과 과자였지
행동을 먼 곳에서 찾지 않았고
하늘을 향해 하품하지도 않았네
신에게서 살아 있는 멍청이를 얻어
세상의 중심을 위해 땅을 삼고
땅의 중심으로 로마를 삼았지
…

그리고 평신도와 보통 목자들은
게으름뱅이 나라에서처럼 함께 살았지
그들은 높은 천상의 집에서도
떠들썩하게 호화판으로 놀았고
젊은 여성과 나이 먹은 사람 사이에
매일같이 결혼식이 벌어졌다네

이처럼 재담, 뻔뻔스러움, 때로는 외설로 가득 찬 문장을 노발리스는 결코 신성모독이라고 느끼지 않았다. 그와는 반대로 노발리스는 그 자신 **신학적**이라고 생각했던 이 궤변가의 글이 어떻게 해서든 그의 친구 슐레겔의 "아테네움"에서 그의 비전이 **함께** 담겨서 인쇄되는 것을 보고 싶어했다. 낭만적 반어라는 것만 해도 그렇다. 아, 그것이야말로 얼마나 인간적이며 온순한 것이었던가! 여러 명제들을 얼마나 잘 비교하고, 관련지어 보고, 서로 바꾸어가며 밝혀내었던가! 그것이 효력이 있었다면, 프랑스 혁명의 파탄 이후 이 지상에서 더 이상 끌어낼 것이 없어졌다는 사실이 명백해졌으므로 시인, 철학자, 종교가들의 오락가락하는 비전들이, 하늘 아래에서 무언가를 세워보고자 하는 일에 그것은 얼마나 유용한 것이었던가! … 거대한 구원의 약속, 예컨대 예술의 **절대적** 혁명, **진실한** 교회, 시의 **전면적** 세계, 황금시대의 이성의 나라와 같은 것들을 (뒤에 뷔히너와 하이네가 행했듯이) 지상으로 이끌어내리는 데에 얼마나 유용했으며, 이상주의적 성향의 정신들이 그 과도한 개념들을 통해 이 지상의 비극을 보상하고자 하는 곳에서 **거창하고도 자잘구레한 질문**을 함에 있어서 얼마나 유용했으랴.

그러나 **비단** 보상하고자만 했겠는가! 가난한 자는 일요일에 결코 그 대접에 한 마리의 닭을 가지지 못했던 비참한 지금 이곳을 가까운 곳에 평화의 나라가 세워진다는 말을 통해서만 은폐하는 것이 아니다. 사실상 그 나라는 앞으로의 시대가 보여주듯 영원히 돌아오지 않을 성일聖日에나 세워지리라.

절대성과 초월성에 대한 쉴러의, 피히테의, 노발리스의 꿈들이 대담해지면 대담해질수록, 예나 이제나 그랬듯이 인간의 진짜 소외가 더욱 분명하게 간접적으로 시야에 되돌아오고 있음이 드러났다. 천상의 비전을 통해서 1800년경 독일의 현실이 일그러진 것으로 나타나면서, 아주 비참한 것으로 두드러지게 되었다. 나로서는 노발리스의 작품에서 이 시대의 위화성이 (커다란 꿈들, 산문적 일상을 통해서) 개념화될 수 있는 것이 아닐까 생각한다.

먼저 꿈을! 노발리스는 문학이 종교에 대해서, 종교가 문학에 대해서 하고자 했던 예의 마술적 이상주의의 검찰관이었다. 그럼으로써 그는 시인에게 사제의 옛 권위를 재현시키고자 했다. 거기서 시는 구원의 길, 화해의 길로서 축하를 받게 되며, 슐라이어마허가 걸어간 길이 보여주듯 시인은 두 세계 사이의 중재자로서 이해되었다. 여기서 시인은 인간과 자연, 영적인 것과 동물적인 것을 화해시켜 주는 중재자, 즉 신적 본질의 권위를 획득한다. "초월적인 의사", 여기에 철학자들에게는 거부된 채 남아 있는 것이 영감에 가득 찬 시인에게서는 성공하게 된다. 즉, 인간을 그 자신을 뛰어넘어 구원해 주면서, 부분적으로 조각나지 않은 보편적인, 예술에서 다시 자기 자신으로 돌아온 세계를 시의 비유를 통해 명백하게 해준다는 것이다. "시인은 정서의 내면적 성스러움을 새롭고 놀라운, 마음에 드는 생각으로 충만시킨다. 시인은 우리 속에 있는 이 비밀스러운 힘을 뜻대로 자극시킬 줄 안다. 그리고 그는 언어를 통해서 우리로 하여금 미지의 멋진 세계를 체험케 한다. 마치 깊은 동굴에서 올라오듯이 지나간 옛 시대와 앞으로의 미래가 솟아나오고, 무수한 인간, 멋진 지방과 아주 기이한 일들이 우리에게로 올라와서 이미 알려져 있는 현재를 찢어버린다"고 하르덴베르크는 그의 소설 『하인리히 폰 오프터딩엔』에서 말하였다.

이미 알려져 있는 현재를 우리에게서 떼어내어라. 시를 인간에게 마법을 거는 약제로 생각하는 것이다. 신비적 일치의 감정에 빠지는 자를 위한 자극제, 죽음과 밤에 도취하는 자를 위한 자극제로 생각하는 것이다. 그리하여 세계로부터 떠나는 꿈을 꾼다. 노발리스는 두번째 『밤의 찬가』에서 위대한 잠을 찬양하면서 "망각"에 참여하게 됨을 말하고 있다. 포도의 황금빛 물결과 양귀비의 갈색 즙을 얻게 되는 "세계상실"에 참여하게 된다는 것이다.

술, 아편, 게다가 섹스("부드러운 처녀의 가슴 둘레를 떠돌며 자궁을 하늘로 만드는" 거룩한 잠이 찬양된다)가 모든 것과 하나가 되는 수단으로서 나타난다.

『밤의 찬가』와 『오프터딩엔』, 『영혼의 노래』와 『자이스의 제자들』에는 도취경에 들어가는 비법들이 선취되고 있음이 의심의 여지가 없다. 한 세기도 훨씬 지나서 헤세의 『황야의 늑대』에 또 나타난 그것이! 우리 시대의 문학과 현실에서 그것은 중심적 의미를 획득한다. 『베르테르』에서 엿보였고 1910년부터 오늘날까지 전개된 청년운동에서 나타난 것은, 서로 다른 강조점을 가지고는 있으나 자연신비와 절대성의 미화, 모성 예찬, 종교적 황홀경, 그리고 성애eros와 죽음thanatos의 자매관계에 대한 시사 등인데, 이 모든 것이 노발리스에게서 개념화된 것으로 드러난다. 그는 범신론적이면서 자기 나름대로 결정한 그리스도교적 비전을 항상 예언자로서, 고지자로서, 입법자로서, 앞서 노래하는 자로서 지니고 다녔다. 역사상 사실로서의 역사 아닌 복음으로서의 역사, 고통과 꿈, 과장, 도취와 황홀경이 합쳐진 무수한 인간생활의 총체로서의 역사로 하르덴베르크에게는 이해되었다. 모든 시대와 공간의 내부를 들여다보는 것이 역사였는데, 거기서 개인적 경험과 함께 이념을 구체적 모습으로 드러내주고, 일반적인 것을 개인적인 것으로, 절대적인 것을 개별적인 것으로 반영하는 능력이 그 자신을 운명지어 준다는 것이다.

"모든 인간의 역사는 성서여야 하며, 또 그렇게 될 것이다." 이것이 내용상으로나 형식상으로나 노발리스의 관건이 되는 문장이다. 무엇인가 일어나야 하고 (『유럽』의 결말을 상기하시라!) 그러고 나면 그렇게 될 것이다. 역사에 대한 저항은 조금도 고려하지 않은 채이다. 하르덴베르크에게 있어서 사실 자체는 중요하지 않다. 그보다는 영감을 얻은 자아가 자유롭게 스스로 결정한 수단에 의해 사실을 식별하고 측량하는 정신이 중요하다. **현실**이 아니라 **가능성**이, 사실이 아니라 곳곳에 있는 수많은 사람들이 낭만주의 시인·사제의 눈앞에서 설득력있고 위안될 만하며 절실히 필요한 것으로 규정지은 그것이 구원을 약속하고 의미를 만드는 참된 역사인 것이다.

"(시인의) 동화 속에 더 진실이 있다오."『오프터딩엔』에서 호헨졸렌 백작은 이렇게 선언한다. "학문적인 연대기에서보다는 말이오. 거기 나오는 인물들과 그 운명을 따라가다 보면 그들이 처했던 의미가 진실하고 또 자연스럽긴 하지요. 하나 우리가 즐기고 배우기에는 어딘가 단조롭습니다. 우리가 우리의 것이라고 뒤좇기에는 그들의 운명이 정말 한 번 살다간 것인지 아닌지도 모르겠구요. 우리가 요구하는 것은, 시간현상이 지닌 커다란, 소박한 영혼을 응시하자는 것입니다. 그리고 우리는 이 소망이 허락된 것을 알게 될 때, 외면적인 모습의 우연한 실존으로 인해서 괴로워하지 않죠."

이것이 하르덴베르크 문학의 위대함과 한계를 보여주는 작가적 자기 고백이라고 나는 생각한다. 비전과 예언은 비록 힘있는 말로 전개되었지만 한편 역사성을 상실한 바탕에서 이루어졌다. 그리하여 예컨대 저 뒤에 있는 황금빛 시대는 일단 『유럽』에서는 중세로, 또 한번 『오프터딩엔』에서는 아틀란티스로 나타나며, 세번째로는 『밤의 찬가』다섯째 장에서 고대문화에 머물게 된다. 그리스도는 예루살렘이 고향이듯이 인도나 자이스가 고향일 수도 있게 되며, 파란 꽃(『오프터딩엔』에 나오는 중심 동기)은 튀링겐이 아닌, 시 속의 그 어느 누구의 나라도 아닌 곳에서 발견될 수 있다. 그리피우스나 레싱 혹은 횔덜린과는 달리, 어떤 현실적 기미도 격정적인 흥분상태를 올바로 인정할 수 없는 것이다. 무엇보다도 하르덴베르크가 지우는 막중한 무게를 감당할 수 있기에는 개인적인 무게란 그 어느 것도 너무나 가벼운 것이다. 소피 퀸을 마리아로, 죽은 애인을 구세주로, 하나의 무덤을 모든 무덤 중의 무덤으로 생각하는 일 따위 말이다. 여기에는 이곳과 저곳 사이의 매개, 정확한 시사, 실제로 들어가보기, 지금 이곳에서의 성담聖譚들의 현실화가 결여되어 있다. 거기에는 상징과 상징들이 간접적으로 연결된 채 비유적인 이름들을 제각기 붙이고 있는바, 그것들은 아무런 고유의 특성도, 어떤 특별한 **다름아니라 그럴 뿐인** 어떤 것도 시사해 주지 않음으로써 그뤼닝겐의 밤과 골고타의 밤이 결국 똑같은 안개 속에서 상실되는 결과에 이르게 된다. 그렇게 되면 여기든 저기든 어느 곳에서든지 밤 열시와 새벽 여섯시가 함께 될 수가 없을 것이다.

그리피우스의 밤이 30년전쟁의 어둠과 베들레헴에 내린 빛의 밤을 동시에 뜻하고, 횔덜린의 저녁이 "평화대동제"에서 슈바벤 지방의 일상적 축제로 전개되는 반면에, 노발리스의 어둠은 형이상학적으로 구축되어

리얼리티가 실현되지 않는 시의 예술적 형상물에 머무르고 있다. 이것이 바로 쉘링이 화를 내고, 하이네가 하르덴베르크와 호프만E. T. A. Hoffmann과의 비교를 통해 노발리스 문학에서 오히려 뒤진 것으로 판단한 점이다. "정직하게 고백한다면, 호프만은 시인으로서 노발리스보다 훨씬 중요한 사람이었다. 노발리스는 그 이상적 형상물과 더불어 푸른 공기 속에서 항상 떠돌았다. 반면 호프만은 … 지상의 현실에 언제나 굳게 붙어 있었다. 거인 안테우스가 어머니인 대지에 발을 딛고 있을 때는 막강한 힘이 있었고 헤라클레스가 그를 공중에 높이 쳐들자 힘을 잃었듯이 말이다. 그렇듯 시인은 현실의 바탕을 잃지 않는 한 강하고 씩씩하며, 푸른 공중에 떠돌게 되면 곧 힘을 잃는 것이다."

낭만파의 작가가 "진지한 푸른 눈과 히아신스 같은 금발 곱슬머리와 미소짓는 입술, 그리고 왼쪽 턱가에 작고 붉은 몽고반점을 가진 날씬한 백인 소녀"라고 부른 노발리스의 뮤즈와는 (하이네의 험담을 통해 꽤 부드럽게) 거리를 지니게 되었다. 좁은 의미에서의 시작품은 노발리스 전체 작품의 일부에 지나지 않으며 또 가장 중요한 것이라고 볼 수 없다면, 노래와 소설(『밤의 찬가』는 예외)에 관한 한 모든 것을 부드럽게, 올바르게 거리를 가지게 하면서 동시에 비탄하는 것은 그 문제성이 곧 드러나는 결과가 된다. **원래의** 하르덴베르크는 지금까지 잘못 알려져 온 것으로서 그 진짜 모습은 다르다. 엄청난 꿈과 미미한 현실에의 변증법을 주창한, 그 누구보다도 그를 대신했다고 할 만한 인물이었던 프리츠 슐레겔조차도 주창하지 않은, 결코 바뀌지지 않는 모습이 된 노발리스, 이것이 『단상』을 통해 그에게 알맞은 예술형식을 발견한 이 작가의 모습이다. "순간의 사색인"이었으며 "엄밀주의자"였던 하르덴베르크는 무엇이든 재빨리 알아채고 거기에 딱 맞는 모양을 구성해 내는 사람이었으나 미완성 부분의 생각들을 문학적으로 완성시키지는 못했다. 그것이 아무리 그 영역을 넓혀보았자 항상 문제만 더 생기는, 그로서도 어쩔 수 없는 일이었기 때문에 호도껍질처럼 완벽해질 수 없었다.

프리츠 슐레겔이 친구 하르덴베르크에 대해서 "그는 요소적으로 사고한다. 그러기에 그의 생각들은 원자들이다"라고 말한 것은 맞는 말이다. 노발리스가 그 기본 생각의 틀 안에서 "계속되는 자기 대화의 나머지 부분"을 글로 구성하면서, 결코 끝나지 않는 환상적 독백의 속기록을 만들었는지, 아니면 사고의 단편들을 문학적으로 책임질 만한 세련된 요점으로 통일시켰는지 잘 모르겠다. 그러나 그 어떤 경우든, 그는 "영혼의 저널리즘"의 작가로서, 그리고 경구(警句) 작가로서 근대적 자아의 발견방법을 뚜렷하게 부각시켰다. 그 근대적 자아란 이 세계를 무미건조하면서도 정열적인 것으로, 동시에 자연과학적 엄밀성과 종교적 격정성으로 관찰하는 법을 아는 개성적 자아이다.

그러나 결코 잊지 말자. 『밤의 찬가』를 쓴 같은 인물이 중력문제, 열기계의 이론, 풀무기술, 포도주 공장과 에테르 결합, 탄산칼슘과 에테르 기름에 관해서도 궁리했다. 간결한 문장들, 연이어지는 주제들, 빗금을 통하여 절반쯤 연결되고 절반쯤 분리된 생략법, 무한한 관련성, 부속물 사이의 관계, 대립항목들의 종합적 집중으로 작용하는 공식들로 그의 글은 이루어져 있다. 노발리스가 사념적 고슴도치로 비유한 슐레겔식 이상에 입각해서 바라본 그의 단상에서 항상 말하고 있듯이 여기서는 파스칼에 대한 기억, 저기서는 원리의 지적 등을 행하고 있다. 되풀이하자면, 바로 종교의 시야에서는 극히 간결하고 아무런 요구가 없이 극히 검소한 메모야말로 감동과 함축성의 깊이에 있어서 주제넘게 요구가 많은 묘사를 훨씬 능가한다는 것은 의심할 나위 없는 일이다. 스케치가 수채화보다 낫고, 수채화가 또 유화보다 나은 것이다.

한 예를 들자. "목요일. **소피는 죽을 병이 들었다.** ⋯ 금요일. **오늘 아침 나는 그녀를 마지막으로 보았다.** ⋯" 그리고 또 "금요일. **오늘 저녁 프랑케가 위로가 안 되는 소식을 가지고 돌아왔다. 바로 그녀의 생일이었다.** ⋯ 일요일. **오늘 아침 아홉 시 반 그녀는 죽었다. 열다섯 살하고 이틀을 더 산 것이다.**" 이보다 더 마음을 사로잡는 연보는 상상도 못할 일이다. 벤야민과 나눈 말들은 눈물 속으로 젖어들어 있다. 침묵의 경계에서 간결한 알림, 몇 마디 무뚝뚝한 말의 도움으로 고통의 우주를 바라보는 데 성공한 그 메시지, 전체 문맥의 도움으로 부분부분 품사가 된 일상의 모음들, 극단적으로 말해서 거기에는 말로 할 수 있는 만큼의 절망조차 거의 표현되지 않았다. **바로 그녀의 생일이었다 — 열다섯 살하고 이틀을 더 산 것이다.**

사랑하던, 유일하게 사랑하던 인간의 죽음을 묘사한 것이다. 이것이 나중의 「일기」에서는 무덤에서 주검을 지켜보는 묘사로 이어진다. "저녁에 나는 늦게서야 쉴 자리로 돌아올 수 있었다. 수많은 사람들이 다녀갔다. … 집은 매우 시끌벅적했다. … 어제 저녁 나는 무덤 옆에 있었고 몇 번 엄청난 기쁨의 순간들을 가졌다. … 우리는 커다란 방에 앉아 있었고 … 나지막하게 노래를 부르고 있었다 — 그녀가 그다지도 고이 쉬고 있는 것처럼."

다시금 독특한, 역설로 이끄는 전환("무덤 옆에서의 엄청난 기쁨의 순간들")을 통하여 단절되면서 객관적 상관 개념들(무덤, 방, 노래)을 통해 아픔이 이름지어지는가 하면, 또 다시금 한 사람이 여기서 어떻게 괴로워하고 있는지, 그의 고독이 얼마나 엄청난 것인지를 간접적으로 보여주는 상황의 지적을 통하여 극단적인 고통이 극명하게 드러난다.

그런데 이제 이와 대조적인 시가 있다! 무덤 옆 사건에 대한 야심적인 분석이 『밤의 찬가』 제3연에서 나타난다. "언젠가 비탄의 눈물을 흘렸을 때, 희망은 갈기갈기 찢겨 고통으로 녹아 버렸고, 나는 황량한 언덕에 외로이 서 있었지. 그 언덕, 좁고 어두운 공간 속에 내 삶은 모습을 감추고 있었지. 외롭게, 더 외로운 사람은 이 세상에 없다는 듯 … 힘없이, 오직 참담한 생각만으로. 앞으로도 어쩔 수 없었고 뒤로도 어쩔 수 없이 두리번거리며 도움을 찾을 때, 끝없는 그리움으로 덧없이 소멸되는 삶에 기대었을 때, 그때 저 푸르른 먼 곳에서, 저 옛날 내가 받은 축복의 높은 곳으로부터 여명의 비바람이 다가왔지 …."

여기서는 낱말 하나하나가 더 **커지면서** 인상은 더 **작아지고** 있지 않은가? 형용사로 인해 죽어 버리는, 공허한 형식으로 인해 질식하고 마는, 지리멸렬하게 늘어놓는 수다들이 아닌가?("고통으로 녹아 없어졌다", "희망은 찢겨 달아났다", "더 이상 외로운 사람은 없다는 듯 외롭게", "앞으로도 어쩔 수 없었고 뒤로도 어쩔 수 없었다"). 그리고 결국은 목가타령. 그것이 통속적인 시와 종교적인 상투어와 죽음·무덤·희망의 문학이 엄숙하게 표방하는 담보물 창고로부터 나온 인상이 처음부터 뚜렷한 분위기잡는 낱말들의 작용에 의해 결정되고 있는 것이다! 그러나 (유감스럽게도) 그것만도 아니다. 무덤 옆에서의 시적 열광에 사로잡힌 노발리스는 『영혼의 노래』 제4연에서 그의 비전을 송가로 바꾸었다. 제2연에서 4연까지는 다음과 같다.

> 내 세계는 부서졌다
> 벌레에 찔리듯 가슴은 시들고 피가 흘렀다
> 내 삶의 모든 것
> 모든 바람은 내 무덤에 누웠고
> 나 자신 여기서 고통이 되었지
>
> 내가 그렇게 조용히 앉으면서
> 끝없이 울고 먼 곳을 그리워했어도
> 불안과 망상으로 머물러만 있었지
> 그러다 갑자기 저 위 무덤 길에서처럼
> 돌이 들리어지고 내 내부가 열렸다
>
> 내가 본 사람, 그 손길을 쳐다본
> 그 사람에게 아무도 묻지 않을 것
> 영원히 이것을 나는 그저 볼 뿐이라는 것을

살아 있는 동안 언제나 내 상처와 같은 것만이
영원히 밝게, 열린 모습으로 서 있겠지

가슴을 찢는 듯한 말들이지만 결국 종교적인 훈계시가 되고 말았다. 여기서 자명하게도 어휘와 단어 배열과 운들은 개신교의 찬송가들이 지닌 요소들을 입증하고 있으며, 시인 하르덴베르크는 주어져 있는 표상 자료를 익숙하게 수집하는 일에 만족하고 있는 것이다.

  소피의 무덤 곁에서 체험한 원초 경험은 종교적인 교양 경험으로 변화되고 있고, 그 경험의 테두리 안에서 죽은 신부는 천상의 동정녀 마리아가 되어 무덤 위 예수 옆에 있을 수 있게 된다. 그리고 슬퍼하고 있는 자의 상처는 부활한 그리스도의 상처를 가리키는 것이 의심할 나위도 없다. 노발리스가 그의 텍스트를 더 간접적으로 (말하자면 안일하게, 혹은 오히려 무례하게!) 그리스도교화하고 종교적인 의미가 충만한 것으로 일반화하면 할수록 종교적 저술가로서의 그의 실패는 더욱 명백해진다. 예수 그리스도의 생애와 죽음을 목가적으로 묘사한다든가, 일회적·구체적인 모든 일을 감상주의 분위기로 묘사하는 것, 또 고통스러운 어머니이기를 그친 성모 마리아의 변용 역시 이런 식으로 묘사하는 것에서뿐 아니라 천상에서 일어나는 일, 기교를 부려가며 기술함으로써 드러난 그 실패는, 아가에서 진젠도르프에 이르는 종교상의 사랑의 문학 전통에서 노발리스가 이런 식으로 그리스도교의 전승을 주관화함으로써 생겨나게 되었다. 결국 무모한, 죽음의 신비와 특정 구경거리가 된, 범섹스주의자라는 것만 남게 되었다. 성찬례가 흥겨운 성교의 특징을 보여주는 구경거리, 육체적으로 결합된 한 쌍이 하늘의 핏속을 헤엄치는 그런 구경거리에서 유월절은 영원에서 영원으로 계속되는 광란의 축제로 변모한다. "달콤한 만찬은 결코 끝나지 않는다. 사랑은 결코 배부르지 않는다. 그녀는 애인을 결코 완전히 친밀하게 소유할 수 없다. 더욱 다정한 입술에 의해 연대감이 더욱 친밀해지고 더욱 가까워진다. 더욱 뜨거운 욕망이 영혼을 뒤흔든다. 가슴은 갈증과 허기가 점점 더해 간다."

이것은 결코 루터식의 성찬례가 아닐 뿐더러 분향 냄새 가득한 경건하고 멋진 분위기의 전통 성찬례도 아니다. 유대의 전설적 비교秘敎 카발라와 범지학의 정신에서나 축제로 행해지는 일이 여기서 일어나고 있다. 그 과정에서 바다는 피로, 산은 살로 둔갑하는 것이다. 사랑의 잔치 때의 섹스의 승리요, 천상계에서도 벌어지는 그것(남녀의 결합)이다. "아! 바다가 이미 붉어졌고 향내나는 살에서 바위가 솟도다!"

사랑의 비밀을 아는 자만이, 섹스의 신비를 아는, 아니 더 나아가 오르가즘이라는 것을 경험한 자만이 노발리스의 원리를 안다. 끝없는 허기와 갈증의 진정제로서, 세속적인 것과 천상적인 것의 합병이라는 아날로지를 내세우고 성찬례의 의미는 신과 인간 사이의 거대한 성찬으로 이해된다 — 죽음의 문지방에 있는 사랑의 행위 말이다.

> 하지만 언젠가
> 뜨거운, 사랑의 입술에서
> 삶의 숨결을 빨아마셨던 자에게
> 성스러운 정염이
> 떨리는 가슴의 파도로 녹아내렸고
> 눈이 떠졌다
> 그리하여 그는 하늘의 끝모르는 깊이를 재었다
> 그의 살로 먹고
> 그의 피로 마실 것이다
> 영원히

디티람부스로 된 『찬가』에 나오는 이런 시구, 노발리스의 아주 대담하면서도 동시에 아주 음침한 이런 종교시를 읽을 때, 프로테스탄티즘에 대한 문자상의 신앙으로 인해서 이 시인의 큰 꿈과 더불어 이 시인을 사방팔방으로 사로잡고 있는 진절머리를 이해하게 된다.

그러나 마돈나가 집에서 뒤러의 어머니 같은 옷을 입은 마리아보다 노발리스에게 더욱 의미있게 보인다고 해서, 그 이유만으로 그가 가톨릭이었다고 할 수 있을까? 라바터가 프로테스탄트의 생각을 가톨릭 교회에 조형적으로 묘사할 줄 알았다고 해서 그가 가톨릭이었던가? 드레스덴에서 다음과 같은 말을 했던 클라이스트가 가톨릭이었던가? "어느 곳에서도 나를 발견하지 못했다. … 가장 크고 가장 고상한 음악이 다른 예술들로 이어지고, 가슴이 세차게 움직이는 가톨릭 교회에서보다 더 깊이 내 내부를 감동시키는 곳을. 아 … 우리의 예배는 아무의 예배도 아니다. 그 예배는 오직 차디찬 오성을 향해 말하고 있었다. 가톨릭 예식만이 모든 의미를 가지고 있었다. … 아, 다만 한 방울의 망각이라도 있다면, 기꺼이 나는 가톨릭 신자가 되리라."

그러나 알려져 있다시피 그는 개종하지 않았다. 하인리히 폰 클라이스트와 마찬가지로 프리드리히 폰 하르덴베르크도 개종하지 않았다. 어린 시절 작품에서 요셉을 찬양한 바 있는 하르덴베르크이지만 사제들의 "방탕의 씨앗"과 "엄청난 교황의 신성성"에 대해 비방하는 시를 썼을지언정 끝끝내 개종하지는 않았다.

그럼에도 불구하고, 프로테스탄트로서도 **믿음**을 가지고자 하면서도, 프리드리히 폰 하르덴베르크 그는 오로지 관능성이, 에로티시즘과 생명력이 함께 구실을 하게 되는 거기서만 생산적으로 시를 읊을 수 있었다. 여성이 어머니이자 동시에 애인으로, 신부이자 하늘의 여왕으로 응시될 수 있는 거기서, 포옹·무릎꿇기, 입맞춤 등 의미있는 몸짓으로 말미암아 가장 경건하고 가장 고상한 것도 비천한 사랑놀음의 황홀경으로 나타날 수 있다는 거기서, 그리고 어린이가 경쾌한 신화시대와 다가오는 평화의 꿈나라로의 귀환 사이에 존재하는 변증법적 긴장을 가리키는 것이 되는 거기서. 이 부분에서 노발리스는 역사의 삼각체계 관념에 빚지고 있다. 그는 거듭 다시 그것을 표상화하려고 시도하였다("아이들이 있는 곳에 황금시대가 있다").

그의 뒤에도 많은 사람들이 그랬듯이, 그는 그리스도교 신앙의 진리에 대한 가톨릭의 해석이야말로 유일하게 예술적으로 결실이 풍성한 것으로 여기면서도 여전히 탁월한 프로테스탄트였다. 물론 그는 헤르더나 슐라이어마허와 더불어 그것을 헤른후트파와 은사에 관심 없는 경건주의로 여기면서 리버럴한 입장을 취했다. 그리고 자신이 집필을 계속하고 싶어했던 『인류 교육』Erziehung des Menschengeschlechts의 필자 레싱을 노발리스는 개인적 수호 성자의 하나로 꼽았다. 노발리스, 즉 프리드리히 하르덴베르크도, 그와 다름이 없이 그의 친구 슐레겔도, 두 사람 모두 신비로 가득 찬 원초상태가 극복되는 것보다는 더 높은 단계에서 그대로 간직된 채 자연이 곧 이성이 되는 방향으로 계몽주의 역사관의 선조線條적 모델을 모양만 바꾸고자 노력하였다. 똑같은 방법으로 하르덴베르크는 횔덜린과 은밀한 일치를 보이면서, 그리스도를 통해 이루어진 것이 아니라 구원된 것으로 보고자 했던 제신諸神 공동체로서 그 전승되어 온 신 이해에 되돌아갈 수 있었다. "미래, 즉 본래의 세계, 더 나아진 세계를 신격화하는 것, 이것이 그리스도교 계명의 핵심이다. … 이로써 옛 종교, 고대의 신성, 고대의 복원과 미래는 두번째의 큰 날개로서 이어진다. 이 둘은 천사의 몸으로 이 우주를 영원한 떠돎 가운데 머물게 한다." 이로써 우리는 아마도 평화의 신호로 위대한 화해를 생각하는 횔덜린과도 함께 있다고 할 수 있으리라. 그리고 다시 한번 레싱 옆에 있음으로써, 『현자 나탄』의 끝부분에서 시민적 신격화가 가정에 대한 노발리스의 비전으로 되돌아감을 알게 되리라. 그 비전의 단위는 분리된 종교들 사이의 일치를 상징화하는데, 그것은 똑같은 방법으로 슐라이어마허의 종교에 대한 설교, 슐레겔의 『루친데』Lucinde의 계속 작업, 사람들의 신앙고백은 서로서로 맞물려 스며들면서 생기를 유지해야 한다는 요구를 담은 아이헨도르프의 논문으로 이어진다. 더구나 중요한 것은 하르덴베르크의 소설 『하인리히 폰 오프터딩엔』 제2부의 자료로 그것이 결정되었다는 점이다. "이 책은 … 한 **단순한 가정 이야기**로 끝난다. 모든 것이 훨씬 조용해지고 훨씬 단순해지고 훨씬 인간적이 된다. … 그것은 원초세계이며, 결국은 황금시대이다."

날들이 끝날 때의 가정 축제, 그것은 보기만 해도 신기한 모임이다. 예나와 베를린과 드레스덴에서 종교적 비밀결사 모임에서처럼 언제나 레싱의 둘레에서 은밀하게 속삭이는 것 같은 그런 모임이다. 온갖 갑론을박이 있으면서도 대립과 연대 속에서 이루어진 것이다.

연대 속에서인 까닭은 노발리스와 슐레겔의 신과 관련된 교육계획의 아이디어가 포기될 수 없는 것으로 여겨졌기 때문이다. **대립** 속에서인 까닭은 앞으로 올 이성의 시대에는 구약뿐 아니라 신약 성서가 없이도 살 수 있으리라는 레싱의 생각이 (어떤 대가를 치르고서라도 간직되어야 할) 인간성의 봄(명랑한 봄, 쾌적한 봄, 아직은 남용되고 혹사되고 탈취되지 않은 그런 자연을 가리키면서 전개되는 봄)이라는 명제를 통하여 대체되어 있었기 때문이다.

프리드리히 폰 하르덴베르크, 그는 계몽주의 시대에서 전승된 계시의 증거들을 시적 진술의 도움으로 표현할 수 있는 사람처럼 종교문제에 대한 진지성이 교육된 작가였는가? 나는 그렇다고 생각한다. 노발리스가 예술-종교에 대한 생각에 있어서 비록 파탄을 겪었다 하더라도, 또 성경, 전통과 서양의 역사를 모든 낭만적 예술작품으로 극단적인 주관화를 통해 변모시키고자 한 그의 시도가 타파되었다고 하더라도 말이다. 그같은 시도에서는 에로스와 타나토스가 우주의 근본원리로 작용한다. 단상가로서, 그리고 사상적 예술가로서 그는 수천 쪽에서 근대의 첫번째 "과학적 성서"가 됨직한 "종교 일기"를 남겼다. 그의 비망록과 연구 노트, 단상과 초안 등은 (노발리스에 의해서는 미완의 것으로 설명되지만!) 과학의 시대에 성서를 계속 시로 만들고자 하는 시도가 계획되었음을 입증하고 있다.

그 모두가 하나의 사변일 뿐, 더 이상은 아닌가? 어리석은 묘안이라고밖에 할 수 없는가? 아니면 계획은 되었으나 이미 잊혀진, 엉뚱한 소리인가? 슐레겔이 생각한 것과 같은 류의, 그러니까 새로운 종교를 만들어보고자 한 장난인가? (그리고 또 이것은 레싱의 구도와도 통한다. "그가 살아 있다면 나는 이 작품을 시작할 필요가 없었을 것이다. 시작은 물론 이미 완성된 셈이다. 어느 누구도 레싱보다 더 새로운 참된 종교를 예감하지 못했다.")

종교의 정신에 의해 충만된 백과전서의 틀 안에서 신앙과 이성, 경건성과 학문을 화해시키고자 하는 시도로서의 과학적 성서, 그것은 정말로 프리츠 슐레겔조차 때때로 고개를 내저었던 관계맺기 예술가, 언어의 마법사가 행한 단지 부조리한 구상인가?

사실상 단지 달걀 풀기일 뿐? 슐레겔이 신앙을 얻었는데도! (예술·철학·종교 분야에서 냉소적인 착상으로 아무리 친밀한 사람이라도 웃음거리로 만들어 버리는 그런 사람이 다른 사람과 진정 신뢰의 관계를 가질 수 있겠는가? "당신의 정신은 잘 알 수 없는 진실의 이미지로 바로 내 곁에 있습니다"라는 투의 말로 말이다. "하르덴베르크가 그것을 확실히 원하고 또 모든 철학의 시초라고 믿기 때문에, 오직 그 이유로 해서 나는 그가 스스로를 죽였다고 믿는 것은 아닌가?")

아니면 결국 하르덴베르크 자신은 그의 위대한 구상에서 떠나서 나라들 사이의 평화와 단결의 시대를 일종의 새로운 악기를 통하여, 그러니까 바로 하나의 종교 백과사전적 표현으로서의 과학적 성서를 통하여 뒷받침하고자 했던 것일까? "성서를 쓰고 싶어하는 것은 이성적인 사람이면 누구나 가지게 마련인 어리석음 증세다. 완전해지고 싶기 때문에 빠지는 어리석음이다." 슐레겔의 글 『이념』에 대한 이러한 노트 속에는 이 세기적 구상이 파탄되리라는 것이 예측되었을까? 우리는 알 수 없다. 이 물음은 그대로 남아 있다. 그리고 아마도 우리들 앞에 있는 무수한 이중 의미를 지닌 작가들 가운데서도 가장 수수께끼 같은 작가에게 던지는 그것으로서 남아 있을 것이다. 그는 아주 희미한 각인을 지닌 교권주의에 정통성을 내밀었던 이상주의자라고 할 수밖에 없다. 그는 또 1921년 토마스 만이 민주주의와 공화체제로 자신의 입장을 바꾸던 당시와 같은 보수주의자이다. 또 그는 에덴 동산에 대한 기억을 수천 년 계속된 황금시대 나라와 통일시키고자 했던 (오늘의 어둠에 대한 위안으로서) 한 비정치가였다. "성서는 낙원, 청춘의 상징과 더불어 멋지게 시작한다. 그리고 영원한 나라, 성스러운 도시로 끝난다."

프리드리히 하르덴베르크, 그를 우리는 한편 메테르니히에게 길을 열어준 사람으로 그리고 다른 한편 블로흐의 희망의 원리의 증인이 된 사람으로 기억한다. 야누스의 얼굴을 가진 노발리스는 그렇지만 (그리고 이 점이야말로 적지않이 중요하다!) 한 가지는 할 수 있었다. 즉, 젊은 반란자들을 순식간에 언제나 가능한 인간성의 해방에 대한 증인으로 이해하게끔 한 것이다. 이러한 인간성은 그 당시는 그 이전 어느 때보다 그 실존에 있어 위협받고 있었던 것이다.

"민족들이 마침내 자기네의 무서운 광기를 알아차리고 ⋯ 사랑의 큰 잔치를 포연 어린 전장의 평화대동제로서 뜨거운 눈물과 함께 거행하게 될 때까지 한참 오래도록 유럽 땅 위로 핏물이 흐르리라. 오직 종교만이 유럽을 다시 일깨워 백성들을 안정시키고 그리스도교가 새로운 영광을 떨치며 지상에 눈에 띄게 나타나서 평화를 이루는 그 옛 직분에 자리잡게 할 수 있는 것이다." 모든 것이 해체되어 가는 시대라는 시각에서 그는 1799년에 이렇게 썼다. 평화의 교회라는 점에 초점을 맞춘 것이다. 이 글은 1942년에 국가사회주의당 몰살정책의 징후 속에서 "백장미"Weiße Rose 운동권의 모의자들에 의해 인용되었다.

『그리스도교 혹은 유럽』, 그것은 교수대 아래의 자유 신호다. 시정신에 의해 인간적 모순과 저항의 요소로서 빚어진 종교다. 노발리스, 이 문필가를 40년 전 하르덴베르크와 같은 나이 또래의 젊은이 몇 사람이 구호자로 외쳐 부르다가 몇 달 뒤에 교수대로 끌려갔던 것이다.

천년왕국설을 믿는 한 그리스도인의 설교가 십자가의 신호와 더불어 야만성에 대한 선전포고가 되었고, 이성과 신앙의 철회를 겨냥한 폭력 해체를 예시하면서 그 가장 은밀한 목적을 그만큼 달성한 것이다.

쇠렌 **키에르케고르**
Søren **Kierkegaard**

『그리스도교 훈련』
Einübung im Christentum

한스 큉

기존질서에 대한 저항으로서의 종교

17세기 중엽에 시작되는 유럽의 근대가 정신적으로 어디서 그 절정에 도달했는가라는 질문을 한다면, 사람들은 어디를 가리킬까? 혁명 때의 프랑스와 그후 나폴레옹의 프랑스? 그런 사람은 별로 없을 것이다. 왜냐하면 그곳에서는 전쟁의 신이 승리하였으며 정치가 군대와 경찰의 도움으로 이루어졌기 때문이다. 그러나 정치적으로 그렇게 무력했던 독일을 지적할 수는 있을 것이다. 레싱의 죽음, 칸트의 『순수이성 비판』, 쉴러의 『군도』, 하이든을 향해 떠난 모차르트의 빈 여행, 즉 1781년에 있었던 모든 일과, 1827/28년 베토벤과 슈베르트의 죽음, 그리고 나서 1831~1832년 헤겔과 괴테의 죽음 사이에 독일은 50년간 철학적·문학적·음악적으로 비할 바 없는 전성기를 체험하였다.

이러한 근대를 개념화하고 자신의 시대를 사상으로 포착하여, 최소한 철학 속에서의 황금시대를 여는 데 성공한 사람이 누구인가라는 질문을 다시금 한다면, 틀림없이 사람들은 튀빙겐의 세 친구 중 원래는 가장 진보가 더디었던 세번째 사람을 지적할 것이다. 그것은 **헤겔**Georg Friedrich Wilheln Hegel이다.

코페르니쿠스적 전환과 전통적 우주관의 해체로 인해 기초된 것과, **데카르트**가 인간과 인간의 이성에 집중함으로써 시작된 것, **스피노자**가 그의 신과 세계의 보편적 통일로, **라이프니쯔**가 그의 변신론으로 그리고 **레싱**이 그리스도교의 우연한 역사적 진리들을 필연적인 이성적 진리들로 환원하려는 시도로 발전시킨 것,

키에르케고르, 『그리스도교 훈련』 233

그러고 나서 **칸트**가 순수이성의 한계 내에서의 종교로 보호한 것, **피히테**가 모든 인식비판을 넘어선 그의 자아-철학으로 그리고 젊은 **셸링**이 주체와 객체의 동일철학을 가지고 새로운 형이상학으로 옮긴 것,

횔덜린이 실패한 것과 **노발리스**가 단지 문학적으로일 뿐이지만 선취한 것,

그 모든 것을 **헤겔**은 엄청나게 참을성있는 개념 연구 속에 받아들였고 또한 상대화시켰으며 좀더 높은 종합명제로 통합하였다. 혹은 그가 즐겨 삼중적 의미의 단어로 표현한 대로 "**지양**"aufheben하였다, 즉 보존하고 폐지하며 동시에 초월하였다. 철학은 존재하는 모든 것, 모든 개별적인 것을, 모든 것을 포괄하는 활발한 변증법적 **보편체계** 속에서 파악해야만 한다. 전체적인 것, 절대적인 것, 신 자체의 합일적 전개의 모멘트로서. 그리하여 헤겔은 "사변적으로"("관망하면서") "**신의 이력서**"를 심사숙고하여 서술하려고 한다. 세상사 속으로 소외된 신의 행로와(자연철학에서), 세상사를 관통하여 정신이 완전한 자기-자신-에게로 돌아옴을 인류학(심리학 포함), 법철학, 세계사의 철학, 결국에는 예술과 종교의 철학 그리고 철학 자체의 철학(철학사)을 포함하는 저 정신철학에서.

참으로 지금까지 아직 그리스도교에 나타나 본 적이 없는 존재론적 신학이다. 절대적 지식의 보편적인 총체 그리고 바로 그처럼 절대정신 자체의 최고 신학의 총체이다. 당시에 많은 신학자들도 그렇게 느꼈던 것이다. 계시를 적대시하는 믿음 없는 철학의 시대에, 장 파울이 니체의 비전들을 선취하면서 이미 파스칼을 경악시켰던 우주의 텅 빈 공간에 신이 존재하지 않는다는 죽은 그리스도 이야기에 대한 음울한 꿈을 꾸던 그 시대에, 얼마나 놀라운 일인가! 여기서는 그리스도교가 논쟁적으로 처리되거나 무관심하게 밀쳐지는 것이 아니라, 공감과 함께 명민하게 받아들여져 최선적으로 "지양"되는, 존재론적·신학적 체계가 제시되지 않았는가? 이전의 체계들처럼 고대와 그리스도교뿐만 아니라 또한 르네상스와 종교개혁, 계몽주의와 낭만주의, 혁명과 왕정복고, 심지어

이성과 현실까지도 결합시키는 체계가 아닌가? 원칙적으로 생각할 수 있는 모든 대립을 매개하여 이성과 현실을 절대정신 속에서 화해시키는, 그럼에도 불구하고 지식적이고 철학적인 종교이기만을 원하는 체계가 아닌가? 스스로를 사유하는 지성적 그리스도교가 아닌가? 그리스도교계는 (계몽주의자들과 감정을 중시하는 순수 신학자들 사이의 싸움에서 그리고 마침내 근대의 저돌적인 힘들에 대항하는 치열한 투쟁에서) 이러한 구원적인 그리스도교 체계에 열렬히 손을 내밀지 않겠는가?

그렇다. 칼 바르트가 다음과 같이 질문했을 때 그는 확실히 옳았다. 도대체 왜 헤겔은 프로테스탄트 신학을 위해, 토마스 아퀴나스가 가톨릭 신학을 위해 되었던 그러한 존재가 되지 않았을까? 그는 그리스도교계 담장의 내부와 특히 외부의 역사에 의해 쌓아올려진 자료를 정사精査하고 새로운 방식으로 개념을 정리하여, 필연적인 것이 된 새롭고 포괄적인 철학적·신학적 종합 명제와 그리고 더 이상 중세적인 것이 아니라 근대적인 새로운 그리스도교의 파라다그마를 학문적·창조적으로 연구해 냈던 종합박사, "보편적 선생"이 아닌가?

헤겔은 1831년 그의 학문적 명성이 절정에 달했을 때 죽는다. 그럼에도 10년 후에는 벌써 모든 것이 완전히 달라진다.

1841년, 초기에는 신학생이었으며 그 다음에는 헤겔주의자였다가 마침내 무신론자가 된 **포이에르바하**Ludwig Feuerbach 의 『그리스도교의 본질』Wesen des Christentum이 이 해에 발행된다. 그는 그리스도교의 절대화와 마찬가지로 헤겔 체제의 절대화를 거부하고, 신학의 비밀로서 인류학을 (신이란 다만 인간의 투영일 뿐임을) 발견하였다고 생각하며, 그리하여 헤겔 좌파 전체의 종교비판적·미학적인 스승, 특히 마르크스와 엥겔스의 스승이 된다. 30년대 중반에 이미 튀빙겐의 신학교 교사였던 슈트라우스David Friedrich Strauß의 비판적인 저작 『예수전』Leben Jesu이 헤겔 학파를 우파와 좌파로 분열시켰다.

같은 해인 1841년에 스물여덟 살의 또 다른 신학생이 베를린으로 온다. 그는 헤겔 이해에 있어서 무엇보다도 우파 헤겔주의자들의 영향을 받고 있었으며, 이미 일찍부터 헤겔 체제를 거부하고 있었다. 그 신학생이 바로 얼마 전 소크라테스에 있어서의 아이러니에 대해 신학박사 학위를 취득하고 이제는 헤겔과의 문제들을 해결하기 위해 프리드리히 빌헬름 요제프 셸링의 강의를 들으러 온 것이다. 셸링은 헤겔의 반대자로 성장해 있었고, 그래서 66세라는 나이에도 불구하고 헤겔의 영향을 억제하기 위해 베를린으로 초빙되어 있었던 것이다. 그 신학생이 바로 섬세하고 내향적이며 정열적으로 문제에 골몰하며, 동시에 냉정하고 재치있게 분석하는 쇠렌 **키에르케고르**, 덴마크의 가장 중요한 산문작가이자 철학자이며, 자신의 비범한 문학적 필생의 역작을 위해서 12년 남짓 준비했던 신학자이다.

키에르케고르에게는 무엇이 문제가 되고 있는가? 전문가조차 조망할 수 없는 무한정한 키에르케고르 문학 안에서, 노르웨이인 뢰닝Per Lönning이 언젠가 주장했던 대로, 일단의 철학적·신학적 해석자들(Petersen, Bohlin, Hirsch, Lindström)은 슐라이어마허로부터, 다른 사람들(Diem, Olesen-Larsen)은 변증법적 신학으로부터, 또 다른 사람들(Haecker, Przywara, Dempf, Fabro)은 가톨릭 신학으로부터 더욱 많은 유래를 찾는다. 코펜하겐의 키에르케고르 연구소 소장 툴스트룹Niels Thulstrup은 키에르케고르와 헤겔의 관계에 관한 탐구사에 탁월한 통찰과 이 작가의 초기에 대해 지침이 되는 역사-분석적인 연구를 제공한다. 그러면 우리가 종종 그에게서 파스칼의 울림을 들으며, 자신의 세대에 자기처럼 그렇게 깊이 회의해 본 사람은 없다고 스스로도 고백하는 키에르케고르에게는 무엇이 문제가 되고 있는가?

"본래 나에게 부족한 것은 내가 무엇을 인식해야 할 것인가가 아니라 (인식이 모든 행동에 그렇게 선행되어야만 하는 것이라면) **내가 무엇을 해야만 할 것인가**라는 문제를 나 자신과 완전히 해결하는 일이다." 베를린을 향해 떠나기 6년 전에 말했던 이 유명한 최초의 정신적인 현상황 고찰 속에서 그는 계획성있게 확인하였다. "나의 사명을 이해하는 것, 도대체 하느님은 **내가** 무엇을 하기를 원하는지를 아는 것이 중요하다. **나에게** 진리가 되는 진리를 발견하는 것, **내가 그것을 위해 살고 그것을 위해 죽고자 하는 그 이념을 발견하는 것**이 필요하다. 내가 소위 객관적인 진리를 발견했다고 하더라도 그것이 나에게 무슨 소용인가? 설사 내가 철학들의 체계를 샅샅이 연구하여 사람들이 요구할 때 그 체계들을 질서정연하게 제시할 수 있다 하더라도 그것이 무슨 소용인가?" 그리고 그리스도교에 대해서 그는 생각한다. "내가 그리스도교의 의미를 피력하고 개개의 많은 현상들을 설명할 수 있다 하더라도, **나 자신과 나의 삶을 위해 더 깊은 아무런 의미도 지니지 못한다면,** 그것이 나에게 무슨 소용인가?"(Ges. Werke, Diedrichs-Ausgabe, Tagebücher I, 16f).

헤겔과의 대립이 더 심하지는 않았던 것이 틀림없을 것이다. 헤겔이 사변적·관조적인 곳에서, 당시 헤겔 본인을 거의 알지 못했던 키에르케고르는 행동적이며 실존적·참여적이다. 키에르케고르는 확신한다. "**철학과 그리스도교는 결코 합치될 수 없다**"(I, 23). 왜? 그리스도교에서는 거룩하고 자비로운 하느님과 타락한 죄인인 인간 사이의 무한한 차이가 이야기되는데, 이것은 조화시키고-수평화시키는 어떠한 철학적인 매개를 통해서도 극복될 수 없기 때문이다. 그 점에 위대한 이 두 사람의 비일치성이 있는 것이다!

본질적으로 완전히 (그가 단 한 번 포이에르바하를 통해 간접적으로 인용한 적이 있는) **파스칼**의 노선에 서 있는 키에르케고르는 자신의 고유한 실존적 필요로부터 사유한다. **데카르트**의 정신 속에 있는 객관적·중립적 현실 인식은 그를 만족시킬 수 없었으며, 순전히 방법론적·실험적인 부분적 회의가 그에게는 불확실한 것으로 여겨졌다. 요컨대 만일 인간이 총체적이고 실천적이고 실존적으로 진지하게 회의하면서 자신의 모순된 자아를 바라본다면 (그리고 이러한 종류의 회의가 그리스도교를 탄생시켰다면) 그의 회의는 지성적인 아무런 탈출구도 없고, 헤겔의 사변에 의해서도 빠져나올 수 없는 절망에 이르지 않겠는가? "그렇다면 철학자들은 사람들에게 무거운 짐을 지우고 자기네 자신은 손가락 하나 까딱하지 않았다고 우리들이 읽은 바리사이들보다도 더 나쁜 셈이다. 바리사이들은 들 수 있는 짐을 그런데도 스스로는 들지 않았지만, 철학자들은 불가능한 것을 요구하기 때문이다. 그리고 만일 철학한다는 것이 말하거나 쓰는 것이 아니라 성실하고 정확하게 행하는 것을 의미한다고 생각하는 한 젊은이가 있는데 그를 보고 철학자가 그래야만 한다고 말한다면, 그는 그 젊은이의 일생을 몇 년간 낭비하게 만드는 셈이다. 그리고 나서야 그것은 불가능하다는 것이 명백해지는 것이고, 그리고 나서는 그의 해방이 아마도 불가능할 것이라는 생각이 그를 깊이 사로잡게 되는 것이다"(S. 162).

그러한 명제들은 우리의 현실, 특히 우리의 대학 현실로부터 멀리 떨어져 있는 것인가? 키에르케고르 자신은 이제 분석에 의해 하나의 결정으로 밀고나간다. 즉, 인간은 누구나 구체적인 삶 속에서 "이것이냐 저것이냐"Entweder/Oder라는 **불가피한 선택**에 직면해 있다는 것이다. 이것은 실제로 그가 먼젓번 약혼녀인 올젠Regina Olsen을 위해 쓴 글의 제목이기도 한데, 거기서 (실패한 관계의 『반복』Die Wiederholung(1843)에서는 한층 높은 수준을 희망하면서) 그는 빅토르 에레미타Victor Eremita라는 가명으로 양자택일을 전개한다. 인간은 "미학적인" (감각적인 삶의 향유를 지향하는) 삶의 태도를 선택하거나(유명한 『유혹자의 일기』Tagebuch eines Verführers가 이 첫번째 부분에 속한다) 아니면 "윤리적인" 책임을 의식하는(사회의 요구들과 부합하는) 삶의 태도를 선택한다. "이것이냐 저것이냐!" 그럼에도 이 둘째 부분은 갑작스러운 "이것도 아니고 저것도 아니다"로 끝난다. 키에르케고르가 짤막한 『최후 권고』Ultimatum 속에서 셋째 가능성을 제시하기 때문이다. 그것은 **종교적인** 삶의 태도로서, 그는 그 다음해 이후에야 비로소 (『불안의 개념』Begriffs Angst (1844)의 연구 후에) 세 가지 삶의 단계의 서술(『인생 행로의 제 단계들』Stadien auf des Lebens Weg (1845)) 속에서 그것을 설명하는데, 미학적이고 도덕적인 삶의 형태에 반해 고통에 의해 규정된 독특한 삶의 형태로서 서술한다. 이 모든 것 뒤에 키에르케고르의 전적으로 개인적인 삶의 역사(연애관계, 죄의식, 성생활)가 얼마나 표현되어 있는지는 발터 옌스에게서 한층 명백해질 것이다.

1846년, 박사학위 취득과 파혼과 베를린 여행 5년 후에 10년 동안 지속되었던 해명의 과정이 종결되고, 그와 함께 키에르케고르 자신의 이해에 따라 "미학적인" 저술로부터 "오로지 종교적인" 저술로의 "전환점"에 이르게 된다. 이것은 두 권으로 된 대작 『완결하는 비학문적 보유補遺』에 의해 분명해지는데, 완전히 관념적인 사변과 특히 헤겔의 체계와는 이제 결정적으로 작별한다. 이에 대해 키에르케고르는 알기 쉬운 비유를 사용해서 말한다. "자신들의 체계에 대한 대부분의 체계가들의 태도는 마치 한 사람이 거대한 성을 세우고 자신은 그 옆 헛간에서 사는 것과 같다. 그들 자신은 그 거대한 체계의 건물 속에 살지 않는다. 그러나 정신적 상태 속에는 단호한 저항이 남아 있다. 정신적으로 이해한다면, 한 사람의 사유는 그가 사는 건물이어야 한다. 그렇지 않으면 그것은 거꾸로 된 것이다"(Tagebücher, II, 42).

충분히 명백한 사실로서, 키에르케고르는 헤겔의 거대한 사유의 "성"에 반대하여 되풀이하여 **개개인의 구체적 실존**을 제기한다. 불안과 희망, 죄와 참회, 절망과 행복 사이의 모순 속에 있는, 그럼에도 결코 하나의 체계로 (철학적·사변적인 체계로도, 종교적·교리적인 체계로도) "지양"될 수 없는 개별적 인간들이 그에게는 중요하다.

체계에 대립하는 실존, 그것은 동시에 바로 근대 최초의 거대한 권력, 헤겔이 가장 잘 구현하는 **"근대의 학문"**에 **반대**하여, 여기에 도전적으로 "비학문적"이라고 일컬어지는, 역설과 재치와 유머가 가득 찬 작품과 더불어 대담하게 한 개인이 등장함을 뜻한다. 그는 일대 정지를 외치며 생각의 전환을 촉구한다. 객관적인 학문(논리학, 역사학)이 아무리 의미를 지닌다 하더라도 그 한계가 있다! "근대적 학문"은 어떤 경우에도 인간 현존의 근본적인 질문들, 삶의 의미와 삶의 형태의 질문들에 결코 대답할 수 없다. 요하네스 클리마쿠스Johannes Climacus라는 가명을 쓰는 (그에 따르면 인본주의자요 해학가요 실험자이며, 그리스도인은 아닌) 키에르케고르에게는 철학도 신학도 중요한 것이 아니다. 오로지 인간의 근본-문제만이 중요하다. 즉, 그리스도인이라는 것, 아니 그리스도인이 된다는 것이 무엇이냐가 중요한 문제다! 그리고 그것에 대해서 사변적인 교리가 펼쳐질 뿐만 아니라, 절대적인 실존적 전달, 즉 학문과는 달리 항상 윤리학을 포함하는 하나의 메시지(복음)가 선포되는 것이다. "가능한 한 단순하게 (실험적으로 나 자신의 고유한 개성을 나타내서) 말하자면, '여기 도시에서 태어나 이제 30세가 되었으며 대부분의 사람들이 그러하듯 단지 하나의 인간인 나 요하네스 클리마쿠스는, 하녀나 교수에게처럼 나에게도 영원한 행복이라고 불리어지는 최고의 선에 대한 기대가 있다는 것을 인정한다. 사람들에게 그리스도교가 이러한 선의 조건이 된다는 것을 나는 들었다. 이제 나는 이러한 교리와 내가 어떤 관계에 있을까를 묻는다'"(Nachschrift, S. 14).

그러나 키에르케고르는 누구를 동맹자로 불러들일 수 있을까? 쉘링이라는 철학자? 그는 키에르케고르에게는 헤겔과 마찬가지로 거대한 관념적·관조적 체계구축자로 여겨졌다. 그는 아무런 도움도 제공하지 않았다. 그러나 다른 사람이 (놀랍게도) 중요해진다. 그는 고트홀트 에프라임 **레싱**이다. 그는 『보유』에서 레싱에게 은밀하며 강조적인 "감사의 말"을 던지지만, 물론 이것은 학자이며 시인, 미학가이며 현자인 레싱을 향한 것만은 아니다. 아니다. 키에르케고르의 감사의 표현은 무엇보다도 "체계"도 완성된 "결론"도 이끌어 내지 않은 주관적 사상가의 전형인 레싱을 향한 것이다. 그가 감사하는 것은, 레싱이 "종교적 관점에서 바보처럼 오도되어 세계사적 혹은 체계적으로 되지 아니하고 종교적인 것이 중요하다는 것을 이해했다"는 것이다. "바로 이런 방법으로 레싱만이 다른 모든 개인에게도 이것이 중요하다는 것을 이해했고 (그것을 고수할 줄 알았으며) 자신이 무한한 방식으로 하느님과 관계하고 있다는 것, 그러면서도 한 인간과는 전혀 관계가 없다는 것을 이해했다"(S. 57). 비록 키에르케고르에게 그리스도교에 대한 레싱의 궁극적인 입장("그는 그리스도교를 받아들였는가 아니면 비난했는가? 옹호했는가 아니면 공격했는가?"(S. 58))이 애매하기는 하지만, 최소한 그럴 수는 있겠다는 것이다.

간단히 말해 레싱은 (그 역시 직위와 의무를 지니지 않은 단지 "자유문인"으로서) 키에르케고르의 이상적인 동맹자였다. 그 역시 소위 완성된 진리 체계를 가지고 있지 않았다. 오직 하느님만이 진리이시다. 그 역시 윤리를 포함하는 진리에 대한 단순한 추구 이외에는 아무것도 긍정하지 않았다. 그는 이미 "더럽고 넓은 구덩이"를 날카롭게 통찰하고 있었다. 근원이 되는 그리스도의 사건과 오늘날의 인간들 사이에 있는 일천팔백 년이라는 이러한 역사적인 간격과, 그럼으로써 생기게 되는 첫 제자들의 근본체험과의 단절을 말이다. 그는 이미 역사적으로 우연한 일로부터 종교적 확신으로의 직접적인 전이는 불가능하다고 선언했으며, 당시의 경험들과의 필연적인 동시성을 만들어 낼 수 있는 도약의 필연성을 암시하였다.

그러므로 그를, 레싱을 키에르케고르는 알고 있었던 것이다! 그러나 이미 활동중에 있던 또 다른 위대한 인물을, **칼 마르크스**를 그는 알지 못했다. 1848년, 민주주의 혁명 물결의 흐름 속에서 이제 (나폴레옹 전쟁 후 더욱 빈곤해지고 여전히 절대주의적으로 통치되던) 덴마크 왕국에서도 민족적 성향의 젊은 민주주의자들이 행동할 가능성을 얻게 된다. 그것은 바로 키에르케고르가 그의 마지막 위대한 작품인 『그리스도교 훈련』을 쓰고, 마르크스와 엥겔스는 『공산당 선언』을 동시에 몇 개 국 언어로 발행한 해이다.

사람들은 두 저술을 서로 대립되는 것으로 이해하려고 하였다. 사회주의자인 마르크스와 엥겔스에게는 **대중의 경제적인 비참함**이 중요했던 반면에, 개인주의자인 키에르케고르는 그 문제들을 **개인의 종교적인 비참함**으로 환원시켰다는 것이다. 그러나 이런 관점에 있어서는 간과되고 있는 사실이 있으니, 그것은 당시 아직도 전원적인 (비록 정신적으로는 매우 활발하긴 했지만) 수도를 지닌 농업국 덴마크가 보수주의와 진보성의 투쟁에도 불구하고 확실히 경제적·사회적·사회통계학적 발전에 의해 야기된 "산업예비군"(파리에서와 같은)을 알지 못하고 있었고, 따라서 어떠한 노동운동도, 사회적 저항도, 사회주의도 알지 못하고 있었다는 사실이다.

그리고 키에르케고르 개인에 관해서 말하자면, 그는 확실히 현실 정치의 문제들(혁명, 전쟁)이나 자연과학의 문제들보다는 미학과 문학, 철학과 신학의 문제들에 더욱 많은 관심을 가지고 있다. 그리고 그는 처음부터 관념적인 노장 헤겔파(E. Hirsch)가 아니었듯이 또한 혁명적인 청년 헤겔파(K. Löwith)도 아니다. 그러나 다른 한편, 마르크스와 마찬가지로 그는 정치적 복고주의를 승인해 주는 것처럼 보이는 헤겔의 사유와 존재, 이성과 현실의 피상적인 화해("관조")에 저항한다는 점에 있어서는 확고한 반反헤겔주의자(N. Thulstrup)이다. 그리고 덴마크를 멀리 벗어나서 보다라도 **국가·교회·사회의 일상적인 정치적·종교적 파라디그마**를 키에르케고르처럼 그렇게 **과격하게 공격**하며, 그 일에 있어서 자신의 최후의 것, 또한 자기 자신의 개인적인 실존까지도 내걸었던 사람은 아무도 없다.

여러 가지로 모순적이지만 결국은 수미일관된 이 작가이자 신학자는 자기 시대의 무관심과 나약함에 대하여 너무나 격렬히 투쟁하고 있었기 때문에, 정열과 이념의 시대와 혁명에 대해서는 공감을 느낄 수 없었는지도 모른다. 그러나 동시에 그는 군중과 다수와 무기명 투표의 축적을 통한 의견 형성에 대해서, 그리하여 모든 의회주의에 대해서 불신감을 지니고 있었다. 19세기를 특징짓고 있던 산업화와 자본주의와 제국주의의 문제들을 그는 거의 의식하지 못하고 있었다. 어쨌든 그는 다른 모든 문제들을, 심지어 정치적·사회적인 문제들까지도 종교적인 핵심 문제들에 비하면 결국 주변적인 것들이라고 확신하고 있었다. 이제 그는 명상적이면서도 전투적인 책인 『훈련』 속에서 분석적이고 철학적인 『완결적·비학문적 보유』에서보다 더욱더 실존적으로 그 문제들에 접근한다. **실존한다는 것, 진실로 인간으로 존재한다는 것은 무엇을 의미하는가?** 그에게는 이것은 또 하나의 다른 질문과 동일한 질문이다. **그리스도인이라는 것, 그리스도인이 된다는 것은 무엇을 의미하는가?** 그리스도인이 된다는 것이야말로 그리스도인의 가장 중요한 과제가 아닌가?

인간적인 것에 대한 그리스도교적인 것의 관계에 대해서 키에르케고르처럼 그렇게 명료하고 날카롭게 질문을 제기한 사람은 아무도 없다. 순수이성에 대해 회의가 증대하는 시대에, 이성과 믿음의 관계에 대한 전통적인 신학적 질문과 일치하는 그런 질문을 제기한 것이다. 마르크스처럼 키에르케고르도 그리스도교를 격렬하게 공격하지만, 그러나 그것은 어디까지나 그가 일반적인 그리스도교를 허구적인 그리스도교로 보기 때문이다. 그에게 참다운 그리스도교란 그리스도와의 관계를 통해 입증될 수 있는 그런 것이다. 그리고 그리스도인이라는 것 그리고 그리스도인이 된다는 것은 그에게는 바로 어떤 특정한 교리나 철학적 혹은 신학적 체계를 받아들이는 것을 의미하는 것이 아니라, 자신의 본질 속에서 그리스도교를 이루고 있는 이 구체적인 예수 그리스도에 실존적으로 참여하는 것을 의미한다. 그 점에 있어서 키에르케고르에게 그리스도교는 확실한 좌표요 정신적인 고향이며 비판적인 전투장이다. 참으로 그에게 중요한 것은 멀리서부터 그리스도교 **안으로의** 이론적 "입문"이 아니라, 그리스도교 **안에서의** 실천적인 "훈련"이다.

키에르케고르의 중심되는 비난은 이렇다. 현재의 그리스도인들은 그리스도교를 사실상 폐기하였다! 그들은 이 예수 그리스도에게 진지하게 동참할 생각을 전혀 하지 않는다. (당시와 마찬가지로 오늘날도. 배부른 부르주아들, 특히 **성직자**들은 그리스도로부터 무엇을 기대하는가? 그들에 의하면 그리스도는 "기존 사회를 판단 기준으로서 인정할 것이고, 모든 성직자들을 종교회의로 소집하고, 그 회의에 자신의 신임장과 함께 자신의 업적을 제출할 것이다.) 그리고 만일 그에 따라 비밀투표에서 다수표를 얻는다면 그는 자신의 있는 그대로, 즉 기대에 부응하는 자로서 받아들여지고 환영받을 것이다"(S. 46).

그리고 그리스도인 **정치가**들은 어떤가? 그들이 보기에는 그리스도란 흡사 공중에 떠 있는 것 같지 않은가? 그리스도는 무엇을 원할까? "민족성 이념을 위해 투쟁하려고 할까, 아니면 공산주의 혁명을 기도할까? 공화국을 원할까 아니면 왕국을 원할까? 어느 당에 가담할까 아니면 반대할까, 혹은 모든 정당과 협조하려고 할까 아니면 모든 정당과 싸우려고 할까? 그와 관계를 맺는 것, 그것은 아니다. 그것은 내가 결코 원하는 것이 아니다. 나는 심지어 그 이상의 일을 한다. 나는 가능하기만 하다면 그에 반대하는 모든 예방책들을 강구하는 것이다"(S. 49). 그렇다. 그리스도인 정치가는 그렇게 생각한다. "위험하다. 어떤 의미에서 이 사람은 엄청나게 위험하다. 그러나 나의 계산은, 내가 아무것도 하지 않으면 그를 붙잡을 수 있다는 것이다. 왜냐하면 그는 쓰러질 것이 틀림없기 때문이다 — 그것도 가장 확실하게 자기 자신에 의해서, 자기 자신의 발이 실족함으로써 말이다"(S. 49).

실제로 그렇다. "그리스도인들은 그리스도교를 포기하였다. 스스로 그것을 제대로 깨닫지 못한 채. 따라서 만일 무엇인가를 실행하려면, 그리스도교를 그리스도인들 속으로 다시 도입해 들일 수밖에 없다"(S. 34). 그러나 어떻게? 여전히 교회적 관계 속에서 행해졌던 이전의 설교자들과는 달리, 키에르케고르에게는 제도적인 교회의 혁신과 개혁보다 각자의 개인적인 그리스도교가 더욱 중요하다. 그리스도인이 된 개개인들을 통해 그리스도교는 다시 그리스도인들 속으로 들어오게 된다. 그리고 그리스도인이 된다는 것은 키에르케고르에 따르면, **그리스도와 동시대인이 된다**는 것이다(당시의 그와 동시대인들처럼 그렇게 동시대적으로, 동시대에 사는 한 사람처럼 그렇게 동시대적으로). 그리스도적인 것이 마치 오늘날 일어나는 것처럼 우리에게 실현되어야만 한다.

동시대성, 이것은 이미 『철학적 단편』 속에서 전개된 키에르케고르의 기본 카테고리이다. 그가 죽기 바로 두 달 전, 그 스스로 공적인 교회와의 투쟁의 한가운데에서 상당한 긍지를 가지고 고백했듯이, 그의 생애의 중심사상이다. "또한 나는 진실로 말할 수 있다. 내가 이 사상을 발표할 명예를 가지게 되었다고. 그때문에 나는 기쁘게 죽으며, 이 사상이 그렇게 주목받도록, 그것에 주목하게 만들도록 나에게 허용되었던 그 섭리에 대하여 무한히 감사한다. 내가 그 사상을 발견했다니, 아니다, 맙소사. 내가 그런 뻔뻔스러운 죄를 지을 수 있겠는가. 아니다, 그 발견은 오래된 것이다. 신약의 발견이다. 그러나 나에게는 쥐에게 쥐약 같고 대학 교수들에게 독약 같은 이 사상이 기억 속에 떠오르는 것이 허용되었던 것이다"(Der Augenblick, S. 283).

동시대성. 이것은 헤겔의 세계사 강의의 사변에 대한 답변이며, "넓은 시궁창"에 대한 레싱의 근본 어려움에 대한 답변이다. 시간적인 거리는 신화와 역사의 흔적을 남긴 사도의 동시대성을 통해 극복되어야 한다. 그 특유의 경건성과 논쟁성을 혼합하여 키에르케고르는 이미 "부름" 속에서 이 동시대성을 주님에 대한 기도의 형태로 만들어 냈다. "주 예수 그리스도여, 우리는 또한 당신과 그렇게 동시대인이 되기를 원합니다. 당신 참모습을, 당신이 여기 땅 위를 걸으며 현실에 둘러싸여 있는 모습 그대로를 보고 싶습니다. 공허하고 무의미한, 혹은 생각없이 북적거리거나 수다스럽게 세계사를 논하는, 사유가 잘못 형성해 놓은 모습으로가 아닙니다. 왜냐하면 그런 모습은 신앙인이 그 속에서 당신을 보는 낮아짐의 모습이 아니기 때문이며, 아직 어느 누구도 본 적이 없는 당신의 영광의 모습일 수는 없기 때문입니다"(S. 5).

동시대성, 이것은 진실로 그리스도적인 것을 보여주고, 동시에 거짓 그리스도적인 것을 폭로하는 그리스도적인 것의 효소로서 그리스도인들 안에서 작용한다. 그러므로 동시대성의 훈련이 세 부분으로 된 각 명상의 목적이다. 세 부분 (원래 세 개의 독립된 글들로 구상된) 모두가 예수의 말씀으로 개시되며, 모든 성서적 · 개념적 · 실존적 논의에 앞서서 처음부터 즉시 예수 그리스도의 저 "부름"으로 "초대"된다. "수고하고 무거운 짐진 자들아 모두 나에게 오라, 내가 너희를 쉬게 하리라." 그리고 그 낱말마다 이제 매우 강렬하게 독자에게 다가오게 된다.

그러나 도대체 누가 이 초대를 받아들일 것인가? 초대자가 인간의 불행에 대해서 그들 자신과는 전혀 다른 생각을 가지고 있으며, 그가 인간의 본래적 불행이란 굶주림과 병과 고통이 아니라 **하느님으로부터의 죄스러운 소외**라고 말한다면, 누가 그의 도움을 받기를 원하겠는가? 그러므로 진짜 불행은 (헤겔에게서처럼) 필연적인 악, 어쨌든 승리하는 선을 위한 과도단계일 뿐만 아니라, 실존하는 인간의 거짓이기도 한 죄의 불행이다. 그것은 단순히 인간의 자기인식을 통해서가 아니라 하느님의 계시에 의해서만 나타날 수 있다. 그리고 누가 이러한 상황에서 모든 동시대인들에게 걸림돌의 표시인 바로 그 비천한 자, 경멸받는 자의 초대에 응하려고 하겠는가? 아니다. 시간적인 거리가 아니라 무언가 다른 것이 동시대적이 되는 것을 진짜 어렵게 한다.

"멈추어라!" 여기서 갑자기 예수 그리스도에게로의 모든 거짓된 접근과 거짓된 예수 그리스도에로의 모든 접근을 막고 그리스도교를 다시 그

본래의 토대 위로 돌려놓으려는 날카로운 정지 외침이 일어난다. 초대자 자신으로부터 나오는 "무시무시한 정지"야말로 "신앙이 생기기 위한 조건이 되는 정지이다. 그대는 걸려넘어질 수 있는 가능성 앞에서 정지하라는 명령을 받고 있는 것이다"(S. 38).

이 **정지**는 늘 그저 불확실한 접근(근사치)에만 도달하는 역사가의 연구를 겨냥한 것이다. 그러나 그것은 정통파 신학자의 오성이나 하느님에 관해 역사 속에서 무엇인가를 "증명하기"를, 그리고 그렇게 "알기"를 요구하는 사변적인 철학자의 이성에도 해당된다. 확실히 초대자는 특정한 역사상 인물이다. 그러나 헤겔 학파에서 그렇게 인기있는 역사철학적인 어떠한 "증명"도, 그에 대한 어떠한 사변적인 "지식"도, 역사로부터 도출될 수는 없다. 그렇다, 심지어 성서로부터조차도, 성서의 예언들, 기적들, 표적들로부터도, 부활로부터도, 엄격한 의미에서 그리스도를 위한 "증거"는 전혀 제출될 수 없는 것이다.

아니다, 인간들에게 그리스도는, 객관적인 사고에게는 부조리한 것으로 나타날 것이 틀림없으며 **신앙** 속에서만 받아들여질 수 있는, 하나의 **역설**(동시대성과 더불어 키에르케고르에 의해 신학 속에 도입된 주요 단어)이다. 여기서 이 역설의 암호는 신학자들의 온갖 자가제조적인 신앙의 신비들을 위한 옹호수단으로 사용되어서는 안된다. 그것은 참다운 믿음의 결단에는 다만 방해가 될 뿐이다. 아니다, 키에르케고르가 여기서 말하는 역설이란 어디까지나 이런 것이다. 즉, 예수 그리스도는 "신앙의 대상으로서 단지 신앙을 위해서만 존재한다". 그는 **"어떤 한 사람이 하느님이라는 것, 즉 자신이 하느님이라고 말하는 것"**(S. 23)을 내용으로 하는 **"걸림돌 자체"**를 의미한다. 모든 역사적 제약들 속에서 그리스도교는 "무조건적인 것"(S. 61)이다. 왜냐하면 하느님 자신이신 그리스도가 절대적인 분이기 때문이다. 영원이 시간 속으로 들어왔다. 알아보지 못하도록 신분을 숨기고 하느님이 종의 형상 속으로 들어오셨다 (H. Gerdes, H. Fischer). 예수의 동시대인들에게 이미 이것은 명백하지 않았다. 그리고 오늘날에도 오직 신앙 속에서만 예수 그리스도와 동시대인이 될 수 있다.

이 모든 생각들이 "나로 인하여 걸려넘어지지 않는 자는 복이 있다" 및 "내가 땅에서 들어올려지면 모든 사람을 내게로 이끌겠다"라는 예수의 말씀으로부터 출발하여 2부와 3부에서 계속되고 (스스로 신적인 양행세함으로써 개인에게서 인격적 결단을 빼앗는 교회의 교리와 제도에 공격의 방향을 맞추어) 첨예화된다. 키에르케고르는 여기서 셋째의 유명한 개념을 전개한다. 즉, 역사적으로 획기적인 개념으로서, 이미 당시에 무엇보다도 덴마크 교회의 총감독이 키에르케고르 책의 절반을 주교인 자신에게 반대하여 (그리고 다른 절반은 신학교수인 마르텐젠에게 반대하여) 쓰여진 것으로 보았던 개념으로서, **기존질서**.

일반적 의미에서 기존질서란 결단 밖에 있는 것의 총체이며, 후에 하이데거가 "사람들"das Man이라고 부르게 되는 그것이다. 예수 시대의 기존질서란 "바로 바리사이들과 율법학자들이 자기네 마음에 들게 자기네 자신을 신성화하면서 기존질서화했던"(S. 83) 그런 **유대교**다. 그러나 키에르케고르 시대의 기존질서란 국가의 보호를 받으며 시민적 자기만족에 빠져 있던, 성직계급과 신학이, 그리고 사제들이 배경에 있는 주교와 학생들이 배경에 있는 교수가 대표하고 있던 그런 기존 **그리스도교**다. 기존질서는 모든 개개인의 모든 주관보다 훨씬 객관적임을 뽐낸다. 말하자면 그 자신에 대해서는 아무것도 모르면서도 모든 개인을 심판할 수 있는 그런 전체다. 스스로를 절대적인 것으로 규정하는 기존질서는 예수의 시대처럼 오늘날도 다시금 그 유일한 진리의 증거자에 대해 반감을 느낀다. "도대체 이 사람은 자신이 무엇이라고 상상하는 것일까? 자신이 하느님이라고, 혹은 하느님과 직접적 관계를 맺고 있다고 혹은 확실히 자신을 인간 이상이라고 상상하는 걸까?"(S. 80).

그러나 이것은 키에르케고르에 따르면 "환청"이다. 실상은 정반대다. "기존질서는 자기가 신적인 것이라고 혼자서 은밀히 말한다"(S. 82). 그럼에도 불구하고 **기존질서가 어떤 신적인 것이기를 원하며** 신적인 것으로 간주된다는 것, 이것은 키에르케고르에 따르면 기존질서 자신의 유래를 부정하는 것이요 왜곡이자 자기우상화이며, 하느님에 대한 끊임없는 반항이다. 실제로 현존의 그리스도인들에게는 전통과 관습, 율법과 의식들이 그 자체가 목적이 되고 신앙의 상품이 되었다(모든 것이 똑같이 중요시되며 모든 것이 우상화되었다). 키에르케고르에 따르면 이러한 하느님 경외는 실상 하느님 경멸이며, 이러한 신격화는 실상 세속화다.

그렇다, 이러한 그리스도의 교회는 무엇이 되어 있는가?

첫째로, 목적지에서 멀리 떨어져 끊임없이 단지 도상에 있을 뿐이라고 생각하였던 교회, 그리스도적이 아닌 사회에 대해 저항하던 초기의 **항쟁 교회**로부터, 그리스도의 무적의 진리의 소유자로서 이해되는 교회, 이미 목적지에 있다고 착각하는 교회, 자신의 위대한 역사를 끌어다대는 교회, 그러나 세상에 완전히 순응하고, 소위 모든 사람들이 그리스도인인 듯이 보이는 저 시민사회와 화해를 이룬 **개선 교회**로 변해 있지 않은가?

둘째로, 눈에 보이지 않는 청중인 하느님 자신의 현존 앞에서의 위대한 모험인 **그리스도적 설교**로부터(그 속에서는 설교자와 듣는 자의 "나"가 지극히 개인적으로 관계한다), 하나의 사건과 하나의 대상에 대한 **경건한 관찰**들과 지극히 예술적인 강연들로 변해 있지 않은가?(그 속에서는 "나"와 더불어 "너"도 상실되었다).

셋째로, 비천한, 그럼에도 스스로 개인과 전체에게 모범과 요구가 되는 그리스도의 **실천적 추종자**로부터, 관여를 하든 않든, 극장에서처럼 관객의 관점으로 그리스도에게 박수갈채를 보내지만 아무것도 포기하지 않고, 그리스도적인 삶을 완전히 저버리지는 않는다 하더라도 전혀 중요하지 않은 비비꼬인 내면성으로 옮겨버린, 고귀한 그리스도를 **숭배하는 찬미자**로 변해 있지 않은가?

참으로 쇠렌 키에르케고르는 (오늘날도 여전히) 하나의 도전이다. 그의 교회 비판만이 아니라, 무엇보다도 그의 하느님 이해와 그리스도 이해야말로 그렇다. 확실히 그에 대해서도 중요한 신학적인 **반박**들이 정식으로 제기될 수도 있다(그의 저작에서 정치와 자연과학에 대한 무지함은 이미 언급되었다). 그리고 바로 레싱의 관점에서 세 가지 점이 반박될 수 있다.

① 키에르케고르는 그리스도의 계시(그에게는 논의할 필요도 없이 확실한 사실)에 대한 모든 회의자를 이미 죄인으로 간주하며, 그리고 참으로 성실한 연구자들의 **역사적·비판적 의문들**(역시 주지하는 문제들)을 동시대성의 카테고리로 슬쩍 넘겨 버린다. 그들은 신약 속에서 역사상 예수의 말씀과 교회 공동체의 말을 구별하였다. 키에르케고르가 즐겨 인용하는 요한 복음서의 그리스도의 말씀은 결코 즉각 역사상 예수에게 돌리지 못한다.

② 키에르케고르는 특히 역사상 예수가 **결코 "하느님"이라고 자칭한 일이 없고**, "신인神人"이라고도 또한 "하느님의 아들"이라고조차 자칭한 일이 없다는 것, 그렇다, 예수는 단 한 분 하느님 자신만이 선하시기 때문에 자신이 결코 "선한 선생님"이라고 불리어지기를 원하지도 않았다는 사실을 간과하고 있다.

③ 키에르케고르는 "**걸림돌**"을 말하자면 성 금요일로부터 성탄일로 옮겨놓는 셈이다. 그러나 엄밀한 의미에서 "걸림돌"이란 바울로에 따르면 단순히 (그리스적·플라톤적으로) "인간이 하느님이라는 점"(영원자가 시간 속에 있다는 것)에 있는 것이 아니다. 그것은 (유대적·구약적으로) 이 "십자가에 달린 사람"이 메시아이고 그리스도이며, 유일한 하느님(역시 바울로에 따르면 오직 아버지!)의 아들이라는 점에 있다. 이것이 모든 유대인에게는 걸림돌이요 이방인들에게는 어리석음이며, 단지 신앙인들에게만 하느님의 능력이요 하느님의 지혜인 것이다(1고린 1,24 참조).

그럼에도 불구하고, 모든 가능하며 필연적인 역사적·비평적 차이들에도 불구하고, 교회와 신학의 근대적 발전에 직면하여, 모든 구약의 전통이 한결같이 결정적인 것으로서 선포한 것, 19세기의 근대 자유주의 신학이 점차 시야로부터 놓친 것 그리고 칼 바르트와 "위기 신학"이 제1차 세계대전 후에야 비로소 문화 프로테스탄티즘과 자유주의 신학의 붕괴 후에 새롭게 주장하였던 그것을 키에르케고르가 힘차고 독창적으로 제시하였다는 점은 **인정해야**만 한다. 그것은 **특징적으로 그리스도적인 것** 혹은 키에르케고르 자신이 말하듯이 **"절대적인 것으로서"의 그리스도교**이다!(S. 61). 그 의미인즉,

세상 안에 하느님이 계심과 하느님 안에 세상이 있음이라는 근대사상에도 불구하고 하느님과 세상, 하느님과 인간 사이에는 무한한 질적 차이가 존재한다는 것이요,

다른 종교들에서의 그 모든 하느님의 가능한 계시에도 불구하고, 그리스도인들에게는 한 분이신 하느님이 독특한 방법으로 독생자 속에 나타나시고 말씀하시고 행동하셨다는 것이며,

하느님의 이러한 계시는 알아볼 수 없는 방법으로 일어나서, 종의 모습으로 신분을 숨긴 주님만이 만날 수 있다는 것이요,

그러므로 인간은 (성서와 역사의 그 어떤 증거에 의해서도 강요됨이 없이) 이것이냐 저것이냐 앞에 직면해 있다는 것이다. 실족할 것이냐 아니면 믿을 것이냐, 이방인으로 남을 것이냐 아니면 그리스도인이, 본질적으로 참된 그리스도인이 될 것이냐! 어쨌든 키에르케고르는 "한 인간이 어느 정도까지 본질적으로 그리스도인이 될 수 있을지는 어느 누구도 말해 줄 수 없다"는 것을 인정한다. "그러나 불안과 두려움과 절망 역시 아무 도움이 안된다. 하느님 앞에서의 정직함이 처음이며 마지막이다. 자신이 어떤 상태임을 솔직하게 고백하면서 하느님 앞에서 끊임없이 사명을 주시하고 있어야 한다 ─ 그 걸음이 아무리 느리더라도, 비록 그저 기어서 앞으로 나가고 있다 하더라도"(S. 65f).

『그리스도교 훈련』은 교회와 그의 사이에서 곧 벌어질 갈등의 기초가 되었던 그런 키에르케고르의 위대한 유산이다. 그 갈등은 키에르케고르의 육체적 기력이 쇠진하여 길거리에 쓰러져서 마흔두 살의 평온하고 기쁜 죽음을 맞이함으로써 끝났다(1855년 11월 11일). 죽을 때까지 그토록 많은 공통점을 지녔던 파스칼보다 그는 삼 년을 더 살았다. 그의 교회는 그의 장례식을 (그의 의지에는 반해서, 그리고 이러한 수용에 대해 그의 조카는 반대하는 가운데서) 장엄하게 거행하였다. 그러나 그의 유산은 받아들여지지 않았다. 신약성서 메시지 앞에서의 실패를 고백하는 일이 그들에게는 문제가 되지 않았다. 신학자들은 (스칸디나비아 반도에서는 예외였지만) 국외자였던 그를 무시하였다. 오히려 입센·야콥센·스트린드버그 같은 몇몇 문학가들이 그의 목소리에 귀를 기울였다.

교회와 신학은 유럽에서 아직도 오랫동안 낭만주의에 밀착해 있었다. 낭만주의는 근대 문학사 속에서 종교적인 것이 아직 중요한 역할을 했던 마지막 사조이다. 그러나 이제 1848년 혁명의 해에 정치적 복고주의의 국면이 사실상 마지막에 이른 후에는, 자연과학과 역사학과 철학뿐만 아니라 19세기 후반에는 문학도 점차 모든 종교적인 지평 없이, 게다가 때로는 의식적으로 자연주의적·실증주의적·무신론적인 징후를 띠고 전개되고 있다. 근대적 파라다그마 안의 후기 단계인 오늘날에야 비로소 (진보의 울림이 끝나고 근대 후기로 넘어가면서) 그 대립성의 양립을 통찰할 수 있게 된 것이다.

19세기 전반의 경고자였던 키에르케고르는 시기적절하게도 결정적인 것에 주목하게 하려고 하였으니,

미학적 차원 외에도 윤리적 차원이 있고 윤리적 차원 외에도 종교적 차원이 있다는 것이요,

인간은 모든 조건적인 것 속에서 무조건적인 것과 관계하고 있다는 것이며,

하느님 앞에서의 개인은, 초기 대중사회의 평균화와 집합주의적 경향들에 직면해서도 대치될 수도 폐지될 수도 없는 불가침의 가치를 지닌다는 것이오.

개인과 공동사회는 삶의 방향성과 삶의 태도에 관한 궁극적·원초적인 질문들에 대해 무조건적인 척도를 (기존의 것에서가 아니라 본래의 참다운 그리스도교에서, 예수 그리스도 자신에게서) 발견할 수 있다는 것이다.

확실히, 키에르케고르는 『훈련』에서 (그 세 부분에 대한 세 개의 — 결국 나중에는 삭제된 — 서문들에서 진술하고 있듯이) "그리스도인으로 존재하는 것에 대한 요구들을 최고의 이상으로 끌어올렸다". 확실히, 키에르케고르는 그의 생애의 마지막 해에 교회와의 투쟁을 통해 완전히 고립되었으며 자신의 고유한 "예외적 실존"을 너무도 일반적인 척도로 만들었다. 확실히, 키에르케고르는 부르주아화된 민족교회와 국가교회에 대한 비판과 더불어 ("정신적 인간"으로서!) 또한 결혼과 여성과 성을 조롱하였다.

그러나 키에르케고르는 처음부터 극도로 예민하고 복잡하고 병리학적인 인자를 지닌, 지나치게 반성적인 "예외적 실존"이었기 때문에, 우리가 후에 논의하게 될 도스토옙스키와 카프카보다 오래 전에 모든 것의 배후에 있는 것과 지하에 숨은 것에 대한 천재적인 심리학적 예측을 보여주었다. 그러므로 제1차 세계대전과 유럽에서의 시민문화와 국가교회의 붕괴와 더불어 비로소 근대가 위기에 빠지지 않을 수 없게 되고, 그로 인해 키에르케고르를 주목하게 되었다는 것은 놀라운 일이 아니다. 이제서야 신학자들과 철학자들 중에서 그에게 귀를 기울이는 사람들이 나타나게 되었다. 무엇보다도 바르트·불트만·틸리히·하이데거·야스퍼스·마르셀·사르트르가 그러하며, 또한 아도르노에게서도 그리고 잠복된 채로 마르쿠제·블로흐·비트겐슈타인에게서도 또 다른 메아리가 울리고 있다.

확실히 프로테스탄트인 키에르케고르는 자신이 프로테스탄티즘에 대해서 말했던 바로 그것, 즉 **규제자**가 아니라 **교정자**이다. 그리고 새로운 신학과 교회와 그리스도교계의 선구자인 그는 교정자로서, 당시 기존의 그리스도교계 속에서 누군가가 취할 수 있었던 것보다 훨씬 많은 권리를 얻었다.

사실 오늘날 그리스도교계에서는 유럽으로부터 북아메리카와 남아메리카까지, 그에 의해 예견되었던 이중적 전개가 포착될 수 있는 것이다. 한편으로는 기존 국가교회와 민족교회, 또한 가톨릭 뿌리의 해체가, 다른 한편으로는 무수한 개인들과 밑바닥에서부터 형성된 새로운 그룹 공동체들이 철저한 그리스도인들이 되는 것, 요컨대 **그리스도교계에서 그리스도교를 아래로부터 재수용**하는 것이 막을 수 없는 것으로 보이는 것이다.

발터 옌스

"지금, 수많은 순교자가 필요한 때"

"**수고하고 무거운 짐진 자들아, 다 내게로 오라, 내가 너희를 쉬게 하리라.** … 어느 누구도 너희 생존에 대해 가축만큼조차 가치를 인정하지 않는 너희 멸시받는 자들, 무시당하는 자들아! 너희 병든 자, 절름발이, 귀머거리, 소경, 불구자들아, 나오라! 너희 나환자들아! … 그 초대는 모두를 화합시키기 위하여 모든 차별들을 없애버린다! 그것은 차별이 만들어 낸 결과를 다시 돌이키려는 것이다. 한쪽에게는 행복의 모든 재화들의 소유와 더불어 수백만에 대한 지배자로서의 자리가 제공되며, 다른 쪽에게는 바깥 광야에서 (…) 너희 간계와 사기와 비방과 시기의 희생자들, 파렴치한들로부터 노림을 받고 비열한 자들로부터 버림을 받은 자들아, 너희들이 죽을 작정으로 옆으로 걸어간 후 한쪽에서 고독하게 제물로서 스러지든, 아니면 밀려드는 군중 속에서, 아무도 너희들이 어떤 권리를 가지고 있는지 묻지 않고, 아무도 너희들이 어떤 불의를 당하고 있는지 묻지 않고 … 그 군중이 짐승처럼 온 힘을 다해 너희들을 먼지 속에서 짓밟을 때 얼마나 고통스러운지 아무도 묻지 않는 곳에서 밟혀 죽든, 오라! 그 죽음이, 죽음과 삶을 가르는 곳에 있기 때문에, 그 초대는 갈림길에 서 있다. 너희 고통을 당하는 … (그리고) 무거운 짐을 지고 헛되이 수고하는 너희 모든 자들아, 나아오라!"

역할연기자요 위장술가인 쇠렌 키에르케고르가 (새삼 새로운 가면·가명·가장의 인물로 슬그머니 등장하다가) 일생의 마지막에는 철저하고도 절실하게 **단 하나인** 인물에게 생각을 집중시키는 것을 보는 것은

키에르케고르, 『그리스도교 훈련』

감동적이다. 상상력이 풍부한 카멜레온 같은 이 작가가 어떻게 그의 상상의 무대를 떠나, 어제의 사랑하는 환영들인 그의 돈 후안과 파우스트, 그의 욥과 아브라함, 그의 안티고네와 발레Donna Elvira Valet에게 어떻게 말하는지를 안다는 것은 감동적이다. 그것은 『완결적인 비학문적 보유』의 끝에서 그의 필명을 폐기한 후, 1848년부터 그에게 아직도 남아 있는 **제2의 자아**인 독생자 나자렛 예수와 긴 대화를 하기 위해서였다. 자기가 스스로 만든 이름들인 에레미타 혹은 콘스탄티누스 혹은 부크빈들러와는 달리 그를 **초월해** 있는 저 가명의 도움으로 그가 붙들려고 하는 그런 인물인 예수, 그는 말하자면 절대적 주체가 슬쩍 끼여들어갈 수 있는 무대의 배역이 아니라 한 가공의 형상이다. 그 형상은 오직 비유 속에서만, 오직 문학적·암시적으로만 작가의 접근을 허용하며, 그 작가를 지배하고 종으로 만든다.

안티-클리마쿠스Anti-Climacus, 이것은 망설이는 버질Vergil(쇠렌 키에르케고르의 별명)을 지옥으로부터 낙원으로 안내하는, 덴마크적인 것 속에 넣어진 남성적인 베아트리체이다. 『죽음에 이르는 병』Krankheit zum Tode과 『그리스도교 훈련』의 작가에게 **안티-클리마쿠스**라는 이 이름은 전능한 마술사의 주권의 상징이 아니라 자발적 경계 설정의 표시일 것이다. "작가로서의 영향력"에 대한 키에르케고르의 해명서에는 이렇게 씌어 있다 "나의 초기의 가명 사용은 모두 '교화적인 작가' 보다 하위에 있다. 이 새로운 가명이 한층 상위적인 가명이다. … (이제) … 정지가 명령된다. 나의 삶은 그렇게 높은 요구에 상응하지 못한다고, 그러므로 그 전달은 문학적인 것이라고 나에 대해 선고를 내리면서, 나를 바로 나의 한계 속으로 몰아가는 한층 높은 그것이 제시된다."

안티-클리마쿠스, 이것은 다른 모든 가면과 구별되는 키에르케고르의 마지막 가면이다. 자신이 사도도 순교자도 아니며 또한 진리를 위해 돌에 맞아 죽은 증거자도 아니라는 것을 아는 참회자의 표시이다. 그러나 그는 사도적인 권한도 없이 그 길을 확신하면서, 주목할 만한 말을 통해 그리스도교적인 것에 정당성을 부여하는 것을 의무로 삼는 종교적인 작가이며 천재이다. 그는 나자렛 사람을 거역한 그리스도인들에게 그리스도교를 다시 들여올 것을, 그리고 예수를 따를 것을 명령하려고 한다. 요한네스 클리마쿠스의 『철학적 단편』 속에서 살과 피를 지닌 인물인 데다가 반反헤겔주의자로서 나타난 예수, 그후 곧이어서 설교문들, (키에르케고르가 원칙적으로 자기 자신의 이름으로 저술한) 종교적인 진술들 속에서, 참회한 천재인 안티-클리마쿠스의 명상들 속에서, 그리고 마침내는 바로 저 탄핵 속에서 모든 기존질서에 대한 위대한 항쟁자(증거자이며 동시에 심판자)로서 형상화되었던 그 예수를. 「순간」의 작가가 교회(반反예수의 표징 속에 있는, 예수의 것도 아니고 반예수의 것도 아닌 교회) 에 대해 제기한 고발의 증인으로서의 예수. 키에르케고르의 주장은 더욱 날카로워지고 희극적인 기괴함에까지 이른다.

나자렛 예수, 그는 한편으로는 항상, 키에르케고르가 개인적이기 때문에 사랑스럽게 된 그의 옛 소품들, 즉 익명과 알아볼 수 없는 모습으로 살았기 때문에 직접적인 전달이 거부된 한 종교적 천재의 암호화된 어법을 부여하였던 **예술적** 인물이었다. 그러나 다른 한편으로 (주목할 만한 사건이다!) 키에르케고르의 예수는 1848년 후에 소크라테스의 그늘로부터 벗어난다. 말하자면 산파의 기능으로 진리를 밝히려고 하는 저 현자의 세력권으로부터 벗어나기 시작하여 자기 고유의 확고한 윤곽을 획득하는 것이다.

빛을 가져오는 비천한 종의 역설. 그리스도에게서뿐만 아니라 소크라테스에게서도 증명될 수 있는 역설은 예수의 말과 행동을, 그의 출생과 환경을, 불쾌함을 포함한 그의 가르침을, 십자가 아래서 그를 따르던 자들을, 당시와 오늘날까지도 재판석과 교회 의자에 있는 그의 적들을 지적함으로써 보충된다.

사실주의와 더불어, 그리고 낭만주의가 끝난 1830년 이후 다른 곳의 종교문학 속에서는 더 이상 발견할 수 없는 정확성에 의해 키에르케고르는 낮아진 자와 동시대적인 자, 즉 늘 오는 자(다시 오는 자가 아니다)와 순간(역사가 아니다)을 규정하는 자 속에서 **역사상** 예수를 드러낸다. 그의 편재성과 교환 가능한 유형성 때문이 아니라, 그의 "그 외의 것은 아님" 때문에 시대를 넘어 현존하는 그런 사람을. 예수는 무시간적으로 존재하는 것이 아니라, 누군가가 믿는 곳에서 항상 현존하는 것이 그 **특색**이다. 그리고 바로 그때문에(도스토옙스키의 대심문관에 대한 예시) 그는 그리스도인을 자처하는 사람들에게는 그토록 위험한 것이다. 그들은 그 나자렛 사람이 모든 변두리 사람들, 모든 실패한 자들과 소외된 자들의 무리와 함께 지금 여기 코펜하겐에 나타난다면, 가령 그 메시아를 처형하는 것이 아니라(사람들이 그를 그 정도로까지 진지하게 취급하지는 않을 것이다) 멸시하며 질책할 것이기 때문이다.

 거부하고, 험담과 경멸을 퍼부으며 조롱하는 것이다! 키에르케고르는 한 장엄한 장면 속에서 코펜하겐 **사회**를 대사열식에 초대하여, 시민계급의 그리스도인들로 하여금 이 사생아에 대해 흥분하게 만들며, 교회의 고위층 인물들로 하여금 고귀한 견해를 천명하게 한다. 도대체 예수가 관청의 동의 없이 계속 확산되는 교회의 개혁들을 시도하는 것이 참으로 정당한 것이냐고.

 팔레스타인으로부터 덴마크로, 헤로데의 궁전으로부터 스트뢰겟Strøget으로! 그러면 "당시"는 "지금"이 되고, 바리사이들은 부지중에 자신들의 그리스도교를 벗어버린 덴마크 부르주아의 옷을 슬그머니 걸쳐 입는다 ― 철저하게(그리고 무심하게). 이것을 키에르케고르는 북해와 동해 사이를 왔다갔다하는 교회의 그리스도인들이 **동시대의** 예수가 나타났을 때 부르기 시작하는 비가를 통해 분명하게 한다. 성직자들과 철학자들, 정치가들과 점잖은 시민들 (게다가 조롱가들과 자비심 많은 예술 후원자들) 모두가 이 사실에 대해 순전한 몰이해에 가득 차 있다. "한 인간이 이 지경이라니 … 세상에서 잃어버릴 만한 것을 조금이라도 지니고 있는 사람이라면, 머릿속에 조금이라도 분별력을 지니고 있는 사람이라면 누구나 그와 상종하기는커녕 질겁하고 도망가 버린다. 그렇다, 그와 상종한다는 것은 세상에서 가장 어리석고 가장 미친 짓이다. 그의 말을 듣고 보면 사실 웃어야 좋을지 울어야 좋을지 모를 노릇이다. 도대체 그런 뜻밖의 말을 하다니! (만일 와서 도와달라든지 혹은 쉬게 해 달라든지 혹은 보호해 달라든지 혹은 거만하게, 나는 너희 모두를 경멸한다고 말했더라면 그래도 이해가 갔을 것이다.) 나에게 오라고! 그래, 그래, 물론 초대하는 말처럼 보이고말고! 그러나 이어서 하는 말이, 무거운 짐을 지고 지친 너희 모두들아(마치 바로 그런 사람들이 짐지고 다니는 불행이 아직도 모자라서 이제 그와 상종함으로써 그들에게 닥칠 온갖 결과까지도 더하여 걸머져야 할 것만 같이), 그러고는 내가 너희들을 쉬게 하리라 하고, 또 한술 더 떠서 그들을 돕겠다고! … 그 지경에 있는 사람이 다른 사람들을 돕겠다고, 이것은 마치 거지가 도둑맞았다고 경찰에 신고하는 것과 마찬가지다."

이 자리에서 갑자기 후기의 (**후기**라지만 아직 마흔 살도 안된!) 키에르케고르도 초기 단계에서와 똑같이 능숙한 연기로 슬그머니 가면을 쓰고, 두개골을 열어 생각들을 분석하며 영혼의 상태를 밝히는 옛 기교에 숙달해 있다는 것이 명백해진다.

그러나 그가 『이것이냐 저것이냐』와 『완결적인 비학문적 보유』사이에서, 말하자면 별들 아래 전설의 제국 속으로 들어갔던 반면에(네로나 느부갓네살이나 안티고네는 아버지의 죄를 알게 되자 무엇을 생각했을까? 아브라함은 옆에 사랑하는 아들과 그의 하느님이 그의 손에 강제로 쥐어준 칼이라는 두 동반자와 함께 모리아 산으로 갔을 때 무엇을 생각했을까? 이사악은 그의 옆에 말없이 다가오는 죽음의 천사를 인식했을 때 무엇을 생각했을까? 저주의 낙인이 찍힌 자들과 타락한 자들, 불행한 자들, 키에르케고르가 역설로 급전하는 심리학적 실험기법을 사용하여 공격하는 ― 그 다음으로는 카프카만이 이 기법에 능숙했거니와 ― 정상 지대로부터의 도망자들은 무엇을 생각했을까?), 빅토르 에레미타,

프라터 타키투르누스, 비길리우스 하우프니엔시스, 니콜라우스 노타베네가 위대한 예외자들, 데몬들, 불행한 자들, 절망자들을 따라서 거듭 새삼 변형 속에 끊임없이 압축과 강조와 관점을 옮기면서 묘사하려고 했던 반면에(저기! 보라, 내가 욥으로부터 무엇을 만들어 내는지를! 저기! 칼을 든 아브라함을! 보라, 근대의 솔로몬과 반성할 줄 아는 사라가 어떻게 보이는지를!), 안티-클리마쿠스와 교화적이고 경건한 그리스도교 설교집의 저자인 키에르케고르는 **유일한 한 분**의 정신분석에 **그리고** 그리스도의 사상, 목사들의 비중있는 생각들, 앞좌석에 앉은 교구 동료들의 계산적인 평가, 언론의 전략적인 언급들과 소위 인망있는 자들의 신랄한 조소에 모든 중점을 둔다.

키에르케고르의 반경은 더 작아졌다. 초기 작품에서는 정교한 구성에 적합한 연극적인 실행이 눈에 띄며 작가 · 발행자 · 인용자 · 저자가 때때로 갖가지 숨바꼭질을 하더니, 마지막 작품들에서는 연극적인 실행이 좀더 조심스럽게 나타난다. 즉, "중국의 상자놀이에서의 상자갑들처럼, 한 작가가 결국 다른 작가 속에 숨어 있도록" 그의 위치를 그렇게 얽히게 만드는 데에 기여한다고 키에르케고르 자신이 말한 그 기법이 나타나는 것이다.

그럼에도 그는 그때문에 옛날의 반성적 예술가, 낭만주의적 기예가 그리고 어떤 (**그의**!) 내적 연극의 연출가로 머문다. 즉, 기초적인 유희 안의 현실을, 사유 세계 안의 진실을 그리고 (그는 무질Musil식의 생체해부자였거니와) 자기 자신의 감정과 꿈과 불안과 절망을 다른 사람들의 공포와 공포 없음, 절망과 자기 확신 속에 반영시킬 것을 항상 염두에 두고 있었던 것이다.

대부분 유고집인 데다가 아마도 왜곡되어 출판되었을 『자기 자신에 대한 글들』Schriften über sich selbst을 예외로 하면, 키에르케고르는 빅토르 에레미타라는 이름으로 등단해서부터 안티-클리마쿠스라는 이름으로 마지막 작품을 쓰기까지, 시적 · 철학적 작품 속에서 자기 **자신**에 대해서는 **결코** 이야기하지 않았다. 그러나 또한 **항상** 이야기하였다! 아들 쇠렌을 하느님께 희생으로 바치기를 원했던 아버지 페더젠Michel Pedersen에 대해 키에르케고르는 한 마디도 하지 않았다. 그럼에도 이 페더젠은 그의 은총 상실 상태 속에, 종교적 열광주의 속에 그리고 그를 불쌍히 여길 만하게 만드는 참회 속에, 아브라함의 생각의 유희들 속에, 솔로몬이 야훼에게 반항하는 말들 속에 현존한다 — 여기에 그리고 지금.

그리고 『이것이냐 저것이냐』와 『반복』 속에도, 키에르케고르가 자신의 우울함과 종교적인 절망을 떠맡기기를 원하지 않았기 때문에 약혼을 파기했던 젊은 처녀 레기네 올젠에 대해서는 한 마디도 없다. 그는 아마도 하느님의 이름으로 레기네를 희생시켜 (아브라함이 사랑하는 아들조차 야훼의 명령에 따라 희생해야만 했듯이) 교수대에 세우고는 공연의 대상으로 만들었다고 하겠다. 삶을 유희로 바꿈으로써, 유혹자와 미학적인 악마(그는 그런 악마는 아니었다)를 흉내냄으로써, 지옥의 계약에 서명함으로써("악마가 어떤지를 알기 위해서 나는 지옥으로 갈 필요가 있었는지도 모른다") 그리고 레기네에게 보내는 메모들을 어떤 사람의 『수난사』라는 기괴한 일기 속에 끼워넣어 연애편지로부터 예술의 기록들을 만들어 내는 식으로(괴테는 『이탈리아 여행』에서 슈타인 부인에게 보내는 편지를, 한때의 애인이었음에 비할 때 퍽 경멸적으로 다루었다) 한 여인의 희생을 작가로서의 지위를 확립하는 데 이용하는 것이다. 거기서는 한 천재적인 역할연기자의 현실이 종이 위에서 수많은 가능성들로 변형되어 나타나며, 직설법은 달필로 적확하게 쓰어진 무수한 가정법들로 기능이 변화된다. 거기서는 어떤 사람이 기회원인론을 찬양하면서 끊임없이 반성의 물결을 흘려보낸다. 그를 그러한 반성으로 자극하는 것은 살아 있는 것들의 제국으로부터 나온 장애들이다(그가 오래 전에 그것들을 문학 속에서 선취하지 않았던 한에 있어서). 거기서는 쇠렌 키에르케고르가 영혼의 무대 위를 끊임없이 행진한다. 그리고 이 미학적 조롱가는 코펜하겐에서 승리를 축하하는데, 키에르케고르가 좋아하는 낭만주의자의 하나인 장 파울은 (『티탄』에 나오는) 로크바이롤Roquairol의 형상 속에서 그를 개념화하였다. 로크바이롤, 그는 "그 시대의 아이이며 희생자 … 인류의 모든 위대한 상황들, 그 안에서 사랑과 우정과 자연이 가슴을 쳐드는 모든 운동들, 그는 이 모든 것들을 삶에서보다 문학에서 먼저 겪었으며, 인간으로서보다 배우와 극작가로서 먼저, 현실의 비바람 들이치는 곳에서보다 환상의 양지쪽에서 먼저 겪었다. 그때문에 그것들이 마침내 살아서 그의 가슴 속에 나타났을 때, 그는 그것들을 미래의 기억의 얼음 창고를 위해 냉정하게 포착하여, 죽여서 잘 박제할 수 있었다".

미래 기억의 얼음 창고. 이것이 키에르케고르가 이러한 정의의 특징 속에서, 니체도 토마스 만도 똑같이 동의했을 예술가의 번쩍이는 묘사의 특징 속에서, 이러한 장 파울적인 원리의 특징 속에서 실현하려고 했던 바로 그것이었다. 첫째로, 우화와 예술적인 습작품과 시적 걸작품들 속에서 그들의 경계선 넘나듦을 서술하려고 했던 상상의 인물들과의 대화 속에서(바로 카프카가 후에 아브라함과 이사악에 대한 명상을 변주시킨 것은 우연이 아니었다), 둘째로, 죽은 아버지와 자신의 희생제물인 버림받은 신부와의 대화 속에서, 마지막으로, 그의 생이 끝날 때에 나자렛 예수와의 대화 속에서 그의 이름으로(더 낫게 말하자면 그의 메아리로) 키에르케고르는 그리스도인들에게 그들을 저 조그만 흰 점을 향해 곧장 몰고가는 항로에 매달리지 말도록 경고한다. 키에르케고르는 그것을 호화 유람선, "음악·노래·대화" 때문에 밤과 주위의 위험을 망각하고 있는, 천 명의 승객을 실은 꿈에 취한 **타이타닉** 호에 대한 우화 속에서 묘사한다. 이미 죽음이 몇 주일 앞에 임박해 있는 작가가 묻는다. 만일 선장이 수평선의 그 흰 점을 깨닫지 못한다면 무슨 일이 일어날까? 단 한 사람만이라도 그것을 알아챘다면, 아무도 그에게 귀를 기울이지 않는 어떤 승객에 의해 최소한 선장만이라도 마지못해 갑판으로 이끌려 나온다면 — 그런데 결코 그렇지 못하다. 그는 소매를 잡히

지만 귀먹은 척하면서 몸을 돌려 "환호성 가운데 자신의 건강을 위해 축배를 드는 객실에서 대단히 상냥하게 감사의 인사를 하며 사람들의 소란스럽고 방종스러운 즐거움 속에 잠긴다".

그리스도교의 배는 파멸로 가는 도상에 있다고, 그 항해사들인 주교·사제·신학자는 세상과 세상의 오락("접시와 그릇의 달그락거리는 소음, 선장의 건강을 비는 술잔치")에 붙잡혀 유일하게 중요한 것을 희생시켰다고, 영혼의 영원한 구원 위하여 그들은 세상을 위해 수고하는 대신 세상에 대해 "죽을" 의무가 있다고 하면서 잠자는 자들과 꿈꾸는 자들 속에서 유일하게 깨어 있는 자, 그는 폭력적 명령과 전권을 지니지 않은 (이 비유의 끝에서 "나"라고 신분을 밝힌) 쇠렌 키에르케고르라는 사람이다. "그리스도교적으로 볼 때 그 흰 점이 수평선에 보인다는 것은 두려운 폭풍우가 몰려오리라는 것을 의미한다. 그것을 나는 알고 있었다. 그러나 나는 승객일 뿐이었으며, 지금도 그렇다."

이 수수께끼와 모순으로 가득 찬 예술가 키에르케고르, 그도 파스칼이나 노발리스처럼 이중적인 존재이다. 낭만적 유미주의자이면서 그리스도교의 경고자, 일상성의 기쁨을 경멸하면서도 그것을 동경하는 토니오 크뢰거Tonio Kröger적인 인물이다. 결혼의 아가를 노래하는 편파욕구적인 고립자, 리히텐베르크Lichtenberg 신분 출신인 **병리적 이기주의자**, 그럼에도 불구하고 그의 괴팅겐의 본보기와는 달리 리히텐베르크가 소녀 애인 슈테하르딘Stechardin에게 불러주었던 저 인상적인 만가를 부르기로 결정할 수는 없었을, 그럼에도 자신의 고립을 탁월한 것으로 만드는 그런 쇠렌 키에르케고르, 그는 하느님이 명령하셨기 때문만이 아니라 스스로 죄의식을 느끼고 있었기 때문에 자기 자신을 경계해야 한다고 생각했으며, 그의 독자들 앞에서 부스럼을 보이지 않게 하는 향유를 가지고 있었으나 그것을 사용하지 않도록 주의했던 저 문둥병자 시몬의 역할을 연기하였다. 어느 누구도 사실상 **삶의 의미**였던 이 **정복자**에 레미타에 의해서 우울함에 감염되어서는 안된다는 것이다.

쇠렌 키에르케고르, 그는 결혼하여 훌륭한 가족관계를 가졌던 가장? 사랑하는 사람들의 교육자? 요하네스 클리마쿠스, 일명 힐라리우스 부흐빈더Hilarius Buchbinder, 그는 많은 훈장을 받고, 궁정에 출입하고, 시민사회의 훌륭한 귀감으로 존경받던 명망가? 생각할 수도 없다. **만일** (기인이 부족하지 않던) 그 세기의 작가들 중에서도 고독한 한 사람이 있었다면, 쇠렌 키에르케고르가 그 사람이다. 그는 (후대의 프루스트Proust처럼) 방랑자로서 고독한 사람이요, 민중 속에서 고독한 사람이다(이것은 『코사르』Der Corsar라는 자유주의적 해적-잡지의 언론운동 때문인데, 이 잡지는 그를 작은 지팡이를 짚고 모자는 목덜미 속으로 밀려들어간 곱사등과 거미다리의 기인으로 희화화하여, 옛 친구들조차 더 이상 그 풍자화된 모습을 환영할 수 없었다).

쇠렌 키에르케고르, 그는 연구실에서도 고독했으며, 관람석의 어둠 속에 숨어 여느 때와 같은 방식으로 무대 위에서 거대한 사열행진을 시켰던 극장 속에서도 (창조의 날 아침 대사열식을 위해 사람들과 동물들이 모여 정렬행진하는 것을 관찰하는 아담의 연기를 하면서도) 고독했다. 그는 지루해지고 결국에는 기분이 상하기까지 한다. 인류의 선조들을 바라보면서도 키에르케고르는 "그들 중에서 정말로 기분에 맞는 사람을 하나도 발견하지 못한다. 그래서 그는 그들에게 통행증을 준다".

아니다, 『이것이냐 저것이냐』와 『그리스도교 훈련』의 저자인 그는 사람들을 사랑하지 않았다. 개인(예를 들면『코사르』지 싸움에서의 적인 밀러Poul Ludvig Møller)을 파멸시키면서, 개인만을, "예외자"만을 인정할 뿐, 어떤 연대적 집단도 인정하고 싶어하지 않는 그는 군중을, 그리스도인들을, 다수의 익명성을, 요컨대 무리를 지어 나타나자마자 인간을 경멸했다. 키에르케고르가 극장의 분위기를, 즉 고립의 행복과 "예술에 열광하는 관객의 발산물"에 대한 불안을 묘사하는 수법(그의 매혹적인 묘사들 중의 하나, 즉 『반복』에 나오는 취급방식)은 그의 결벽주의와 정열적인 유미주의를 드러내 준다. 그는 단 한 번 군중 속에 섞인 적이 있었다. 그러나 물론 혁명 기간 동안이 아니다. 그때는 구경꾼으로 있었다. 대신 베를린에서 쉘링의 강의를 들으려고 교양인들이 일부는 키에르케고르처럼 (스트랄순트Stralsund를 거쳐) 배를 타고, 일부는 나중의 유명한 마르크스주의자처럼 (프리드리히 엥겔스가 군복무를 했던 리히터펠데에서) 자전거를 타고 서둘러 달려왔던 저 1841년 가을, 덴마크에서 온 스물여덟 살 청강생은 슈팡Peter Johannes Spang과 지버른Friedrich Sibbern에게 보내는 편지들 속에서 이렇게 썼다. "쉘링은 시작하였다. 그러나 그처럼 시끄럽고 날카로운 소리, 휘파람 소리, 그리고 빽빽히 들어찬 강당 앞에서 들어오지 못한 사람들이 창문을 두드리는 소리 속에서, 만일 그대로 계속된다면 그의 강의를 듣는 것은 거의 포기해야 할지도 모를 정도였다. 쉘링은 외모로 볼 때에는 매우 보잘것없는 사나이다. 세무원처럼 보인다. … 그럼에도 불구하고 나는 쉘링을 신뢰하게 되었는데, 생명의 위험을 무릅쓰고라도 그의 강의를 다시 한번 들어 볼 작정이다."

이것은 약간 자아도취적으로 (그리고 물론 자조적으로) 들린다. 키에르케고르가 자신을 "종교적 작가"로 이해하게 되었던 두번째 대회심의 시기까지 표현했던 모든 것이 그런 것처럼. (첫번의 "거듭남"은 10년 전에 일어났는데, 파스칼식으로 일기에 이렇게 기록되었다. "이루 말할 수 없는 기쁨이다. 사도의 탈옥이 이유없이 일어나는 것과 마찬가지로 설명할 수 없을 정도로 우리를 감격시키는 기쁨이다. 기뻐하라, 거듭 말하노니, 기뻐하라. … 산들바람처럼 서늘하고 상쾌한 기쁨, 마므레 수풀로부터 영원의 장막으로 갑자기 불어오는 계절풍이다. 5월 19일, 오전 10시 반".)

이것은 말하자면, 키에르케고르의 세계라는 건물의 맨 아래층(미학적 차원)에서 작업을 하고 있던 예술가이며 심리학자이며 변증법적인 작가가 중간층(보편자의 대리인인 윤리학자의 고향)을 재빨리 넘어서 맨 위층으로 뛰어올라갔다는 것을 뜻하는 것일까? 그때부터 그는 (구원되어!) 위대하고 걸출한 유혹자들과, 정신분석자 콘스탄틴 콘스탄티누스나 『수난사』에 나오는 수부처럼 형이상학적인 변덕을 부리는 편집광들이 감탄과 두려움으로 서술된 그들의 실험들을 제시했던 그 시기를 회고하는 것일까?

요술거울과 불의 마술에 현혹되어 있는 독자들 앞에서 공연되는 미학적인 연극의 단계가 예술적 환상을 포기하는 엄격한 가르침의 설교와 종교 논문과 경건한 고찰들로 바뀌는가?

미학적인 것은 한꺼번에 부조리한 것으로 귀착하고 마는가? 한층 새로운 대립-쌍들을 구상하는 문학적 작업들이, 『금요일 제단 통로에서의 두 가지 설교』Zwei Reden beim Altargang am Freitag에 대한 서문에 쒸어 있듯이 『이것이냐 저것이냐』로 시작하여 제단의 발치에서 최종적인 휴식처를 찾는 "단계별로 진보하는 작가의 활동"이 끝나고 목적지에 도달했는가?

종교적인 것과 문학적인 것의 화해, 그것이 안티-클리마쿠스의 특징 속에서는 확실히 정신박약적인 것으로 선언되는가? 문학적인 것, 그것을 키에르케고르는 그렇게 "하나의 농담처럼" 극복하는가? 문학, 그것은 궁극적인 것과 본래적인 것을 (참회와 종교적 확신과 책임 속에서 신 앞에 서 있는 인간을) 묘사하기가 불가능한가? 1848년 이후 키에르케고르가 실제로 그렇게 생각했고 종교적인 것을 위해 미학적인 것을 희생하기로 결심했다는 것은 확실하다. 이전에 레기네를 포기했던 것처럼 이제는 예술을 포기할 필요가 있었다 — 그러나 이제는 더 이상 이전처럼 우월한 유혹자를 통해서가 아니라, (너무나 오랫동안) 유혹당한 자를 통해서.

파스칼을 계승하는 쇠렌 키에르케고르, 파스칼에게서와 마찬가지로 키에르케고르에게서도 미학과의 악마적인 계약이 파기되고, 자율적인 예술가는 스스로 자신의 울타리 안에 갇히고 만다. 코펜하겐 출신의 이 대가는 교정받기를 거부하는 저 위대한 모습으로 인쇄의 오류를 처리해 버리려 하고 그리하여 작가의 비참함을 드러내는 것이다.

하나의 감동적인 연극. 거기서 두 작가 파스칼과 키에르케고르는 각각 자기 방식으로 자기 희생을 하려고 한다. 그리고 둘 다 그것을 할 수가 없다. 둘 다 희생을 **실행**하는 대신에 그것에 대해 글을 쓴다. 둘 다 세상과 작별을 고한다 ─ 그러나 매우 문학적인 방식으로. 둘 다 악마와 이교도들과 정신의 적대자들을 공격한다 ─ 그러나 저널리즘적 관심을 가지고. (『시골 편지』에서나, 키에르케고르 최후의 가장 혹독한 공격인 『순간』에서나) 지옥에 있는 모든 감식가들과 모든 미학적인 불가지론자들의 가슴을 두근거리게 하는 열정을 가지고. 악마의 교활함에 대항하는 수법이 얼마나 교활한가!

그렇게 단호하게 후기의 키에르케고르는 의사소통의 예술들 중에서 미학적인 것에 최초의 자리를 내주려고 했던 이상주의적 이론에 (게다가 "시적으로 사는 것이 진실하게 사는 것이다"라는 낭만주의적 윤리에) 현혹되어 있다. 그렇게 단호하게 후기의 키에르케고르는 문학적인 것의 가치를 깎아내리려고 하였다. 그는 그것을 **포기하고** 싶지 않았다. 최소한 목적을 위한 수단으로서, 신앙에 의해 고용된 형태로, 문학적인 것은 종교적인 작가에게도 그 권리를 지녀야만 한다는 생각이었다. 문학적인 것이 진리 자체를 전달할 수는 없다 하더라도 그것은 유용하다. 세계에 대한 교묘한 태도를 통해 사람들을 속여 바로 이러한 진리로 들어가게 하기에 유용하다는 것이다.

은밀한 침입예술로서의 문학. 구원을 필요로 하는 사람들과의 "상호관계 속에서" 신앙을 **부정적인 방법**으로 행하는 것, 이 세계의 감각의 환상을 증명함으로써 강화시킬 수 있다고 하는 문학. 유일하게 구원을 주는 진리의 조산술로서의 문학. "하느님의 스파이" 역할 속에서 올바른 길을 찾으려고 하였던 문학적인 비밀경찰의 무리들에 의해서 실행되는 (유고 논문 「나의 작가 활동에 대한 관점」의 저자가 그 선두에 서 있는) 세계 한가운데의 위엄으로서의 문학 … 실제로 문학을 정문으로 쫓아내자마자 그것을 뒷문을 통해 다시 들여오도록 하기 위해서 쇠렌 키에르케고르는 자신의 변증법을 전부 동원해야만 한다. 칸트의 명언과는 반대로 더 이상 신학 앞에서 횃불을 들고 걸어가는 것이 아니라, 미래에 뒤에서 그 옷자락을 들고 가는 것이 유용하다고 선언된다.

그러니까 거세행위의 시도, 즉 낭만주의자 키에르케고르가 일생의 마지막에도 그 속에서 아직 악과 반종교적인 것을 탐지해 냈던 그런 미학적인 것의 무력화인 셈이다. 무력화 — 정말 그런가? 아니면 오히려 문학의 원조 없이는 또한 (그리고 바로) 종교적 작가도 살아갈 수 없는 그런 문학의 전능함에 대한 은밀한 충성인가?

키에르케고르는 작가를 모욕하기는 하지만(1849년 일기에는 이렇게 씌어 있다. "이 시점에 작가라니! 지금, 수많은 순교자가, 참다운 구조대가 필요한 때에!"), 말에 진력이 나서 백합과 새의 침묵을 찬양하기는 하지만, 그러나 음유시인식으로 모욕하며, 청중을 감격시키고 매혹시키는 수사학을 사용해서 침묵을 찬양한다. 종교적 작가 키에르케고르는 일생의 마지막 단계에서 문학을 저주하는 모든 문장으로 동시에 문학 없이는 살 수 없다고 입증한다. 왜냐하면 신앙인의 증거(추종자의 증언)도 오로지 문학적으로, 풍자적으로, 비유적으로, 도전적 팜플렛식으로, 수사학적으로만 효력을 발휘할 수 있기 때문이라고.

『그리스도교 훈련』을 읽고, 어떻게 일찍이 역할연기자요 모방가였던 사람이 동족 덴마크인들로 하여금 저 동시대적 인물 예수를 비난하게 하는가를 (되풀이되지만) 주목해 보라. 어떻게 과장된 연극을 무대에 올려 배우들로 하여금 신학적 논문보다는 오히려 네스트로이Nestroy의 익살극에서 뽑아냈을 법한 재치있고 핵심을 찌르는 독백들을 말하게 하는지를. "명망있는 시민은" (그가 코펜하겐에서 예수를 만났다고 가정한다면) "다음과 같이 말할 것이다. 그리고 그것은 그의 가족들 사이에서도 통용되는 생각일 것이다. **아닐세. 우리를 인간으로 있도록 두게.**" 안데르센의 동화 「행복의 덧신」Die Galoschen des Glücks 속에서 앵무새가 매우 적절히 말하듯이 "선한 것이란 정도에 알맞은 것"이다. "… 그리고 나는 한 외판원으로부터 그 프랑스 속담을 들었지. 활도 너무 지나치게 당기면 부러진다고. 그러니 이 사람(예수) 말야, 정말 파멸하고 말 게 너무나 뻔해. 난 내 아들도 불러놓고 진지하게 타일렀다네. 나를 본받지 않고 … 이 사람과 어울리다니, 왜 그래? 그저 모두들 뒤따라 가길래 그랬다더군. 그래, 도대체 모두라는 게 누구야? … 그렇게 쫓아다니는 걸 그만둘 수 없는 떠돌이와 부랑인들뿐이야. 거주지가 있는 사람들은 많지 않아. 그리고 내가 … 내 시계를 맞추는 그 현명한 분들과 저명인사들 중에는 단연코 한 명도 없어. 왕실 고문관인 예페젠도, 추밀원 고문관 마르쿠스도, 부유한 대리업자 크리스토페르젠도 없어. 없고말고. 그분들은 무엇이 중요하고 무엇이 중요하지 않은지를 알고 있어. 그 다음에 이 일의 성질에 가장 정통해 있는 성직자들을 보자구. 어제 저녁 그륀발트 목사가 클럽에서 말했듯이, '그러다간 큰일나'. 그분은 그저 단순한 설교 이상의 것을 알고 있어. 설교는 일요일 교회에서가 아니라 월요일 클럽에서 들어야 해. … 그는 매우 올바르게 이야기한 거야. 나에게는 그분 말이 진심에서 우러나오는 말로 들렸어. '그의 뒤를 따라다니는 자들은 삶의 근거가 없는 한가한 사람들뿐이다. 그런데 무엇 때문에 그들은 그의 뒤를 따라다니는가? 그가 몇 가지 기적을 행할 수 있기 때문이다.'"

그리고 이때 또 한 작가, 『이것이냐 저것이냐』의 작가에 비하면 하류인 『그리스도교 훈련』의 저자라는 작가는 말하는 것이다! 물론 전혀 그렇지 않다고. 비천한 예수와 그를 둘러싼 수상쩍은 사람들의 묘사, 배척받고, 정신가고, 멸시받는 사람들 행렬의 묘사는 격정과 간결함의 결합 덕분에 수도사 타키투르누스Taciturnus의 심리학적인 실험『수난사』에 나오는 「하나의 가능성」이라는 우화 속에서 비참하게 살아가며 고독하게 죽는 서점원의 묘사만큼이나 은밀한 행복 찬양의 걸작품이라고.

그럼에도 불구하고 키에르케고르는 이런 뉘앙스를 담아 쓴다. 그가 (그 모든 분노에도 불구하고 신중하게) 안티-클리마쿠스를 거쳐 십자가 아래 증인의 시각으로 예수에게 다가가서 그 생애를 (파스칼처럼! 도스토옙스키처럼!) 그저 개략적이 아닌 포괄적 묘사로 제시하려고 했던 그 한 사람의 그늘에 머물러 있는 한, 그리스도로부터 떨어져 나간 교회를 공격하고 안티-클리마쿠스라는 이름으로 (이 최후·최고의 가명도 끝내 면서!) 그리스도인에 대한 심판날을 집행할 때 그의 어법은 자기 확신과 독선 속에서 공중제비를 돌아 그토록 날카로운 것이다.

나는 그리스도교가 무엇인지 안다. 이 표어에서 키에르케고르는 순교자란 거의 없고 "각하라며 떠받들리는 고문관들"은 그만큼 더 많은 그런 "싸구려 골동품 교회"(십자가에서 침뱉음을 당한 분을 안정과 명성을 보증하는 "위인"으로 만드는 그런 위선적인 교회를)를 읽어낸다. 『순간』에 이렇게 씌어 있다. "나는 하느님을 바보 취급하느니 ⋯ 차라리 노름하고 술마시고 간음하고 도둑질하고 살인을 하겠다. 마르텐젠 주교가 그리스도교적 진지함이라고 부르는 그따위 진지함에 참여하느니 차라리 나의 낮시간을 볼링장이나 당구장에서, 나의 밤시간을 노름판이나 탈춤판에서 보내겠다. 그렇다. 차라리 나는 아예 직접적으로 하느님을 바보 취급하겠다. 나와 하느님 단 둘만 있는 높은 장소로 올라가거나 야외로 나가 그곳에서 노골적으로 말하겠다. '당신은 아무짝에도 쓸모없는 하느님이오. 바보 취급 받을 가치밖에는 없소.' 나의 삶은 그리스도교를 위한 진짜 부지런함과 열심뿐이라고 엄숙하게 경건한 척함으로써 그를 바보 취급하느니, 차라리 그렇게 하겠다."

키에르케고르가 소리치기 시작하자마자 (그리스도교 국가, 그리스도교 민족, 그리스도교 주에 반대하여 "화려하게 차려입은 목사", 종교적·세속적 상급 재판소 참사관들, 그리스도교의 살인자들과 뚜쟁이들, 영혼을 살해하는 목사들, 설교단 위에서 호통치는 위선자들에 대항하여) 그의 호흡은 짧아지고 언어는 단조로워지고 논증방식은 틀에 박힌 것이 되는데 ⋯ 그러다가도 갑자기 신랄한 기지와 거대한 풍자가 번뜩인다. 혹은 소년들에게 술을 파는 식당 주인이 견진성사를 받는 소년들로부터 영혼의 구원을 사취하는 그런 신부에 비해 더 가벼운 죄인으로 여겨질 때가 그렇고, 혹은 『짧고 날카롭게』Kurz und Spitz라는 잠언집의 그리스도교 지도자들에 대한 지독한 혹평에서 교회 이데올로기와 그리스도교 진리 사이의 간격이 개념화된 것처럼 보일 때가 그렇다. "화려한 주교좌 성당에 지체 높으신 추밀원 강론가 각하께서 등장하신다. 귀족 세계의 선택받은 총아인 그 나으리가 선민 중에서도 선택받은 무리 앞에 나서서 자기 자신이 선택한 성서 문장에 대하여 **감동적으로** 강론을 하신다. '하느님은 세상 사람들 앞에서 비천하고 멸시받는 자들을 택하셨습니다.' 그런데 거기서 웃는 사람은 아무도 없다."

그때 한 개인이 세상을 향해 말을 건다. 니체, 그도 세속 인간 무리들 한가운데서 정신적 인간의 사명의식에 충만하여, 1888년에 "권한을 위임받지 못한 천재"의 똑같은 격정으로 철학을 하게 되는 것이다. 그 때 한 사람이 "해발 7천 피트 위에서" 문학과 은밀한 반항으로 가득 찬 예수의 암호화된 메시지가 아니라 오히려 반대로 율법적으로 경직된 복음을 설교하면서 자신의 고독을 울부짖는다. 그때 키에르케고르의 말은 (셰익스피어의 은밀한 경쟁자에게는 적당할지도 모르겠지만) 어리석은 선동의 시끌벅적한 다의성을 사용하는 대신, 아직 풍자성과 기지는 남아 있되 변증법도 없고 회의도 없으며 문제제기와 개방도 없는 (한 문장씩 있기는 하지만!) 극장식 설교의 우직함으로 빠져든다.

이전에 있었던 명제와 풍부한 관계들 사이, 명령하는 힘과 문학적 투명성 사이의 역할바꿈놀이 대신에 나중에는 구원과 불충실 사이에 냉랭한 갈등과 거친 대립만이 있게 된다. 전에는 결코 결정적으로 수용되지 않았던 **이것이냐/저것이냐**가 이제 50대에 이르러 키에르케고르 저술의 보편공식이 되기 시작한다 — 그리고 이것이 장점이 되지는 않는다. 한때는 위대한 종교적 문학이었던 것이, 하느님 앞에서 회의하고 방황하고 불손하며 후회하는 인간의 묘사가 나중에는 독단적인 설교가 된다. 항해사 없는 배가 폭풍우 속으로 돌진해 가는 것을 보았던 한 승객이 극단적인 고립 속에 **확신에 차서** 선포하는 신앙고백이 된다 — 그리고 그 승객, 그 유일하게 눈뜬 자(코펜하겐의 카산드라)가 장님들 속으로 처박히는 것이다!

기묘하게도, "한 시인이 하느님이 존재하며 예수가 살았던 세계의 인간이 처한 영혼의 상태에 대해 말한다는 것이 어떤 기법의 도움으로 가능한가?"라는 관점에서 얼마나 멀리까지 이르는가. 기묘하게도, 그리스도교를 위한 직접적 진술이 예술적으로 **또** 신학적으로 저 암호화된 말 속에 남아 있는가를 안다는 것이 얼마나 멀리까지 이르는가. 그 말 속에서 쇠렌 키에르케고르는 카프카를 예시하면서, 미리 규정된 대답보다 오히려 회의와 의문이 하느님의 확실성을 보증해 주는 세계에서 인간이 형이상학적 관점을 통해 어떻게 나타나는지를 보여주었다. 바로 그 자신이 완전한 그리스도인이 아니었기에 키에르케고르는 완전한 그리스도인을 **묘사**할 수 있었다. 동경하지만 소유하지는 못한 궁극적 확실성, 그런 확실성의 결여가 그를 수다스럽게 만들고, "내면의 무대"에서의 그의 공연을 믿을 만한 것이 되게 하며, 진실로 종교적인 작가를 식별하게 하면서, 절망과 희망의 불투명한 경계에 대한 통찰력을 이 공연예술가에게 부여하는 것이다. 이 작가는 이것이냐/저것이냐를 현실 묘사가 아니라 요구로서, 직설법으로서가 아니라 원망법願望法으로서 이해하고 있는 것이다.

마지막으로 또 한번 기묘하게도, 키에르케고르는 자신이 종교적 (도스토옙스키나 카프카 계열의) 작가임을 인정했던 것과 똑같은 정도로 종교적 작가이기를 그만둔다. 그 자신의 후기의 확신에 따르면 오직 "미학적 심리학자", 즉 "오직" 문학인으로만 불러도 된다고 했을 때, 그는 종교적 작가에 반대한다는 것을 스스로 인정한 것이다. 그는 날카로운 종교 논문들에도 불구하고, 적어도 그의 일기가 증명하는 대로, 일생의 끝날까지 문학인으로 남아 있었다. 오늘의 시점에서 그의 비유들은 프란츠 카프카의 종교적 역설을 위한 초안처럼 보인다.

키에르케고르, 『그리스도교 훈련』

쇠렌 키에르케고르는 역설 속에서 실현되는 초월성의 탐구에 있어서 그의 시대의 문학을 반 세기 이상 앞선다. 1838년 코펜하겐에서는 문지기 비유가 다음과 같이 울려나왔다. "가령 한 인간이 한 편지를 가지고 있는데 그 내용이 자기 삶의 행복에 관한 계몽으로 보아야 할 그런 것임을 알거나 믿고 있지만 그 글자가 가늘고 희미하여 글씨를 거의 읽을 수가 없을 경우, 그는 불안하고 근심스럽게 모든 정열을 다해 그것을 읽고 또 읽고 할 것이다. 그리고 한 순간에는 한 의미를, 다음 순간에는 다른 의미를 끄집어 낼 것이다. 만일 한 단어를 확실히 해독했다고 생각한다면 모든 것을 이 단어에 따라 해명할 것이다. 그러나 계속 읽어도 읽기 시작했던 때과 똑같은 정도로 아무것도 모를지도 모른다. 그러면 그는 경직되고 불안해지고 점점 더 불안해질 것이다. 그러나 경직되면 경직될수록 그는 그만큼 더 볼 수 없을 것이며, 그의 눈에는 때때로 눈물이 어릴 것이다. 게다가 이런 일이 자주 일어나면 일어날수록 그는 더욱 볼 수 없을 것이다. 시간이 흐름에 따라 글자는 더욱 희미해지고 불명료해질 것이며, 마침내 종이 자체가 곰팡이가 나서 썩게 되고 눈물로 멀게 된 그의 눈 위에는 아무것도 남지 않게 될 것이다."

하느님에 대한 세속적인 말, 그것이 그래서 이상적인 경우에는 절대자의 시야 속에서 비종교적 언어처럼 보일 수도 있을 것이다.

표도르 미하일로비치 **도스토옙스키**

Fjodor Michailowitsch **Dostojewski**

『카라마조프 형제들』

Die Brüder Karamasow

한스 큉

무종교 항쟁과 종교

1차대전이 끝난 지 3년째인 1921년에 바르트Karl Barth는 『로마서 강해』 Römerbrief를 출간했다. 이 책은 복음서를 근대의 프로그램과 이데올로기에 대비시킴으로써 신학에서 근대적 파라디그마로부터 탈근대적 파라디그마로의 이행을 알린 독보적 저서였다. **프로테스탄트 신학자 칼 바르트**는 서문에서 뜻밖에도 두 사람의 이름을 부각시키는데, **키에르케고르와 도스토옙스키**가 그들이다. 이들은 바르트에게 결정적인 사상 전환의 계기를 제공해 주었다. "내게 '체계'란 것이 있다면 그것은 내가 긍정적인 의미로든 부정적인 의미로든 키에르케고르가 말한 '무한한 질적 차이'란 개념을 최대한 주시하고 있기 때문일 것이다. '하느님은 하늘에 계시고 너는 땅에 있다'"(S. VII. VIII). 또한 바르트는 "파고들 수 없는 삶의 문제성"(S. 489), 위기에 처한 인간의 상황과 숨은 하느님의 해방적 은총을 얘기하면서 (투르나이젠Eduard Thurneysen의 자극으로) 특별히 자주 도스토옙스키를 인용한다. 일찍이 근대를 비판한 가장 중요한 인물이었던 키에르케고르와 도스토옙스키와 나란히, 위기에 빠진 세계에 대응하는 "변증법적" 위기의 신학이 탄생한다. 사실 "파고들 수 없는 삶의 문제성"이란 도스토옙스키의 중심 테마였던 것이다.

제2차 세계대전이 끝나던 해인 1945년의 성주간聖週間에 튀빙겐에서는 **가톨릭 윤리신학자 슈타인뷔헬**Theodor Steinbüchel이 이미 시작된 "서구의 위기" 속에서 러시아 사상가이며 그리스도인이자 작가이기도 한 도스토옙스키에 대해 다섯 차례에 걸쳐 강연한다. "도스토옙스키를 움직였던 것이 시대를 뛰어넘어 우리들까지도 움직인다. 인간은 위기에 빠질 때마다 자기 자신의 존재와 의미에 의문을 품게 된다"(S. 15).

따라서 서구에 위기가 닥치고서야 이 작가와 그의 작품의 위대성이 인정받게 되었다는 것은 놀라운 일이 아니다. 도스토옙스키 당대에 그와 비교할 만한 작가는 없었다. 그렇다, 결코 없다. **19세기 후반기의 대표작가**를 거론하는 우리의 강의에서 독일이나 영국이나 프랑스 작가가 아닌 이 러시아 작가를 택한 것은 우연한 일이 아니다. (사실상 완전히 키에르케고르 이후 세대에 속하는) 그의 위대한 작품들이 씌어진 시대는 어떤 시대였던가?

과학·기술·산업·민주주의 등 근대의 위력이 "계몽의 변증법" 속에서 무너지기 시작한 때였고,

자본주의와 민족주의, 제국주의와 식민주의가 거침없이 성장함에 따라 시민적·봉건적 세계가 세계전쟁이라는 파국에서 빠져나올 수 없을 것처럼 보인 때였으며,

18세기에 생겨났던 거대한 근대의 전망이 환상에 지나지 않음이 드러나던 때였다.

계몽주의, 레싱, 완전히 계몽된 제3시대, 완결된 시대의 전망, 종교들 사이의 평화의 전망, 이 평화를 전제로 한 민족들 사이의 평화의 전망은(100년도 채 지나지 않아서) 어디로 가버렸는가?

독일 고전주의의 전망, 횔덜린의 전망, 그리스 휴머니즘 이상을 통해 갱신된 인간성·교양·예술·종교성의 전망은 무엇을 남겼던가?

낭만주의의 전망, 노발리스의 전망, 종교와 사회를 화해시키려는 중세지향적 전망, 더 고차원적인 문화시대의 전망, 영원한 평화를 누리는 성스런 시대에 대한 전망이 어떤 변화를 일으켰던가?

이 모든 전망들, 유토피아들은 충족되지 않았다. 따라서 이 전망들은 근대를 훨씬 뛰어넘는 지점을 가리키는 것이었다. 그러나 코펜하겐과 모스크바 출신의 위대한 두 인물("시대에 어울리지 않는 사람", "비동

시대인"으로서 무시무시할 정도로 복잡하게 얽힌 인격을 가졌지만 예언자적 정신을 지녔던 두 사람)은 이들 전망의 양가성을 꿰뚫어보았다. 그들은 자기 시대에 구속되어 있으면서도 동시에 그 시대의 모순·틈새·심연을 분석하면서 이러한 양가성을 기술하였다. 물론 덴마크 출신 키에르케고르가 19세기 전반기를 대표하고 러시아 출신 도스토옙스키가 19세기 후반기를 대표하는만큼, 두 사람은 서로 다르다.

키에르케고르보다 여덟 살 아래인 도스토옙스키(1821년 11월 11일생)는 의사의 아들이자 러시아 정교회 사제의 조카로서 키에르케고르와 마찬가지로 엄격한 종교적 전통을 가진 집안 출신이었다. 그러나 그 역시 키에르케고르처럼 예민한 개인주의자였고 이미 일찍부터 문학에 심취했으며, 반혁명의 피난처인 러시아 상층계급 속에서 퇴폐적 그리스도교와 만나게 되었다. 하지만 대도시 출신인 도스토옙스키는 모스크바에서 페테르부르그에 있는 군사 아카데미의 기술학교로 갔을 때, 또 그후 육군성에 가게 되었을 때, **사회정치적으로** 키에르케고르보다 훨씬 참여적인 성향을 보였다. 점차 그는 프랑스의 공상적 사회주의, 포이에르바하, 슈트라우스, 획기적인 러시아의 비평가 위싸리온 벨린스키의 종교비판에 영향을 받기 시작했다. 키에르케고르가 코펜하겐에서 『최종적인 비학문적 노트』를 출간한 해인 1846년, 도스토옙스키는 이미 처녀작 『가난한 사람들』로 대단한 성공을 거두었다. 이 작품을 통해서 (같은 해에 출간된 『분신』과 더불어) 그는 위대한 리얼리즘 작가로, 날카로운 분석을 제시하는 사회비평가로, 또 대도시의 위협 앞에 놓인 인류의 대변인으로 인정받게 되었다. 그가 쓰고자 했던 것은 투르게네프나 톨스토이 류의 "대지주문학"이 아니라 하층민의 사회소설이었다. 그는 이러한 소설을 "문학적 프롤레타리아"라고 불렀다.

1847년에 도스토옙스키는 페트라셰프스키를 중심으로 하는 철학적·정치적 서클과 접촉을 가졌다. 이 서클은 그후 정치적으로 급진적인, 소규모의 음모 서클로 발전해 갔다. 도스토옙스키도 여기에 가담한다.

그 결과는 엄청난 것이었다. 2년 뒤에 그룹 전체(24명의 청년 이상주의자들)가 체포당했다. 그중 21명이 사형을 선고받았다. 사형언도를 받은 뒤 형장으로 끌려간 도스토옙스키는 말 그대로 최후의 순간에 사면을 받았다. 그는 4년간의 시베리아 강제노동과 뒤이은 군복무를 선고받는다. 키에르케고르가 1850년에 마지막 대작 『그리스도교 훈련』을 출판했을 때 도스토옙스키는 굴락 군도群島에서 책도 펜도 없이 아무하고도 만나지 못한 채 살고 있었다. 그가 가진 것은 신약성서 한 권뿐이었다.

9년 후 도스토옙스키는 거의 마흔 살이 되어 시베리아에서 페테르부르그로 돌아왔다. 달라진 것은 그가 그후 평생 동안 끔찍하게 죽음에 임박했다가 곧이어 생명을 선물받고 엄청난 기쁨을 누렸던 그 순간을 평생 동안 잊지 못하게 되었다는 점이었다. 물론 (『죽음의 집의 기록』에 기록된) 시베리아의 끔찍한 4년간의 수용소 생활과 4년간의 군복무 기간의 기억도 사라지지는 않았다. 모든 것이 그의 생활관과 신앙에 **전환**을 가져왔다.

그렇다면 이러한 전환을 어떻게 평가해야 할까? 『죄와 벌』을 쓸 때까지만 해도 진보적이고 휴머니즘적이었던 "좋은" 도스토옙스키가 반동적이고 종교적인 "나쁜" 도스토옙스키로 변해버린 것일까? 도스토옙스키는 자유를 갈망하는 정치적인 꿈을 문맹인 러시아 농민들의 신앙 때문에 포기했던 걸까? 소비에트의 저명한 도스토옙스키 해석가의 한 사람인 그로스만Leonid Gróssmann (1922~1964)은 그렇게 생각한다.

그러나 그것은 옳지 않다. 도스토옙스키가 친지나 친구들과의 서신왕래조차 하지 못하는 처지에서, 그렇다고 한순간이라도 혼자 있을 수조차 없었던 1854년 2월 시베리아 옴스크에서 쓴 편지는 그의 새로운 태도 변화를 이해하는 데 중요한 문서다. "나는 나 자신에 관해 이렇게 말하겠습니다. 나는 이 시대의 자식, 불신과 회의의 자식입니다. 그리고 이는 아마도 (나는 확실히 알고 있습니다) 죽을 때까지 변치 않을 것입니다. 그러나 나는 신앙을 갈구합니다. 신앙에 대한 반증이 늘어날

수록 그만큼 강렬해지는 신앙에의 열망이 얼마나 혹독하게 나를 괴롭혔는지 모릅니다(지금도 마찬가지입니다)." 그는 시베리아에 신약성서를 보내준 폰비신 부인에게 이렇게 적어보냈다. 도스토옙스키는 계속해서, 하느님이 때때로 자신에게 완전한 평화의 순간을 준다고, 그런 순간에는 하느님을 사랑하고 하느님에게 사랑받고 있음을 확신한다고. 이 순간 모든 것을 확실하게 하고 성스럽게 하는 신앙고백을 하는 것이다. 그는 이 신앙고백이 지극히 단순한 것이라고 말한다. "나는 예수보다 더 아름답고 심오하고 동정심있고 이성적이고 인간적이고 완전한 존재는 없다고 믿습니다. 나는 질투 섞인 사랑으로 고백합니다. 예수와 같은 존재는 있지 않을 뿐 아니라 있을 수도 없습니다. 나는 또 말하고 싶습니다. 누군가 나에게 예수가 진실 밖에 있다는 것을 입증한다면, 그 진실이 참으로 예수 밖에 있다면, 나는 차라리 진실이 아니라 예수와 함께 남는 쪽을 택하겠습니다"(Briefe, S. 86f).

그렇다, 그 누구도 페테르부르그 하층민의 삶에 대한 정확한 비평가이자 "천대받고 멸시받는 자들"(1861)의 열렬한 대변자였던 도스토옙스키를 제대로 이해할 수 없다. 그의 **회의적이면서도 진지한 종교성**을 고려하지 않고는 그의 글을 읽을 수 없다. 도스토옙스키의 종교성을 서구 시민정신이나 실존주의자들처럼 무시해 버릴 수도 없고, 소련 비평가들처럼 "비합리주의"나 "신비주의"라고 비난할 수도 없다(스탈린 시대에는 『악령』이나 『카라마조프 형제들』 같은 작품은 거의 손에 넣을 수조차 없었다). 도스토옙스키의 이해에 지대한 업적을 남긴 튀빙겐의 러시아 문학 연구가 뮐러Ludolf Müller는 러시아 비평가 레오니드 그로스만Leonid Grossmann의 주장을 다음과 같이 반박한다. 이 반론은 그의 연구가 편견에 빠지지 않은 공정한 것이라는 사실을 입증해 준다.

그의 반론에 따르면 이 "불신과 회의의 자식"이 후반기(유형지에서 석방된 뒤)에 가지게 된 종교는 피상적으로 받아들여진 교회 종교 체제와는 전혀 다르다. 그것은 러시아 농민 세계의 종교와는 분리되어 있으며,

단순히 정교회의 신앙과 같은 것이 아니다. 오히려 계몽주의, 칸트의 신神증명 비판과 포이에르바하의 무신론을 통과한 종교다. 도스토옙스키의 변신은 신학적 확신보다는 삶의 문제에 대한 근본적 입장과 관련된 것이었다. (여기서 도스토옙스키는 파스칼을 생각나게 하는데) 두뇌, 비판적 오성, 유클리드적 사고의 작업 외에 마음의 힘, 즉 인간 내부에 있는 다른 지층들, 살아온 삶이 존재한다는 것이다. 이 삶은 합리적 의미의 삶을 넘어서는 어떤 것이다.

"변증법 대신 삶이 시작되었다." 이것은 나중에 『죄와 벌』의 에필로그에서 대학생 로디온 라스꼴니코프의 변화를 가리킨 말이다. 루돌프 뮐러는 도스토옙스키의 종교에 대해, 특히 대작 소설들(『죄와 벌』(1866)·『백치』(1868)·『악령』(1871)·『젊은이들』(1875)·『카라마조프 형제들』(1878~1880))이 발표된 도스토옙스키 제3기의 종교에 대해 이러한 해석을 내렸다. 여기서 그는 자신의 주장이 도스토옙스키의 종교에 대한 미국인 깁슨A. Boyce Gibson의 뛰어난 연구와 프랑크Joseph Frank의 새로운 대전기(1976~1984)를 통해 입증되었다고 본다. 이들 저작은 모두 고리키Maxim Gorki와 루카치Georg Lukács의 좌파적 입장의 비난과 베르디예프Nikolái Berdjajew나 이바노프Wjatcheslȧw Iwánow 류의 우파적 이상화와는 아무 관계도 없다.

*

우리는 여기서 100년 전에 씌어진 도스토옙스키의 최후의 대작『카라마조프 형제들』에만 집중하려고 한다. 이 작품은 그 자체만으로도 도스토옙스키 사후 프리드리히 니체에서 지그문트 프로이트까지, 앙드레 지드에서 헤르만 헤세까지, 오르테가 이 가세로부터 토마스 만까지 그에게 보였던 엄청난 관심이 정당한 것이었음을 입증해 준다. 이 작품이 나온 때는 러시아에서 사회적 위기가 몇 년째 계속되고 있었고, 전제정치와 정교회 사이에 치명적인 동맹관계가 맺어져 교회가 민중의 극심한 증오의 대상이던 시기였고, 초기에는 자유주의적이었다가 나중에 반동적으로 돌아선 알렉산더 2세가 살해당하기 직전이었다(1881). 이때는 또한 톨스토이의 『안나 카레니나』, 입센의 『노라』, 폰타네의 『폭풍 앞에서』, 에밀 졸라의 『나나』가 나온 해이자, 제1차 바티칸 공의회가 열리고 교황 수위권과 무류성無謬性이라는 교의가 결정된 지(1870) 채 10년도 지나지 않은 때였다(이 사실은 대심문관을 이해하는 데 중요하다).

당시 러시아는 유럽에서 정치적·사회적으로 가장 뒤떨어진 나라였다. 1861년에야 비로소 대부분의 문맹 농민들(인구의 약 80%)이 법적으로나마 노예상태에서 벗어났다. 그러나 바티칸 시국市國에서와는 달리 러시아에서는 나폴레옹과의 전쟁에서 승리한 후 10년 동안 많은 지적 자유가 허용되었으며, 그 결과 자유주의 인텔리겐차와 더불어 역사상 최초로 유럽 계통의 러시아 문학이 생겨나게 되었다. 바로 도스토옙스키의 소설들이 그 좋은 예인데, 이러한 문학 속에 러시아의 현실이 매우 근본적이고도 보편적으로 받아들여졌다. 반면에 예컨대 켈러Gottfried Keller나 테오도르 폰타네Theodor Fontane와 같은 독일 소설들의 경우를 보면 프롤레타리아트나 사회 주변부의 인간들과는 거의 관련이 없고 쉽사리 이상화하고 타협해 버리는 성향을 보여준다.

신학자는 이제 심리적으로나 사상적으로 그토록 복잡한 작품에서 단순한 "이념들"을 추출해 보려는 유혹에 빠질 것이 틀림없다. 철학자 라우트Reinhard Lauth는 『체계적으로 서술한 도스토옙스키의 철학』Philosophie Dostojewskis in systematischer Darstellung (1950)이란 노작에서 그의 전 작품을 이런 식으로 해석했다. 이때 도스토옙스키의 독창성은 너무나 쉽게 간과된다. 많은 종교적 철학자와 정치적 예언가들도 논설과 논문을 통해서 자기 "철학"과 "이념들"을 표명했다. 도스토옙스키의 특성은 그가 이런 철학과 이념을 **소설**로 제시한다는 데 있다. 이 숙련공은 철학자가 아니라 작가·예술가라고 자처한다. 그의 소설에서 지배적인 것은 이념이 아니라, 다양한 출신 성분과 성격·자질·세계관을 가진 구체적 인간들이다. 도스토옙스키는 자기와 남을 관찰하는 데 천부적 재능을 가진 (이 점에서 키에르케고르와 비슷한) 작가로서 미증유의 심리적 감정이입 능력과 공감을 가지고 이들 인물을 묘사하고 있다.

실제로 그의 소설은 완전히 새로운 "**다성**多聲 **소설**(Michaíl M. Bachtín)"이다. 도스토옙스키에 의해 창안된 이 유형의 특징은 줄거리가 나란히 몇 가닥으로 나뉘어 진행되면서 미학적으로 대립적인 여러 인물의 의식 속에 대화적으로 반영된다는 점을 들 수 있다. 그렇다면 러시아 비평가 바흐친이 추론한 대로 작가 자신은 그 어느 목소리와도 동일시되지 않고 모든 관점이 그에게 동시에 가능하다는 말인가? 이는 도스토옙스키에게 마지막 말은 존재하지 않는다는 뜻인가? 아니다! 도스토옙스키의 편지와 "일기", 논문과 강연들에서 또 하나의 언어가 말을 하고 있다. 그러나 소설 자체도 그 줄거리의 진행을 통해서, 특히 그 대단원을 통해서 작가의 입장을 드러낸다. 그렇다면 이 소설의 수많은 가닥 중에 결정적인 줄은 어디서 풀려가는 것일까? 이는 줄거리가 어디서 외적으로 매듭지어지느냐는 문제만이 아니다. 어디에 이 소설의 근본 문제가 있는가? "이율배반이 구성의 기본원리"(L. Grossmann)인 이 소설에서 정신적·이데올로기적 **근본 대립**은 어디서 드러나는가?

서론이나 머리말을 읽지 않고 『카라마조프 형제들』을 읽기 시작하는 독자는 처음부터 아버지와 큰아들 드미트리의 대립, 간접적으로 두번째 아내에게서 낳은 (모두 20대인) 두 아들 이반과 알료샤의 대립에 마주치게 된다. 사생아 스메르자꼬프도 지나쳐 버릴 수 없는 인물이다. 작가 자신의 복잡한 심리상태가 판이한 성격의 형제들에게 부여됨으로써 놀라운 인물구도가 성립한다. 늙고 교활한 시골 지주 표도르 파블로비치 카라마조프는 술과 여자에 탐닉하는 구제불능의 호색한이며, 두 아내와 자식들을 전혀 돌보지 않는 방탕한 인물이다. 그는 요부 그루셴까와 결혼하기 위해 자기 어머니의 유산 3,000루블을 요구하는 큰아들 드미트리와 문자 그대로 혈전을 벌인다. 이 아버지는 당시 바로 그 여자에게 하룻밤 자는 데 3,000루블을 주기로 약속하고 있었다.

　물론 여기서 외디푸스 콤플렉스가 모든 것을 설명해 주지는 않는다. 아버지 못지않게 음탕한 본능을 가진 동시에 진실로 인간적인 고결함도 아울러 가지고 있는 드미트리(28세)는 교양있고 아름다운 카테리나 이바노브나와 약혼한 사이면서도 그루셴까와 사랑에 빠진다. 이 소설에서는 그의 방종한 성격이 거의 모든 장을 주도하고 있다. 이 극적인 소설은 그의 도전으로 시작되어, 살인 혐의로 시베리아 유형을 선고받은 뒤 탈출을 기도하는 데서 끝난다. 시와 이야기로 "뜨거운 마음을 고백하는" 드미트리가 이 소설에서 유례가 없을 만큼 다채롭고 독창적인 인물이라는 사실은 의심의 여지가 없다. 그렇다면 그가 도스토옙스키의 주인공이라고 할 수 있을까? 그렇지는 않다.

　작가 자신이 머리말 첫 문장에서 주인공은 큰아들이 아니라 막내아들 알렉세이 표도르비치 카라마조프, 즉 **알료샤**라고 밝히고 있다. 이같은 작가의 말은 놀라움과 논란과 해석을 유발했다. 알료샤는 (둘째 이반과 비교해 보더라도) 주변 인물에 지나지 않는 것처럼 보이지 않는가? 방관자나 심부름꾼 또는 중재자 정도에 불과하지 않은가? 갓 스물 된 시골 수도원 수련자밖에 안되는 인물이 아닌가? 종교적 직관을 가진 알료샤는 형제들 가운데 유일하게 아무하고도 다투지 않는다. 그는 이 소설의 (두 형과 카제리나, 그루셴까까지도 포함해서) 거의 모든 인물과 친하게 터놓고 지내는 사이다. 그는 긴 독백을 늘어놓지도 않는다. 따라서 두 형에 비해 별로 눈에 띄지는 않는다. 순결한 영혼의 소유자인 것 같긴 하나 주인공은 아니다!

　이에 대한 설명을 위해서는 다음과 같은 점을 고려해야만 한다. 도스토옙스키는 이 인물을 장기적인 계획에 의해 "설정"한 것이다. 이는 "주인공답지 않은" 막내아들의 외양이 작가의 정확한 계산에 의해 의도된 것이며, 소설 구성상 중요한 기능을 담당하고 있음을 의미한다. 만일 이 소설이 제1부에 지나지 않고, "중심 소설"인 2부가 마저 씌어질 예정이었다고 (머리말에 제시된 이 예고를 어떤 문학적 복선이라고 간주하기엔 너무나도 단정적이므로) 한다면, 우리는 알료샤에 대해 더 기대를 걸어야 할 것이기 때문이다. 즉, "나의 주인공(알료샤)이 **우리의** 시대에, 바로 지금 흘러가고 있는 현재에 어떻게 영향을 미칠 것인지" 에 대해서(Piper-Ausgabe, S. 8).

알료샤는 무엇의 형상화인가? 그는 이 소설의 구조에서 어떤 위치를 차지하는가? 대답은 이것이다. 알료샤는 둘째, 즉 **이반**(24세)에 대한 결정적 반대상이다. 이반은 마찬가지로 카라마조프적인 삶의 열망을 지니고 있지만 날카로운 이성을 가진 지식인이기도 하다. 그러면서도 그는 결국 수수께끼에 싸인 지식인이며, 모스크바에서 돌아온 "현명한 무신론자"다. 형처럼 아버지를 깊이 경멸하지만 무슨 이유에서인지 지금은 아버지와 함께 살고 있다. 알료샤는 이 이반과 대극을 이루고 있다.

도스토옙스키의 『카라마조프 형제들』은 다성적일 뿐만 아니라 러시아 비평가에서 니체·프로이트·지드·토마스 만에 이르기까지 다양한 사람들이 이 소설을 검토했거나 검토를 시도했을 만큼 다층적이기도 하다. 우리는 이 소설을 범죄소설로 간주하여 끊임없이 변동하는 외적 이야기 전개에만 주목해서는 안된다. 또 심리소설로 간주하여 장면마다 나타나는 다양한 인물형에 의해 형성되는 내면의 극적 변화에만 주목해서도 안된다. 이 소설은 단순한 범죄소설이나 심리소설이 아니다. 시대소설·사회소설·이념소설이기도 하다. 따라서 오히려 다이나믹하게 전개되는 정신적·윤리적·종교적 기본 입장에 훨씬 더 주목하지 않으면 안된다. 그럴 때만 이 소설의 근본을 이루는 다음과 같은 이데올로기적 **기본 대립**을 확인할 수 있다. 즉, 이반이 내세우는 현대적이며 계몽적인 서구 **무종교성**(사생아요 경멸당하고 버림받은 이반의 이복형제인 스메르쟈꼬프, 그는 선천적으로나 후천적으로나 불신의 화신으로서 이반의 하인이자 하수인이다)과 계몽적이고 그리스도교적인 알료샤의 **종**

교섭(알료샤의 대변인이자 정신적인 대부는 조시마이다) 사이의 대립이 그것이다. 이 기본적인 긴장관계를 분석하는 가운데 나는 (국가와 교회, 판결과 소송의 진행, 에로스와 성의 관계 등 흥미있는 문제들은 일단 제쳐두고) 본 강의의 주요 논제에 대해 이 소설이 가지는 의미, 즉 근대에 와서 종교에 어떤 일이 일어났으며 종교가 근대에 어떤 일을 일으켰는가를 깨닫게 되었다.

그렇다면 나는 신학자로서 나 자신의 문제를 도스토옙스키의 소설에 투사하고 있는가? 결코 아니다. "무슨 목적으로 우리가 여기 함께 있지? 카제리나 이바노브나에 대한 사랑을 얘기하려고? 아니면 늙은이와 드미트리의 문제에 대해 얘기하려고? 아니면 외국에 대해서? 러시아의 비참한 현실? 나폴레옹 황제? 뭐 그런 것 때문에?" 이것은 도스토옙스키 자신이 이 소설의 절정 부분으로 본 중심 대화에서 이반이 알료샤에게 던진 말이다. 알료샤는 짤막하게 대답한다. "아냐. 그때문이 아냐." 이반이 말한다. "우리는 무엇보다도 근원적이고 영원한 문제를 풀어야 해. 그게 지금 우리의 유일한 관심사야." 이반은 러시아 청년 모두가 "세속 문제"에 대해서만 얘기하고 있다고 말한다. "하느님은 존재하는가? 영생이란 있는가? 하느님을 믿지 않는 자들 가운데 일부는 사회주의니 무정부주의니, 새로운 국가에 의한 전인류의 변혁을 얘기하지. 그런 생각은 결국 순수한 악마에게 도달하게 되어 있어. 그러나 모두 같은 문제야. 다만 다른쪽 극단에서 보았다는 것뿐이지"(S. 378f).

따라서 회의론자 **이반**은 정신적으로 현란한 **무종교** 입장을 대변하고 있다. "아냐, 하느님은 존재하지 않아!" 이반은 먼저 전형적인 냉소주의자로 나타난다. 형 드미트리가 아버지를 때려눕히겠다고 위협하는 끔찍한 장면 이후에 이반은 다음과 같은 말을 입에 담는다. "한 마리 구더기가 다른 구더기를 잡아먹을 테지. 그건 두 마리 구더기에겐 지당한 일이야"(S. 230). 자신이 "동생의 보호자"라는 카인의 대답이 곧 이반의 대답이 된다.

도스토옙스키의 소설 『악령』(1871)(최초의 위대한 "무신론 소설")에도 역시 무신론적 니힐리즘(무정부주의)이 개인과 사회에 끼치는 엄청난 영향에 대한 치열한 논의가 담겨 있다. 테러나 다름없는 살인에 큰 충격을 받은 도스토옙스키는 여기서 온 힘을 다해 러시아 국민, 특히 지식인과 학생들에게 실용적 또는 건설적 미래 계획도 없이 무제한의 폭력행위일 뿐인 테러리즘의 정체를 보여주려고 했다. 그것은 사회가 중병에 시달리고 있다는 증거다! 도스토옙스키는 러시아를 혁명으로 몰고 갈 요인들이 무엇인지 미리 알고 있었던 것이다. 급속히 확산되는 무신론, 가치의 붕괴, 그리고 그것의 사회적 배경 — 민중으로부터 경원시되는 기생충 같은 귀족층, 반동적인 교회, 근대화된 서구적 지식계급, 신앙심과 함께 선과 악의 판단 기준마저 내팽개친 학생들, 끝으로 무엇에 의지할지 알지 못한 채 방향을 잃은 가난한 민중들 …

『카라마조프 형제들』 자체도 이런 배경을 고려하여 읽어야 한다. 이 소설에는 도스토옙스키의 어떤 작품의 경우와도 달리 그의 작품세계 전체가 반영되어 있고, 작가의 메시지가 포괄적으로 표명되어 있으며, 따라서 하느님이 없는 **근대인의 문제**가 극적으로 추구되고 있다. 니체의 경우에 그렇듯이 도스토옙스키에게도 역시 하느님 문제는 끊임없이 에토스, 즉 모럴·양심·윤리적 행동의 문제와 연결되어 있다. 하느님과 아울러 종교적 구속력이 사라짐에 따라 필연적으로 윤리적인 규율, 도덕적 구속이 없어진다. 도스토옙스키는 이러한 사실에서 근대의 취약점, 심연을 발견하였다. 그것은 제2차 세계대전 말기 당시에는 주목받지 못했던 호르크하이머와 아도르노의 저서 『계몽의 변증법』 가운데 "줄리엣: 계몽주의와 도덕"Juliet oder Aufklärung und Moral이란 제목의 장에서 사드와 니체 등 "부르주아의 어두운 작가들"과의 관련하에 연구되었던 문제이기도 하다. "살인에 반대할 근본적인 논거를 이성으로부터 도출할 수 없다는 사실이 오늘날까지도 다름아닌 진보주의자들이 사드와 니체에 대해 품고 있는 증오의 원천이 되었다"(S. 107).

도스토옙스키는 이 모든 것을 이반이란 인물을 통해서 끔찍할 정도로 실질적으로 그려내고 있다. 단 하나의 부정 명제가 온 작품을 관통한다. **"하느님이 존재하지 않는다면 모든 것이 허용된다."** 첫째 장에서부터 이미 이반의 성격은 이 문장에 의해 규정된다. 이반의 입장의 복합성을 밝히기 위해 좀더 긴 문장을 인용하자. "세상에 동족을 사랑하게 만드는 계기란 존재하지 않는다. '인간은 인간을 사랑해야 한다'는 자연법칙이란 존재하지 않는다. 그런데도 아직 세상에 사랑이란 것이 있다면 그것은 자연법칙 때문이 아니라 인간이 자신의 영생을 믿기 때문이다. 이반 표도르비치는 이렇게 말하고 또 덧붙인다. "만약 누군가가 인간에게서 영생에 대한 믿음을 지워버린다면, 인간은 사랑뿐만 아니라 이 세상에 살아남을 힘마저 잃고 말 것이라고 했지요. 이것이 바로 자연법칙의 본질이라는 겁니다. 그뿐 아녜요. 그렇게 된다면 인간은 더 이상 수치심도 느끼지 못하게 될 테고, 모든 일이, 심지어는 인간을 잡아먹는 일까지도 허용될 거라는 거죠. 하지만 그런 말만으로는 충분치 않았던지 그는 다음과 같은 결론을 내렸습니다. 하느님도 인간의 영생도 믿지 않는 개인에게, 예컨대 나 같은 인간에게 자연의 윤리적 법칙은 이전의 종교법칙과는 정반대로 되어야 한다고. 또 이기주의, 심지어 범죄까지도 허용되며, 더 나아가 불가피하며 가장 합리적이고 가장 고귀한 방법으로 간주될 거라는 겁니다"(S. 113f).

우리는 그러한 진술을 "기억"하여 증언한 사람이 드미트리였다는 사실에 주목해야 한다. 결국 친부 살해를 실행한 것은 그가 아니라 스메르자꼬프였지만, 스메르자꼬프의 행위도 이반이 꿈꾸던 생각을 현실화했을 뿐이다. 모스크바 지식인의 미적·허무주의적 이데올로기가 친부 살해를 정당화하는 논리를 제공했으므로 주범은 이반 이외에 그 누구일 수도 없다. 스메르자꼬프는 이반에게 말한다. "나리가 그를 죽인 거예요. 나리가 살인자란 말입니다. 전 그저 나리의 충복 하수인일 뿐이죠. 나리의 소원대로 그 일을 실행했을 뿐입니다"(S. 1015).

이반은 재판이 시작되기 직전에, 공개적인 고백을 하고 자기의 광기를 터뜨리기 전에 그 유명한 **악마와의 희극적이고도 비밀스런 대화**를 통해 자신의 심연을 체험하게 된다. 그 악마는 (페라퐁 신부의 신화적 악마와는 다른) 이반의 제2의 자아였다. "이제 이미 진리를 깨달은 사람에게는 전적으로 자기 의사에 따라, 즉 전혀 새로운 원칙에 따라 행동할 자유가 있다. 이런 의미에서 그에게는 '모든 것이 허용된다'"(S. 1062)는 이반의 논리는 곧 사탄의 논리임이 밝혀진다. 그러나 이 대화의 마지막에서 알료샤가 스메르자꼬프가 한 시간 전에 목을 매어 자살했다는 소식을 짤막하게 전할 때, 그것은 이 "새로운 법칙"의 의기양양한 이데올로기에 대한 작가의 냉혹한 비판인 것으로 보인다.

자기 입장을 확고하게 개진하는 이반도 그것을 실행하는 데는 매우 모호한 태도를 보인다. 자신의 회의주의에 대해서조차 회의적인 이반은 하느님 신앙을 둘러싸고 씨름하는 무신론자의 불확실성·이중성·다의성을 선언한다. 아버지를 향해서 공공연히 하느님을 부인했던 이반이 (하느님이란 개념이 없었다면 물론 문화도, 심지어 꼬냑도 없었을 것이다!) 「찬성과 반대」라는 위대한 장에 오면 알료샤와 사상적으로 가장 밀도있는 대화를 나누면서 자신이 확신을 가지고 있지 못하며("아마도 나 역시 하느님을 믿고 있는지도 모르지") 포이에르바하의 "가설"은 입증할 수 없는 것으로 생각한다고 고백한다("러시아의 아이들"이나 "우리 교수님들"한테는 희한하게도 그것이 "공리"로 통하고 있다). "그래서 나는 이미 오래 전부터 인간이 하느님을 창조했는지 아니면 하느님이 인간을 창조했는지 따위의 문제에 대해 생각하지 않기로 했어." 이반은 "하느님을 그대로 아무 이의 없이" 인정한다. 삼차원적 "유클리드 세계에 갇힌 오성"을 뛰어넘는 하느님의 "전지성과 우리들에게 전혀 알려져 있지 않은 하느님의 목적"까지도 모두 그대로 인정하는 것이다. 현재로서는 이 세계의 하느님을 반박하기보다 **하느님이 만든 이 세계**에 대항하는 편이 훨씬 효과적이다(S. 380-382).

"그래서 간단히 말해두겠는데, 난 이 하느님의 세계의 마지막 결론을 **받아들이지 않아**"(S. 382). 이반의 "논거"는 무엇인가? 그것은 인류의 불행에 대한, 아니 좀더 정확히 말해서 **순결한 어린이들의 불행**에 대한 끝도 없는 이야기들이다. 그것은 금시초문의 끔찍한 이야기들로서, 모두 꾸며낸 것이 아닌 실화다(도스토옙스키는 이를 보도한 신문기사를 수집했다). 이반에 따르면 이들 이야기에 "짐승 같은" 잔인함이라는 표현을 사용하는 것은 짐승에 대한 모독이 될 정도다. 짐승들은 절대로 인간처럼 교활하면서도 계획적으로 잔인해질 수 없기 때문이다. 변신론? 사해동포주의? 미래의 영원한 조화? 이 모든 것은 "어린 순교자들" 앞에서는 완전히 허물어지고 만다. 그런 조화는 "그 조그만 주먹으로 이마를 치면서 '사랑하는 하느님'을 향해 기도드리는 어린이의 결백한 눈물 한 방울만큼의 값어치도 없다". "그런 조화란 그만한 가치가 없어. 왜냐하면 이런 어린이들의 눈물이란 순결한 것이기 때문이지. … 하지만 나는 그때문에 나의 입장권을 반납하려고 서두르고 있는 거야. 내가 성실한 인간이 되기를 바란다면, 이 일을 될 수 있는 한 빨리 해 버리는 것이 나의 의무겠지. 그래서 나는 결국 반납하겠다는 거야. 알료샤, 난 하느님을 거부하는 게 아냐. 하느님에게 나의 입장권을 공손하게 되돌려드리는 것뿐이야"(S. 398f).

바로 여기에 이반의 무신론의 비밀이, 그의 "반항"의 근거가 있다. 근대의 무종교 상황은 굳게 자리잡고 있는 듯이 보인다. "내가 무엇 때문에 고통을 당하고 있는가? 이러한 물음이 무신론의 초석이다." 서구에서는 이미 뷔히너Georg Büchner가 『당통의 죽음』Dantons Tod (III,I)에서 이렇게 갈파한 바 있다. 그것은 인간이 자기 정체성에 관한 결정적 물음, 자기 삶과 죽음이 가지는 의미와 무의미에 대한 물음, 결국 현실 자체에 대한 회의에 봉착하게 되는 것은 (특히 결백한 사람의 경우에) 고통에 빠져 있을 때라는 사실을 가르쳐 준다. 그렇다면 인류의 삶과 역사 속의 고통이라는 이 압도적 현실에 직면해서 고통받고 의심하고 절망하는 인간에게는 이반 카라마조프처럼 용납할 수 없는 하느님의 세계를 부정하거나, 도스토옙스키의 뒤를 이어 마찬가지로 죄없는 피조물의 고통을 지적한 알베르 까뮈처럼 "부조리한 세계"를 뒤엎는 혁명을 선포하는 것 외에 다른 대안은 없는 걸까?

그렇다. **이** 세계는 부조리하다. 그리고 도스토옙스키는 그 점을 변명하거나 정당화할 생각이 없었다. 현실에 대한 부정적 묘사로 말한다면, 그는 에밀 졸라 같은 당대 자연주의자들만큼이나 냉철했다. 그러나 졸라가 현실의 일면(특히 그 동물성·추악성·부도덕성)만을 의식적으로 "과학적인" 사실로 받아들이려는 경향을 보인 데 반해(이같은 그의 입장은 소설 『떼레제 라껭』Thérèse Raquin (1868)의 서문에서 이 주인공을 변호하면서 표명되어 있다), 도스토옙스키의 작품에서는 이에 대한 반대상, 반대 세계, 에토스와 휴머니즘, **그리스도교 신앙**의 공간이 존재하고 있다.

물론 도스토옙스키의 독특한 점은 그 두 세계가 **논증적으로** 전달되지 않는다는 데 있다. 이반의 세계는 철학이나 도덕 차원에서 비난할 수 있는 것도, 그리스도교적 변호를 통해서 무죄가 될 수 있는 것도 아니다. 어떤 한 가지 논거가 아니라 (도스토옙스키에 따르면) "책 전체"가 "대답"을 제공한다(Tagebuch, S. 613). 이반에의 접근은 철학만으로도, 또 단순히 신앙만으로도 되지 않는다. 많은 도스토옙스키 해석이 이반의 무신론을 도덕 차원에서 다루고 있는데, 이런 오류는 경계하지 않으면 안된다. 알료샤도 도스토옙스키 자신도 손쉬운 해답은 거부한다. 아이들의 죄를 부모에게 전가하는 것, 내세에서의 보상에서 위안을 구하는 것, 인간을 선인과 악인으로 양분하는 것 따위의 해결책은 받아들일 수 없는 것이다. 도스토옙스키는 일기에 이렇게 적고 있다. "이반은 깊은 내심에 있어서 요즘의 흔해빠진 무신론자가 아니다. 요즘 무신론자들은 신앙을 거부함으로써 자기네의 편협한 세계관이나 나쁜 머리를 폭로

하는 꼴이 되고 만다. … 유럽에서조차 그만큼 위력적인 무신론적 **표현**은 현재에도 과거에도 **존재한 일이 없다**"(Tagebuch, S. 613; 620).

그러나 그토록 세심하게 그려진 이반의 세계에 대해 위대한 내적 자유와 고요 속에서 (혁명과 체념의 저편에서) 독특한 설득력을 갖춘 또 다른 **대안의 세계**가 대비된다. 이반이 말하기 시작할 때, 알료샤는 이미 행동하고 있다. 궁극적인 신학적 문제 앞에서 합리적 논증은 힘을 잃게 된다는 것이 도스토옙스키의 확신이다. "그렇기 때문에 알료샤는 이반과, 조시마 장로는 카라마조프 노인과, 그리스도는 대심문관과 논쟁을 벌이지 않는다. 그들은 논쟁해야 할 때마다 사랑의 징표와 행동으로써 대답한다. 반박을 위한 논거를 제시하지 않고 존재방식을 제시한다"(L. Müller, S. 88).

그러면 이반의 논리를 반박하는 것은 무엇인가? 결국 다른 사람을 지적하는 것이 알료샤의 대응이다. "형은 그분을 잊고 있어." 알료샤는 하느님의 세계와 순결한 어린이들의 무고한 고통에 대한 형의 비난에 대해 잘 알려진 대로 이렇게 대답한다(우리는 또한 굴락에서 행한 도스토옙스키의 신앙고백을 상기하게 된다). 죄없이 처형당한 예수가 모든 죄를 용서할 수 있지 않은가? 그가 하느님을 보증해 주는 것이다. 예수는 도스토옙스키에 있어서 (그가 예수를 언급한 일은 드물지만) 대단히 중요한 배경으로 남아 있다. 그러면 이반은? 그가 이어서 대심문관의 전설을 이야기하면서, 대심문관의 "최대의 비밀"(S. 426)은 그가 하느님을 믿지 않는다는 점이라고 말할 때, 이반은 간접적으로 예수를 인정한 셈이 아닌가? 이 전설은 알료샤의 생각으로는 광장한 "예수 찬양"(S. 424)인 동시에 하느님이 없는 세계를 초월했다는 망상에 사로잡혀 스스로가 이미 오래 전부터 그리스도 없는 그리스도교로 전락했다는 점을 깨닫지 못하는 그리스도교에 대한 중대한 도전이다. 그것은 자유를 억압하며 인간을 경멸하는 로마 체제(그것이 곧 가톨릭 교회를 가리키는 것은 아니다)와 전체주의적 이데올로기 일반에 대한 가장 통렬한 비판이다.

키에르케고르와 마찬가지로 도스토옙스키 역시 이론보다는 실천을 문제삼았다. 그리스도교계에 그리스도교를 다시 끌어들이는 일이 중요했다. 하지만 러시아 그리스도교계는 얼마나 판이한가. 도스토옙스키는 19세기에 개신교가 거침없이 무신론을 향해 가는 것을 보았다. 또 로마 가톨릭 교회에서 전체주의적 사회주의 이념이 생겨나는 것도 보았다. 러시아 그리스도교는 이 두 가지의 침해를 받지 않았다. 러시아 그리스도교를 규정하는 것은 동방정교, "거룩한 러시아"의 경건성이었다. 이 "거룩한 러시아"에서 도스토옙스키는 유럽 전체의 희망을 발견한다. 비록 나중에 정치적인 글에서 자주 이 정신을 민족주의·대중주의·(터키에 대한) 제국주의와 혼합하기도 했지만, 어쨌든 키에르케고르의 지나친 관념성·엄격성·음울함은 이 그리스도교와는 거리가 멀다. 이 또 다른 대안 세계의 중심부에 있는 인물은 장로 조시마와 알료샤다. 조시마 장로는 구세대의 대표자이며, 알료샤는 새세대의 삶의 양상을 미리 보여주는 인물이다. 이를 통해서 **새롭고 더 즐거운 그리스도교의 초상**이 모습을 드러낸다.

그리스도인 알료샤의 모습을 머리에 떠올려보자. "허약하고 광신적이며 제대로 성장하지 못한 젊은이, 창백한 몽상가, 궁핍하고 말라빠진 무력한 인간"? "그 반대다" 그는 "밝고 탁 트인 눈을 가진 열아홉 살의 의젓한 젊은이"다. 그는 건강미와 카라마조프적 "대지의 힘"을 지니고 있다. 인간을 신뢰하나 너무 순진하지는 않다. 많은 일에서 쓰라린 슬픔을 맛보지만, 그렇다고 인간에 대한 심판관이 되지는 않는다(이 점이 도스토옙스키가 가장 중시한 것이다). 알료샤는 광신자도 신비가도 아니며 오히려 "그 누구보다도 분명한 현실주의자"다. "나이로 보아 부분적으로는 이미 우리가 사는 새시대에 속한 알료샤, 그는 천성적으로 성실하여 진실을 동경하고 찾아나선다. 그는 자기 영혼의 온 힘을 다해 진실에 직접 다가가고 싶어한다"(S. 42f). 이런 의미에서 그는 근대적 지성인이면서도 매우 성실한 그리스도인이다.

실제로 도스토옙스키의 주요 인물들은 (고대 헬레니즘 교회의 파라디그마에 의해 규정된) **전통적 정교회의 경건성과는 거리가 멀다**. 장중한 비잔틴 러시아식의 예배의식, 공식 교회의 핵심부, 축제, 행렬과 같은 요소는 ("다른 세계와의 접촉"(S. 521-25)이나 기도 따위에 비해) 소설에서 실제로 거의 아무 역할도 하지 않는다. 도스토옙스키는 정교회 사제와는 애당초 거리가 멀다. 그는 교회에 다니는 신도가 아니다. 그도 수도생활은 긍정한다. 그것은 향유욕·소유욕·지배욕("대심문관"에서 예수가 부딪친 세 가지 유혹)이 판치는 세상에서 신호 구실을 한다. 그러나 수도자의 길이 더 숭고한 것은 아니다. 도스토옙스키는 초기 그리스도교보다는 오히려 헬레니즘, 아마도 인도의 영향에서 비롯되었을 금욕주의를 거부한다. 금욕주의는 대단한 침묵가, 열광적인 단식가, 등불을 켜고서 성인을 숭배하는 페라퐁 신부의 모습으로 풍자되고 있다. 러시아의 민중신앙에서와는 달리 여기서 기적 같은 것은 중요하지 않다. 또 알료샤의 입장에서도 성인 공경은 그리스도 추종자가 따라야 할 냉철한 방향으로 인도된다("늘 쾌활했던"(S. 48), 그러나 보수적인 동료들의 비난을 받던 조시마 장로가 평화롭게 죽었을 때, 그의 시체는 사람들의 예상과는 달리 심한 썩은 냄새를 풍긴다).

이 작품에서는 어린이들에 대해 성서(특히 변신론 문제와 관련된 욥기의 의미)가 가지는 의미가 강조된다. 전편에 걸쳐 러시아적으로 채색된 **계몽된 그리스도교적 종교성**이 두드러진다. 조시마 장로도 그의 제자도 하느님과 그리스도에 대한 신앙에 입각한, 그러나 누구의 강요나 작위에 의하지 않은 **인간애**를 전파한다. 왜냐하면 그리스도교 역시 다른 모든 종교와 마찬가지로 인간성의 보존, "계명의 준수"를 당연히 전제하기 때문이다. 장로는 늙은 호색한 카라마조프에게 말할 수 없이 친절한 태도로 음주와 육체적 쾌락과 황금숭배를 삼가도록 충고한다. "그리고 가장 중요한 것은 거짓말을 말아야 한다는 겁니다"(S. 71).

그러나 그리스도교, **그리스도교의 특성**은 단순히 "계명의 준수"만으로 충족되는 것이 아니다. 하느님과 영생, "이는 증명할 수는 없지만 이에 대해 충분히 확신을 가질 수 있습니다." 장로는 알료샤의 친구 리자의 어머니에게 이렇게 얘기한다. "어떻게요? 뭘 통해서?" ― "실천적인 사랑의 체험을 통해서. 이웃을 끊임없이 열심히 사랑하도록 노력하십시오. 사랑 안에 전진한 그만큼 하느님의 존재와 영혼의 불멸을 믿게 될 것입니다"(S. 91). 이것은 의사의 태도와는 대조적이다. 의사는 슬픈 표정으로 장난하듯이 말한다. "나는 인류를 사랑합니다. 하지만 난 나 자신에 대해서 놀랍니다. 왜냐하면 내가 인류 전체를 사랑하면 할수록 개별적인 인간들에 대한 애정은 점점 더 식어가니까요(S. 92f).

키에르케고르 역시 이렇게 반어적으로 말했을 수도 있다. 그러나 "이런 경우에 어떻게 하면 좋을까요? 참으로 절망적입니다!"라는 물음에 대해 장로는 절대자에 대해 생각하는 안티-클리마쿠스라면 결코 해주지 못했을 대답을 준다. "아닙니다. 그런 문제로 번민한다는 사실만으로도 충분합니다. 힘 닿는 데까지 실천하십시오. 그러면 돌아오는 것이 있을 겁니다"(S. 93). 알료샤는 큰형 드미트리에게 (탈출이냐 시베리아 유형이냐 하는 갈림길에서) 이렇게 말한다. "하지만 형은 결백해요. 그러니까 그런 십자가는 형한테는 너무 가혹한 거죠"(S. 1254). 『이것이냐 저것이냐』의 저자가 거의 중요시하지 않았던 문제(절제와 단념의 문제)가 놀랍게도 『카라마조프 형제들』의 저자에게는 두드러지게 나타난다. 소용돌이 같은 극적 생애를 (오랜 세월을 노름빚과 지속적인 채무에 시달리며, 또 두 여인 사이에서 이리저리 방황하며) 살아 온 그에게는 도덕적 우월감에 이를 계기란 적었다.

아니다, 도스토옙스키가 "최고 이상"으로 "끌어올린" 것은 그리스도교 삶이 아니다. 그가 『카라마조프 형제들』을 쓴 목적은 오직 "사람들에게 순수하고 이상적인 그리스도는 추상적 존재가 아니라 볼 수 있는 현실적이고도 가능한 존재라는 인식을 심어주기" 위한 것이었다(S. 563).

살아 있는 그리스도라는 전제는 물론 장로의 기본 이념이다. 그는 이 이념을 (다른 종류의 인간이라 할 수 없는) 수도자들에게 "왕도"로서 가르친다. "**우리 모두가** 지상의 모든 인간, 모든 것에 대해 **죄를 짓고 있다**"(S. 264f). 그리고 실제로 이 소설은 네 형제 모두가, 알료샤조차도 (참으로 죄많은) 아버지의 죽음에 책임이 있다는 것, 또 소송에 참여한 모든 사람이 (여자들과 판사까지 포함해서) 용서와 동정에 의존하고 있다는 것을 분명히 보여준다. 장로의 결론은 다음과 같다. "무신론자·이단자·유물론자를 증오하지 마시오. 여러분 가운데 있는 악한 자들을 증오하지 마시오. 선한 자들에게서만 증오의 눈길을 거두지 마시오. 악 가운데도 많은 선이 있습니다. 특히 우리가 사는 시대에는"(S. 265f). 이렇듯 모두가 함께 죄와 책임이 있다는 사실을 진정으로 받아들이게 되면 인간이 하느님에게 이 세계의 부당함에 대해 해명하라고 요구하는 행위가 얼마나 옳지 못한 일인지가 분명해진다. 오히려 (알료샤와 그의 학생들이 모범을 보인 대로) 서로 연대하여 이 세상의 인간이 저지르고 있는 불의를 실천적인 사랑을 통해 바로 그 자리에서 척결하려고 노력할 일이다. 새로운 호교론이나 변신론이 필요한 게 아니다. 오히려 필요한 것은 새로운 그리스도교적 근본 자세와 실천이다.

그렇다. 도스토옙스키의 그리스도교는 강력하게 능동적이며 활동적이다. "수동적인 사랑이란 그(알료샤)와는 거리가 멀다. 그는 무언가를 사랑하면 즉시 도움을 주고 싶어한다"(S. 303). 파괴적인 자기중심주의에 맞서서 예수의 자세, 상부상조·선물·봉사·아껴주기·용서라는 근본 자세를 지향하는 것이다. 이러한 실천적 사랑의 그리스도교는 인간을 변화시킨다. 도스토옙스키 자신은 물론 (톨스토이와는 달리) 어떤 정치적·교육적 해결책을 제시한 바 없지만, 이같은 정신은 개인적 차원뿐만 아니라 **정치사회적 차원**에까지도 도달한다. 장로는 자유와 평등과 박애를 선포한다. 그가 말하는 자유는 새로운 노예상태나 자살을 초래하지 않는 자유이고, 평등은 모든 인간의 정신적 개체 속에 터를 잡은 평등이며, 박애는 현대사회의 고독과 소외를 극복하는 박애다.

그렇다, 이러한 그리스도교는 심지어 **우주적 차원**에까지 확장된다. 도스토옙스키가 직접 말했다면 (그 자신도 그렇게 쓴 일이 있거니와) 조시마 장로보다는 훨씬 현대적인 언어를 구사했을 것이다. 그러나 도스토옙스키는 전적으로, 프란치스코식으로 모든 생물에 대해 사랑을 가지고 있는 그 늙은 수도원 신부 세라피쿠스의 메시지 뒤에 물러나 있다. 하느님이 이 세계 **속에** 있다는 것은 도스토옙스키의 입장이기도 하다! 하느님의 비밀은 모든 존재 **안에** 있다. "하느님이 창조하신 모든 잎사귀, 모든 빛줄기를 사랑하시오. 동물들을 사랑하시오. 하느님이 그들에게 생각의 싹과 순수한 기쁨을 주셨습니다. 그들을 슬프게 하지 마시오. 고통을 주지 마시오. 그들에게서 현존의 기쁨을 빼앗지 마시오. 하느님의 뜻을 거스르지 마시오. … 특히 어린이들을 사랑하시오. 그들은 천사처럼 순결하고, 마치 우리를 감동시키고, 우리 마음을 정화하고 교화하기 위해서 사는 것 같지 않습니까. 어린이를 괴롭히는 자에게 화 있으라!"(S. 522). 카라마조프 집안에 대한 거대한 이야기 속에 들어 있는 수많은 단락들 가운데서도 특히 알료샤와 아이들, 꼬마 일류샤, 강아지 주치카의 이야기는 문학적으로나 인간적으로나 가장 감동적인 부분이다. **식물과 동물과 어린이들**! 이 소설은 알료샤와 아이들(대안 사회의 한 모델)이 꼬마 일류샤가 죽은 뒤 (죽음에서 생겨나는 새 삶에 대한 희망에서) 즐거운 마음으로 묘비를 향해 가는 것으로 끝난다. "영원히 그렇게 한평생 손에 손잡고 가자. 카라마조프 만세!"(S. 1274).

우리는 다음 사실을 논란의 여지 없이 받아들여야 할 것이다. 모든 한도를 넘어서 버린 비극, 탁월한 심리학자인 작가가 특정한 개성을 지닌 인물들을 끝까지 추적하고 해부한 이 비극에서 나타난 온갖 참담하고 추악하고 비열하고 전율스런 장면들 끝에 드미트리와 이반과 카제리나와 그루셴까지도 감싸안는 생의 기쁨, 우주적인 희망의 복음이 대조를 이루고 있다. 세상을 등지는 금욕주의적 태도가 아니라 (매우 러시아적으로) 에로스와 성性, 오성과 감성, 머리와 가슴을 통합하는 세계 형성의 에토스가 여기서 제시되는 것이다. 하느님에게 자기 자신을 결박시킨다는 것은 곧 이 세상에서 자유를 얻는다는 뜻이기 때문이다. 내면적 자유에 대해, 세계(와 교회) 속에서 무언가를 형성해 갈 외적 자유가 상응한다.

  소설 서두에서부터 벌써 장로는 알료샤의 장래를 내다보면서 뛰어난 지혜에서 나오는 상징적 행동을 통해 이 점을 인상적으로 부각시킨다. 그리하여 그는 인간의 영혼을 꿰뚫어보는 능력뿐만 아니라 자신의 생활양식을 상대화시킬 수 있는 힘 또한 보여주었다. 조시마 장로는 자신이 곧 죽게 되면 알료샤는 수도원을 나와서 "세상에 나아가 큰 봉사"를 해야 할 것이라고 예언한다. "네겐 아직도 많은 방황이 기다리고 있다. 또 결혼도 해야 한다. 암, 그래야지. 너는 다시 태어날 때까지 모든 일을 겪어야 해. 할 일이 아주 많아질 테지. 하지만 난 너를 굳게 믿는다. 그러니까 너를 밖으로 내모는 거란다. 그리스도께서 너와 함께 계시다. 그분을 지켜드려라. 그러면 그분도 너를 지켜줄 거야. 너는 커다란 고통을 보게 될 것이고, 이 고통 속에서 행복을 느낄 것이다. 이것이 내 유언이다. 고통 속에서 행복을 찾아라. 일해라. 쉬지 말고 일해라"(S. 126). 도스토옙스키가 더 이상 문학적으로 형상화할 수 없었던 알료샤의 삶 위를, 장로에 따르면 요한 복음에 나오는 다음과 같은 예수의 말씀이 비추고 있다. 이 말은 소설 전체의 표어이기도 하다. 밀알 하나가 땅에 떨어져 죽어 많은 열매를 맺는다는 그 말씀이다. 바로 이 말씀이야말로 페테르부르그에 있는 알렉산더 네프스키 수도원의 도스토옙스키 묘의 비문으로 넣었어야 할 말이었다.

  "네겐 아직도 많은 방황이 기다리고 있다." 도스토옙스키가 직접 구체적으로 이 소설의 속편을 구상한 표현은 없다. 이 문제에 대한 모든 추측은 그저 추측일 뿐이다. 그러나 한 가지만은 확실하다. 도스토옙스키는 소설을 끝냈을 때 "앞으로 20년은 더 살아서 계속 쓸 수 있다"는 확신을 가지고 있었다. "그러니 아직 장례 후의 만찬을 준비하지는 마십시오"라고 그는 「러시아 소식」의 편집자였던 류비모프에게 『카라마조프 형제들』에 대한 에필로그를 보내면서 썼다(Briefe, S. 506). 그때가 1880년 11월 8일이었다. 그로부터 채 석 달도 못 되어 표도르 미하일로비치 도스토옙스키는 예순도 안된 나이에 각혈로 죽었다. 1881년 1월 28일이었다. 몇 달 전에 그는 유명한 푸시킨 추모 연설에 대한 옹호론을 쓰고 있었다. 이 연설은 그리스도교와 슬라브 민족주의를 결합했다는 점에서, 진보적인 언론들의 회의적인 논평에도 불구하고 대중의 열렬한 호응을 받은 바 있었다. 도스토옙스키가 남긴 많은 정치적·신학적 저술에 대해서는 (슬라브 민족주의, 러시아 민중 메시아주의에서, 유대인 배척과 종말론에 이르기까지) 비판의 여지가 많은 것도 사실이다. 그러나 여느 작가들처럼 그도 정치가나 신학자로서보다는 먼저 작가로서 평가받아야 한다.

작가 도스토옙스키가 행한 이 연설은 새로운 러시아에 대한 비전을 싹트게 했다. 그리고 이 비전은 100년이 지난 오늘의 시점에서 너무나도 달라진 러시아를 대면하고 있는 우리를 전혀 다른 방식으로 감동시킨다. 과학·기술·민주주의를 가진 서방 유럽은 새롭고 자유로운 공동체를 이루기 위해서 러시아의 영성과 화해적인 힘을 필요로 한다. 이것이 도스토옙스키의 확신이었다. "칼로써 얻는 통일"이 아니라 "박애와 재통일을 향한 형제애적인 우리의 노력으로 실현되는 통일!" 그렇다, 그것은 이 위대한 러시아 작가의 위대한 이상이며, 말하자면 그의 유언이다. "나는 확신한다. 미래의 우리, 아니 우리가 아니라 미래의 러시아인 모두가 예외 없이, 진정한 러시아인이 된다는 것이 유럽의 모순을 궁극적으로 해소하고, 모든 것을 화합시키는 러시아 정신 속에서 유럽이 꿈을 찾기 위해 노력하며, 이 정신 속에서 모두를 박애로 포용하고 모든 민족을 그리스도가 주신 복음의 계명에 따라 한데 어울려 위대한 보편적 조화를 이루어 내는 최후의 약속을 하게 된다는 뜻임을 이해하게 될 것이라고. 나는 열광적인 상태에서 한 나의 이야기가 얼마나 허황되고 과장과 환상으로 가득 찬 것으로 보일지 잘 알고 있다. 물론 그럴 것이다. 하지만 나는 이 이야기를 한 것을 후회하지 않는다"(Tagebuch, 504f).

발터 옌스

"그러나 나는 보리라, 피살자가 부활하여 살해자를 껴안는 것을"

"이반 카라마조프는 … 수학을 공부했다. 그는 제2차 세계대전에서 한쪽 팔을 잃었으며, 종전 당시에는 독일을 점령·정복하고 독일인들에게 굴욕을 주는 방식이 비사회주의적이라고 주장했기 때문에 체포당했다. 10년간을 강제수용소에 갇혀 있었고, 석방된 후에도 공부를 계속하지는 않았다. 그는 약간의 연금을 받을 뿐이지만 전혀 불평 없이, 또 과묵한 태도로 생활한다. 때때로 음악서적 출판사의 원고 교열인으로 일하여 돈을 벌기도 한다. 많은 이들이 그를 첩보원이라고 생각하고 있다. 어쩌다 누군가가 성서 가운데서 어떤 부분을 읽어주려고 하면 그는 매우 고통스런 웃음을 터뜨린다." 이는 하인리히 뵐이 우리 시대의 현실로 옮겨온 도스토옙스키의 이반 카라마조프의 모습이다. 문학의 영역에 있던 가능성의 인물이 현실의 인물로 전환되어 있다. 지식인이자 시인으로서 악마를 탐구하고 그에 도전했으나 또 악마의 쌍둥이 형제이기도 했던 이반이 말이 없는 범부凡夫가 되어버렸다. 그는 남의 말을 엿듣거나 음악이나 들으면서 타락한 신의 세계, 어린이들의 비참상, 로마 교회의 악덕을 통렬히 고발했던 과거의 자기 자신을 이미 오래 전에 잊고 말았다.

뵐Heinrich Böll의 말을 믿는다면, 소련 사회에 사는 이반은 정신적으로 알료샤에게 접근해 가는 참이다(다만 분명히 그는 성경을 좋아하지는 않는다. 그는 70년 전 소설에서처럼 성경 구절들을 정확히 외우고 있을까?).

도스토옙스키, 『카라마조프 형제들』

연극처럼, 현실성 없는 문학작품처럼 보이는 것이 실제로 진지하면서 실재적인 특성을 가지고 있다. 이반의 변화는 시대와 사회의 변화를 가리킨다. 원형의 변형은 도스토옙스키의 그늘 속에 있는 빌이라는 개작자의 자기 이해를 보여준다. 원형과 모상 사이의 편차에서 우리의 정신적 아버지가 누구인지가 드러난다.

신화적인 인물들이 이루는 새로운 형태의 앙상블을 통해 자기를 확인하는 것이오, 욥과 안티고네, 아브라함과 돈 후안, 햄릿과 파우스트를 소재로 하여 자기가 속한 세계와 자기 자신에 대한 이해를 간접적으로 표현하는 것이다. 우리 시대와 같이 특징적인 중심적 상징이 사라져버린 (따라서 문학적 원형이 존재하지 않는) 시대에는 그림자를 드리우는 상징적 인물을 찾아내어 시대에 맞게 옷을 갈아입히고 사고방식과 경험방법을 바꾸어 재현해 내는 시적 기법이 새로운 의미를 얻게 된다. 따라서 대담한 변형을 통해 성서의 인물들이 그리스 신화의 영웅들과 만난다. 유다와 클리타임네스트라, 이사악과 오디세우스, 아킬레스와 솔로몬 등등. 그러고 나서 갑자기 시간·공간을 폐지해 버린 상상적 무대 위에 끼릴로프와 므이시낀, 스따브로긴과 라스꼴니꼬프, 표도르 파블로비치 카라마조프의 네 아들(스메르자꼬프도 포함해서), 그루셴까와 페라퐁 신부, 살인자, 창녀, 아동 학대자들, 성인聖人과 악마 숭배자들이 등장한다.

만일 (늘 그렇듯이 셰익스피어는 여기서 제외하고) 구약성서의 예언자들이나 그리스 전설 이야기꾼들과 경쟁할 수 있는 사람이 있다면, 만약 뒤를 이은 세대로 하여금 계속 생각하고 윤색·변형을 시도하도록 자극하는 인물들을 창조해 낸 사람이 있다면, 바로 도스토옙스키가 그 사람이다. 발자끄Balzac의 라스띠냐끄Rastignac, 디킨즈Dickens의 올리버 트위스트Oliver Twist, 폰타네의 에피 브리스트Effi Briest, 톨스토이의 안나 까레니나까지도 훌륭하고 설득력 있으며 동일시하도록 만드는 매력을 가지고 있지만, 고정적이고 폐쇄적인 인물인 데 반해, 도스토옙스키의 인물들은 열려 있다. 완성되어 있지 않으며 변신의 욕망에 사로잡혀 있다. 그들은 심리학 도식에 일치되기를 거부하며, 독자에게 끊임없이 "다른 모습으로 나타나는" 능력, 알려져 있지 않던 면모를 드러내는 능력, 자기 자신을 뛰어넘을 수 있는 능력, 자기 배후로 물러날 수 있는 능력, 타자의 역할을 해낼 수 있는 능력, 오늘은 신이었다가 내일은 악마가 될 수 있는 능력, 여기서는 냉소가였다가 저기서는 사마리아인이 될 수 있는 능력, 이같은 놀라운 힘이 바로 자기 성격의 비밀이라는 사실을 인정받고 싶어한다.

도스토옙스키의 인물들은 (영국 소설가 포스터E. M. Forster가 "소설의 관점"이라는 강연에서 사용한 용어를 빌리면) 평면적이지 않고 둥글다 ("둥근 성격의 특징은 그가 억지스럽지 않게 놀라움을 일으킬 수 있다는 데 있다").

그렇게 볼 때 도스토옙스키가 오늘날까지도 작가들의 사랑을 받고 있다는 것은 놀랄 일이 아니다. 그의 작품에서 시작해서 계속 창작할 수도 있고, 또 그로부터 실마리를 풀어갈 수도 있으며, 새로운 기법·암시·행동을 통한 심리적 시사에 의해 인물을 개조할 수도 있다(프란츠 카프카는 『로디온 라스꼴니꼬프』라는 소설에서 도스토옙스키가 닦아 놓은 길에서 얼마나 생산적이고 영감에 찬 사고를 끌어낼 수 있는지를 보여주었다).

"이 인물들은 놀랍다. 따라서 더 이상 바뀔 여지가 없다"와 같은 지적은 『백치』와 『카라마조프 형제들』의 작가에게는 찬사라기보다는 그의 독특하고 내밀한 의도를 오해한 소치에 지나지 않을 것이다. 그의 소설도 그의 인물들도 예상을 뛰어넘는 방식으로, 놀랍고도 재기 넘치는 변주로 이루어져 있다. 므이시낀 백작처럼 온유하고도 사랑스러운 인물에게서도 살인자의 모습을 발견할 수 있고, 살인자인 라스꼴니꼬프는 시베리아까지 자신을 따라온 창녀 소냐와 더불어 세상과 등진 죽음의 집의 경건한 주민으로 돌변할 수도 있다. 창녀와 이중 살인범, 그들은 교황과 대지주들이 가난한 예수를 착한 사람으로 만든 러시아 사회보다는 수도자들과 장로들의 세계에 훨씬 가깝다.

그리고 알료샤! 천사이자 구호자, 어둠 속의 아이들 사이에 있는 천사인 동시에 잠재적인 혁명가! 한때는 신비주의자였으나 이제는 교수대 위에서 생을 마치게 될 정치적 반란자. 다른 한편으로 악마와 대화하는 이반, 그는 광기에서 벗어나 세상으로 돌아와서 구원받을 수도 있다!

"새로운 역사가 시작되고 있다. 한 인간이 서서히 갱신해 가는 역사, 그가 점차 변모해 가는 역사, 한 세계로부터 다른 세계로 점차 이동해 가는 역사, 지금까지는 전혀 몰랐던 새로운 진실과 대면하게 되는 역사." 소설 『로디온 라스꼴니꼬프』의 대단원은 모델적인 의미를 가지고 있어서, 도스토옙스키의 모든 인물에게 적용될 수 있다. 아무도 영원히 공상에 빠져 있을 수 없고, 아무도 확고한 믿음을 가지고 있지 않으며, 아무도, 아무리 (**겉보기에**) 방탕한 인간이라도 모든 일이 신에게 속하고 신에 의해 해석되는 세계 이해의 지평 안에서는 단번에 파멸해 버리지 않는다. 그렇다, "순종"과 "봉사"라는 개념으로 요약되는 그리스도교적 인간학의 표징 속에서 도스토옙스키는 "**영원한 파멸**"이란 말을 알지 못했다. 아무리 오만한 여자라 해도 어쩌다 한 번쯤은 변덕스런 기분으로나마 가난한 사람에게 **양파 한 뿌리**쯤 선사한 적이 있지 않은가? 남의 생각을 실행에 옮겼을 뿐인 하수인에게도 지옥에 떨어지는 대신 하늘로 올라갈 가능성은 언제나 열려 있지 않은가?

지금까지 도스토옙스키 연구자들 사이에서 떠돌이 백치 여인에게서 태어난 어둠의 자식인 요리사 스메르자꼬프에게 얼마나 숱한 저주와 비난이 퍼부어졌던가? 아마도 광대 카라마조프가 술 취한 상태에서 그 여자를 건드렸을 것이다! 그는 쐐기풀과 샐비어가 무성한 들판에서 그 짓을 했다(진창 속의 검은 베일과 실크 모자. 곁에서 구경하던 클럽 일당은 그것을 인간과 동물의 교접으로 여긴다. "그 패거리들은 웃음을 터뜨렸다").

도스토옙스키는 주정뱅이와 사회에서 버림받은 여자 사이에 태어난 아들을 매우 무자비하게 묘사하지만, 동시에 냉정하고도 엄밀하게 작가로서 최대의 역량을 다해 묘사한다. 그의 묘사는 섣불리 스메르자꼬프에게 유죄판결을 내리지 못하게 한다. "아마도 그는 갑자기 벌떡 일어나 예루살렘으로 성지순례를 갈지도 모른다. 하지만 자기 고향에 불을 지를 수도 있다. 아니, 어쩌면 그 두 가지 일을 다 할지도 모른다."

심판받지 않으려거든 심판하지 말라. 이론가로서 도스토옙스키가 일정한 이념적 입장에 서서 유죄판결을 내린 주인공들을 작가로서 도스토옙스키가 어떤 결론을 가지고 변호했는지는 분명하다. 도스토옙스키는 러시아 국수주의자, 슬라브 제국주의 추종자, 러시아 황제정치 옹호자(1873년에 황태자에게 바친 글!), 외국인 혐오자, 과격한 유대인 배척자("유대인과 은행이 지금 모든 것을 지배하고 있다")의 면모를 보인 것도 사실이다. 다음은 1881년 『어느 작가의 일기』에 나오는 말이다. "특히 사회주의자들을 통해 유대인들은 그리스도교를 뿌리뽑고 그리스도교 문화를 망칠 것이다. 그리고 무정부주의 외에 아무것도 남지 않게 되면, 유대인들이 모든 것의 꼭대기에 올라앉을 것이다. … 유럽의 재산은 모두 유대인의 수중에 들어가고 유대인의 은행만이 남을 것이다. 그러면 무정부주의자들이 나타나 무정부주의의 지배를 이룩할 것이다." 도스토옙스키는 때때로 (언제나 그런 것은 아니고 일관성있게 얘기한 것도 아니지만) 유럽인, 특히 독일인들에 대해서, 유대인과 로마 가톨릭 교도들에 대해, 러시아의 영광스런 확장정책에 대해, 자기 동료들의 비열함에 대해 독자들이 의아해할 정도의 주장을 펼친 것도 사실이다. 독자들은 이같은 그의 말 앞에서 풍자작가이자 소설가인 도스토옙스키가 과연 동일인물인지조차 의심하기 시작할 것이다. 그러나 장·단편 소설 속에 일단 진지하게 몰입하기 시작하면 그는 모든 편협함을 잊고, 자신이 찬사를 보냈던 계급의 이해관계를 폭로하고 이데올로기의 **틀에 맞추어진** 인간, 그렇게 되어야 하는 인간 대신에 있는 그대로의 인간,

양가성과 야누스의 얼굴을 지닌 모습 **그대로의** 인간을 묘사한다.

괴물 스메르쟈꼬프는 또 얼마나 놀라운 인물인가! 짓밟히고 멸시당하고 고통받는 이 인물에게 **최후의 이성**으로 남겨진 그 악마적인 위트는 얼마나 대단한가!("만물의 주 하느님은 첫쨋날에 세계를 창조하였고, 해와 달과 별은 넷쨋날에야 창조했다. 그렇다면 도대체 첫쨋날의 빛은 어디서 왔단 말인가?" 이같은 요설은 자기 자신의 탓만도 아닌 죄로 인해 비천해진 인간이 가진 무기다).

게다가『로디온 라스꼴니꼬프』에 나오는 소냐 마르멜라도바는 또 어떤 인물인가! 창녀이자 신의 아이, 아버지가 임종하는 방에 살아 있는 성녀로 나타나는, 그러나 모자 끝까지 빨간 깃털을 달고 온통 싸구려 장식으로 치장하고 나타나는 궁핍한 인물. "소냐는 … 정신이 나간 것처럼 쳐다보았다. 그녀는 이런 자리에는 어울리지 않는, 중고품 가게에서 이 사람 저 사람 손에 팔려다녔음직한 울긋불긋한 비단옷을 입고 있다는 사실을 잊어버린 것 같았다. 옷자락이 길고 어마어마하게 부풀어 오른 그 옷은 문을 가득 채우고 있었다. 그녀는 밝은 색 장화를 신고, 밤에는 필요도 없는 양산을 들고, 요란스런 빨강색 깃털이 달린 우스꽝스러운 동그란 밀짚모자를 쓰고 있었다. 약간 삐뚜름하게 머리에 얹혀 있는 유치하고 화려한 이 모자 밑으로 벌려진 입과 충격으로 굳어진 눈, 핼쑥하고 놀란 얼굴이 앞을 쳐다보고 있었다."

그 우스꽝스런 부조화, 세계로부터 떨어져나온 독특한 존재, 지금 여기를 초월한 자! 도스토옙스키는 전에 키에르케고르가 그랬고 후에 카프카가 그랬듯이, 언제나 자명한 현세를 영광(현세의 **숭상**)을 통해서보다는 비천한 사람들의 기울어가는 그림자와, 버림받은 자, 자비를 필요로 하는 자, 무력해진 자들의 힘을 통해서 고발했다. 제단 앞의 교황이 아니라 임종 자리의 사제, 성사 주재자가 아니라 허름한 술집의 주정뱅이에게서 심판하고 용서하는 예수의 프로필이 나타난다. "그분이 우리에게 말씀하실 것이다." 해고당한 관리, 비참한 상황에 놓인 것이 분명한 세묜 미멜라도프는 빈 술병 옆에서 술에 취해 (둘러서서 비웃고 있는 술친구들에게) 말한다. "'너희들도 오너라' 하고 말씀하실 것이다. '오너라, 너희 주정뱅이들아. 오너라, 너희 악한 자들아. 오너라, 너희 추악한 인간들아!' 그러면 우리는 모두 부끄러움 없이 앞으로 나아가 그분 앞에 설 것이다. … 그러면 그분은 우리에게 손을 뻗칠 것이고, 우리는 모두 엎드릴 것이며 … 울게 될 것이며 … 그리고 모든 것을 깨닫게 될 것이다."

이 자극적인 연극! 이론가로서는 흑백논리에 빠져들어 있던 바로 그 도스토옙스키가 (이데올로기적으로 일관성이 있으려면 끔찍히 혐오해야 할) 그런 인물들에게 그리스도교 복음의 가장 귀중한 핵심을 천상의 빛이 비추듯 명확하고 설득력있게 설파하는 역할을 맡기고 있는 것이다. 창녀는 수도승 알렉세이가 가나의 혼인잔치를 얘기하는 것에 못지않게 (실존적이기에 더욱) 경건한 태도로 라자로의 부활을 이야기한다. 무신론자인 끼릴로프는 십자가에 달린 예수를 광신자처럼 절박하게 응시하며, 므이시낀 공작은 (아마도) 도스토옙스키처럼 간질병 환자로 묘사되고, 그럼으로써 살인자 스메르자꼬프와 같은 고난을 겪는 동반자임이 확인된다.

한때는 예수에게 미쳤던 돈키호테, 다른 한때는 예수를 살해하여 그 때문에 자신도 자살해 버린 "반그리스도인"에게 빠져버렸던 작가, 그가 바로 도스토옙스키이다. 그러나 그는 드미트리처럼 결코 도둑은 아니었으며, 먼지더미 속에 파묻혀 있었으면서도 조심스럽게 자신의 품위를 지킨 작가였다.

우리는 계속해서 다음과 같은 모순에 직면한다. 반유럽주의자인 도스토옙스키, 계몽주의와 합리주의, 유클리드식 세계이해의 적대자인 도스토옙스키가 옛 러시아 귀족 안드레이 뻬뜨로비치 베르시로프의 열광적인 비전을 빌려, 예술과 과학과 지혜에 의해 만들어진 유럽을 찬미하고 있는 것이다! 그리스도가 진실보다 (양자를 저울질해야 할 경우) 더 높

옌스: "피살자가 부활하여 살해자를 껴안는 것을"

은 곳에 있다고 고백했던 그 작가가, 같은 말을 『악령』에서는 탕아 스따브로긴이 하도록 만든다. 가난한 소녀를 강간하고 소녀의 자살을 철면피하게 영혼의 실험기처럼 지켜보던 그 스따브로긴 말이다(이 이름은 조이스식의 명명법에서도 알 수 있듯이 도스토옙스키 자신의 비밀언어로서, "십자가에 달린 사람"이라는 뜻이다).

도처에 혼란스런 장면들이다! 요한 묵시록의 동일한 구절이 죄인과 주교(스따브로긴과 찌혼) 사이의 논쟁에서도 죽어가는 스째빤 뜨로뻬모비치의 명상 속에서도 주동기로 나타난다. "나는 네 소행을 알고 있다. 너는 차지도 덥지도 않다. 네가 차든지 덥든지 하였으면 좋겠다! 네가 이렇게 미지근하여 덥지도 않고 차지도 않으니 나는 너를 내 입에서 뱉어내겠다."

계몽주의 정신의 거부, 악마주의, 반유대주의, 이 모든 것이 도스토옙스키가 소박한 사람들 사이에서, 또는 살롱에서, 죄의 삶과 구원의 삶, 엄청난 범죄자와 소심하나 경건한 신자의 삶, 신의 영혼 안에서의 평범한 인간들의 삶에 대한 거창한 논쟁을 시작할 때 다 씻겨지고 폐기되고 정당한 것으로 또 숭고한 것으로 입증되기도 한다. 그의 격렬한 논쟁은 백치와 불구자, 살인자와 자살자, 간질병 환자와 괴짜들 사이에서 진행된다. 그리고 이 모든 논쟁의 출발점과 종착점은 비천한 구렁에 있는 예수다. 예수는 다양한 모습을 하고 인용이나 암시를 통해서 번개같이 나타난다. 소냐와 라스꼴니꼬프가 요한 복음(소설의 결정적인 부분에서 세 번이나 인용된 라자로의 이야기)을 해석하고 있을 때도, 알료샤가 잠시 무아경에서 가나 혼인잔치가 부활을 비유한 것임을 깨달았을 때도, 이신론자인 베르실로프가 저물녘에 갑자기 (역시 무아경의 환시 속에서!) 고독하고 길잃은 무리에게 그리스도를 보낼 때도, 사건의 중심인물인 **그분**은 고독한 인간들 사이에 있는 예수다! "그분이 그들에게 가서 손을 내미신다(주정뱅이 마르벨리도프의 꿈을 상기하라. 언제나 똑같은 그 비전이다). "그리고 '어떻게 너희가 그를 잊을 수 있는가?' 하신다. 그러면 곧 모든 사람들이 미명에서 깨어나고, 최후의 새 부활을 알리는 감격적이고 거룩한 송가가 울려퍼진다."

도스토옙스키의 인물들이 우선 일단 논쟁가이며 몽상가라는 사실은 아무리 거듭 강조해도 모자란다고 할 수 있다. 활동은 적고 말은 많은 사람들이다. 한번 얘기를 시작하면 으레 가장 고차원적인 궁극 문제에까지 이른다. 19세기 소설에서 흔히 볼 수 있는 날씨 얘기는 없다. 그들은 불멸성과 죄에 대해, 소문이나 풍문이 아니라 도덕과 테러와 혁명과 죄, 국가와 악마에 관해 이야기한다. 인물들은 언제나, 대화할 때나 행동할 때나 모든 것에 관여한다! 도스토옙스키가 분노하면 (실은 늘 그렇거니와) 시체들이 즐비하게 널리고, 극악한 범죄가 마구 자행되고, 사람들은 추방당하고, 울부짖고, 흐느껴 울고, 스캔들과 폭로와 험악한 대결이 공공연히 벌어지고, 숙녀들은 창녀로, 신사들은 (그들이 터뜨리는 고백대로) 음부노출증 환자로 행세한다.

언제나 천국과 지옥, 연옥과 낙원이 함께 있다! 그것도 아주 비좁은 공간(다락방·계단·골목·안마당 그리고 무엇보다도 영혼의 내부) 안에서. 도스토옙스키에게는 역에서 역으로 가는 긴 여행이 없다. 톨스토이가 보여주는 광활함도, 힘찬 대자연의 경관도, 계절의 극적 변화도 찾아볼 수 없다. 톨스토이가 『안나 까레니나』에서 묘사했던 봄날의 농부들, 레빈이 추수하던 들판 등의 장면은 도스토옙스키에서는 상상할 수 없다. 도스토옙스키의 화면(영혼의 화면, 복마전伏魔殿)은 비좁고, 시간은 제한되어 있으며, 사건은 응축되어 있다. 그러나 대화는 장황하고, 사건에 대한 해설과 해설에 대한 해설이 (『카라마조프 형제들』에서 변호사의 변론처럼) 백 쪽 이상 계속 이어진다.

살인과 형이상학, 이 문제에 대한 논쟁이 도스토옙스키의 인물들 사이에 벌어진다. 피고와 검사, 변호사와 판사까지도 이 논쟁에 참여한다. 골방과 현관에서도 셰익스피어의 드라마가 상연된다. **영원히 지속될 것 같은** 드라마가 온갖 계급과 색깔의 이데올로기를 대변하는 인물들에 의해 격렬하게 진행된다. 도스토옙스키에게는 명백한 것이란 아무 것도 없으며 신속하고 간단하게 해결될 수 있는 문제란 없다. 사실은 거의 없고 사실 배후의 동기가 모든 것을 말해주는 경우, "무엇"은 아무 의미도 없고 "어떻게"가 문제 중의 문제가 되는 경우, 먼저 말부터 **해야** 한다. 모순투성이의 논쟁을 벌이며, 참회하고 용서받으며, 꿈꾸고 꿈꾼 것에 대해 만인 앞에서의 변명을 통해 심사숙고를 해야 한다.

『카라마조프 형제들』에서는 단 한 건의 살인사건에 얼마나 많은 인물들(책임자들)이 연루되어 있는가! 그 인물들은 야누스처럼 두 얼굴을 가지고 있다. 그들은 (악마가 말했듯이) 한 가닥 가는 실에 매달려 천국과 지옥 사이를 오락가락하며, 결코 안전하게 확고한 지반에 정착하지 못한다. "그들은 그런 신앙의 심연을 단 한순간도 포착하지 못하지." 토마스 만의 메피스토의 소시민적 선조라고 할 수 있는 악마, 시민의 옷을 입은 악마는 이렇게 말한다. "참으로 많은 사람들이 신앙이란 고작 실 한 올일 뿐이라고 생각하며 거기서 떠나버린다."

이 중간 지대, 자유를 허락받은 인간들이 어떻게 하느냐에 따라 구원에 도달할 수도 있고 파멸에 이를 수도 있는 이 중간 지대가 바로 도스토옙스키의 고유한 공간이다. 그는 여기서 파수를 보기도 하고 한 인물 내부에서 검사와 변호사가 되어 논고와 변론을 행하기도 한다. 영혼의 탐정으로서, 평행과 대조 속에서 항상 새롭고 복잡하게 작동되는 대화를 통해서 천변만화하는 인물들의 모습을 보여준다. 한번도 인물들에 대한 조서調書를 완결하지는 않고, 대심문관처럼 최종 판결을 내리지는 않는다.

양가성이 근본원리다. 심리학 도식의 구상에서도 문체에서도 양가성이 발견된다. 이야기와 환상적 구절이 서로를 보완한다. 묘사에 뒤이어 도취와 영감 속의 방언이 따른다. 이는 도스토옙스키의 간질 발작 직전의 체험에서 유래한다. 이 예를 통해서 그는 훗날 니체가 『이 사람을 보라』에서 그렇듯이 영감이란 무엇인지를 독자에게 분명히 보여준다.

죽은 신과 살아 있는 신을 설교하는 끼릴로프와 므이시낀의 영감은 병적 증상인 작가의 영감을 드러낸다.

도스토옙스키는 심리학자인 동시에 신학자였다. 그는 안드레아스 그리피우스가 말한 세계 극장theatrum mundi의 연출자이자 영혼의 연출자였다. 그는 형법학자인 동시에 율법학자였다. 목사의 아들로 작가가 된 뒤렌마트Friedrich Dürrenmatt가 『카라마조프 형제들』의 작가를 이해한 방식은, 도스토옙스키가 평생 동안 모범으로 생각했던 독일 작가를 이해했던 것과 같다. 거기에는 충분한 이유가 있다. 자, 들어보라. "그 거래는 도부상들의 얘기를 엿들은 경감의 접견실에서 공개됐다. 그의 얘기는 경찰서의 모든 부서를 넘어서 대도시의 여인숙에 이르기까지 구석구석 퍼졌다. 그 목격자는 재빨리 이 거대한 도시의 움직임 속에 빨려들고, 동시에 거대한 기계의 톱니바퀴가 돌아가는 것을 본다. … 경찰은 모종의 진실을 밝혀내기 위해 움직여야 한다고 독촉당한다. 사건은 지극히 복잡하게 얽혀 있다. 그러나 경감은 일정한 자료를 입수한 이후에 자신감을 가지고 성공적 해결을 기약한다. 곧 그는 명령을 내린다. 동기를 제공하고 결국 사태를 전개시킨 실제적 힘은 결국 경찰에서 나왔다. 경찰은 사건의 발단과 결말에 자기 모습을 드러냈다. 그러나 사건이 진행되는 동안 경찰은 항상 가면 뒤에 조용히 잠복하고 있었다."

도스토옙스키의 작품에서 인용한 것인가? 페테르부르그 경찰에 대한 묘사인가? "로디온 라스꼴니꼬프"의 심문관인 예심판사가 마지막 완성까지 구사하던 전략의 분석인가?

아니다. 전혀 거리가 먼 얘기다. 이 인용문의 출처는 프리드리히 쉴러의 『경찰』이다. 쉴러는 범죄 연구가이자 도덕가로서 카라마조프와 마찬가지로 친부 살해를 다룬 것으로 잘 알려진 희곡 『군도』의 작가이다. 그는 스페인식 종교재판에 정통한 사람이었으며 『돈 카를로스』Don Carlos에서는 대종교재판관 같은 인물을 창조했다. 도스토옙스키는 쉴러의 작품을 자기 형 미하일의 러시아어 번역으로 읽고 싶어했다. 그는 쉴러의 작품을 "억척스럽게 파고들었다"고 고백하기도 했다(도스토옙스키의 인물들 역시 쉴러를 즐겨 인용했다). 『군도』의 작가 쉴러, 그에게 중요한 것은 언제나 "존엄한 괴물"과 "가장 사악한 악역을 도발하는 망령"이었다. 내가 보기에 프리드리히 쉴러는 (볼테르와 함께) 도스토옙스키가 (어린이에 대한 묘사 외에) 자기가 쓴 전 작품을 통틀어 가장 훌륭한 부분이라고 생각했던 대심문관의 이야기를 처음 창조한 작가임이 틀림없는 것 같다.

대심문관 이야기가 가장 뛰어난 부분인가? 아마도 그럴 것이다. 가장 심오한가? 확실히 그렇다. 또한 가장 격렬한 논쟁의 대상이기도 하다. 그 까닭은 경직된 교권제도를 가진 전제적인 로마 교회에게 (아울러 이반의 주장에 의하면 교회 못지않게 엘리트주의적 구조를 지닌 사회주의적 급진파들에게도) 그리스도에 의지해서 경종을 울린 사람이 다름아닌 무신론자 이반이기 때문이다. 교회는 십자가 위의 예수를 인간과 똑같이 경멸하면서, 예수가 선사한 자유라는 선물을 인류가 감당할 수 없다는 인식을 가지고 악마의 행적을 따르고, 예수가 황야에서 악마와의 투쟁을 통해서 물리쳤던 **기적-신비-권위**의 삼위일체를 받아들이며, 인간의 배를 불리면서 국가와 교회의 일치에 근거를 둔 권력을 숭배하는 것과 똑같이 세속적 신비주의를 숭배하도록 가르쳐 왔다는 것이 도스토옙스키의 교회에 대한 비난이다.

도스토옙스키는 쉴러식으로 다음과 같이 주장한다. 소수의 개명한 인간들이 수백만의 사람들을 위해 스스로를 희생한다면서도 대종교재판 당시 세빌랴로 끌려간 그리스도 때문에 방해받기는 원치 않는다. 예수의 업적은 완성되었으며 영원히 종결되었다고. 이제부터는 교황과 교회가 발언권을 가진다고. 반면에 예수는 두번째 선고를 받고 군중들의 환호 속에서 처형되기를 바라지 않는다면 입다물고 있어야 한다고(실제로 「이반의 시」에서 예수는 입을 다문다. 그렇다. **침묵할** 뿐만 아니라 대심문관에게 **입맞춤**까지 한다. 즉, 유다로부터 겟쎄마니에서 받았던 입맞춤을 세빌랴의 감옥에서 되돌려준다. 이는 악마를 이길 수 있는 것은 오직 사랑뿐이며, 요설 — 도스토옙스키에게서 나타나는 단 하나의 예다! — 을 이길 수 있는 것은 침묵뿐이라는 증거다).

그러니까 예수에 대한 찬가요, 봉사를 지배로, 자유를 관료적 권위로 바꿔치기한 악마의 세력에 대한 선전포고인데, 찬가나 비방이나 더없이 극적으로 제시된다. 이반 카라마조프는 대심문관으로 하여금 대담하고 악마적이고도 강력하게 자기 주장을 하도록 한다. 쉴러만이 그를 이해할 수 있을 것이다. "내가 너에게 한 말이 실현되고 우리들의 왕국이 도래할 것이다. 다시 한번 말한다. 내일이면 너는 순종적인 군중들이 내 눈짓 한 번에 너를 불태울 장작더미에 불을 붙이려 달려드는 꼴을 보게 될 것이다. 너를 화형시키는 것은 네가 우리를 방해하러 왔기 때문이다. 누구보다도 먼저 화형시켜야 할 사람이 있다면 그건 바로 너다. 내일 나는 너를 화형시킬 것이다!"

의심없이, 여기서 **논증하는** 사람은 도스토옙스키이고 **말하는** 사람은 프리드리히 쉴러다. 또한 분명히, 이 대목을 통해서 루가 복음(18,8)의 "인자가 올 때에 땅 위에서 과연 믿음을 찾아볼 수 있겠느냐?"라는 문장, 즉 수백 년 동안 작가들이 씨름해 온 문제가 **철저한 숙고의 대상**이 되고 있다. 이탈리아의 기록을 보고 괴테는 비오 6세라는 교황을 생각해 냈다. 이 교황은 말하자면 **활동적이고 사무적인** 사제로서, 예수가 재림했을 때 구세주를 예수회 신부들의 감시 아래 바티칸에 감금해 둘 생각밖에는 하지 못한다. 그리스도는 무대 위에 나타나기를 열망하는 교황에 의해 감금당한 죄수인 것이다!("나는 이런 사기극에 넌덜머리가 난다"고 로마에 머물던 프로테스탄트 괴테는 말했다).

교황은 구세주 **역을 맡은** 희극배우로서, **진짜** 그리스도를 예수회원들을 동원하여 투옥시킨 것이다. 따라서 우리는 도스토옙스키의 시가 처음 보기와는 달리 그렇게 불경스런 것이 아님을 알 수 있다. 그리고 그 시의 저자 때문에 믿을 만한 가치가 없는 것도 아니다. 물론 대심문

옌스: "피살자가 부활하여 살해자를 껴안는 것을"

관의 비유에서 이반은 대단히 반로마적인 이단적 입장을 내세웠지만, 도스토옙스키가 애착을 가지는 인물 므이시낀 역시 서구의 세속적 교회에 대해 한층 가혹한 비난을 퍼붓고 있다. "무신론자"이자 "악마의 상대역"인 이반에 관해 사람들이 자주 잊어버리는 점이 있는데, 불안과 회의 때문에 고통받는 이반, "증오로 파멸할 수도 진실의 빛 속에서 부활할 수도" 있는 이반이 소설의 모든 인물들 가운데 도스토옙스키가 남 모르게 가장 큰 믿음을 두고 있는 인물이라는 사실이다.

이같은 믿음은 이반의 어린이에 대한 사랑 때문이다. 이러한 사랑이 있기에 이반은 어린이 예수교회의 비밀 설교자, 므이시낀, 알료샤 쪽으로 기운다. 신에 의해 운행된다는 세계 속에서 어린이들이 핍박당하고 있다는 사실 때문에 이반은 이 세계를 거부한다. ("죽을 때까지 나는 어린이들을 괴롭히는 세계를 사랑하지 않을 것이다"라고 알베르 까뮈는 『페스트』에서 말했다. 이반의 휴머니즘은 아우슈비츠 시대에도 보존되고 있다. 그것은 어린이도 예외는 아닌 대학살을 예견한 것일까.)

이반 카라마조프에게 깊은 믿음을 가진 작가 도스토옙스키, 그는 페스탈로치와 프뢰벨의 애독자였으며 어린이의 옹호자로서 디킨즈나 뚜르게네프와 더불어 소설가로서는 처음으로 세계문학에 소년·소녀를 "작은 어른" 이상의 존재로 그려내었다. 그는 이반을 어린이를 위한 반항아라는 점에서 신뢰했다. 도스토옙스키는 (노발리스처럼) 어린이들이 해방될 때 황금시대는 시작된다고 생각했다. 자기가 만들어 낸 이반이란 인물에 대한 작가의 애착은 이반의 이복형제가 겪는 고통을 통해서도 드러난다. 『카라마조프 형제들』에 대한 노트에는 다음과 같이 적혀 있다. "입장권의 반환이라든가 대심문관 같은 구상에서는 간질 발작과 고통에 찬 밤들의 냄새가 난다."

작가 도스토옙스키가 이반에 애착을 가진 마지막 이유는 이반의 분신인 악마가 도스토옙스키 자신의 생각을 그대로 표현해 주기 때문이다. "나는 그리스도에 대해 의심이라곤 할 줄 모르는 어린아이와 같은 신앙을 가지고 있다고는 말할 수 없다. 오히려 나의 구세주는 나의 마지막 소설에서 악마가 말한 대로 회의懷疑의 거대한 연옥불을 통과한다."

1890년의 일기를 보면 이반 카라마조프의 말에서 도스토옙스키 자신의 목소리를 들을 수 있다는 베르쟈예프의 주장이 정당하다는 사실을 확인할 수 있다. 이반뿐만 아니라 도스토옙스키 자신도, 세계에 신적인 조화를 가져올 수 있다 해도 그것이 단 한 명의 어린이의 고통이라도 대가로 하는 것이라면 그러한 조화를 받아들여서는 안된다고 주장한다. "나는 이러한 조화를 거부한다. 그것은 고통받는 한 어린이의 단 한 방울의 눈물만큼의 값어치도 없다. 그 조그만 주먹으로 이마를 치면서 '사랑하는 하느님'을 향해 기도드리는 어린이의 결백한 눈물 한 방울만큼의 값어치도 없다." 도스토옙스키의 전 작품 가운데 가장 위대한 부분의 하나라고 할 수 있는 곳에 고통과 연민으로 가득 찬 이 문구가 있다. 앙드레 말로는 이 문구를 읽고서 도스토옙스키가 종교적 입장 때문에 (곳곳에서 사회적 비참상에 대해 눈감게 만들며) 반동으로 흐르지 않았는가 하는 물음에 대해 다음과 같이 반박했다. "불행에 대한 이반 카라마조프의 반항을 통해 표현된 도스토옙스키의 깊은 내면세계에 도달해 본 사람은 절대 반동분자가 될 수 없다. '하나라도 죄없는 아이가 잔인한 인간의 손아귀에서 학대받고 있다면 나는 천국 입장권을 반납할 수밖에 없다.' 이렇게 말하는 사람은 혁명의 힘에 가까이 있다. 세계를 있는 그대로 받아들이지 않는 반동분자란 없다."

이 모든 점을 헤아려 볼 때, 소수 집단의 권력 유지를 위해 영혼을 살해하고 어린이들의 죽음을 방치하며 자유에 눈감아버리고 사람들 사이의 평화를 유린하는 그런 교회를 향해 예수의 혁명정신으로 저항하는 데 도스토옙스키 자신이 전적으로 동의했음은 추호의 의심도 없다. "그러나 나는 내 두 눈으로 보리라. 노루가 사자 곁에서 마음놓고 쉬고 피살자가 부활하여 살해자를 껴안는 것을. 나는 모든 일이 어째서, 무엇을 위해 그렇게 되었는지를 모두가 문득 깨닫게 되는 순간, 그 곁에 있고 싶다. 이 소망 때문에 지상의 모든 종교는 존재하는 것이며, 나는 신앙인인 것이다. 그러나 이 어린이들, 이들은 어찌하면 좋은가?"

이것이 정말 할 수 있는 모든 일은 또한 책임질 수도 있는 일이라고 생각하는 냉소적인 회의주의자의 말인가? 이반의 "나는 **신앙인**"이라는 말은 그저 미사여구인가? 만일 그렇다면, 그럼에도 불구하고 이 혁명아는 미래의 강제수용소에서 벌어질 끔찍한 시나리오가 예견되는 세계, 대담한 문학적 예언 속에서 멩겔레Mengele나 아이히만Eichmann과 같은 러시아나 터키의 새디스트들이 등장하는 세계에 얼마나 가까이 접근해 있는가. 그는 세빌랴의 거리를 향해 묵묵히 걸어가는 저 죄수와 얼마나 가까이 있는가!

또한 애초에 작가가 계획했던 대로 그는 아이들과 예수가 광야에서 겪었던 유혹에 대해 이야기하는 알료샤와 얼마나 가까이 있는가.

그런데도 이반은 무신론자인가? 어쨌든 한 번은 그렇게 명시된 문장이 있다. 도스토옙스키가 (그 자신이 연옥煉獄 불가에서 호산나를 외치듯이) 이중적 입장을 가진 것 같은 인물에게 언제나 가장 정확한 최고의 논리를 제공한다는 사실을 고려한다면 결국 무신론자가 아니어야 할 이유도 없지 않은가.

아니다. 도스토옙스키는 자기 인물들 가운데서 단 한 사람도 몰락하도록 내버려두지 않는다. 질병과 혼돈으로 불행해지고 고통받고 있는 사람들까지도. 따라서 그리스도를 향한 그의 신앙고백("그리스도 없이는 아무것도 없다. 우리는 이 사실을 받아들이지 않으면 안된다")이 수난자로서의 예수를 향한 것이었음은 놀랄 일이 아니다. 도스토옙스키는 부활한 예수보다는 박해받는 예수에 더 강조점을 둔다(그의 소설에서는 부활한 예수에 대한 얘기는 한 마디도 없다). 파스칼이 "최후의 날까지 고통받을 것"이라고 말했던 예수다.

『백치』와 『카라마조프 형제들』의 작가가 십자가에서 처형된 예수에 대해서 쓴다면, 그의 주장은 자기가 무엇에 대해 말하고 있는지를 대단히 정확하게 알고 있는 사형수의 입장에서 나올 것이다. 그렇지 않다면 왜 길로틴이 떨어지기 전 마지막 몇 초의 순간에 대한 묘사가 반복적으로 나타나겠는가? 무슨 이유로 자꾸만 (『백치』에서도 마찬가지다) 홀바인Holbein이 그린 것과 같은 죽은 그리스도의 묘사가 되풀이되겠는가?(예수가 "처형당하기 전날 시체가 된 자기 모습을 볼 수 있었다면, 그렇게 십자가에 못박혀 죽도록 가만히 있었을까?").

"안돼, 사람이 사람에게 그런 짓을 할 수는 없어." 므이시낀은 리용의 한 살인범을 처형하는 데 반대하면서 이렇게 외치는데, 이는 이반 카라마조프가 죄없는 어린이들에 대해 세계 곳곳에서 가해지는 학대행위에 대해 취한 입장과 동일한 것이다. 이로써 『백치』에서는 암시적으로, 『카라마조프 형제들』에서는 명백한 형태로 어떤 파토스가 생겨난다. 그것은 한편으로는 십자가에서 죽은 그리스도를 환기시킴으로써, 다른 한편으로는 "아이들 가운데 있는 예수"라는 반대 비전을 (『백치』에서는 "위대한 죄인" 나스타샤 필립보브나가 계획하는 홀바인 그림의 철거를) 통해서 나타난다. 도스토옙스키의 인물들이 나자렛 예수와 나눈 비밀 대화에서 다음과 같은 사실이 드러난다. 그들은 예수가 받은 모욕에 대해 보복하고 싶어한다. 예컨대 『악령』에서 끼릴로프는 약속된 자유를 자살이란 행위를 통해서 얻어내고(십자가에 못박힌 예수가 결코 구원받지 못한 것과 달리 "구원받고") 싶어한다. 죽어가는 자들은 최후의 순간에 예수를 기억해 낸다. 도스토옙스키는 (파스칼이나 키에르케고르처럼) 예수의 일생에 대해 쓰려고 했다. 그는 시와 선포의 경계를 대단히 정확하게 인식하면서도 충분한 근거를 가지고서 아주 간접적이고 점진적인 방식으로 예수에게 접근해 갔다. 그는 꿈과 환상, 전설과 이미지들의 묘사만을 사용한다. 그는 조시마 장로의 독특한 개성을 통해서 수도승들의 **경건한 생활의 실천**을 연대기적으로 또 표상적으로 보여주었고, 므이시킨이라는 백치 인물을 창조하여 세계 구원의 필요성을 순수무구한 바보의 관점에서 제시했다.

옌스: "피살자가 부활하여 살해자를 껴안는 것을"

도스토옙스키에게 "가장 예수쟁이다운 인물"이란 성인이 아니라 광대, 권력의 대표자가 아니라 간질병자·성불구자·정신착란자다. 예수의 거울상과 같은 인물이 아니라(도스토옙스키에게 그런 인물은 너무나 직접적일 것이다) 성스럽지 못한 시대를 살면서 이웃에 대한 사랑과 인내와 비애를 아는 그런 겸허하고 온유한 예수 추종자다. 범인이 아니라 희생자요, 자기가 무엇을 하려는지 아는 사람이라기보다는 차라리 한 별난 친구이며, 그런데도 (무질이 얘기하는) 가능성의 인간으로서의 나자렛 예수에게 특징을 부여하는 그런 세계문학사상 유일무이한 인물이다. 그는 "타자"로서 그 바보스런 인간성과 고상함, 상처입기 쉬운 연약함과 천진무구함을 통해서 세계에 대한 심판자가 된다. 그는 스캔들을 일으키는 사람으로 묘사된다.

므이시낀은 주 안에서 맺어진 알료샤의 위대한 (깊이 상처입은) 형제, 순수한 바보로서("한 바보의 도움만이 진정한 도움이다"라고 벤야민Walter Benjamin은 말한 일이 있다), 도스토옙스키의 모든 인물들의 화신이다. 정통한 도스토옙스키 해석가 포스터E. M. Forster는 이들 인물에 대해 다음과 같이 말한다. "무한자가 그들을 굽어보고 있다. 그들은 각기 개별자의 테두리 안에 머물러 있으면서도 무한자를 포괄하려고 하고 동시에 무한자에 의해 포착되기를 바라고 있다. 그들에게는 성녀 시에나의 가타리나가 '바다가 고기 안에 있고 고기가 바다 안에 있듯이, 하느님은 영혼 안에 있고 영혼은 하느님 안에 있다'라고 한 말을 적용할 수 있을 것이다. 도스토옙스키의 모든 문장은 이같은 차원에 도달해 있으며, 이런 포괄성이 그의 작품의 지배적인 특성을 이룬다. 그는 위대한 소설가다. … 그러나 그는 위대한 예언자이기도 하다."

예언자요 **호산나와 연옥**의 묘사자인 이 작가에 대한 **경의**를 포스터는 도스토옙스키의 첫 아내가 임종시에 말했다고 50년 후에 앙드레 말로가 회상한 바 있는 다음 문장으로 표현했다. "나는 당신이 한때 수용소의 죄수였다는 사실 때문에 당신을 늘 경멸했어요."

『카라마조프 형제들』의 작가 도스토옙스키는 왜 자신이 이반과 더불어 세계를 불확실한 상황으로 몰고갔는지를 알고 있었다. 그의 시대에나 예수의 시대에나 이 세계에서는 겸손이 경멸을 자초하기도 하지만, 경멸은 다시 겸손 앞에서 무력해질 것이었다.

『카라마조프 형제들』에서 그 무엇보다도 과거와 현재의 고통(가난한 자, 구원받지 못한 자, 십자가 아래서 시험에 든 사람들의 고통)을 상기시키는 저 이반의 시, 대심문관의 비유를 다시 읽어 보라.

카프카는 1914년 3월 15일 일기에 다음과 같이 적었다. "도스토옙스키의 관 뒤에 있던 학생들이 그 관을 들려고 했다. 그는 노동자 거주 지역 4층 셋집에서 죽었다."

프란츠 **카프카**
Franz **Kafka**

『성』
Das Schloß

한스 큉

근대의 와해와 종교

프란츠 카프카의 『성城』이 **세계문학** 작품임은 적어도 제2차 세계대전 이후 유럽과 미국에서 카프카 붐이 일어난 후로 의심의 여지도 없다. 그러나 카프카의 『성』이 세계문학의 **종교적** 작품이기도 할까? 카프카를 종교적으로 해석하는 중요한 선구적 인물들(예컨대 카프카의 유고 작품을 출판한 브로트Max Brod나 뮤어Edwin Muir)이 있었지만, 그런데도 여기서 의문이 있었다고 할 수 있겠다.

이 작품은 현실과 비현실이 뒤얽혀 있고, 장황한 대화, 때때로 꿈처럼 그로테스크한 상황이 이어지며, 끊임없이 새로운 분규가 발생한다. 하지만 궁극적으로는 **K라는 이니셜로 표기된 한 남자에 대한 정태적인 이야기**다. 그는 측량기사로서 멀리서 불려왔으면서도 백작의 성에서도 그 성이 있는 마을에서도 측량 활동은 한 번도 못했고, 소설이 진행되는 동안 끝내 성으로 들어가는 길을 찾지 못한 채, 마을 사람들과 어울릴 수조차 없었다. 이 이야기가 도대체 어떤 점에서 종교적이란 말인가?

아니, 도대체 이 K라는 사람의 이야기에 어떤 종교적인 점이 있단 말인가? 그는 지칠 줄 모르고 가깝고도 먼 성城에 가려고 애쓴다. 그러다가 성과 관계를 맺고 있는 두 여자 사이에 빠지게 된다. 처음에는 성의 고위 관리인 클람의 애인 프리다를, 그 다음에는 어떤 성의 관리가 이유 없이 괴롭히는 바람에 식구들 전부와 함께 추방당한 아말리아의 동생 올가를 사랑한다. 그러나 결국 둘 다 잃고 만다. 그는 직업에 있어서도 사랑에 있어서도 자기 목적을 달성하지 못한다. 그런데 이 이야기가 종교적인가?

K는 미로와 같이 접근할 수도 조감할 수도 없는 관료기구 때문에 좌절한다. 그가 성의 비밀을 풀려고 노력하면 할수록 그 비밀은 그로부터 멀리 도망간다. 처음에는 기이하게도 학교 사환으로 임명되는 수모를 당하고, 그 다음에는 심문을 받고 완전히 지쳐서 성에 들어갈 기회가 있을 수 있는데도 그것을 깨닫지조차 못한다. 이런 K의 이야기가 종교적이란 말인가? 한때 그렇게 자부심이 강하던 측량기사가 숨어 지내는 여관 하녀들의 종으로 전락하고, 여기서 소설은 완결되지 않은 채 중단된다. 마지막으로 또 한번, 이런 이야기가 어떤 점에서 종교적인가?

확실히 신학자로서는, 합리적으로 이해하기에는 너무나 불투명하고 신비로운 소설을 옛 교부들이 이해할 수 없는 성서 구절들을 다루듯이 해명하는 데서 큰 매력을 느낄 것이다. 즉, 이 소설을 단순히 특정한 종교적 이념을 표상화한 것이라는 식으로 우의적으로 이해하는 것이다. 그래서 이 소설 곳곳에서 신적인 것, 그리스도교적인 것의 비밀을 발굴하고, 필요하다면 그런 비밀을 억지로 소설 속에 집어넣는다. 왜 못하랴? 텍스트 자체가 이미 많은 물음을 해명 없이 남겨두는 것이다. K가 정말 측량기사인지 아닌지, 실제로 일을 맡아서 온 것인지 또는 거짓말을 하고 있는 것인지, 우연히 그곳에 이른 것인지 아니면 어떤 의도를 가지고 온 것인지. 수많은 해석이 있고, 그래서 전세계의 카프카 연구는 거의 온통 해석의 혼돈에 빠져 있다(셰파르트 Richard Sheppard는 빈더 Hartmut Binder의 두 권짜리 카프카 편람서에서 『성』에 대해서만 무려 150편이 넘는 논문을 소개하고 있다). 이같은 혼란상을 고려한다면, 신학자가 오래 전부터 널리 퍼진 가장 통속적인 카프카 해석을 답습하는 것을 탓할 수만은 없다. 이것이 카프카가 죽은 지 2년 뒤인 1926년에 (자기 친구의 뜻에 반해서?) 이 소설이 세상에 빛을 보도록 해준 중요한 유대계 작가 브로트 Max brod가 제시한 **종교적 · 우의적** 해석이다.

『성』의 뒤에는 하느님의 은총을 얻으려는 카프카의 노력과 투쟁이 숨어 있다는 것이다. 브로트는 『성』을 이보다 초기작으로서 마찬가지로 완결되지 않은 수수께끼 같은 작품 『소송』Der Prozeß과도 비교하면서, 프란츠 카프카의 친구이자 그의 작품의 편집자로서의 권위를 업고서 다음과 같이 확언한다(그가 『성』이라고 이름붙인 초판의 유명한 「편집자 후기」 참조). "중요한 점은 『소송』의 주인공이 보이지 않는 어떤 비밀 관청에 의해 체포되어 법정 앞에 세워지는 반면, 『성』의 주인공은 동일한 종류의 기관에 접근하는 것이 금지된다는 사실이다. (『소송』에서) '요세프 K'는 숨고 도망친다. 그러나 (『성』에서) 'K'는 쫓아다니고 추적한다. 움직이는 방향은 이렇게 상반되지만 작품이 주는 근본 느낌은 같다. 그렇다면 『성』에서 나타나는 그 기이한 행위, 알 수 없는 관리들의 위계질서, 변덕과 술책, 무조건 복종의 (철저히 정당화된) 요구 따위는 무엇을 뜻하는가? 좀더 세부에까지 들어맞는 해석이 있을 수 있겠지만 그러한 해석도 겉껍질에 싸인 중국 인형의 속껍질처럼 가장 포괄적인 해석에 둘러싸여 있다. K가 들어갈 수 없었던 성, 이해할 수 없을 정도로 근처에조차 가 볼 수 없었던 이 '성'은 바로 신학자들이 말하는 '은총', 즉 신에 의한 인간 운명(마음)의 조종, 우연, 비밀스런 결정, 은혜와 가해, 모든 사람들의 삶의 '모호성'과 정확히 동일하다. 그러므로 『소송』과 『성』에서는 (카발라가 말하는 의미에서) 신성神性의 두 가지 발현형태(율법과 은총)가 묘사되어 있다 하겠다"(Fischer Taschenbuch-Ausgabe in 7 Bänden, S. 349). 신학자가 무엇 때문에 이처럼 마음에 드는 해석 앞에서 머뭇거리랴? "성"을 실제로 신의 은총에 대한 비유, 알레고리로 이해해서 안될 이유가 무엇이랴?

하지만 나는 여기서 한 가지 고백을 해야겠다. 나는 이 소설을 거듭다시 읽고 연구해 보았지만 아무리 좋게 보아주려 해도 거기서 어떤 종교적인 점도 발견하지 못했다. 그 이유는 소설의 일반적인 분위기가 답답하고 우울하며 암담한 미래를 예고하고 있다는 것, 구원을 향한 탈출구는 어디에도 보이지 않고 신, 신적인 것, 종교적인 것에 관한 이야기는 실제로 한 마디도 없다는 것 때문만은 아니다. 더 중요한 이유는 이성이라는 곳 자체가 거대한 관료조직체로서, 그것을 절대자나 "천국", 심지어는 은총과 동일시하고, 그 성의 마을을 "인간세계"와 동일시하기에는 너무나 양가적이고 너무나 위협적인 존재다.

다음과 같은 정반대의 논증도 가능할 것이다. 모순적인 해석의 역사가 보여주듯이 똑같은 근거에서 『성』을 "지옥"의 알레고리로 해석할 수도 있다는 것이다. 크라카우어Sigfried Kracauer는 브로트의 주장을 반박하면서 실제로 그러한 해석을 제시했다. 긍정적이든 부정적이든 이처럼 비교적秘敎的인 해석보다는 아렌트Hannah Arendt의 냉정한 분석이 더 설득력이 있어 보인다. 그에 따르면, 이 소설은 일차적으로 신의 대변자를 자처했던 강력하고 복잡한 오스트리아 관료조직에 완강히 대항하는 선의의 인간의 모습을 묘사했다는 것이다. 실제로 카프카는 박사학위를 가진 법률가로서 프라하의 "노동재해보험처"의 관리로 일하면서 이 거대한 관료조직의 실상을 몸소 체험했던 것이다.

다른 경우에도 마찬가지지만, 카프카의 작품이 지니는 이미지 세계가 곧바로 신학이나 심리학, 철학이나 사회학의 언어로 번역될 수는 없다는 것이 나의 생각이다. 카프카 최후의 대작이 신비화하기 좋아하는 사변가들(그들이 어떤 학문 분야에 소속되어 있든)의 요릿거리가 되어서는 안된다. 그러니까 결론은 다음과 같다. 나는 신학자이면서도 거의 모든 신학적 입장(유대교, 개신교, 천주교 등등)의 카프카 연구자들이 채택한 이같은 종교적 해석을 따를 생각이 없다. 그렇다면 마찬가지의 해석학적 근거에서 이 작품에 종교적 개념 대신 심리분석적·철학적·사회학적 개념을 덮씌우는 식의 **직접적인 정신분석적 해석이나 철학적·사회학적 해석** 역시 나는 거부하지 않을 수 없다. 그렇다, 이같은 해석을 통해서 카프카의 작품은 번번이 "프로그램 음악"(브로트에 반대한 폴리처Heinz Politzer의 말)으로 전락한다. 이때 예술은 이미 주어진 공리와 검증되지 않은 도그마를 선포하는 동기가 될 뿐이다. 그러한 도그마가 신학에뿐만 아니라 철학과 심리학과 사회학에도 존재한다는 것은 주지의 사실이다.

이처럼 문학외적인 논란이 넘쳐나는 상황이니 차라리 고르디아스 왕의 매듭처럼 복잡하게 얽힌 해석상의 혼란을 일체 무시해 버리고, 이 소설을 오직 천재적인 **문학적 기록물**로 받아들여 순전히 **텍스트**만을 연구하고 독특한 서술기법을 분석하는 편이 낫지 않을까? "카프카의 예술을 묻는 이들은 별로 없다"고 횔덜린 연구가인 튀빙겐의 문헌학자 바이스너Friedrich Beissner는 1952년 카프카 강의(S. 9)에서 단언하고서, 단호하게 문학적·작품 내재적 해석으로의 전환을 감행한 바 있다. 이제 형식 분석과 구조 분석이 전면에 부각되었고, 프란츠 카프카는 "소설가"(1952), "시인"(1958), "몽환적인 내면의 삶"(1972)(이것은 바이스너 저서의 제목이기도 하다)의 표현자로 인정받았다. 이같은 발상은 바이스너의 제자들(특히 당시 그의 박사과정 제자였던 발저Martin Walser의 학위 논문「어떤 형식의 기술」(1951년 저술, 1961년 출판))에 의해 뒷받침되고 수정·보완되기도 했다.

   그렇다면 신학자뿐만 아니라 여기 거론된 나머지 분야의 학자들도 이 점을 인정해야 하지 않을까?『성』과 같은 소설, 그러니까 이러한 문학 작품을 다루어야 할 사람은 일차적으로 문예학자다. 문예학자는 카프카 자신의 말을 빌리면 극도의 "예술적 낭비" 끝에 만들어진 이 소설을 어떤 세계관적 기준들보다는 작품 내재적·미학적 기준에 따라서 연구하고 평가할 의무를 지니고 있기 때문이다. 그리고 실제로 지난 수십 년 간 카프카의 작품 전체, 또는 개개의 작품들을 대상으로 카프카의 독특한 서술 방식, 구성 형식, 구조 요소, 상징성, 언어에 관해 정밀하게 편견 없이 연구·분석하려는 시도가 계속 이어져 왔다. 이에 대해서는 문예학자와 문예비평가들이 더 잘 알고 있을 것이다.

신학자인 나의 흥미를 끄는, 또한 많은 문예학자들에게도 눈에 띄었던 것인즉, 물론 작품을 텍스트 자체로서 연구하는 것이 근본적이기는 하지만, 작품에 담긴 현실 내용에 관한 문제, 즉 현실이 주체의 내면에 어떻게 반영되어 있는가, 예술작품과 예술적 주체의 내면세계는 역사적 상황이나 사회적 구도와 어떤 관련을 맺고 있는가 하는 문제를 도외시할 수 없으며 이제부터 이 문제가 본격적으로 제기되어야 한다는 것이다. 헤세Hermann Hesse가 1956년 『문학 노트 2』Schriften zur Literatur 2 (S. 491)에서 "카프카의 소설은 종교적 · 형이상학적 또는 도덕적인 문제들에 대한 논문이 아니라 문학작품이다"라고 단언한 데는 전적으로 동의할 수 있다. 그러나 나는 그 다음에 이어지는 독선적인 결론에는 공감할 수 없다. "카프카는 우리에게 신학자나 철학자로서 말하는 것이 아니라 오직 작가로서 말하고 있을 뿐이다. 그의 위대한 문학작품들이 오늘날 유행품이 되어버리고, 이들을 문학작품으로 수용할 수 있는 재능도, 그럴 의사도 없는 사람들에 의해 애독되고 있는 것은 카프카의 탓이 아니다." 여기서 무엇이 간과되고 있는가? **인간** 카프카가 무시되었다! 철학자나 신학자인 카프카가 없는 것처럼 "순전히 문학적인 카프카" 또한 없다! 카프카의 작품들이 비역사적으로 보이는 것은 그저 외관일 뿐이다. 이데올로기적인 편견이 없는 보편타당한 작품 해석이 되려면 어떤 경우에도 작가의 전기, 문학적 전통, 역사적 배경과 같은 요인을 무시해서는 안된다.

이제 문예학은 전기적인 **증거의 수집과 확인 작업**에서 탐정과 같은 고도의 정밀한 능력을 발휘하고 있다. 특히 바겐바하Klaus Wagenbach와 빈더Hartmut Binder는 더 이상 특정 자료에만 의존하지 않고 이용 가능한 모든 자료를 토대로 카프카의 전기적 사실들을 발굴했을 뿐만 아니라 『성』에 대해서도 작품의 충실한 해석에 기여하는 막대한 자료들을 제공해 주었다. 그외에도 많은 해석가들이 오만하게 무시하면서도 실은 많은 부분을 의지하고 있는 사람이 있다. 막스 브로트가 바로 그다. 카프카의 가장 친한 친구이자 유산 관리인이었던 막스 브로트는 『성』에 대한 매우 중대한 전기적 배경 자료를 제시해 주었다. 브로트를 통해서, 아말리아라는 인물 뒤에 카프카의 첫 약혼자 율리보리체크가, 또 프리다의 모습 뒤에 카프카와 짧은 기간 동안 애절한 우정을 나누었지만 남편(소설에서는 또 다른 주인공 클람)을 끝내 포기하지 않았던 체코 저널리스트 밀레나 예센카가 숨어 있음이 밝혀졌다. 실증적·전기적 카프카 연구는 최종적으로 "『성』은 극단적으로 말하자면 자서전적인 작품" (Binder, Kommentar II, S. 269)이라는 결론에 도달한다. 이같은 "새로운 시각"에서 본다면 종교에 관해서는 아무런 이야기도 할 수 없게 된다. 그것은 자명한 결론인가? 결코 그렇지는 않다.

『성』이 자서전적 작품이라는 것은 그렇다 하고, 그러나 그것이 이 작품의 모든 것을 말해주는가? 카프카 같은 작가를 두고 삶의 문제와 시대의 문제, 삶의 이야기와 영혼의 이야기를 그렇게 간단히 분리시킬 수 있는가? 그렇게 함으로써 우리는 작품의 협소한 전기적 측면에 함몰되어 버리는 것은 아닐까? 빈더가 올바르게 지적했듯이(Kommentar I, S. 9), 카프카는 "전통으로부터, 또는 모든 경험적 맥락으로부터 떨어져 있는" 존재가 아니다. 그렇다면 (빈더는 이론을 제기하고 있지만) 카프카도 결국은 "문학적 근대의 한 주창자이자 유럽 정신사가 도달한 한 극점"이 아닐까?

따라서 우리의 과제는 "우의적·상징적·철학적·사회학적 해석이 저질렀던 낡은 오류에 빠지지 않으면서"도 동시에 "작품 내재적 해석이 강요하는 해석학적 속박"으로부터도 벗어나는 일이다. 제한된 범위의 실증주의적 연구와는 달리 우리는 "문학과 개개의 예술작품들을 포괄적인 정신적 배경으로부터 분리시키지 말아야" 한다(Peter U. Beicken의 연구 보고서, S. 161; 175의 인용). 신학자로서 책임있는 카프카 해석을 수행하기 위해서 나는 **구조적이고 통합적인 해석방법**의 채택을 제안한다. 우선 우리는 단 하나의 방법만을 고집하면서 다른 방법을 배척하지도 않고,

그렇다고 방법 다원주의를 표방하면서 그때그때 임의로 이 방법 저 방법을 추구지도 말아야 한다. 우리가 채택하는 방법은 일차적으로 철학적·문학사적·전기적 방법에 기초를 두면서도 (예술작품이란 하나의 전체이므로) 좀더 큰 맥락의 심리학적·사회적·철학적·신학적 배경의 연구에 대해 개방적인 것이다.

실증주의적 연구는 카프카의 **가족 상황**에 옳게 큰 의미를 부여했다. 카프카는 도스토옙스키가 죽은 지 2년 후인 1883년 프라하의 구도시 지역에서 태어났다. 정력적으로 일하여 성공은 했지만 교양은 없는 아버지와, 내성적이고 감수성이 강한 어머니 사이에서 장남으로 태어난 카프카는 어른이 될 때까지 아주 오랫동안 하인들의 손에 맡겨진 채, "건전한 인간성 발달을 위해 필요한 원초적 신뢰감을 심어주는 귀감적 인물을 접할 기회가 없었다"(Binder, Kommentar I, S. 22). 그 결과는 자존심의 결핍으로 인한 타인과의 서투른 교제, 성에 대한 신경증적 태도, 소극성, 비사교성, 무기력증, 독신생활이었고, 이는 인간관계의 파탄을 묘사한 후기 작품들에 반영되어 있다. 연애, 결혼, 직업, 마을 사람과의 교제, 이 모든 것에서 그는 실패를 경험하며, 이는 『성』에서 (카프카의 "몽환적인 내면세계"를 통해 기이하게 왜곡되어) 극도의 혼란을 야기시키는 "숨은 그림 기법"(H. Politzer)으로 가공되어 문학적으로 표현된다.

다수의 연구자들은 (브로트의 증언에 입각해서) 가족 상황 외에도 그가 **유대인**이라는 사실에 큰 비중을 두는 데 이견이 없다. 이 소설이 약간 소박한 형태로 영화화된 바 있지만, 만일 이 영화에서 셸Maximilian Shell 대신에 전형적인 유대인이 K의 역을 (조금도 바꾸지 않고) 맡았더라면 얼마나 충격적인 효과가 생겨났을 것인지는 쉽게 짐작할 수 있다. 사회 속에서 환영받지 못하는 이방인, 의심받고 감시당하며 사회 속에서 어울리고 싶어하지만 늘 적대적인 태도에 부딪치는 전형적 존재로서의 유대인 말이다.

그렇다면 카프카를 "그리스도교 전통과 그 붕괴에 의해 형성된 유럽인들의 의식 상태와는 멀찌감치 떨어져 있는"(H. Binder, I, S. 10), 추방당하고 경원시되는 유럽 유대인들의 극단적인 대표자로 볼 수 있을까? 따라서 유대인 카프카의 소외와 측량기사 K가 겪는 소외는 현대인의 소외와는 도대체 아무런 관련도 없는 현상일까?

사실은 그 반대다. 카프카는 단순히 프라하의 유대인만이 아니라 1904년에서 1924년까지 세계를 뒤바꾼 20년이란 기간 동안에 작품을 쓴 작가로서, 새로운 유럽의 탄생 과정에 참여했던 것이다. 그는 철저히 유럽식의 교육을 받은 브로트Max Brod나 베르펠Franz Werfel과 같은 유대인들과 교제했고, 클라이스트Kleist, 그릴파르처Grillparzer, 하웁트만Hauptmann, 함순Hamsun을 철저히 연구했다. 김나지움 시절 이미 다윈과 니체의 신봉자가 되었던 그는 유대교 신앙을 버리고 사회주의로 전향했고, 독일 대학에서 수학하여 학위를 받았으며, "독일 대학생 독서 토론회"에서 개최한 강연회와 문학 강의에 참석했다. 그러나 그는 아우구스티누스의 『고백록』과 톨스토이의 사상을 연구한 뒤, 결국 히브리어 연구와 시온주의에 몰두한다. 그렇다, 카프카는 프라하 어느 지구의 게토에서 살았던 유대인이 아니다. 그는 **후기 근대, 즉 제1차 세계대전을 전후한 세대를 대표하는** "전형적인 유대인"이다.

카프카가 19세기에 이미 근대의 심각한 위기를 진단한 위대한 두 인물, 즉 키에르케고르와 도스토옙스키에 지대한 관심을 가졌던 것은 의미심장한 일이다. 유대인인 카프카는 어떤 점 때문에 그리스도인인 **키에르케고르**에게 흥미를 느꼈을까? 물론 키에르케고르도 카프카와 마찬가지로 성性과 결혼문제에서 어려움을 겪었다. 그러나 중요한 것은 그의 저작이었다. 카프카는 키에르케고르의 저작을 연구하면서 인간의 불안·무기력·상실감뿐만 아니라 인간 능력의 가능성을 강조하는 부분에 특히 몰두했다. "다음 얘기의 출전은 『탈무드』가 아니다." 키에르케고르에서 인용한 것이다. "원시적인 소박성을 지닌 어떤 인간이 나타난다면 그는 세계를 있는 그대로 받아들여야 한다고 말하지는 않을 것이다. 오히려 반대로 이렇게 말할 것이다. '세계가 어떤 상태이든 나는 원초적인 독창성을 간직하리라. 나는 그것을 이 세계의 판단에 따라 바꿀 생각이 없다.' 이 말이 들리는 바로 그 순간, 모든 현존재가 변화를 겪게 될 것이다. 동화에서처럼, 이 말이 발설되는 때 백 년 동안 마법에 걸려 있던 성의 문이 열리고 성 안의 모든 것이 되살아날 것이다. 그리하여 현존재는 크게 주목받을 것이다"(Brod, S. 150f에서 인용). 물론 카프카는 예수 그리스도에 대한 신앙을 가질 수 없었고, 키에르케고르처럼 개인주의와 고독, 독신생활을 이상적인 것으로 보지도 않았다. 그는 원칙적으로 혼자서 사는 것을 원치 않았다. 카프카는 적어도 생애 최후의 반 년 동안은 베를린 출신의 여인 디아만트Dora Diamant와의 행복한 동거생활을 맛보았다. 그녀는 불치의 병에 걸린 카프카를 따라 비엔나의 요양원에 들어가서 끝까지 그를 간호했다.

　도스토옙스키에 대해서는 어땠는가? 카프카는 일찍이 그의 전기를 읽고 평생 동안 그를 존경했다. 그가 사랑하는 누이동생 오틀라Ottla에게 읽어주었던 책 가운데는 쇼펜하우어와 클라이스트 그리고 도스토옙스키가 포함되어 있었다. 또 밀레나에게 보낸 처음 편지들 가운데 하나에서 이미 카프카는 밀레나의 사랑을 "발견한 것"과 도스토옙스키를, 도스토옙스키의 다음 일화를 "발견한 것"을 비교하고 있다. 『가난한 사람들』의 원고를 읽은 디미트리 그리고로비치와 니콜라이 네크라소프는 새벽 세 시에 도스토옙스키를 찾아와서 위대한 러시아 작가의 탄생을 축하했다. 그들이 돌아간 다음 도스토옙스키는 창가에 서서 울면서 이렇게 생각했다. "참으로 훌륭한 사람들이 아닌가! 그들은 얼마나 선하고 고상한가! 그런데 **나는** 얼마나 보잘것없는 인간인지 모른다. 내가 그렇게 말해도 그들은 내 말을 믿지 않을 테지."

　그렇다, 카프카는 완전히 근대에 속한 사람이다. 그는 유대인으로서 겪은 소외감 때문에 오히려 다른 사람들보다 더 일찍, 더 심각하게 **근**

대적 파라디그마의 위기를 감지했다. 과학·기술·산업·민주주의(근대를 이끌어가는 힘)는 카프카의 눈앞에서는 더 이상 매력적인 존재가 못 되었다. 카프카에게 이들은 모두 엄청나게 비대한, 접근할 수도 뚫고 들어갈 수도 없는 관료조직, 즉 성의 세계라는 형태로 나타났다. 정치적·사회적 관심이 대단히 높았던 카프카는, 비록 자신의 작품을 통해 근대의 생산 과정이 지닌 문제점들을 드러내지는 않았지만, 자본주의를 종속의 체계로 이해함으로써 개인과 가족과 집단이 관료적 권력기구의 통제하에 있으며, 자기 삶을 자유롭게 계발하지 못하도록 외적·내적으로 종속되어 있다는 점을 매우 뚜렷이 보여주고 있다.

그러므로 『성』에서는 수수께끼 같은 표상 속에 숨은 형태의 **비판적 시대 분석**도 중요한 의미를 가진다. 물론 그 비판은 고차적인 시각에서 이루어진다. 아도르노가 뚜렷한 악몽처럼 진행되는 카프카의 강박적 세계, 그 지긋지긋하고 너절하며 불합리한 세계를 두고 "번쩍이는 자본주의 후기 국면의 암호"(Prismen, S. 319)라고 한 것은 틀린 말이 아니다. 따라서 『성』을 **사회비판적 시각에서 해석**하는 것은 정당하다 — 그러한 해석이 문헌학적·문학사적·전기적 해석 전체를 완전히 무시하고 하나의 시각으로 이 소설의 의미를 좁혀놓지 않는 한.

실존철학적 해석에 대해서도 마찬가지 얘기를 할 수 있다. 기존의 것에 대해 도전하는 존재로서 등장하는 소설의 주인공 측량기사를 통해 제기되는 문제가 사르트르와 까뮈가 카프카에게서 발견했던 문제점과 상당 부분 일치한다는 데 이의를 제기할 사람이 있을까? 이 세계가 불투명하고 부조리하며 미로와 같다는 인식, 또 인간 현존재의 모순, 불안, 근심, 고뇌, 죽음, 자유롭게 구상된 인생의 계획이 끊임없는 위협에 시달리다가 끝내 좌초하고 마는 필연성에 대한 인식 등등.

우리는 이제 이 소설의 핵심 관념에 대해 논의할 방법론상의, 또 자료상의 준비를 모두 마쳤다. 그 핵심 관념은 다름아닌 **성**城이다. K라는 인물이 목표로 삼고 있는 것은 인간 이상의 것이다. 그가 지향한 것, 비록 헛수고에 그쳤지만 그가 온힘을 기울여서 얻으려 했던 것, 숱한 우회로(특히 여자들)를 거치면서 궁극적으로 도달하려 했던 것, 그것은 바로 성이었다. 성은 그가 동경하는 목적지요 그의 사고의 중심이며 그의 의지의 원동력이었다. 도대체 성이 의미하는 것은 무엇인가?

다음 사실에는 의문의 여지가 없다. 모두를 (K뿐만 아니라 마을 사람들 역시) 예속시키고 있는 이 성은 끝내 혼란스럽고 모호하며 내용적으로 규정되지 않은 채, 하나의 수수께끼로 남아 있다. 소설 전체를 다 뒤져도 성의 의미가 무엇인지를 암시해 주는 사소한 단서조차 발견되지 않는다. 이미 앞에서 본 것처럼 신이니 신적이니 하는 식의 해석은 타당한 것이 못된다. 내가 보기에 텍스트 자체에 입각할 때 확실한 것은 단 하나뿐이다. 성은 항상 인간을 압도하고, 인간을 넘어선 초월적인 곳에 존재한다. 인간은 그곳에 접근하려고 시도하지만 성으로부터 부름 받지 않은 이상 스스로의 힘으로 그곳에 도달하는 것은 불가능하다. 성은 K의 목적지였지만 그는 거기 도달하는 길을 찾지 못한다. 성은 이렇게 해서 **수수께끼**로 남아 있는 **초월성**의 표현이 된다.

우리는 여기서 성을 "**어떤 부정적 초월성의 상징**"(S. 103)으로 본 헬러Erich Heller 같은 해석자들의 견해에 사실상 동의하는 셈이다. 그렇다고 해서 우리가 서두에서 거부했던 **우의적** 설명방식, 즉 해석자가 그저 직접적인 문자적 의미와 "다르게 말하는" 데 그치거나("álla agoreúei"), 자의적으로 다른 의미를 덧붙이면서 자신의 생각을 텍스트에 주입하는 (이를테면 "성"에다가 "은총"을 대입하는) 설명방식으로 되돌아가자는 것은 아니다. **상징적인** 설명은, 해석자가 텍스트 자체 속에서 하나의 표상과 그 배후에 숨겨진 내용 사이의 본질적 연관성을 발견하는 경우, 즉 텍스트 자체가 하나의 의미–표상Sinn-Bild이라는 것, 작가가 표현하려고 의도한 것이 명백한 현실에 대한 ("초월성"을 상징하는 "성"과 같은) 상징이라는 사실이 입증될 경우라면 얼마든지 가능한 것이다.

카프카 자신도 자기 작품의 상징적 의미를 철저히 의식하고 있었다. "비유"에 대한 짧지만 위대한 명상이 여기서 유래했다. 이러한 상징적 차원에서는 신중한 **종교적·신학적 해석**도 허용된다. 우선 일단은 (대단히 신중한) 데이비드Claude David처럼 『성』을 "신학적 우화寓話"로 규정하는 것조차 허용될 수 있는가 하는 문제는 접어두기로 하자. **확실한 것은** 다음과 같은 사실이다.

첫째, 성, 즉 초월성의 세계는 존재한다.

둘째, 마을의 세계와 성의 세계 사이에는 수수께끼 같고 불투명한 형태로나마 의사소통이 이루어지고 있다.

셋째, 성의 내부로 통하는 길은 비록 무한할 정도로 길지만, 또 끊임없이 새로운 방, 새로운 장벽으로 가로막혀 있을지도 모르지만, 그 길은 틀림없이 존재한다. 사자使者인 바르나바스도 적어도 성의 현관이나 사무실까지는 바로 이 길을 통해서 갔던 것이다.

넷째, (성에 도착하면) "무엇인가가 있고" 그것이 바르나바스에게 전달될 것이며, 만일 그가 그것을 가지고서도 의심·불안·절망으로부터 벗어날 수 없다면 이는 전적으로 바르나바스의 책임이다.

끝으로, 측량기사는 (고향의 교회탑으로 상징되는) 전통적 의미의 초월성을 상실했음을 의식하면서도, 성을 통해서 그 마을의 인간 공동체 내에 정주권을 얻으리라는 희망, 성에 도착하여 받아들여지리라는, 즉 초월성을 되찾으리라는 희망을 포기하지 않는다.

이 모든 사실은 하나의 신학적·상징적 해석에 의해 설명될 수 있다. 성은 물론 은총의 표현이라고 할 수는 없다. 다만 성은, 초월성이 불투명하고 수수께끼 같은 불안감에 휩싸여 있긴 하지만 아직 길은 열려 있고 희망이 아주 좌절되지는 않은 상황에서 겪게 되는 **수수께끼이며 암호화된 초월성의 체험**을 표현하고 있다. 이런 이유로『성』을 종교적 작품이라고 말할 수 있을까? **직접적으로 종교적인 작품은 아니지만 종교와 고도의 상관관계를 가진** 작품인 것만은 분명하다!

철두철미 신앙인인 키에르케고르는 절대적 역설 또는 절대자의 역설을 얘기했다. 회의적 신앙인인 도스토옙스키는 적어도 자신이 창조한 인물들 중 일부로 하여금 신앙에 대해 긍정적으로 말하게 했다. 하지만 카프카는 자신의 시적 작품 속에서 신비롭고 불확실하게 깊숙이 숨어버린다. 카프카는 도스토옙스키 못지않게 인간을 단순히 유전과 환경의 산물로 간주하여 "과학적으로" 해부하려 하는 졸라 류의 자연주의를 거부했다. 이처럼 실증주의적이고 과학적이며 관료적인 세계, 가시적인 것, 만질 수 있는 것, 계산할 수 있는 것만이 최후의 유일한 진실로 간주되는 세계에서 카프카는 초월성을 고집한다. 카프카는 일찍부터 니체를 잘 알고 있긴 했지만, 무신론자인 니체처럼 최상의 가치를 부정하거나 신의 죽음을 선언하지는 않는다. 또 그는 아무런 목표도 없이 최상의 가치를 비롯한 모든 가치를 부정하는 허무주의자도 아니었다. 그의 소설을 통해 확인할 수 있는 바에 따르자면, 그는 위에 있는 성과 아래에 있는 세력 사이에서 고통받으며, 희망과 절망을 오락가락하다가 갈기갈기 찢겨지는 존재다. 이 모든 일이 숨막힐 듯 답답한 회색빛 세계 속에서 일어난다. 이 세계로부터 카프카 사후 몇 십년 안에 "**카프카적 세계**"라는 관용구가 발생했다. 카프카적이라는 말은 미로처럼 알 수 없게 되어버린 후기 근대세계, 부조리한 세계전쟁, 카프카 자신의 끔찍한 환상을 훨씬 뛰어넘는 유대인 강제수용소와 굴락 수용소, 익명의 권력, 대항할 수 없는 강제적 힘, 숨어 있는 유혹자들, 수많은 보험에도 불구하고 커져만 가는 불안 등으로 얼룩진 20세기 우리의 세계를 지칭하는 표현이 되어 있는 것이다. 카프카, 그는 **보험처**에서 근무했다!

여기서 그토록 많은 기대 속에서 시작되었던, 이전의 **어떤** 파라디그마와도 전혀 달랐던 **근대의 파라디그마가 종착역에 도착한다**. 이제 이 파라디그마에는 불안과 무기력, 게다가 (그 누가 이 점을 무시할 수 있으랴) 그전에는 한번도 존재한 적이 없었던 신으로부터의 소외라는, 즉 **신의 암흑**이라는 그늘이 드리워져 있다. 카프카의 유대인 친구인 부버Martin Buber는 이 개념을 현대의 핵심 개념으로 꼽았다. "천상의 빛이 암혹에 가려진다. 신의 암혹이 사실상 우리가 살고 있는 세계의 시간을 특징짓고 있다"(Werke I, 520).

이같은 배경을 고려하자 다음과 같은 의문이 내 머리에 떠올랐다. 어떻게 해서 프란츠 카프카는 자기가 속한 카프카적 세계에서 완전히 파멸하지 않고 참으며 살아갈 수 있었을까? 자신을 벼랑으로 몰고가는 무수한 일들 사이에서 무엇이 그를 지켜주었을까? 카프카는 (브로트에게 보낸 편지에서 『성』을 암시하면서 말했던 대로) 자신의 글쓰기가 "악마 숭배"에 대한 보상이라는 점을 매우 정확히 인식하고 있었다. "암혹의 힘을 향한 하강, 그 본성상 구속되어 있는 영들의 해방, 의심스러운 포옹, 이 모든 일들이 아래쪽에서 일어나고 있다 해도 위에서 햇빛을 받으면서 이야기를 쓰고 있는 사람은 이에 대해 아무것도 모른다. … 나는 여기 편안한 문필가의 태도로 아름다운 모든 것에 대해 쓸 작정을 하고 앉아 있다. 나는 무기력하게 (도대체 쓰는 것 외에는 아무것도 할 수 없으므로) 나의 진정한 자아, 이 불쌍하고 힘없는 자아가 어떤 우연적인 동기에 의해 … 악마에게 정복당하고 얻어맞고 짓이겨지는 것을 구경하고 있어야만 한다"(Briefe, S. 384; 386).

하지만 이같은 고백은 다음과 같은 사실을 명백히 보여주기도 한다. 작가인 동시에 한 인간인 카프카 자신은 결코 카프카적 소설의 세계 속에서만 살지는 않는다. 그에게는 "아래"뿐만 아니라 "위"도 존재한다. "암혹의 힘"뿐만 아니라 "햇빛"도 있다. "의심스러운 포옹"에도 불구하고 그는 "모든 아름다운 것에 대해 쓸 작정을 하고" 있다. 카프카는 자살을 거부한다.

그렇다, 카프카의 **작품들**은 **인간** 카프카에 대해서 그의 힘, 그의 일관된 행동의 원천에 대해서, 그의 믿음에 대해서, 종교에 대한 그의 입장에 대해서 모든 것을 말해주지는 않는다. 카프카에게는 우리를 흥분시킬 정도로 비밀스런 **다른 면**이 존재한다. 이같은 카프카의 이면裏面은 그의 작품에는 나타날 수 없었지만, 그의 아포리즘 속에, 또 자기 삶에 대한 고백, 남의 삶에 대한 몇 마디 언급 속에서 그 모습을 드러낸다. 어려서부터 소심증 환자였고 이제는 불치병에 걸려 도스토옙스키 같으면 본격적으로 창작을 시작했을 나이에 파스칼처럼 글을 쓸 수 없게 되었던 카프카가 과연 계속 글을 썼더라면 결국 이같은 삶의 긍정적인 면을 작품을 통해서 다루었을까? 이 문제에 대해 추측해 보았자 별로 쓸 모있는 해답을 얻을 수는 없을 것이다. 『성』은 역시 미완성인 채로 남아 있고, 그 결말이 과연 어떤 것이었을지조차 우리는 겨우 브로트를 통해서 짐작할 수 있을 뿐이다. 그에 따르면 K는 계속해서 투쟁하다가 탈진상태가 되어 죽고 만다고 한다. 임종의 자리에서 그는 "여기서 살면서 일해도 좋다"는 성으로부터의 전갈을 받는다(Das Schloß, S. 347). 이것은 이중적 결말 이상의 의미를 가진다. 우리는 여기서 카프카에게 종교적으로 긍정적인 측면은 작품 속에서 어떤 형태로도 나타날 수 없다는 사실을 확인하는 것으로 만족할 수밖에 없다.

어쨌든 분명한 것은 카프카가 개인적으로는 작품을 통해 나타나는 것보다는 더 종교적이고 신앙심이 깊었으며 희망적이었다는 사실이다. 브로트 역시 카프카가 "긍정적인 성격"을 가졌고(S. 156), 유머러스하며(『소송』의 제1장을 읽을 때는 "견딜 수 없는" 폭소가 터졌다), 평온하고 쾌활하며, "부드럽고 사려깊으며 본성상 절대 서두르는 법이 없는" 사람이었음을 거듭 지적하고 있다. 요컨대 그는 "세계와 삶에 대한 기쁨"에 넘쳐 있었다는 것이다. 이러한 그의 태도는 비엔나에서 밀레나와 함께 지내던 시절에도, 또 병약해진 상태로 도라와 함께 지낸 최후의 반 년 동안에도, 그토록 큰 번민 속에서도 계속 유지되었다.

더욱 중요한 것은 첫째로 카프카 자신의 『일기』에 나타나는 표현이다. 여기서는 그의 작품에서는 상상하기 어려운, 감동적인 어조의 기도문과도 비슷한 구절이 발견된다. 그것은 성찰, 명상, 어느 정도는 양심의 탐구라고 할 수 있는 것이다. 예컨대 1916년 2월, 첫번째 약혼녀 펠리체 바우어와의 우울한 말다툼 후에 쓴 일기를 보라. "나를 불쌍히 여기기를. 나는 내 존재의 구석구석까지 죄로 물들어 있는 사람입니다. 하지만 완전히 경멸할 만한 사람도 아닙니다. 약간의 훌륭한 능력도 가지고 있었지만 이제는 다 탕진해 버리고 아무 대책도 없게 된 인간인 것입니다. 나는 이제 겉으로나마 개심할 수 있는 마지막 순간에 와 있습니다. 나를 버리지 마십시오. … 나는 최후의 심판을 받았을 뿐만 아니라 그것에 끝까지 저항하라는 판결도 받았습니다"(S. 370).

둘째로 중요한 것은 『성』과 같은 시기에 나온 『잠언집』Aphorismen(브로트는 이 책을 "죄악과 고통과 희망과 진실한 길에 대한 성찰"이라고 불렀다)에 담긴 풍부하고도 참으로 신학적인 성찰들이다. 그것은 악과 악마, 인간의 타락과 책임, 낙원과 낙원으로부터의 추방, 메시아의 출현과 최후의 구원, 진리와 인간 속에 존재하는 "불멸의 요소"에 대해 얘기하고 있다.

셋째로 중요한 것은 『구스타프 야누흐와 카프카의 대담』Gesprächen Kafkas mit Gustav Janouch에 나오는 진술들이다(물론 이 진술들의 진위를 하나하나 원본비평적으로 검토하기는 어렵다). 여기에는 "신적인 것을 향한 동경"에 대한 성찰(S. 66), "종교적인 것을 남김없이 미적인 것으로 증류시키는" "문학에 대한 거부"("이런 류의 문학이 가지는 종교는 하나의 속물근성에 지나지 않는다." S. 70), 원죄와 자유, 유대교와 그리스도교, 예수와 신에 대한 성찰이 담겨 있다. "실제로 우리가 파악할 수 있는 것은 비밀, 어둠입니다. 그 속에 신이 살고 있습니다. 이는 바람직한 일인데, 왜냐하면 이처럼 보호해 주는 어둠이 없다면 우리는 신을 극복해 버릴 것이기 때문입니다. 이것이 인간의 본성인 것입니다. 아들이 아버지를 폐위시키는 것입니다. 그래서 신은 어둠 속에 숨어 있을 수밖에 없습니다. 그리고 인간은 직접 그를 치고 들어갈 수 없기 때문에 신성神性을 둘러싸고 있는 어둠을 공격합니다"(S. 79f).

허락된 시간이 많지 않기 때문에, 앞서 다른 작가들에 대해서도 그랬지만, 카프카에 대해서도 더 이상 얘기할 수 없을 것 같다. 우리는 이제 이 강의뿐만 아니라 이 일련의 강의 전체를 마무리해야 할 시점에 이르렀다. 그러므로 나의 관점에서 지금까지의 논의에 대한 간략한 개괄을 해야 할 필요성을 느낀다.

종교는 근대세계에서 어떤 일을 겪었는가? 또 근대세계에는 종교를 통해 어떤 일이 일어났는가? 이것이 우리가 던지는 최종 질문이다. 우리는 지금까지의 강의를 통해 근대의 시초로부터 금세기초에 이르는 커다란 곡선을 따라서 이 지점에 이르렀다. 우리가 데카르트·파스칼·갈릴레이 들이 살던 이성理性의 세기로부터 희망에 찬 미래를 바라보던 때와 카프카의 암울한 세계로부터 그전의 몇 세기를 냉정하되 놀란 눈으로 회고해 보는 지금의 격차는 얼마나 큰가. 이 근대세계라는 것이 각각의 경우마다 얼마나 달리 보이는지 느끼지 못할 사람은 아마 없을 것이다. 우리가 끊임없이 강조했던 근대의 변증법, 그것이 이제는 얼마나 크게 근대의 부정으로 돌변해 있는가. 물론 신학자나 그리스도교도는 분개하거나 규탄하거나 아는 척하는 태도로 과거를 돌아보지는 않을 것이다. 그러나 그들의 시선은 잃어버린 것에 대한 슬픔으로 채색되어 있다. 즉, 우리가 더 이상 스스로를 파멸시키는 근대세계의 파괴적인 힘을 통제할 수 없다는 데 대한 슬픔 말이다. 교회와 신학과 종교가 함께 원인이 된 죄의 역사 속에 신학자 자신도 얽혀들어가 있다는 인식을 가진다면, 단순히 상실을 한탄하는 데 그치지 않는, 아직 지불받지 못한 것과 미래를 위해 획득해 두어야 할 것을 청구하는 작업으로서의 의미를 가지는 근대세계의 **장례식**을 치를 수 있을 것이다.

참으로 새로운 과학과 기술과 산업이 탄생하던 근대 초기의 정신을 대변하던 지도자들이 마음의 이성과 섬세한 영혼, 신앙 속에 지양된 이성을 중시하라는 **파스칼**의 호소에 진지하게 귀를 기울였더라면 세계는 얼마나 달라졌을 것인가.

모든 시대적 위기 속에서 **그리피우스**가 따랐던 종교개혁의 정신을 사람들도 본받아 자신의 업적과 성취보다는 인간을 인간답게 만드는 신앙의 힘에 의지하여 인간성을 옹호하려 했더라면.

계몽주의의 시대에 볼테르의 부박한 품성과 불신앙보다는 **레싱**의 에토스와 비판적 신앙심이 더 널리 받아들여졌더라면.

쉘링 · 헤겔 · 횔덜린이 선포한 새로운 하느님 이해, 즉 세계 속에 하느님이 존재하며 하느님 속에 세계가 존재한다는 인식이 포이에르바하에서 니체에 이르는 종교비판을 견디어 내면서 살아남았더라면.

낭만주의, 특히 **노발리스**의 평화의 비전, 종교와 사회가 화해하고, 그 결과 좀더 고차원적인 문화의 시대가 열리리라는 비전이 구체적인 형태를 획득했더라면.

그리스도교계에 그리스도교를 재도입하라는 **키에르케고르**의 요구에, 교회와 국가 속에 존재하는 전체주의와 대심문관에 대한 **도스토옙스키**의 항의에, 또 극도의 고통과 궁핍 속에서도 예수에 의지하라는 그의 호소에 좀더 귀를 기울였더라면, 세계는 얼마나 달라졌겠는가? 이 모든 목소리들이 진정한 하느님에게로 돌아가자는, 아니 하느님을 향해 나아가자는 호소, 인간성에의 호소, 인간애에의 호소가 아니고 무엇이던가?

하지만 이 훌륭한 유럽 사상가들의 목소리는 공허한 외침이 되고 말았다. 예언자들의 경고는 조롱거리가 되기 일쑤였다. 그 결과 근대세계의 마지막에 온 것은 (누가 묵살할 수 있으랴) **아우슈비츠**였다. 그것은 굴락 수용소와 더불어 전례 없이 끔찍한 범죄를 상징하는 암호가 되었다. 도스토옙스키의 작품에서 그것은 단지 개인의 친부 살해였다. 그러나 우리가 살고 있는 금세기, 이 카프카적 세계에서는 그것이 민족 대학살로 현실화된다. "신이 존재하지 않는다면 모든 것이 허용되는 것이다!" 죄없는 어린이의 고통에 대한 도스토옙스키적 비전이 여기서는 일찍이 상상조차 못했던 집단적 차원에서 실현된다. 수백만 인명이 가스실에서 몰살당한다. 그 가운데는 **카프카**의 누이 엘리와 팔리와 오틀라도 있고, 그의 훌륭한 연인 밀레나도 있다. 또 확실히 카프카 자신도 있다. 만일 요행히도 7년간 결핵을 앓다가 1924년에 죽지 않았더라면, 그도 틀림없이 가스실에서 최후를 맞이했을 것이니까.

도스토옙스키가 제기했던 변신론적 질문은 금세기까지도, 대학살의 경험 속에 전혀 새로운 의미를 띠면서 살아남아 있다. 깊은 어둠, 영원한 당혹, 풀리지 않는 수수께끼 같은 신비, 그 앞에서는 하느님에 대한 재치 있는 사변을 즐기는 어떤 신학도 좌초할 수밖에 없다. 하지만 나는 그리스도인으로서 아우슈비츠 사건 뒤에도 여전히 조시마 장로가 언급한 유대인 욥의 대답 외에 다른 대답을 줄 수가 없다. 또한 나는 결국 알료샤가 자기 형에게 상기시켰던 분, 십자가의 예수에게 의지할 수밖에 없다. 또 나는 끊임없이 악에 대항하는 믿음의 힘과, 유대인 수용소 안에서조차 살아남았던 사랑, 아무 희망도 없는 최악의 상황 속에서도 살아남았던 희망밖에는 달리 호소할 길을 알지 못한다. …

그러나 바로 그때문에 믿음을 지키고 있는 그리스도인인 나에게는 아우슈비츠가 세계사의 종말을 알리는 말이 되지 못한다. 오히려 반대로 아우슈비츠야말로 (그후 40년 동안) **갱신된 사회 속에서의 갱신된 종교라는 대안적 전망**을 요구해 왔다. 신의 암혹기, 그 뒤를 이어온 신들의 황혼 그리고 근대가 낳은 사이비 신들의 몰락, 그 뒤를 이어서 이제 새로운 아침이, "포스트모던"(아직 알려지지 않은 것에 대한 이름)이라는 새로운 파라다임이 시작되려고 한다. 이미 작가이자 모럴리스트였던 프란츠 카프카에게는 암울한 삶 속에서 비밀스런 가느다란 불빛을 통해 그 파라다임이 계시되었다. "따라서 나는 죽음에 나의 몸을 맡길 것이다." 그는 1917년 9월, 의사로부터 결핵 진단을 받은 뒤 두번째 약혼도 파기해 버리기로 결심하고 나서 이렇게 쓰고 있다. "믿음 가운데 남은 것. 아버지에게 돌아가자. 위대한 화해의 날"(Tagebuch, S. 390). 여기서 프란츠 카프카는 도스토옙스키 · 키에르케고르 · 노발리스 · 휠덜린 · 레싱 · 파스칼 · 그리피우스와 만나고 있지 않은가?

그렇다. 이제 앞을 내다보자. 나의 시대 진단이 올바른 것이라면, 금세기말에 이미 **카프카적 세계에 대한 저항운동**은 곳곳에서 일기 시작했다.

윤리와 종교에 대해 심사숙고하는 자연과학자 · 기술자 · 의사들이 나타나고 있다.

남자건 여자건, 어떤 직업에 종사하든, 생각 없이 살아가는 일차원적 삶에 만족하지 못하고 궁극적 가치를 동경하는 사람들이 존재한다.

특히 젊은 세대들은 새로운 가치척도, 덜 물질주의적인 기본태도, 새로운 의미지평을 요구하면서 대안을 탐색하고 있다.

많은 시인 · 작가 · 출판인들 사이에서도 이런 움직임이 일고 있다. 그들 중 일부는 여기 튀빙겐에서 우리와 함께 이 문학과 종교 심포지엄에 참여하고 있다.

오늘날 시대를 비판적으로 관찰하는 이들이 간과할 수 없는 것은 다음과 같은 사실이다.

첫째, 원자화된 근대사회에서는 실존적 안정감과 정신적 고향의 필요성이 절실하며, 종교가 그 필요를 충족시켜 줄 수 있다.

둘째, 종교는 파괴적인 힘, 현대의 소외 과정, 흑색 집단을 포함한 모든 전체주의적 체제의 강요에 맞설 수 있는 비할 수 없이 강력한 저항력을 개발할 가능성을 가지고 있다.

셋째, 따라서 종교는 인간화 · 해방 · 치유에 탁월한 기능을 발휘할 수 있으며 실제로 그렇게 해 왔다. 전에는 종교가 민중의 아편이었다면 이제는 민중의 치료제다.

넷째, 이 모든 얘기는 그리스도교뿐만 아니라 유대교와 이슬람교와 아시아의 큰 종교들에도 똑같이 타당하다. 내재성과 초월성, 수평적인 것과 수직적인 것, 아래쪽 마을의 삶과 위쪽 성의 신비가 인간을 해방시키는 방향으로 결합되어 있기만 하다면 어떤 종교든지 마찬가지다.

그렇다, 그리피우스·레싱·휠덜린·노발리스가 가졌던 평화와 자유, 인간성에 대한 위대한 비전은 결코 부정된 것이 아니다! 단지 근대세계에서 인정받지 못했을 뿐. 이제 그것은 새로운 미래를 제시하고 있다. 가톨릭 파스칼의 높은 지성과 도덕성, 프로테스탄트 키에르케고르의 급진적 그리스도교 그리고 러시아인 도스토옙스키의 신비로운 심오함, 유대인 카프카의 수수께끼 같은 어둠이 이 비전 속에 똑같이 수용된다.

    요컨대 문학과 종교는 하나같이, 수천 년 과거 이래의 주제다. 문학과 종교는 하나같이, 새로운 미래에 대한 희망의 주제다. 이 미래에 새로운 문학이 탄생할 것이며, 그 문학 속에서 위대한 신학과 위대한 미학이 모범적인 방식으로 새롭게 자매결연을 맺을 것이다.

발터 옌스

"인간을 타락시키지 말라"

"혼자서 삶을 감당할 수가 없다. 그것은 살아갈 능력이 없다는 말은 아니다. 전혀 반대로, 심지어 누군가와 함께 사는 요령도 터득한 듯하다. 하지만 밀려드는 나만의 삶, 나 자신에게서 생겨나는 여러 가지 요구, 세월과 나이의 공격, 막연하게 일어나는 글을 쓰고 싶다는 충동, 불면증, 정신이상 증세, 이런 모든 것을 혼자서 감당할 능력이 없다." 이것은 1913년 여름의 일기 가운데 한 대목이다. 세 번이나 약혼했지만 끝내 독신으로 남았던 프란츠 카프카는 재판소 서기 같은 태도로 꼼꼼하게 결혼할 것이냐 말 것이냐를 두고 각각의 입장을 뒷받침하는 논거를 하나하나 열거하고 있다.

결과인즉, 찬성론은 아주 약하고 반대론은 매우 강력하다. 펠리체 바우어(그녀는 작품 속에서 브란덴슈타인Frieda Brandenstein 또는 뷔르스트너 Bürstner 양으로 나타난다. 이들은 펠리체 바우어의 여러 변이형 중 일부다)와 약혼함으로써 생겨난 희망, 이 희망은 확신이라기보다는 오히려 기원같이 보인다.

처음에는 나직하게 속삭이듯이, 반쯤 놀란 목소리로 물어보듯이 "그렇게 하자"고 했다가는 곧이어 귀청이 떨어져나갈 듯이 큰소리로 "안 돼!"라고 외친다. 이처럼 영혼 탐구의 결과는 의사록議事錄 같은 형식으로 기술된다. 잠자리에 든 부모의 잠옷을 본다고 해서 바로 마음이 내키는 것은 아니다. 또 카프카가 곤궁에 빠져 있을 때 의지했던 사람들, 그의 문학적 대화 상대자들로는 키에르케고르 · 그릴파이처 · 클라이스트·플로베르·도스토옙스키 등을 들 수 있겠는데, 카프카는 이 대가들 (그 주변에 파스칼도 들어 있다) 가운데 도스토옙스키말고는 아무도 결혼하지 않았다는 사실을 확인하고 흡족해한다.

"나는 … 홀로 있어야 한다. 내가 무언가를 이룩할 수 있었던 것은 오직 내가 혼자였던 덕택이다. 나에게는 문학과 관련되지 않은 것이라면 무엇이든 혐오의 대상일 뿐이다." 이같이 고백했던 카프카는 크뢰거 Tonio Kröger와 같은 집안이나 같은 세대의 다른 많은 사람들이 그랬듯이 고독했을 뿐만 아니라, 주위로부터 완전히 단절·배제·추방당한 인간이었다. 그는 프라하에서 독일어를 사용하는 8%의 사람들 사이에서 배척받는 (체코계) 독일인이었으며, (프라하가 아니라) 비엔나에 충성하는 친독일 상류층 틈바구니에서 체코인임을 자부하는 국수적 문인이었다. 그리스도인들 틈에 낀 유대인이었으며, 루터를 이해하고 있는 동시에 슈베크Schwejk도 알고 있었다. 집안 어른과 아이들, 부인과 남편들…, 카프카가 좋아했던 플로베르의 표현을 빌리면 한마디로 **"현실 속에 살아가는"** 사람들 속의 한 총각이었다.

카프카는 말년의 키에르케고르처럼 세상을 등진 잠언가箴言家였다. 호프만스탈Hofmannsthal의 『바보와 죽음』Der Tor und Tod에 나오는 클라우디오Claudio(단절된 자) 같은 인물이었다. 다른 점이 있다면 클라우디오보다 훨씬 절망적이었다는 점일 것이다. 그는 언어의 측면에서도 미아였다. 자기 언어를 지니고 있지 못했고, 뵈머 지방 말, 유대인 말, 오페레타의 독일어, 관청에서 사용되는 독일어에 둘러싸인 채 스스로 언어를 **창조**해야 했다. 그의 언어는 자기 자신에게 침잠할 때야 비로소 사회 속에서 존재하게 되는 한 인간의, 딱딱하면서도 시적인 법전 독일어였다. "나는 대화가 지겹다(문학에 관한 대화라도). 누구를 방문하는 것도 지겹다. 친척들이 맛보는 기쁨과 슬픔 따위의 이야기는 내 영혼 깊숙한 데까지 지루함을 느끼게 한다. 대화는 내가 생각하는 모든 것으로부터 중요한 가치, 진지함, 진실성을 앗아가 버린다."

독신인 카프카는 자기 주인공들도 독신으로 만들었다. 로스만, 벤데만, 잠자, 요세프 K, 모두가 독신이다. (측량기사는 언젠가 어느 먼 곳에서 기혼자였던 적이 있을지도 모르지만, 역시 동렬에 속한다.)

또 여자 주인공은 없다!(여가수 요세피네를 제외하고는). 이 모든 젊은이들, 아니면 적어도 젊은이처럼 보이는 남자들 중에 어머니의 아들은 아무도 없다. 다만 **아버지**의 그늘에서 벗어나려는 헛된 노력을 하는 남자들뿐이다.

키에르케고르의 운명이 프라하의 카프카에게서 반복된 것처럼 보인다. 카프카는 사회가 요구하는 의무를 수행할 능력이 없었고 자기보다는 어떤 다른 사람(**그리고** 아버지!)을 더 배려하려는 의지도 없었다(또 그럴 처지도 못 되었다). 카프카는 자신의 이같은 문제를 약혼녀 바우어Felice Bauer에게 경고했고(그것은 동시에 모든 여자들을 향한 경고였다), 그녀는 카프카에게 방해가 되지 않겠다고 약속했다. 카프카는 이 점에 있어서 솔직했다. 그는 키에르케고르보다도 더 솔직한 편이었다. 키에르케고르는 자신의 이른바 종교적 우울증 때문에 올젠Regine Olsen까지 함께 고통받지 않도록 배려한다고 생각했지만, 실상 그의 심각한 문제는 스스로를 점점 더 고립시키는 작가로서의 실존에 대해서만 생각한다는 점에 있었고, 그는 이 문제를 숱한 형이상학과 성서적 심리학을 이용하여 우회적으로 다루려고 했다. 반면에 카프카는 작가로서의 실존이라는 문제를 공개적으로 제기했다.

경고하는데, 나는 다르다오. 당신은 세상 속에 존재하지 않는 나의 실존에 전염될 것이오. 카프카는 이런 호소를 갖가지 방식으로 거듭 반복했다. 억지를 부리기도 하고 비인간적인 모습을 연출해 보이기도 했다(『어느 유혹자의 일기』를 쓴 키에르케고르처럼, 또는 『성』에서 아말리아에게 역겹도록 외설스런 짓을 하는 조르티니처럼). 역시 키에르케고르와 아주 비슷하게, "구름 뒤에 숨은 혼란스런 편지들"도 썼다. 그것은 일종의 비밀통신문으로서, 그 목적은 (카프카는 막스 브로트에게 보낸 1918년 편지에서 덴마크의 정신적 동지인 키에르케고르에 대해 쓰면서 이렇게 말했다) 약혼녀에게 자신의 독존적이고 편집광적인 글쓰기 때문에 겪게 될 고초에 대해 미리 경고해 두려는 것이었다.

꺼림칙한 것을 날카로운 필치로 쓴 것이다. 키에르케고르가 몇 년을 두고 레기네 올젠에게 지나친 기대를 걸고 있었던 반면에, 카프카는 자기를 사랑하는 주변 사람들에게 그런 부담을 지우려 하지 않았다. 그 이유는 아주 구체적인 것이었다. "그것을 견딜 수 있겠소?" 펠리체에게 보내는 1913년 6월의 편지에는 이렇게 쒸어 있다. "남편에 대해 아는 것이라곤 방안에 들어앉아 글을 쓴다는 것밖에 없을 텐데도? 그런 식으로 가을을 보내고 겨울을 보내도 좋단 말이오? 그 뒤에 봄이 오면 서재 문 앞에서 반쯤 죽은 것 같은 남편을 만나게 된다면 어떻겠소? … 그게 어디 사람 사는 꼴이라 할 수 있겠소?"

카프카에게는 **글쓰기가 기도의 형식**이었다. 신이 한때 (아마도!) 존재했었고 언젠가는 (누가 알 수 있으랴) 다시 돌아올지도 모르는 그런 세계 속에서 되뇌는 끝없는 독백이었다. 카프카처럼 "소유는 없다. 단지 존재만 있다. 마지막 호흡, 질식을 갈망하는 존재가 있을 뿐이다"라고 격률에 따라 글을 쓰고자 하는 사람이라면, 시인으로서 문자 그대로 비사회적일 수밖에 없고, 카프카가 그랬듯이 고독과 고립을 창작의 절대적 조건으로 받아들일 수밖에 없다. 1923년 3월말에 친구인 의사 클로프슈톡Robert Klopstock에게 보낸 편지에서 카프카는 이렇게 적고 있다. "이러한 글쓰기가 내 주변에 있는 모든 사람들에게는 극도로 끔찍한 것이지만 (전대미문의 끔찍한 것이라서 이에 대해 아예 말도 않겠네마는) 나에게는 이것이야말로 지상에서 가장 중요한 것이라네. 광인에게 그의 광기가 중요하듯이(광기를 잃어버린다면 그는 미쳐버릴 테니까), 부인에게 임신이 중요하듯이 말일세. … 그래서 나는 온갖 방해 속에서 불안하게 떨면서 글쓰기에, 글쓰기뿐만 아니라 글쓰기에 따르는 고독에도 매달린다네."

그토록 고독으로 몸살을 앓고 있으면서도 프란츠 카프카는 글을 쓰는 주체가 겪게 되는 (그 자체로 남이며 그에게 와닿지 않는) 인류에 대한 총체적인 고립이 모든 고립 중에 가장 깊은 고독, 즉 그 둘 사이의 절망감보다는 나은 것이라고 믿고 있었다(**현실 속에 살아가는 사람들?** 『성』의 작가가 보기에는 그렇지 않았다!).

그러나 카프카는 평생 동안 사회 속에 편입되고 사회적인 의무를 가질 수 있기를 소망했다. 그의 소망은 사적인 영역에 국한된 것이 아니었다! 그는 비록 좌절되었지만 동족과 화해할 수 있으리라는 희망, 유대인들 사이에서 살아가는 유대인이 되겠다는 희망이 있었다. 이 희망은 그의 가장 "유대적인" 소설, 『여가수 요세피네』 마지막 부분에서 말하고 있는 대로 민족의 "고양高揚과 구원"으로 귀결된다.

그는 말년에 팔레스타인 지역에서 검소한 삶을 살아갈 것을 꿈꾸었다. 예를 들면 결핵의 치유에 적합한 어느 남쪽 지방에 가서 급사가 되든지 수공업자가 되든지 하겠다는 소망("별로 크지 않은 소원")을 가지고 있었다.

또한 그는 자기 나라에 대한 자부심을 가지고 있었다. 그는 유대인 극단을 보고 감격했고, 유대인 아이들 앞에서 감동했다. 그의 마음을 지배한 것은 "네 민족에게 돌아가라"는 구호였다. 카프카는 아주 평범한 무리가 역시 아주 평범한, 어떻게 보면 형편없는 카페에서 춤추고 노래하기 시작할 때, 감동에 사로잡혔다. "많은 노래들을 들으면서, '유대인 어린이 웃음'의 인사를 받으면서, 무대에 올라선 유대인 여자들이 그리스도를 향한 갈망이나 호기심도 없이 유대인인 우리들을 향해 올라오라고 손짓하는 모습을 보면서 나는 뺨을 부르르 떨었다."

카프카에게는 항상 순간적으로 **위대한 공동체**의 비전이 섬광처럼 나타났다가는 곧 사라지곤 했다. 이 공동체의 테두리 내에서는 **고독**solitaire과 **연대감**solidaire, **외로움**einsam과 **함께 있음**gemeinsam이 하나로 지양된다. 이 공동체는 "유대교적"(다시 말해 카프카적) 십자가처럼 수평적이고 수직적인 의미 연관이 서로를 보충하는 어떤 역설적인 것을 상징하고 있다.

어떻게 개인이 법의 관점에서 자신과 타인에게 **동시에** 정당하게 처신할 수 있는가? 어떻게 "성"에서 "마을"을, "마을"에서 "성"을 잊지 않을 수 있는가? 어떻게 작가가 자신에게 요구되는 금욕적 생활을 영위하면서 동시에 세상에서 낙오되지 않을 수 있는가? 어떻게 (『성』에서 아말리아가 당면한 문제인) "진리와 똑바로 대면하면서 (그것이 비록 한 순간의 단면이라 할지라도) 그때문에 사회적으로 낙인찍히는 운명, 즉 지나치게 많이 아는 자로 간주되어 사회적으로 배척당하는 운명에 빠지지 않을 수 있는가?

『성』에서 아말리아가 비인간성과 광기의 극한 지점에 서서 그저 깊이 숙고해 보고 고민하는 데 그쳤던 문제를 카프카는 비유, 우화, 역설적 표상들을 사용해서 파악하려고 시도했다. 즉, 어떻게 인간이 수직적으로는 성(율법, 파괴할 수 없는 것)을, 수평적으로는 마을(공동체, 결혼, 사회적 관계, 서로간의 의사소통)을 각각 가리키는 두 개의 각재角材로 만들어진 "유대교의 십자가"에 묶여서 살아갈 수 있는가?

다시 말해서, 어떻게 아말리아(카프카가 창조한 가장 위대하고 인간적인 인물)가 신의 풍모를 눈앞에 대하고 살면서 동시에 존경받을 수 있는가? 어떻게 독백 속에 빠져 버린 모세 율법서의 애독자가 자신의 공동체를 발견하는가?

카프카는 금세기의 모든 작가 중에서 이 문제에 대해 가장 철저히 숙고했지만, 그 해답을 발견하지는 못했다. 그것은 의심의 여지가 없는 사실이다. 결말에서 아무 해결도 해답도 찾아볼 수 없다(그의 소설들의 마지막은 시작할 때처럼 열려 있다. 측량기사와 성 사이의 거리는 첫줄에서나 마지막 줄에서나 같다).

결말이 제시되는 대신, 질문이 좀더 정확히 제시될 뿐이다. 목표를 분석하기보다는 길을 묘사한다. 구원·구출이 정의되는 대신 (과거의?

미래의?) 구원 가능성들만이 열거된다(『고찰』 26번에는 다음과 같이 적혀 있다. "은신처는 무수히 많지만 구원은 하나다. 그러나 구원의 가능성은 다시 은신처만큼이나 많이 있다").

고독과 **연대감**, 그것이 카프카에게는 변증법적 상호보완 관계 속에서, 의미를 수립하는 상호작용 속에서 지양**되어야 하지만** 지양**될 수 없는** 반명제로 남아 있다(1914년 일기: "나는 유대인들과 어떤 공통점을 가지고 있는가?" "나는 나 자신과도 거의 아무런 공통점이 없다. 나는 내가 숨쉴 수 있다는 사실에 만족하면서 스스로를 저 구석에 조용히 앉아 있도록 해야 한다").

하지만 구원의 희망이 잊혀지고 어둠만이 남은 지금 이곳에서 다시 한번 의미와 질서를 지켜주는 빛이 희미하게 밝아오리라는 현실성 없는 희망이 또다시 생겨난다. 벌에는 슬픔이 따르고 죄에는 벌이 따르며, 죄는 다시 제3의 추론을 통해 입증된 "타자"의 존재로부터 생겨나리라는 희망. "건설적인 파괴"라는 카테고리의 도움으로 부정적인 것으로부터 (아마도!) 긍정적인 것이 시야에 들어오리라는 희망이다.

고작 "아마도"일 뿐이다. 하늘 아래 왕들이 아직 살고 있는지, 파발꾼들이 이미 오래 전에 의미를 잃어버린 메시지를 서로 주고받고 있는지에 대해 카프카는 아무런 확신도 없다. 외침, 누군가의 등장, 행동, 대화 등은 현실일 수도 있다. 그러나 그것은 특히 『성』이 잘 보여주는 바와같이 메아리·반영·꿈·환각에 지나지 않는 것일 수도 있다. 찌푸린 표정 위를 비추는 빛은 한 인물의 마성을 강조하는 것일까? 아니면 그것은 율법을 상징하는 반사광으로 해석될 수 있을까? 카프카는 아무런 대답도 하지 않는다. 그는 답을 몰랐고 아는 척하려고 하지도 않았다. 현실을 정의하려는 유혹을 경계하면서 단지 가능성들만을 완곡하게 서술했다. 그의 8절판 노트에는 다음과 같은 이야기가 적혀 있다. "우리는 오염된 세속의 눈으로 볼 때, 긴 터널 속에서 사고를 당한 철도 여행자와 같은 상황에 빠져 있다. 사고는 터널 입구의 빛이 더 이상 보이지 않고 출구의 빛이 보였다가는 곧 사라지고 보였다가는 다시 사라지고 하는 희미한 상태인 지점에서 발생했다. 여기서는 입구와 출구 어느 것 하나 확실치 않다. 우리의 감각은 혼란스럽거나 극도로 예민해져 있는데, 주변에는 엄청난 괴물이 도사리고 있고, 개인이 변덕을 부리거나 놀랄 때마다 매혹적인, 또는 사람을 지치게 만드는 만화경 장면이 눈앞에 펼쳐진다. 나는 무엇을 해야 하는가? 나의 행동은 무엇을 목표로 삼아야 하는가? 이런 곳에서 이런 질문은 무의미하다."

이 이야기는 허무주의나 무신론적인 격정에서 만들어진 우화가 아니라는 것이 나의 생각이다. 반대로 이 이야기에서는 낮의 어둠이 (물론 거의 알아차릴 수 없는) 질서의 광채에 대응하는 것이라는 사실이 명백해진다. 그러나 이 질서는 이미 지나가 버린 것인지 아니면 미래의 것인지조차 알려져 있지 않다. 그것은 존재하고 있으며, 따라서 그것이 추측된 것이라 하더라도, 어쨌든 **현재적으로** 작용하고 있는 것이다.

프란츠 카프카, 그는 종교적 인간homo religiosus인가? 확실히 그렇다. 그렇다면 카프카는 오늘날 계속해서 그와 비교·연구되는 작가들, 파스칼·키에르케고르·도스토옙스키의 계열에 속하는 최후의 작가인가? 그것도 의심의 여지가 없는 사실이다. 그러면 그는 평생 동안 인간이 "생존하기 위해서는 무언가 파괴할 수 없는 것에 대한 지속적인 신뢰를 마음 속에 간직하고 있지 않으면 안된다"는 그 유명한 원칙(『고찰』 50번)에 충실했던 시인인가? 그렇다, 그것도 마찬가지로 사실이다.

카프카를 규정한 것은 논란의 여지가 없는 확실한 신앙도 아니고 그렇다고 의심스런 신앙도 아니며, 믿고 싶다는 의욕Glauben Mögen, 하나의 포괄적인 "그럼에도"Dennoch라는 비전이 아닌가? 그것도 분명한 사실이다(카프카가 1918년 벽두에 막스 브로트에게 보낸 편지에서 "구원의 기관인 교회를 건립"하자는 얘기를 한 것은 정말 진지한 뜻에서였다. 그는 이 교회가 "의심할 여지 없이 세워질 것이며, 우리가 파멸하는 것은 같은 속도로 건설될 것"이라고 말한다).

그러나 그렇다고 해서 카프카가 키에르케고르나 도스토옙스키와 같은 신학적 작가라고 할 수 있을까? 『성』을 쓴 산문작가 카프카는 그 작품 속에 특정한 우의적 성격을 가진 암호들을 담아놓았는가? 그래서 "마을"은 "세계"(죄에 빠진 인간)를, "성"은 "천국"(또는 허무, 권위, 관료체제)을 상징하는가? 꼭 그렇지는 않다.

헤르만 헤세는 아주 분명한 어조로 주장한다. "(신학적) 해석은 … 예술작품의 내부로 통하는 입구를 발견하지 못한 사람들에게나 좋은 것이다. 왜냐하면 그들은 문 앞에서 백 개의 열쇠를 가지고 문을 열어보려고 하지만 정작 문이 이미 열려 있다는 사실을 전혀 알지 못하기 때문이다."

유감스럽게도 그렇게 문이 활짝 열려 있는 것은 아니다. 물론 시에서 우의와 단순한 비유의 틀을 발견하고 싶어하는 사람은 카프카의 경우에 별다른 성과를 얻지 못할 것이 분명하다. 그러나 다른 한편으로는 『고찰』, 『유형지에서』, 『요세피네』 등 위대한 소설을 쓴 카프카가 자신의 (상상 속의) 유대교 십자가의 유토피아를 기획할 때나 빛에 대한 랍비의 질문(우리 등 뒤에 있는가? 우리 면전에 있는가?)에 주석을 달 때는 기꺼이 종교적 표상, 성서적 원형, 신학적 주석에서 이미 사용했던 상징들을 이용했다는 사실 또한 분명히 강조해 두어야 하겠다.

카프카는 유대교에 대해 잘 알고 있었고 성서·율법·전도자·예언자에 대해서도 잘 알고 있었다. "오직 구약성서만이 그것에 대해 더 이상할 말이 없어 보인다." 카프카는 예수와 대면할 때 존경심을 느꼈고 신중해졌다(이는 그의 말을 주의깊게 경청한 결과이자 공감에서 비롯되는 명상의 결과다). 그는 심지어 예수에게서 친근하면서도 낯선 데서 생기는 경이감을 맛보기도 했다(그는 예수를 가리켜서 "빛으로 가득 찬 심연"이라고 말했다고 한다. 물론 나는 구스타프 야누흐의 『카프카와의 대담』에서 따온 이 인용문이 확실한 카프카의 말이라고는 믿지 않는다). 또 그는 특히 예수가 세계에 대해 큰 애정을 가졌다는 점 때문에 예수를 높이 평가했다. 예수가 태어나던 날 온 우주가 "열렸다"고 카프카는 말한다. 그러나 카프카는 이처럼 예수에게 마음이 끌리면서도 한 번도 관찰자의 입장을 벗어난 적이 없다. 그는 구약성서가 작가로서의 자신에게 자극을 준다는 사실을 인식했다. 그래서 그는 무시무시할 정도의 백치인 아브라함이라는 인물을 만들어 냈고, 키에르케고르와 경쟁하듯이 경건한 살인자라는 패러독스를 완벽한 부조리성으로 승화시킬 수 있었다. 이때 그는 모세와 사라를 자기 시대의 현실에 옮겨놓을 수 있는 기회를 얻었다. 여기서 가나안은 몰다우로, 황야는 카프카 자신이 펠리체와, 또 밀레나와 대화를 나누던 영혼의 왕국으로 되었다. 이로써 그는 구약적인 신의 관념과 율법의 명령을 자기 자신의 자아이해 및 세계이해를 밝히는 기회로 삼았던 셈이다. 아버지의 권위의 황혼, 성적 금기에 대한 저항, 제의적인 금욕 규정의 준수 등, 한마디로 카프카적 실존의 중요한 문제들이 구약 신앙의 관념이라는 금박 위에서 명료하게 드러나고 있는 것이다!

요컨대 『성』의 작가 카프카는 심판과 구원, 원죄, 죄와 형벌에 대한 유대교적 개념의 지평에서 자기 우화를 구상한 작가였다. 그렇다고 그가 경건한 유대인(또는 그리스도인)이었던 것은 아니다. "나는 키에르케고르처럼 무겁게 가라앉히는 그리스도교의 손에 의해 삶 속으로 이끌려 간 적은 없다. 또한 시오니스트들처럼 저쪽으로 달아나는 기도복의 끝자락을 잡아본 적도 없다. 나는 끝이 아니면 처음이다."

끝이 아니면 처음이다. 그러나 결코 중간은 아니다! 신앙에 의해 미리 주어지고 역사에 의해 확인된 발전의 중간 지점에 있는 것은 절대로 아니다! 예언과 메시아의 구원 사이에 있는 엑소더스의 상징은 결코 아니다!

정통 유대교적 경건주의와는 거리가 멀면서도 카프카는 랍비, 이적을 행하는 성자, 율법학자, 친구 뢰비Jizchak Löwy를 중심으로 모인 연극 단원들을 떠나지 않았다. 특히 그는 일기의 6분의 1을 이차크 뢰비가 상연한 연극에 관한 글로 채웠다. 무엇보다도 동유럽의 유대교 세계가 (로트Joseph Roth나 츠바이크Arnold Zweig의 경우가 그랬듯이) 그를 매혹시켰다. 이러한 사실은 부차적이 아니라 오히려 실존을 결정짓는 신앙의 실현이라는 문제가 카프카에게 얼마나 중요한 의미를 가지고 있었는지를 분명히 보여준다. 이를 통해 대표되는 유대 정신은 (『아버지에게 보내는 편지』Brief an den Vater에서 혹평했던) 헤르만 카프카가 지지한 저명한 유대인들의 유대 정신Honoratioren-Judentum과는 전혀 거리가 먼 것이었다. "근본적으로 아버지의 삶을 이끌어가는 믿음은 특정한 사회계층에 속한 유대인들의 견해가 무조건 옳다는 굳은 확신에 기초를 두고 있었습니다. 극도의 불안 속에서 예민하게 관찰하고 있는 아이에게, 아버지가 유대 정신의 이름으로 그 하찮음에 걸맞게 무관심한 태도로 행한 몇 가지 하찮은 일들이 어떤 고차적인 의미를 가질 수 있다는 점을 이해하게 하는 것은 불가능한 일이었습니다."

카프카가 아버지의 방임적인 자유주의를 공박할 때, 그의 말투는 훗날의 로트Joseph Roth를 닮는다. 로트는 「방황하는 유대인들」이라는 에세이에서 자기네 회당을 프로테스탄트 교회로 개조한, 동화된 유대인들을 조롱했다. 일요일마다 가는 그 교회에서 그들은 경건한 종교적 분위기 속에서 오르간 음악을 들으며 졸고 있다는 것이다.

유대인 카프카는 그것에 반대한다. 그는 작가로서 자신을 형성한 유산에 대해서 어떤 의무를 지고 있는지를 그리스도인 밀레나를 만나는 순간 깨닫게 된다. 밀레나는 그에게 낯설지만 구속력있는 법정으로 보였다. 그는 밀레나 앞에서 자신이 유대인임을 선언하고, 디아스포라적인 자신의 실존을 저주하며 낙원으로부터 추방된 것을 한탄했으며, 자신의 특수한 유대적 본질에 대해 설명했다("생각해 봐요. … 밀레나, 내가 어떻게 당신에게 도달하게 되었는지. 내가 겪은 지난 38년간의 여행이 어떤 것이었는지. 내가 유대인이기 때문에 그 여행은 더욱 긴 것이었소"). 그가 "랍비"로 변모한다!("옛날의 까맣던 머리가 거의 하얗게

셨다"). 그는 자기와 가까운 불쌍한 유대인 이주자들을 밀레나에게 데려가려고 했다! 하지만 그러다가도 불쑥 자기 증오, 즉 유대인에 대한 유대인의 불타는 증오심이 치솟기도 했다! "나는 여러번 나 자신을 포함해서 유대인들 전부를 속옷장 서랍 속에 꽉꽉 채워넣고 싶은 생각이 들었다. 그러고는 좀 기다렸다가 서랍을 열고서 그들이 질식해 죽었는지를 보는 것이다. 만일 죽지 않았으면 서랍을 다시 밀어넣고 이렇게 모두 죽을 때까지 같은 일을 반복한다."

『성』이 씌어진 것과 같은 시기에 떠오른 아우슈비츠적 환상극이다. 한 유대인이 꾼 이같은 악몽은 동화된 자유주의자들에게는 아무 의미도 없을 것이다. 그러나 정통 시온주의자들에게는 좀더 큰 의미가 있을 것이고, 풍부한 환상, 매혹적인 요소들, 야만적인 세계 찬탈, 황홀경 상태에서의 신과의 동화와 같은 관념을 지니고 있는 동방 유대교 경건주의의 입장에서는 심대한 의미를 띨 것이다. 카프카가 자기와 잘 어울리는, 역설에 기초한 이해를 발견한 것은 모세 오경에서도 아니고 『탈무드』에서도 아니며, 하시딤 이야기에서였다. 여기서는 신을 향한 두 남자가 아주 나직한 목소리로 나누는, 설명해 주지 않으면 뜻을 알 수 없는 신비스런 대화가 나온다. 1916년 9월, 막스 브로트에게 보내는 편지에서 카프카는 이렇게 말한다. "왜 그런지는 모르지만 이 이야기들은 내가 어떤 상태에 있든간에 즉각 집에 돌아와 있는 것처럼 느끼게 해주는 독특한 유대적 이야기다. 나는 다른 어떤 것에도 이리저리 불려다닐 뿐이며, 언제나 또 다른 기류가 나와 나를 다른 곳으로 데려간다."

그렇다. 카프카는 시오니즘에는 "더 중요한 것으로 통하는 입구"라는 딱지만 붙여주었을 뿐이다. 본질을 추구하는 이 우화작가를 점점 더 매혹시키고 그에게 믿음의 보물이 된 것은 시오니즘이 아니라 하시딤의 보고인 바알교의 전설들과 위대한 마기드의 우화들이었다(이 두 가지는 부버 Martin Buber가 독어로 옮겼다). 따라서 많은 하시딤 전설들이 카프카의 습작인 것처럼 보이는 것, 또 반대로 카프카의 경구들이 카발라의 이야기 전수자들이 남긴 지혜로운 격언처럼 들린다는 것은 전혀 놀라운 일이 아니다. 카프카의 일기에 나오는 말을 빌리자면(1922년 1월 16일의 기록), 어떤 경우에도 문제되는 것은 여기서나 저기서나 "최후의 지상의 한계를 향한 돌진"("아래로부터, 즉 인간으로부터"와 "위로부터 나에게 내려오는 돌진")이었다.

이때 카프카가 보기에 가차없이 몰아치는 사냥과 같은 특성을 지니는 문학의 묘사를 통해서("이 문학은 — 이 점이 가장 급박한 문제로 보인다 — 사람을 미치게 만들 수 있다"), 갑자기 번쩍하는 문구를 통해서 비천함과 고귀함, 먼지구덩이에서 위를 올려다보는 것과, 별 위에서 아래를 내려다보는 것 사이에서 일어나는 상호작용이 명료하게 표현된다. 이러한 상호작용은 카프카의 후기 작품, 특히 그의 마지막 소설을 부각시킨다.

『성』, 이 책에는 측량기사 K라는 한 개인이 그 성에서, 에른스트 블로흐의 말을 빌리면 자기 앞에는 아직 "아무도 없었던" 곳에서, 어떻게 정주권을 획득하려고 하는지가 묘사되어 있다. 그는 신과 인간이, 그리고 인간과 인간이 서로 화해하는 세계 속에 정착하고자 하는 것이다.

그러므로 여기 묘사된 것은 하나의 유토피아다. 카프카가 창조한 주인공들은 이 유토피아를 시야에서 놓치고 말지만, 그렇다고 이 유토피아가 부정되는 것은 아니다. 소설의 정수精髓는 그러한 고향이 마을과 성의 경계에 존재**할지도 모른다**는 것을 말해준다. 그것은 마을과 성의 경계에, 종교적 역할, 스캔들의 조짐을 나타내면서 존재할지도 모른다. 하늘, 즉 무한을 향해 치솟은 각재와 땅을 향한 각재로 이루어진 유대교 십자가는 이러한 종교적 역설을 보여준다. 그러나 그 고향은 아직 **존재**하지 않는다. 그렇다, 도대체 알레고리적으로라도 이해할 수 있는 그러한 성이 존재한다는 것 자체가 의심스럽다. 성은 측량기사의 환상, 눈먼 상태에 있던 이 난민이 갑작스럽게 빛 앞에 노출된 바람에 나타낸 반응과 같은 것이다.

그러나 성이 작가의 관점에서나 주인공의 관점에서 어떤 식으로 나타나든간에 어쨌든 성은 양가성과 야누스적 양면성을 본질로 하는 **여명의 세계**다. 이 영역에서는 신이 악마의 노릇을, 또는 악마가 신의 노릇을 할 수도 있다. 여기서 모든 관계는 오직 접촉을 거부함으로써만 발생하고, 만남은 헤어짐으로써 이루어진다.

상상의 궁전인 성을 작가는 주인공의 관념에 의지해서 그려보이고 있다. 마지막까지 과연 측량기사가 자신이 마주친 객관세계를 올바르게 있는 그대로 평가했는지, 만일 아말리아·프리다·올가·바르나바스·클람의 관점에서 묘사했더라면 K의 경험과는 전혀 다른 이야기가 나왔을 것인지는 불확실한 채로 남아 있다.

과연 신중할 필요가 있다. 카프카는 처음부터 측량기사의 시점이 사태를 관찰하는 유일한 방법이 아님을 명백히하고 있다. 오히려 실제로는 측량기사 K가 플라톤의 동굴 비유에 나오는 속박된 사람들과 같은 처지에 빠져 있는지도 모른다(특히 서술자가 처음 부분에서 잠시 동안이나마 주인공의 관점을 떠나서 말한다는 것이 이러한 추측을 방증해 준다). 그들은 꼼짝달싹하지 못한 채로 등뒤의 난간 위에서 움직이는 인형들의 그림자를 보고 그것을 살아 있는 인간으로 생각하며, 자기들이 마주보고 있는 벽 위에 비추어진 모상을 보고 그 조각상을 피와 살을 가진 생명체와 혼동하고 있는 것이다.

추측하자면 **그럴 수도 있다**는 것이다. 그렇다 하더라도 다음과 같은 사실은 이론의 여지가 없이 분명하다. 여기서는 비록 진리 자체가 아니라 그 모상만이 그것도 아주 모순적이고 모호한 방식으로 제시되고 있을 뿐이지만, 그러는 가운데서도 어떤 의미심장한 실존이 도래하리라는 약속만큼은 뚜렷이 나타나고 있는 것이다. 카프카는 그러한 약속을 단지 부정적인 방식으로만 묘사할 수 있었다. 그의 작품에서 광채가 나는 부분은 오직 희미한 여명이 지배하고 있는 곳뿐이다. 진리가 형태를 얻기 위해서는 희극적인 것이 필요하다. 구속력있는 생각은 부적절한 것,

익살맞은 것, 추한 것이 무대에 나설 경우에만 표현될 수 있다.

이는 물론 자주 반복되는 추악하고 외설스런 장면들을 모두 형이상학적으로 해석해야 한다는 말이 아니다. 이를테면 더러운 환상에 빠져 있는 고행자인 조르티니가 신의 사자使者일 거라든가, 위계적인 관료조직은 로봇이나 꼭두각시를 닮은 인물들이 곡예를 하는 사다리로서 세계질서를 상징하고 있다든가 하는 식으로 말이다. 그것은 아니다!

카프카의 해석자라면 "이다"라든가 "나타낸다"라든가 "의미한다"라든가 하는 말은 하지 말아야 한다. 사건·사물·인물들과 그들의 (겉보기에 일의적인) 의미 사이의 유추도 금물이다. "판결"과 "성" 사이의 유추도 해서는 안된다.

그럼에도 불구하고 우리는 다음과 같이 말할 수 있다. **글쓰기는 기도의 형식이다. 광기에 이르기까지 몰고가는 사냥, 내면의 최후의 한계를 향한 돌진이다.** 왜? 카프카의 관심사는 그 지평 내에서는 질문이 있을 뿐 어떤 대답도 없는 자기이해와 세계이해를 시적으로 규정하는 일이기 때문이다. 확정된 것은 아무것도 없다. 모든 것이 미결 상태다. 아무리 사소한 존재에게도 모든 가능성이 열려 있다는 명제, 도스토옙스키의 경우에는 다만 인물들에게만 타당했던 이 명제가 카프카에 이르면 텍스트의 모든 세부에까지 통용되는 명제가 된다. 카프카의 텍스트에서는 가장 일상적인 사건에 악마적 혹은 메시아적인 투쟁의 웅장함과 격정성이 부여된다는 점을 느끼지 못하는 독자는 아무것도, 설경雪景을 바라보는 장면도, 체육관에서 깨어나는 장면도, 소화기 주변에서 춤추는 장면도 제대로 이해할 수 없을 것이다. 모반자, 어릿광대, 바보, 악한, 익살꾼, 거지, 허풍쟁이, 창녀, 가증스런 마을 사람들, 얼빠진 관리들, 게으른 동시에 지나치게 욕심많은 죄수들, 그들이 어떤 식으로든 저마다의 처신으로 분명히 전달해 주는 메시지는 다음과 같은 것이다. 우리는 혼자가 아니다. 사람들이 우리를 쳐다보고 있다. 우리는 상처 자국을 지니고 있다. 우리 몸에는 흉터가 남아 있다.

"위에서 나를 향해 돌진해 옴." 『성』의 모든 장章은 소설이 시작되기 직전에 공식화된 이 원칙에 입각해서 해석되어야 한다. 성이나 관청, 관료기구를 그렇게 해석해야 한다는 것은 아니다. 중요한 것은 사람들이 서로 교제하고 대화하는 방식, 측량기사가 있을 곳을 찾다가 거절당하고 한자리에 맴돌며 머무르게 되는 과정에서 나타난 양상이 중요한 것이다. 이러한 양상만이 소설의 형이상학적 의미를 담지하고 있다.

초라한 행색을 한 이 사나이, 순응적인 인간, 많은 죄를 지은 인간, 여성 학대자, 편집광, 성城에 대한 일종의 망상을 품고 있는 발육부진의 이기주의자인 이 사나이가 별로 중요하지도 않고 때로는 스스로 원하지도 않는 우스꽝스러운 싸움을 벌인다. 반은 돈키호테처럼 반은 유대인 마을사람처럼 행세한다. 한 암-하-아레즈Am-há-arez가 감히 정결주의자들, 율법 해석가들, 성서 전문가들과 대적하는 격이다. 그는 비틀거리면서도 꿋꿋이 나아가며, 착각에 빠져 거인을 난쟁이로 난쟁이를 거인으로 간주한다. 그는 여러 차례의 경험을 통해서도 배우지 못한 채 고집스럽게 사람들과 동맹관계를 맺는데, 나중에는 이 관계가 치명적인 것이었음이 밝혀진다. 그는 쓰러졌다가는 다시 일어난다. 한번은 측량기사로 한번은 학교 사환으로 계속해서 가면을 바꾸어 써보지만 그를 둘러싸고 있는 세계는 꿈쩍도 않고 원래 상태대로 남아 있다. 이 우스꽝스런 사나이는 성의 전면을 한번도 올바르게 묘사하는 일이 없고, 언제나 부적절한 비유 속에서 길을 잃고 만다. 하지만 이 아무것도 아닌 자는 또한 사악한 성의 지배에 대항해 지칠 줄 모르고 싸운다는 점에서 호머의 우티스이자 동시에 키클로프스·마녀·사이렌 들(그들은 이제 클람, 브뤼켄호프의 여주인, 프리다, 올가로 불린다) 사이에 있는 오디세우스다. 더 나아가서는 너무나 가련하기 때문에 욥과 같은 사람이다. 그는 꿈에 그리는 성을 떠나지 않는다. 그 성이 죽어가는 자신에게 일시적인 거처를 마련해 주면서 종국에는 자신을 문자 그대로 지하에 파묻어버릴 것인데도 말이다. (이로써 그는 처음부터 이미 자신이 가지고 있었던 것을 은사恩賜로 받아들인다. 이것이 바로 카프카가 수백 쪽에 걸쳐 전개하는 모든 역설의 핵심이 아닌가!).

그러나 『성』의 피날레는 그처럼 위안을 주는 것이 못된다. 오히려 냉소주의적 분위기에 젖어 있다. 여기서는 괴테의 파우스트 이상이 포기되고 만다. 끊임없이 노력하는 자가 구원받지 못한 채로 남는 것이다. 이와 다른 주제를 기대하는 독자는 (막스 브로트는 그렇게 하다가 극도의 이상주의적 오류를 범했다) 자신이 카프카의 의도를 제대로 이해하지 못했다는 사실만을 폭로하게 될 것이다. 순간적으로나마 진리를 통찰한 여인 아말리아를 범죄자로 몬 관청으로부터는 어떤 정당성도 기대할 수 없다. 여기서 존재하는 것은 지배뿐이지 (인간성과 권리라는 의미에서) 권위란 없다. 여기에는 끔찍하기 짝이없는 키에르케고르적·도스토옙스키적·카프카적 말살자 아버지만 있고, 화해자 아버지는 없다. 관청에서는 반신적인 것을 숭배한다. 손잡이와 소화기와 같은 남근 상징을 가지고 있는 조르티니, 그의 끔찍스런 승리를 보라! 그에게 거역하는 것도 그에게 희생을 가져오는 것도 똑같은 방식으로 말살된다. 소설 속에서 유일하게 진정으로 자유로운 인간인 아말리아는 가족의 명예를 지키기 위해 관리들과 관계하는 누이 올가와 마찬가지로 치욕을 당한다.

그렇지만, 우스꽝스럽던 것이 언제든지 위엄있는 것으로 뒤바뀔 수 있는 것처럼, 풍차에게 싸움을 걸던 측량기사가 욥의 그림자 속으로 들어오는 것처럼, 아무것도 아닌 자가 비밀스럽게 원형적 인물을 닮아가면서 갑자기 훌륭한 신의 충복이 되듯이, 더럽고 배척받던 자도 갑자기 밝은 빛을 발하게 될 수도 있다. 그것은 이제 더 이상 (아말리아의 예가 보여주는 것같이) 꺼지지 않는 불 속에 있는 어둠이 아니라, 어둠 속에 있는 빛이다. 사탄과 세라핌, 천국과 지옥, 황무지와 가나안 땅이 카프카의 세계에서는 서로 가까이 붙어 있다. 고독한 망명지와 "농토가 있는 나라"가 나란히 붙어 있다(1922년 1월 28일의 기록이 보여주듯이

『성』의 작가는 이 나라에서 자신이 추방당했다고 생각하고 있었다). 그는 황무지로 이주해 온 이민이지만 조상들이 살던 땅을 포기하려 하지 않는다. 그는 고독한 작가지만 동시에 한 유대인이다. "아마도 나는 가나안 땅에 머물러 있는 것 같다. 그렇지만 이미 오래 전에 황무지로 이주해 왔다. 단지 절망의 비전만이 존재한다. 특히 내가 거기서 (황무지에서) 사람들 가운데 가장 비참한 사람이 되었을 때, 또 사람들에게 제3의 땅은 존재하지 않기 때문에 가나안을 유일한 희망의 땅으로 생각할 수밖에 없게 된 때는 더욱 그러했다."

사람들에게 제3의 땅은 존재하지 않는다. 카프카를 위대한 작가로 만들고 "신학과 문학"이라는 주제와 관련해서 그에게 중요성을 부여하게 하는 것은 그가 어떤 "사소한 일", 결정적이지 않은 일, 잡동사니, 에피소드 따위도 알지 못한다는 사실이다. 그는 독자들에게 긴장을 풀고 숨을 돌릴 수 있는 여유조차 주지 않는다. 누군가가 "여보, 그건 너무나 넓은 분야요" 하고 말할 수도 있는 그런 "중립적인" 장르의 장면이란 그에게는 없는 것이다.

사람들이 온통 자기들끼리만 어울리고, 기껏해야 목사들, 로렌첸이나 퀼링, 또는 (사정이 크게 변하지 않는다면) 눈물의 트리쉬케 정도가 질서에 맞게 신에 대해 존경의 표시를 해야 할 것을 고려하는 그런 시민적 소설의 범주를 가지고는 카프카의 소설을 따라갈 수 없다. 여기서는 헛간에서, 주점에서, 학교 교실에서, 집의 뒤꼍에서 논쟁이 일고 판결이 내려지며, 사람들은 이리저리 다니고 침묵하고 사랑한다. 이때 항상 천국과 지옥이 공존한다. 다시 한번 1월 28일의 일기를 인용하면 여기서는 "가장 비천한 것들에게도 섬광과 같은 고양의 순간이" 존재한다. 또 "물론 마치 바다의 중압에 의한 것처럼 천 년 동안 계속된 파괴작용도" 있다.

카프카의 소설 작품의 어떤 구절 가운데도 신이나 악마, 십자가나 구원에 대한 말은 나오지 않는다. 하지만 성전 매춘부 올가가 자기 동생에게서 영웅적 용기를 불러일으키는 순간, 파스칼·키에르케고르·도스토옙스키의 영들이 모두 한자리에 모여 있다. 거기서 다른 모든 사람들이 진리 앞에 눈이 아파서 눈을 감아버렸을 때 아말리아만은 눈을 뜨고 있다. "그러나 아말리아는 고뇌만을 안고 있었던 게 아니라 고뇌를 꿰뚫어볼 수 있는 오성도 가지고 있었다. 우리는 결과만을 보지만, 아말리아는 근본을 보았다. 우리는 어떻게든 조그만 수단이나마 가져보고 싶어하는 데 반해, 그녀는 모든 것이 결정되어 있음을 알고 있었다. 우리는 속삭여야 하지만, 그녀는 그저 침묵을 지키고 있으면 되었다. 그녀는 진리와 대면하고 서서 이승의 삶을 그때나 지금이나 변함없이 감수하고 있었다."

가나안 땅과 황무지 사이의 경계에 서서 "타인"과의 만남 속에서 타격을 입고 낙인찍힌 사나이. 이 사나이를 카프카는 1904년과 1924년 사이에 (이 시기에 『시골에서의 결혼 준비』Hochzeitsvorbereitungen auf dem Lande와 단편 『여가수 요세피네』가 씌어졌다) 집요하게 철저히 묘사하려고 했다. 이러한 그의 집요함 때문에 적어도 가혹할 정도로 철저한 (망명중의 자기반성 형식으로서 그에게 적합한) 글쓰기라는 측면에서는 어떤 신자도 또 어떤 자신만만한 사람도 이 신앙없고 의심많은 자를 경멸하지는 못한다(다음과 같은 블로흐의 문장은 (레싱뿐만 아니라) 카프카에게도 타당하다. "이단자를 낳는다는 것이 종교의 가장 큰 장점이다." 이단자란 신에게는 하나의 **문제**이지 **사실**은 아니다).

프란츠 카프카, 그는 "타자"이다. 작가 카프카는 **부정적으로**, 비유적이고 암시적인 방법으로, 가나안에 축복을 준 영靈이 스스로를 『유형지』의 반령反靈으로 자처하고 나선다면 그것이 의미하는 바가 무엇인지를 서술했다. 카프카는 아직 아우슈비츠가 없었을 때 아우슈비츠에 가 있었다.

카프카, 그는 그리스도인들 사이에서 산 유대인이다. 최후 심판을 즉 결재판이라고 생각하고, 인격신에 대한 믿음 탓에 자기 속에 존재하는 불멸의 것에 대한 신뢰가 인간에게 숨겨진 채로 남게 된다고 주장한 국외자다. 카프카, 그는 올바른 신자들 복판의 회의자다. 그러면서도 신이 없는 실존, 형이상학의 불꽃을 완전히 꺼뜨려버린 존재는 더 이상 인간적일 수 없다는, 그런 존재는 황무지와 가나안 땅의 피안에서 식물처럼 생존할 수는 있을지언정 더 이상 생명력을 가지고 살 수는 없다는, 자율적인 인간은 그림자를 드리우고 그림자를 가지고 다닐 능력이 없으며 윤곽 없는 존재가 될 것이라는 그런 주장을 한 줄 한 줄 직접 종교적인 언어로 전달하는 데 성공한 극히 드문 작가다.

그리고 이 모든 주장은 논문식으로 발표되거나 선언적인 투로 제시되는 것이 아니다. 카프카는 이를 우화·표상·비유를 통해 눈앞에 보여준다. 그 결과 마지막에 가서는 절대자가 가장 자명한 존재로서, 일차적 경험 세계로 돌입하는 이차적 피안 세계가 정상적인 것 중 가장 정상적인 것으로 그 모습을 드러낸다. (카프카 극찬자의 한 사람인 투홀스키 Kurt Tucholsky는 『소송』을 염두에 두고서 다음과 같이 말했다. "프란츠 카프카의 세계는 그 이념에 있어서 … 이성적이고 … 그 질서에 있어서 논리적이고 수학적이다. 그에게 결여된 것은 이성적 인간에게 내적 제동을 걸 수 있는 얼마쯤의 비합리적 요소다. 이성적인 순수한 수학자만큼 끔찍한 사람은 없다.")

비합리적인 것의 합리성; 자명한 역설, 형이상학의 일상성. 극단적인 리얼리즘, 세부에 대한 극도의 애착, 골수까지 전율을 일으키는 그로테스크한 희극성에 의지해서, 현실을 규정짓는 초월적인 것의 편재성을 명료하게 보여주는 카프카의 재능을 어떤 공식으로 정의하든간에 다음 한 가지만은 확실하다. 어느 누구도 카프카처럼 인간에 대한 질문, 인간이 신 없이 살 수 있는가 하는 질문을 계속 추적하여 해답의 근처에까지 도달한 사람은 없다.

따라서 카프카가 도스토옙스키와 같이, 헤세에서 마틴 발저, 페터 바이스에까지 이르는 작가들 사이에서 위대한 작가로 추앙받은 것은 놀라운 일이 아니다(『저항의 미학』의 제1권에서 『성』에 대한 분석과 더불어 나오는 카프카 찬가를 보라: "상상의 피난처 아래서 맛보는 이 놀라움, 상상조차 할 수 없었던 것의 갑작스런 침입!"). 이 작가들은 수천 쪽에 이르는 책들(카프카는 이 책들이 "우리들 속에 있는 얼어붙은 바다를 깨뜨리는 도끼가 될 것"이라고 말했다) 속에서 겉으로는 계단이나 후미진 방, 편지, 전화, 섹스, 광기 따위에 대해서밖에 말하지 않으면서도 절대자의 지평에서 인간과 인간 사이의 관계에 대해 얘기한다는 것이 얼마나 대단한 작업인지, 신을 등지고 천국을 뒤로 하고서 암흑 상태인 이승이 마지막 날에는 구원받으리라는 가망없는 기대를 가지고 고독하게, 그러나 수평적인 동시에 수직적인 (하나인!) 연관 속에서 어떤 의미부여가 (겸손을 통해 고통받는 사람들, 비천한 사람들에 유리한 방향으로 형태를 갖추어가는 그런 의미로) 이루어지리라는 조짐을 느끼는 가운데 새로운 공동체의 출현을 희망하며 살아간다는 것의 의미를 밝힌다는 것이 얼마나 대단한 작업인지를 잘 알고 있기 때문이다. 카프카는 파스칼 또는 도스토옙스키와 같은 식으로 다음과 같이 말했다. "겸손은 모든 사람에게, 절망에 빠진 고독한 자에게도, 동료 인간과의 가장 강력한 관계를, 그것도 즉각적으로 맺어준다. 그것은 물론 완전하고 지속적인 겸손이어야 한다. 그것이 그럴 수 있는 것은 겸손이야말로 참된 언어이고 숭배이자 가장 강력한 유대이기 때문이다. 함께 사는 인간과의 관계는 기도의 관계이며, 자기 자신과의 관계는 노력의 관계다. 기도는 노력할 수 있는 힘을 불러일으킨다." 여기서 한 사람의 유대인이 단 한 문장으로 십자가의 이상형을 보여주고 있다. 『성』의 유고에서 한 행을 약간 변형시켜서 인용한다면, 십자가 앞에서 신을 경배한다는 것의 의미인즉, "인간을, 그가 누구든, 타락시키지 말라"는 것이다.

원문 그대로는 "이 사람을 타락시켜서는 안된다"인 이 문장은 이중적인 의미에서, 지금까지 한스 큉과 내가 문학을 놓고 예수의 관점에서 또 인간의 관점에서 계속해 온 연구를 마무리하는 핵심적 결론이다.

결론이 너무 격정적인가? 너무 신학적인가? 좋다. 신학에나 문학에나 같은 비중을 두면서 좀더 냉정한 태도로 결론을 내려보자. 의사인 로베르트 클로프슈톡 박사는 1921년 카프카를 다음과 같이 규정했다. "그의 지도자는 예수와 도스토옙스키다."

예수와 도스토옙스키, 신학과 문학, 양자는 부조화의 조화라는 면에서 일치한다. 이 부조화의 조화의 폭과 다가치성을 규명하는 것이 지금까지 여덟 작가의 초상화를 그려온 목표였다. 야누스처럼 양면적이고 풍부한 대립을 안고 있는 작가들에 대한 이 연구를 통해서 우리는 문학의 가능성이 얼마나 복잡하고 모순적인가를 보여주려고 했다. "타자", "최후의 근거", "무제약자"를 시야에 끌어들이는 작업이 필요하고 이들이 인간을 세상에 붙잡아두지만 인간에게 불투명한 채로, 양가성으로, 의미를 생성하는 암흑의 심연으로, 존재를 규정하는 수수께끼로 남아, 오직 문학에 의해서만 표현될 수 있을 뿐이라면 말이다.

절대자와 대면한 인간, 그런 인간의 모습을 예시적으로 보여주려는 것이 우리가 기술한 여덟 작가의 생애였다. 여기서 우리의 시야에 들어온 문학은 오직 (독단적이지 않지만 docta spes, 즉 숙고된 유토피아의 인도를 받아) "위대한 도약"을 감행한 문학, 파스칼이 말한 형이상학적 도박, 전부 아니면 전무인 도박을 건 문학이다.

카프카는 이렇게 썼다. "어떤 지점에서부터는 되돌아가는 길이 사라진다. 이 지점에 도달해야 한다."

꼬 리 말

내가 고작 반풍수인 분야에서 작업들을 감행할 수 있었던 까닭인즉 오로지 세 가지로 도움에 기대어도 되었기 때문입니다.

첫째, 학자들의 — 참고 문헌에 소개된 — 연구 쪽에서 도움을 받았습니다(본보기로 특기하자면, 그리피우스의 단구 소네트와 수난가에 대한 한스-헨릭 크룸마허의 연구들, 너무나 덜 알려진 논문인 호르스트 룸프의 「후기 횔덜린의 그리스도상 해석」, 한스-요아킴 멜과 리햐르트 사무엘과 게르하르트 슐츠가 그들의 노발리스-판에 마련한 해제들).

둘째, 튀빙겐의 동료들이 필요할 때마다 조언과 행동으로 거들어 주었는데, 우선 꼽건대, 빌프리트 바르너와 (횔덜린에 관해) 요헨 슈미트와 (도스토옙스키 소설들의 "예수스런" 말투를 소개해 준) 루돌프 뮐러들입니다.

셋째, 이미 오래 전부터 도움을 입은 탐구자들로, 이제 고인이 되어 이 자리에서 감사하며 추념할 분들이 있습니다. 파스칼과 횔덜린과 도스토옙스키의 분석가인 로마노 과르디니가 하느님과 신들에 관해 발터 옷토와 사석 논쟁을 벌이던 자리에 나도 있었지요.(물론 과르디니보다 옷토에게 기울어지는 편이었고요.) 그리고 튀빙겐에서는 에발트 바스무트가 나의 파스칼 강의를 결정했습니다. 나아가 코펜하겐에서는 스테펜 스테펜센이 자기 연구실에서 덴마크 사람다운 기지와 어리둥절하게 하는 학식을 가지고 키에르케고르의 역설 화술을 설명해 주었습니다. 끝으로 버클리에서는 하인츠 폴릿처가 카프카의 유대 시인-신학에 관해 가족처럼 친숙한 동료 구실을 해 주었습니다.

발터 옌스

사실 이런 일을 꾀한다는 것이 나에게는 여러 모로 모험스런 노릇이었지요. 신학자로서 비신학 영역에 들어서야 해서만도 아니고, 지은이들에 대해서마다 (실로 이미 한 소도서관이 있을 만큼) 엄청나게 많은 관련 문헌을 다루어야 해서만도 아니며, 발터 옌스와 내가 가이없는 바다에 빠지지 않으려면 논술마다 일정한 쪽수를 맞추기도 해야 했으니까요. 최고도의 집중과 밀도가 요구되었고, 자주 괴로운 축소를 무릅써야 했던 겁니다.

그런데도 내가 이 일을 감행해 보게 된 까닭인즉, 우리 일치운동 연구소에서는 학문권에서 너무나 등한시되었던 연구분야인 신학과 문학이 한 고향을 찾았기 때문입니다. 내가 발터 옌스와 함께 일하기 시작한 것은 그가 『그리스도인 실존』의 원고를 비판적으로 동의하며 통독하고부터였습니다. 우리 두 사람이 그때 우리의 박사 지망생이던 칼-요셉 쿠셀에게 요청을 했더니, 그가 이제 「독일어권 현대문학 속의 예수」에 관한 박사학위 논문도 쓰고 나자(1978) 우리 연구소에서 이 연구분야를 맡아보게 되었고, 몇 차례 활동을 한 다음 바로 지금 문학과 종교의 관계에 관한 현대 작가들과의 토론 열두 편을 발행했거니와, 이들은 여기 우리의 시론을 현대문학의 시각에서 빼어나게 보완한 것입니다(『우리는 이 땅에서 온전히 편안한 마음을 느끼지 못하므로』1985). 우리 모두가 함께 "신학과 문학. 20세기에서의 대화의 가능성과 한계"라는 주제의 심포지엄을 통해 공중 앞에 나섰던 것이고, 1984년 5월에 튀빙겐 대학교에서 열린 이 심포지엄에는 작가와 문학자와 신학자 약 70인이 참석했던 것입니다.

나 자신도 이미 (파스칼과 17세기에 관련해서는) 『신은 존재하는가』와 (레싱과 계몽주의, 헤겔과 횔덜린과 노발리스에 관련해서는) 『하느님의 사람되심』이라는 책을 통해 준비가 전혀 없었던 것은 아닙니다. 키에르케고르와 도스토옙스키에 관해서는 칼-요셉 쿠셸과의 공동 세미나를 통해 주제에 열심히 파고들 수 있었는데, 그는 또 이 책에 실린 나의 글들이 생겨나는 과정에 늘 열심히 동반해 주었고요. 이 자리에서 충심으로 사의를 표합니다. 우리 튀빙겐 동료인 루돌프 뮐러도 세미나에 참여해서 내가 도스토옙스키를 더 잘 이해할 수 있게 했습니다. 게다가 특히 도스토옙스키 원고를 비판적으로 훑어보아 주기까지 했으니 고마울 따름입니다.

내가 해당 작가들을 이해하고 역사적으로 자리매김하는 데에 적지않이 중요한 것이 최근에 해석학과 학문이론에서 논의되고 있는 신학 역사상의 파라다임과 파라다임 변천이었는데, 이에 관해서는 우리 연구소가 시카고 대학교의 디비니티 스쿨과 함께 개최한 "신학의 새 파라다임"라는 국제 심포지엄(1983)에서 발표들이 있었습니다(데이비드 트레이시와 내가 1984년에 펴낸 『신학은 어디로? 새 파라다임으로 향한 도상에서』에서 찾아 읽을 수 있고요).

한스 큉

참고 문헌

파스칼

Albert Béguin: Blaise Pascal. Hamburg 1959
Hugh Mc Cullough Davidson: The origins of certainty. Means and meaning in Pascal's Pensées. Chicago 1979
Richard Friedenthal: Entdecker des Ich. Montaigne, Pascal, Diderot. München 1969
Hugo Friedrich: Pascals Paradox. Das Sprachbild einer Denkform, in: Zeitschrift für romanische Philologie 1936, LVI. Band, S.323-370
———: Montaigne. Bern/München, 2. Aufl. 1967
Lucien Goldman: Der verborgene Gott. Studie über die tragische Weltanschauung in den Pensées Pascals und im Theater Racines. Neuwied/Darmstadt 1973
Henri Gouhier: Pascal et les humanistes chrétiens. L'affaire Saint-Ange. Paris 1974
Romano Guardini: Christliches Bewußtsein. Versuche über Pascal. München 1950
Thomas More Harrington: Vérité et méthode dans les »Pensées« de Pascal. Paris 1972
Irène Elisabeth Kummer: Blaise Pascal. Berlin/New York 1978
Margot Kruse: Das Pascal-Bild in der französischen Literatur. Hamburg 1955
Roger-E. Lacombe: L'apologétique de Pascal. Étude critique. Paris 1958
Geneviève Léveillé-Mourin: Le langage chrétien, antichrétien de la transcendance: Pascal – Nietzsche. Paris 1978
Per Lønning: Cet effrayant pari: Une »pensée« pascalienne et ses critiques. Paris 1980
Per Lønning: The dilemma of contemporary theology. Prefigured in Luther, Pascal, Kierkegaard, Nietzsche. New York 1962
Jean Mesnard: Les pensées de Pascal. Paris 1976
Denzil G. M. Patrick: Pascal and Kierkegaard. A study in the strategy of Evangelism. London/Redhill 1947
Walther Rehm: Experimentum Medietatis. Studien zur Geistes- und Literaturgeschichte des 19. Jahrhunderts. München 1947
Hans Rheinfelder: Leopardi und Pascal, in: Hochland 32, II, 1935, S.237-245
Ewald Wasmuth: Blaise Pascal. Die Kunst zu überzeugen und die anderen kleinen philosophischen Schriften. Heidelberg 1950
———: Der unbekannte Pascal. Versuch und Deutung seines Lebens und seiner Lehre. Regensburg 1962
———: Blaise Pascal. Werke I, Über die Religion und über einige andere Gegenstände (Pensées). Heidelberg 1963

그리피우스

Wilfried Barner: Barockthetorik. Untersuchungen zu ihren geschichtlichen Grundlagen. Tübingen 1970
Hartmut Boockmann, Heinz Schilling, Hagen Schulze, Michael Stürmer: Mitten in Europa. Deutsche Geschichte. Berlin 1984

Carl Otto Conrady: Lateinische Dichtungstradition und deutsche Lyrik des 17. Jahrhunderts. Bonn 1962
Curt von Faber du Faur: Andreas Gryphius, der Rebell, in: Publications of the Modern Language Association of America, Volume LXXIV, 1959
Willi Flemming: Andreas Gryphius. Eine Monographie. Stuttgart 1965
Gerhard Fricke: Die Bildlichkeit in der Dichtung des Andreas Gryphius. Materialien und Studien zum Formproblem des deutschen Literaturbarock. Nachdruck, Darmstadt 1967
Renate Gerling: Schriftwort und Lyrisches Wort. Die Umsetzung biblischer Texte in der Lyrik des 17. Jahrhunderts. Meisenheim am Glan 1969
Dietrich Walter Jöns: Das »Sinnen-Bild«. Studien zur allegorischen Bildlichkeit bei Andreas Gryphius. Stuttgart 1966
Hans-Henrik Krummacher: Der junge Gryphius und die Tradition. Studien zu den Perikopensonetten und Passionsliedern. München 1976
Wolfram Mauser: Dichtung, Religion und Gesellschaft im 17. Jahrhundert. Die »Sonette« des Andreas Gryphius. München 1976
Hans-Jürgen Schings: Die patristische und stoische Tradition bei Andreas Gryphius. Untersuchungen zu den Dissertationes funebres und Trauerspielen. Köln-Graz 1966
Herbert Schöffler: Deutsches Geistesleben zwischen Reformation und Aufklärung. Von Marin Opitz zu Christian Wolff. Frankfurt/M. 1956
Heinz Schneppen: Niederländische Universitäten und Deutsches Geistesleben. Von der Gründung der Universität Leiden bis ins späte 18. Jahrhundert. Münster/Westfalen 1960
Marian Szyrocki: Der junge Gryphius. Berlin (DDR) 1959
————: Andreas Gryphius. Sein Leben und Werk. Tübingen 1964
Harald Steinhagen: Didaktische Lyrik. Über einige Gedichte des Andreas Gryphius, in: Festschrift für Friedrich Beißner, herausgegeben von Ulrich Gaier und Werner Volke, Bebenhausen 1974, S.406-435
Ferdinand van Ingen: Vanitas und Memento Mori in der deutschen Barocklyrik. Groningen 1966
Wilhelm Vosskamp: Untersuchungen zur Zeit- und Geschichtsauffassung im 17. Jahrhundert bei Gryphius und Lohenstein. Bonn 1967
Irmgard Weithase: Die Darstellung von Krieg und Frieden in der deutschen Barockdichtung. Weimar 1953
Friedrich-Wilhelm Wentzlaff-Eggebert: Der triumphierende und der besiegte Tod in der Wort- und Bildkunst des Barock. Berlin-New York 1975
Günter Weydt: Sonettkunst des Barock. Zum Problem der Umarbeitung bei Andreas Gryphius, in: Jahrbuch der deutschen Schillergesellschaft, 9. Jg., 1965, S.1-32

레싱

Wilfried Barner, Gunter Grimm, Helmuth Kiesel, Martin Kramer: Lessing. Epoche, Werk, Wirkung. 4. Aufl., München 1981
Karl Barth: Die protestantische Theologie im 19. Jahrhundert. Ihre Vorgeschichte und ihre Geschichte. Zollikon-Zürich 1947 (§6 Lessing)
Klaus Bohnen: Nathan der Weise. Über das »Gegenbild einer Gesellschaft« bei

Lessing, in: Deutsche Vierteljahresschrift für Literaturwissenschaft und Geistesgeschichte, 53. Jg., 1979, S.394-416

Martin Bollacher: Lessing – Vernunft und Geschichte. Untersuchungen zum Problem religiöser Aufklärung in den Spätschriften. Tübingen 1978

Rudolf Borchardt: Lessing, in: R. B., Ges. Werke, Prosa III, Stuttgart 1960, S.291-306

Bernd Bothe: Glauben und Erkennen. Studie zur Religionsphilosophie Lessings. Meisenheim/Glan 1972

Peter Demetz: Gotthold Ephraim Lessing – Nathan der Weise. Frankfurt/M./Berlin 1966

Helmut Fuhrmann: Lessing *Nathan der Weise* und das Wahrheitsproblem, in: Lessing-Yearbook XV, 1983, S.63-94

Helmut Göbel: Bild und Sprache bei Lessing. München 1971

———: »Nicht die Kinder bloß, speist man / Mit Märchen ab.« Zur Toleranzbegründung in Lessings Spätwerk, in: Lessing Yearbook XIV, 1982, S.119-132

Paul Hazard: Die Krise des europäischen Geistes 1680-1715. Hamburg 1939

———: La pensée européenne au XVIIIe siècle de Montesquieu à Lessing. Paris 1963

Klaus Heydemann: Gesinnung und Tat. Zu Lessings *Nathan der Weise*, in: Lessing Yearbook VII, 1975, S.69-104

Emanuel Hirsch: Geschichte der neueren evangelischen Theologie im Zusammenhang mit den allgemeinen Bewegungen des europäischen Denkens. Bd. IV. Gütersloh 1949 (7. Buch: Semler und Lessing)

Thomas Höhle (Hrsg.): Lessing und Spinoza. Halle/Wittemberg 1981

Immanuel Kant: Beantwortung der Frage: Was ist Aufklärung? (1783), in: Werke, hrsg. v. W. Weischedel, Bd. VI, 53-61

Marion Gräfin Hoensbroech: Die List der Kritik. Lessings kritische Schriften und Dramen. München 1976

Dominik von König: Natürlichkeit und Wirklichkeit. Studien zu Lessings »Nathan der Weise«. Bonn 1976

Reinhart Koselleck: Kritik und Krise. Ein Beitrag zur Pathogenese der bürgerlichen Welt. Freiburg/München 1959

Joachim Müller: Zur Dialogstruktur und Sprachfiguration in Lessings Nathan-Drama, in: Sprachkunst, Beiträge zur Literaturwissenschaft, Jahrgang I, 1970, S.42-69

Peter Horst Neumann: Der Preis der Mündigkeit. Über Lessings Dramen. Stuttgart 1977

Peter Pfaff: Theaterlogik. Zum Begriff einer poetischen Weisheit in Lessings *Nathan der Weise*, in: Lessing Yearbook XV, 1983, S.95-109

Heinz Politzer: Lessings Parabel von den drei Ringen, in: Gotthold Ephraim Lessing, hrsg. von Gerhard u. Sibylle Bauer, Darmstadt 1968, S.343-361

Georges Pons: Gotthold Ephraim Lessing et le Christianisme. Paris 1964

Arno Schilson: Lessings Christentum. Göttingen 1980

———: Geschichte im Horizont der Vorsehung. G. E. Lessings Beitrag zu einer Theologie der Geschichte. Mainz 1974

Hans-Jürgen Schlütter: »... als ob die Wahrheit Münze wäre.« Zu *Nathan der Weise* III, 6, in: Lessing Yearbook X, 1978, S.65-74

Claudia Schmölders (Hrsg.): Die Kunst des Gesprächs. München 1979
Jürgen Schröder: Gotthold Ephraim Lessing. Sprache und Drama. München 1972
Helmut Thielicke: Offenbarung, Vernunft und Existenz. Studien zur Religionsphilosophie Lessings. 3. Aufl., Gütersloh 1957
―――――: Glauben und Denken in der Neuzeit. Die großen Systeme der Theologie und Religionsphilosophie. Tübingen 1983 (5. Kap.: Lessing)
Hans-Friedrich Wessels: Lessings »Nathan der Weise«. Seine Wirkungsgeschichte bis zum Ende der Goethezeit. Königstein/Ts. 1979

휠덜린

Pierre Bertaux: Friedrich Hölderlin. Frankfurt/M. 1978
Wolfgang Binder: Hölderlins »Friedensfeier«, in: W. B., Hölderlin-Aufsätze, Frankfurt/Main 1970, S.294-326
―――――: Hölderlins Patmos-Hymne, in: W. B., Hölderlin-Aufsätze, Frankfurt/Main 1970, S.362-402
Paul Böckmann: Hölderlin und seine Götter. München 1935
―――――: Hölderlins mythische Welt, in: Hölderlin. Gedenkschrift zu seinem 100. Todestag, hrsg. von P. Kluchhohn, Tübingen 1944, S.11-49
Heinrich Buhr: Hölderlin und Jesus von Nazareth. Hrsg. v. E. Reichle, Pfullingen 1977
Romano Guardini: Hölderlin. Weltbild und Frömmigkeit. München 1955
Ulrich Häussermann: Friedensfeier. Eine Einführung in Hölderlins Christushymnen. München 1959
Martin Heidegger: Erläuterungen zu Hölderlins Dichtung. Frankfurt 1944
Ulrich Hötzer: Die Gestalt des Herakles in Hölderlins Dichtung. Diss. Tübingen 1950
Eduard Lachmann: Hölderlins Christus-Hymnen. Text und Auslegung. Wien 1951
Martin Leube: Das Tübingen Stift 1770-1950. Geschichte des Tübinger Stifts. Stuttgart 1954
Ernst Müller: Hölderlin. Studien zur Geschichte seines Geistes. Stuttgart und Berlin 1944
Helmut Prang: Hölderlins Götter- und Christus-Bild, in: Hölderlin ohne Mythos, hrsg. von Ingrid Riedel. Göttingen 1973
Christoph Prignitz: Friedrich Hölderlin. Die Entwicklung seines politischen Denkens unter dem Einfluß der Französischen Revolution. Hamburg 1976
Walther Rehm: Orpheus. Der Dichter und die Toten. 3. Aufl., Düsseldorf 1950
―――――: Griechentum und Goethezeit. 3. Aufl., München 1952
Horst Rumpf: Die Deutung der Christus-Gestalt bei dem späten Hölderlin. Diss. Frankfurt 1958
Jost Schillemeit: »... dich zum Fürsten des Festes«. Zum Problem der Auslegung von Hölderlins »Friedensfeier«, in: Deutsche Vierteljahrschrift für Literaturwissenschaft und Geistesgeschichte. 51, 1977, S.607-627
Jochen Schmidt: Die innere Einheit von Hölderlins »Friedensfeier«, in: Hölderlin-Jahrbuch, 14. Bd., 1965/66, S.125-175
―――――: Hölderlins Elegie »Brod und Wein«. Die Entwicklung des hymnischen Stils in der elegischen Dichtung. Berlin 1968
Albrecht Schöne: Säkularisation als sprachbildende Kraft. Studien zur Dichtung deutscher Pfarrersöhne. 2. Aufl., Göttingen 1968

Robert Thomas Stoll: Hölderlins Christushymnen. Grundlagen und Deutung. Basel 1952

Peter Szondi: Einführung in die literarische Hermeneutik. Hrsg. v. J. Bollack und H. Stierlin, Frankfurt/M. 1975, S.193-427

Eugen Gottlob Winkler: Der späte Hölderlin, in: E. G. W., Dichtungen, Gestalten und Probleme. Nachlaß. Pfullingen 1956, S.314-337

Helmut Wocke: Hölderlins christliches Erbe. München 1948

노발리스

Klaus Behrens: Friedrich Schlegels Geschichtsphilosophie (1794-1808). Ein Beitrag zur politischen Romantik. Tübingen 1984

Richard Benz: Die deutsche Romantik. Geschichte einer geistigen Bewegung. Leipzig 1937

Gisela Dischner und Richard Faber (Hrsg.): Romantische Utopie, utopische Romantik. Hildesheim 1979

Richard Faber: Novalis – Die Phantasie an die Macht. Stuttgart 1970

Theodor Haering: Novalis des Philosoph. Stuttgart 1954

Eckhard Heftrich: Novalis. Vom Logos der Poesie. Frankfurt/M. 1969

Friedrich Hiebel: Novalis. Deutscher Dichter, europäischer Denker, christlicher Seher. 2. Aufl., Bern und München 1972

Paul Kluckhohn: Das Ideengut der deutschen Romantik. Tübingen 1953, v. a. S.131-156

Max Kommerell: Hymnen an die Nacht, in: Gedicht und Gedanke, Auslegungen deutscher Gedichte, hrsg. von Heinz Otto Burger, Halle/Saale 1942, S.202-236

Hans Wolfgang Kuhn: Der Apokalyptiker und die Politik. Studien zur Staatsphilosophie des Novalis. Freiburg i. Br. 1961

Hermann Kurzke: Romantik und Konservatismus. Das »politische« Werk Friedrich von Hardenbergs (Novalis) im Horizont seiner Wirkungsgeschichte. München 1983

Klaus Lindemann: Geistlicher Stand und religiöses Mittlertum. Ein Beitrag zur Religionsauffassung der Frühromantik in Dichtung und Philosophie. Frankfurt/M. 1971

Hans-Joachim Mähl: Die Idee des goldenen Zeitalters bei Novalis. Studien zur Wesensbestimmung der frühromantischen Utopie und zu ihren ideengeschichtlichen Voraussetzungen. Heidelberg 1965

Wilfried Malsch: »Europa«. Poetische Rede des Novalis. Deutung der Französischen Revolution und Reflexion auf die Poesie in der Geschichte. Stuttgart 1965

Irmtrud von Minnigerode: Die Christusanschauung des Novalis. Diss. Tübingen 1941

Helene Oberbeck: Die religiöse Weltanschauung des Novalis. Diss. (theol) Berlin 1928

Bernd Peschken: Versuch einer germanistischen Ideologiekritik. Goethe, Lessing, Novalis, Tieck, Hölderlin, Heine in Wilhelm Diltheys und Julian Schmidts Vorstellungen. Stuttgart 1972

Klaus Peter: Stadien der Aufklärung. Moral und Politik bei Lessing, Novalis und Friedrich Schlegel. Wiesbaden 1980

Wolfdietrich Rasch: Zum Verhältnis der Romantik zur Aufklärung, in: Romantik. Ein literaturwissenschaftliches Studienbuch, hrsg. von Ernst Ribbat. Königstein/Ts. 1979, S.7-21

Walther Rehm: Griechentum und Goethezeit. Geschichte eines Glaubens. 3. Aufl., München 1952, v. a. S.255-270

Ernst Ribbat (Hrsg.): Romantik. Ein literaturwissenschaftliches Studienbuch. Königstein/Taunus 1979

Heinz Ritter: Novalis' Hymnen an die Nacht. 2. Aufl., Heidelberg 1974

Richard Samuel: Die poetische Staats- und Geschichtsauffassung Friedrich von Hardenbergs (Novalis). Studien zur romantischen Geschichtsphilosophie. Frankfurt/M. 1925

――――: Der Stil des Aufsatzes »Die Christenheit oder Europa« von Novalis, in: Stoffe, Formen und Strukturen. Hans Heinrich Borcherdt zum 75. Geburtstag, hrsg. v. A. Fuchs und H. Motekat, München 1962, S.284-302

Helmut Schanze: Romantik und Aufklärung. Untersuchungen zu Friedrich Schlegel und Novalis. Nürnberg 1966

Gerhard Schulz: Novalis in Selbstzeugnissen und Bilddokumenten. Reinbek bei Hamburg 1969

Margot Seidel: Die geistlichen Lieder des Novalis und ihre Stellung zum Kirchenlied. Diss. Bonn 1973

Barbara Steinhäuser-Carvill: Die Christenheit oder Europa – eine Predigt, in: Seminar. A Journal of Germanic Studies, 12, 1976, S.73-88

Friedrich Strack: Im Schatten der Neugier. Christliche Tradition und kritische Philosophie im Werk Friedrichs von Hardenberg. Tübingen 1982

Hermann Timm: Die heilige Revolution. Das religiöse Totalitätskonzept der Frühromantik. Schleiermacher – Novalis – Friedrich Schlegel. Frankfurt/M. 1978

Claus Träger: Novalis und die ideologische Restauration, in: Sinn und Form, 13. Jg., 1961, S.618-660

키에르케고르

Theodor W. Adorno: Kierkegaard. Konstruktion des Ästhetischen, in: Gesammelte Schriften, Band 2, Frankfurt/Main 1979

Heinrich Anz, Peter Kemp, Friedrich Schmöe (Hrsg.): Kierkegaard und die deutsche Philosophie seiner Zeit. Kopenhagen – München 1980

Heinrich Anz, Poul Lübcke, Friedrich Schmöe (Hrsg.): Die Rezeption Søren Kierkegaards in der deutschen und dänischen Philosophie und Theologie. Kopenhagen – München 1983

Hans-Eckehard Bahr: Der Widerspruch zwischen Christlichem und Ästhetischem als Konstruktion Kierkegaards, in: Kerygma und Dogma. Zeitschrift für theologische Forschung und kirchliche Lehre, 6. Jg., 1960, S.86-103

――――: Poiesis, Theologische Untersuchung der Kunst. Stuttgart o. J. (1960)

John W. Elrod: Kierkegaard and Christendom. Princeton 1981

Helmut Fahrenbach: Die gegenwärtige Kierkegaard-Auslegung in der deutschsprachigen Literatur von 1948 bis 1962, in: Philosophische Rundschau, Beiheft 3, Tübingen 1962

Hermann Fischer: Die Christologie des Paradoxes. Zur Herkunft und Bedeutung des Christusverständnisse Sören Kierkegaards. Göttingen 1960

Hayo Gerdes: Das Christusbild Sören Kierkegaards. Verglichen mit der Christologie Hegels und Schleiermachers. Düsseldorf/Köln 1960
———: Das Christusverständnis des jungen Kierkegaard. Ein Beitrag zur Erläuterung des Paradox-Gedankens. Itzehoe 1962
———: Søren Kierkegaards »Einübung im Christentum«. Einführung und Erläuterung. Darmstadt 1982
Emanuel Hirsch: Kierkegaard. Studien. Bd. I, Nachdr. Vaduz/Liechtenst. 1978
Walter Lowrie: Das Leben Sören Kierkegaards. Düsseldorf/Köln 1955
Denzil G. M. Patrick: Pascal and Kierkegaard. A Study in the Strategy of Evangelism, Bd. I u. II., London and Redhill 1947
Anna Paulsen: Sören Kierkegaard. Deuter unserer Existenz. Hamburg 1955
Willi Perpeet: Kierkegaard und die Frage nach der Ästhetik der Gegenwart. Halle/Saale 1940
Walter Rehm: Kierkegaard und der Verführer. München 1949
Peter P. Rohde: Sören Kierkegaard in Selbstzeugnissen und Bilddokumenten. Hamburg 1959
Walter Schulz: Sören Kierkegaard. Existenz und System. Pfullingen 1967
Helmut Thielicke: Glauben und Denken in der Neuzeit. Die großen Systeme der Theologie und Religionsphilosophie. Tübingen 1983
Marie Mikulová Thulstrup (Hrsg.): The Sources and Depths of Faith in Kierkegaard. Kopenhagen 1978
Niels Thulstrup: Kierkegaards Verhältnis zu Hegel. Forschungsgeschichte. Stuttgart 1969
———: Kierkegaards Verhältnis zu Hegel und zum spekulativen Idealismus 1835-1846. Historisch-analytische Untersuchung. Stuttgart 1972
Niels und Marie Mikulová Thulstrup: Kierkegaard's View of Christianity. Kopenhagen 1978
Niels und Marie Mikulová Thulstrup (Hrsg.): Kierkegaard and Human Values. Kopenhagen 1980

도스토옙스키
Michail Bachtin: Probleme der Poetik Dostojewskijs. München 1971
Robert L. Belknap: The Structure of »The Brothers Karamazov«. Den Haag-Paris 1967
Ernst Benz: Der wiederkehrende Christus, in: Zeitschrift für slavische Philologie, XI, 1934, S.277-298
N. Berdjajew: Die Weltanschauung Dostojewskijs. München 1925
Josef Bohatec: Der Imperialismusgedanke und die Lebensphilosophie Dostojewskijs. Graz – Köln 1951
Maximilian Braun: Dostojewskij, Das Gesamtwerk als Vielfalt und Einheit. Göttingen 1976
Martin Doerne: Gott und Mensch in Dostojewskijs Werk. Göttingen 1957
Paul Evdokimov: Dostoïevsky et le problème du mal. Paris 1978
E. M. Forster: Ansichten des Romans. Frankfurt/M. 1962
Joseph Frank: Dostoevsky. Bd. 1: The Seeds of Revolt, 1821-1849; Bd. 2: The Years of Ordeal, 1850-1859. Princeton 1979/1984

René Fülöp-Miller und Friedrich Eckstein: Der unbekannte Dostojewski. München 1926
Horst-Jürgen Gerigk: Nachwort zu Dostojewski, Die Brüder Karamasoff. München 1978, S.1031-1052
A. Boyce Gibson: The Religion of Dostoevsky. Philadelphia 1973
Romano Guardini: Religiöse Gestalten in Dostojewskijs Werk. Studien über den Glauben. München 1951
Josef Imbach: Dostojewski und die Gottesfrage in der heutigen Theologie. Rom 1973
Malcolm V. Jones/Garth M. Terry (Hrsg.): New Essays on Dostoevsky. Cambridge 1983
W. Komarowitsch: Dostojewski, Die Urgestalt der Brüder Karamasoff. München 1928
Reinhard Lauth: Zur Genesis der Großinquisitor-Erzählung, in: Zeitschrift für Religions- und Geistesgeschichte 6, 1954, S.265-276
─────: Die Philosophie Dostojewskis. München 1950
Janko Lavrin: Fjodor M. Dostojevskij in Selbstzeugnissen und Bilddokumenten. Reinbek b. Hamburg 1963
Wilhelm Lettenbauer: Zur Deutung der Legende vom »Großinquisitor« Dostojewskijs, in: Die Welt der Slaven V, 1960, S.329-333
Sven Linnér: Starets Zosima in The Brothers Karamazov. A study in the mimesis of virtue. Stockholm 1981
Antanas Maceina: Der Großinquisitor. Geschichtsphilosophische Deutung der Legende Dostojewskijs. Heidelberg 1952
Thomas Mann: Dostojewski – mit Maßen, in: Gesammelte Werke IX, Frankfurt/M. 1960, S.656-674
Julius Meier-Graefe: Dostojewski, der Dichter. Berlin 1926
Jakob Minor: Goethes Fragmente vom ewigen Juden und vom wiederkehrenden Heiland. Stuttgart und Berlin 1904
Ludolf Müller: Die Gestalt Christi in Leben und Werk Dostojewskijs, in: Quatember, Vierteljahrshefte für Erneuerung und Einheit der Kirche, 45. Jg., 1981, S.68-76
─────: Dostojewskij. Sein Leben, sein Werk, sein Vermächtnis. München 1982
Walter Nigg: Religiöse Denker. Kierkegaard, Dostojewski, Nietzsche, Van Gogh (S.109ff.) Bern 1942
Konrad Onasch: Dostojewski-Biographie. Materialsammlung zur Beschäftigung mit religiösen und theologischen Fragen in der Dichtung F. M. Dostojewskis. Zürich 1960
─────: Dostojewski als Verführer. Christentum und Kunst in der Dichtung Dostojewskis. Ein Versuch. Zürich 1961
Alfred Rammelmeyer: Dostojewskij und Voltaire, in: Zietschrift für slavische Philologie, XXVI, 1958, S.252-278
Walter Rehm: Experimentum Medietatis. Studien zur Geistes- und Literaturgeschichte des 19. Jahrhunderts. München 1947. (Darin: Zur dichterischen Gestaltung des Unglaubens bei Jean Paul und Dostojewski. S.7-95)
Manès Sperber: Wir und Dostojewskij, Eine Debatte mit Heinrich Böll, Siegfried Lenz, André Malraux, Hans Erich Nossack. Hamburg 1972

Theodor Steinbüchel: F. M. Dostojewski. Sein Bild vom Menschen und vom Christen. Düsseldorf 1947
Fedor Stepun: Dostojewskij und Tolstoi, Christentum und soziale Revolution. München 1961
Stewart R. Sutherland: Atheism and the Rejection of God. Contemporary Philosophy and The Brothers Karamazov. Oxford 1977
Eduard Thurneysen: Dostojewski. München 1925
Dimitrij Tschizewski: Schiller und die »Brüder Karamasoff«, in: Zeitschrift für slavische Philologie VI, 1929, S.1-42
René Wellek (Hrsg.): Dostoevsky. A Collection of Critical Essays. Englewood Cliffs, N. J. 1962

카프카

Günther Anders: Kafka. Pro und Contra. Die Prozeßunterlagen. München 1951
Peter U. Beicken: Franz Kafka. Eine kritische Einführung in die Forschung. Frankfurt 1974
Friedrich Beissner: Der Erzähler Franz Kafka. Stuttgart 1952
——————: Kafka der Dichter. Stuttgart 1958
——————: Kafkas Darstellung des »traumhaften inneren Lebens«. Tübingen 1972
Hartmut Binder: Kafka. Kommentar zu sämtl. Erzählungen. München 1975
——————: Kafka Kommentar zu den Romanen, Rezensionen, Aphorismen und zum Brief an den Vater. München 1976
——————: Kafka in neuer Sicht. Mimik Gestik und Personengefüge als Darstellungsformen des Autobiographischen. Stuttgart 1976
Hartmut Binder (Hrsg.): Kafka-Handbuch in zwei Bänden. Stuttgart 1979
Max Brod (Hrsg.): Franz Kafka. Briefe 1902-1924. New York 1958 (Lizenzausgabe Frankfurt)
Martin Buber: Zwei Glaubensweisen. Zürich 1950
Maria Luise Caputo-Mayr (Hrsg.): Franz Kafka. Eine Aufsatzsammlung nach einem Symposium in Philadelphia. Berlin/Darmstadt 1978
Claude David: Zwischen Dorf und Schloß. Kafkas Schloß-Roman als theologische Fabel, in: Wissen aus Erfahrungen. Werkbegriff und Interpretation heute. Festschrift für Herman Meyer zum 65. Geburtstag. Hg. v. Alexander von Bormann. Tübingen 1976, S.694-711
Wilhelm Emrich: Franz Kafka. Wiesbaden 1975
Lothar Fietz: Möglichkeiten und Grenzen einer Deutung von Kafkas Schloß-Roman, in: DVjs 37, 1963, S.71-77
Angel Flores (Hrsg.): The Kafka Debate. New Perspectives for our Time. New York 1977
Hulda Göhler: Franz Kafka. Das Schloß. Bonn 1982
Erich Heller: Die Welt Franz Kafkas, in: ders., Enterbter Geist. Essays. Frankfurt 1954, S.281-329
——————: Franz Kafka. München 1976
Ingeborg Henel: Die Türhüterlegende und ihre Bedeutung für Kafkas »Prozeß«, in: DVjs 37, 1963, S.50-70
Fred Höntzsch: Gericht und Gnade in der Dichtung Franz Kafkas, in: Hochland 31, 1933/34, Bd. 2, S.160-167

Gerhard Isermann: Unser Leben – unser Prozeß. Theologische Fragen bei Franz Kafka. Wuppertal 1969 (Das Gespräch, H. 83)
Sabina Kienlechner: Negativität der Erkenntnis im Werk Franz Kafkas. Tübingen 1981
Herbert Kraft: Mondheimat. Kafka. Pfullingen 1983, S.189-210
Paul Konrad Kurz: Standorte der Kafka-Deutung, in: ders., Über moderne Literatur. Frankfurt 1967, S.38-71
Ralf R. Nicolai: Ende oder Anfang. Zur Einheit der Gegensätze in Kafkas »Schloß«. München 1977
Klaus-Peter Philippi: Reflexion und Wirklichkeit. Untersuchungen zu Kafkas Roman »Das Schloß«. Tübingen 1966
Heinz Politzer: Franz Kafka, der Künstler. Frankfurt 1965
Wiebrecht Ries: Transzendenz als Terror. Eine religionsphilosophische Studie über Franz Kafka. Heidelberg 1977
Robert Rochefort: Kafka oder die unzerstörbare Hoffnung. Wien/München 1955
Hans-Joachim Schoeps: Franz Kafka und der Mensch unserer Tage, in: Universitas, 16, 1961, H. 2, S.163-171
Walter H. Sokel: Franz Kafka – Tragik und Ironie. Zur Struktur seiner Kunst. München/Wien 1964
J. P. Stern (Hrsg.): The World of Franz Kafka. London 1980
Homer Swander: Zu Kafkas »Schloß«, in: Interpretationen 3, Deutsche Romane von Grimmelshausen bis Musil, hg. v. Jost Schillemeit. Frankfurt 1966, S.269-289
Klaus Wagenbach: Franz Kafka. In Selbstzeugnissen und Bilddokumenten dargestellt. Reinbek 1964
————: Wo liegt Kafkas Schloß?, in: Bonn, Dietz, Pasley, Raabe, Wagenbach: Kafka-Symposion. Berlin 1965, S.161-180
Felix Weltsch: Religion und Humor im Leben und Werk Franz Kafkas. Berlin 1957
Rigobert Wilhelm: Das Religiöse in der Dichtung Franz Kafkas, in: Hochland, 57, 1964/65, S.335-349